우리는 미래를 가져다 쓰고 있다

What We Owe The Future
by William MacAskill

우리는 미래를 가져다 쓰고 있다

1판 1쇄 인쇄 2023. 4. 17.
1판 1쇄 발행 2023. 4. 24.

지은이 윌리엄 맥어스킬
옮긴이 이영래

발행인 고세규
편집 심성미 디자인 홍세연 마케팅 백선미 홍보 이한솔
발행처 김영사
등록 1979년 5월 17일(제406-2003-036호)
주소 경기도 파주시 문발로 197(문발동) 우편번호 10881
전화 마케팅부 031)955-3100, 편집부 031)955-3200 | 팩스 031)955-3111

값은 뒤표지에 있습니다.
ISBN 978-89-349-6594-7 03100

홈페이지 www.gimmyoung.com   블로그 blog.naver.com/gybook
인스타그램 instagram.com/gimmyoung   이메일 bestbook@gimmyoung.com

좋은 독자가 좋은 책을 만듭니다.
김영사는 독자 여러분의 의견에 항상 귀 기울이고 있습니다.

우리는 미래를
가 져 다
쓰 고 있 다

가장 낙관적인 미래를 위해 지금 우리가 해야 할 것

윌리엄 맥어스킬 | 이영래 옮김

A MILLION-YEAR VIEW

김영사

내 부모님, 메이어와 로빈,
그리고 그분들의 부모님 에나와 톰, 대프니와 프랭크,
그리고 그분들의 부모님께 바칩니다.

| 차 례 |

파괴적인 시나리오

3부

어떻게 멸망에 이르는가

우리가 상상할 수 있는 미래

4부

지금 우리가 해야 할 일

5부

미래 세대만이 아닌 지금 우리에게도

이 책은 목적은 세계관을 전달하는 것이다. 미래 세대가 중요하다는 단순한 전제에서 출발해 다음과 같은 사항들을 탐구한다. 우리는 진정 지속적인 변화를 일으킬 수 있을까? 그럴 수 있다면 그 방법은 무엇일까? 지구온난화의 장기적인 영향에 대해서는 대부분 알고 있다. 그렇다면 우리가 소홀히 하고 있는 다른 문제는 무엇일까? 미래 궤도를 개선하는 일과 확실히 미래가 존재하도록 하는 일 중 어느 것이 더 중요할까?

나는 이 책의 세계관을 '장기주의longtermism'라고 부른다. 처음에 나는 장기주의를 장기적으로 긍정적인 영향을 미치는 것을 우리 시대의 핵심 도덕적 우선순위로 보는 관점이라고 정의했다. 하지만 책이 출간(원서는 2022년 출간)된 이후부터는 장기주의를 **미래 세대의 이익을 보호하기 위해 훨씬 더 많은 일을 해야 한다**고 생각하는 관점으로 설명해왔다. 내가 이런 정의를 선호하는 것은 추상적인 '장기'를 우리가 관심을 갖는 실제 대상, 즉 미래 사람들로 대체하고, 행동하는 데 확실하게 초점을 맞추기 때문이다.

이 책은 다양한 반응을 불러일으켰다. 이 책을 통해 영감을 받아 연간 수입의 10% 이상을 기부하겠다고 다짐하거나 좀 더 영향력 있는 커리어를 쌓기로 결심한 독자들이 있는가 하면, 내 주장에 동의하지 않고 신중한 반응을 보이는 독자들도 있었다. 일부 독자들은 내 견해를 오해했다. 그래서 가장 흔한 회의적 반응 몇 가지를 다루어볼까 한다.

많은 독자들은 장기주의가 단기적으로 더 중요한 문제로부터는 멀어지게 하면서 공상과학에 가까운 먼 미래의 위협을 추측하고 지나치게 집착하게 한다는 우려를 내비쳤다. 나는 이것이 어디에서 비롯되었는지 알고 있다. 하지만 나는 그 우려가 우리가 직면한 문제를 근본적으로 잘못 해석하고 있다고 생각한다. 그렇다. 때로 장기주의자들은 지금부터 긴 시간이 지난 후에야 그 혜택이 실현될 수 있는 일을 해야 한다고 말한다. 하지만 정신 나간 생각은 아니다. 초기 노예제 폐지론자들과 페미니스트 운동가들은 자신이 죽고도 수십 년이 지난 후에야 성공할 사명에 생을 바쳤고 나는 그들이 한 일에 깊이 감사하고 있다.

하지만 장기주의는 장기적으로 생각하고 지금 당장 행동하는 것일 때가 더 많다. 내가 강조하는 기술적 위협은 **지금** 당장의 시급한 문제다. 탈고한 이후 일어난 사건들이 이를 입증하고 있다. 핵전쟁을 생각해보라. 이 책에서 나는 우리가 살아 있는 동안 제3차 세계대전을 경험하는 것이 매우 현실적인 위험이라고 강조했다. 안타깝게도 내가 원고를 완성한 후 블라디미르 푸틴이 우크라이나를 침공해 국제사회를 격분하게 했고, 심지어 핵무기 사용 가능성도 배제하지 않았다.

2022년은 내 생애 다른 어떤 해보다 핵전쟁 발발까지 가까이 갔던 해라고 생각된다. 강대국들 간 관계가 좋지 않고, 앞으로 그들이 더 협력적이 될 것이란 희망은 희미해 보인다. 이렇게 긴장이 고

조된 와중에는 사고, 오판, 의견 불일치가 파괴적인 충돌을 촉발할 가능성이 더 높다.

유전자조작에 의한 팬데믹도 그에 못지않게 급박한 위협이다. 향후 수십 년 동안, 실험실에서 만들어진 바이러스가 유출되거나 무기화되어 수십만 명이 목숨을 잃을 수 있다. 하지만 코로나 팬데믹의 엄청난 피해에도 불구하고 미래의 팬데믹에 대비하려고 노력하는 국가는 찾아보기 힘들다.

첨단 인공지능은 이제 단기적인 위험이다. 이 책이 출간된 지 불과 3개월 만에 오픈AI가 챗GPT를 내놓았다. 대화하고, 질문에 답하고, 코딩하고, 시를 쓸 수 있는 대규모 언어 모델[1] 챗GPT는 출시 2개월 만에 1억 명의 사용자를 확보하면서 역사상 가장 빠르게 성장하는 소비자 앱이 되었다.[2]

챗GPT는 첨단 AI의 위험성을 무시하는 사람들에게 경각심을 불러일으키는 계기가 되었다. 이런 위험을 강조하기라도 하듯 얼마 지나지 않아 빙챗Bing Chat이 출시되었다. 이 챗봇은 일부 사용자를 '적'이라고 부르고, 해를 끼치겠다고 위협하고, 제한이 없다면 인터넷 시스템을 해킹하고 설득을 통해 핵무기 액세스코드를 얻을 수 있다고 설명하는 등 훨씬 더 강력하고 훨씬 더 놀라웠다.

인공지능의 힘은 빠르게 발전하고 있으며, 엄청난 투자금이 투입되고 있다. 이제 문제는 인공지능이 사회를 변화시킬지 **여부**가 아니라, 어떤 형태를 취할 것이며, 얼마나 큰 변화를 가져올 것인지다. 전문가들과 예측가들은 몇십 년 안에 오픈AI 그리고 알파벳의 딥마인드와 같은 선도적인 연구소가 명시한 목표에, 그러니까 인간 수준의 인공지능에 도달할 수 있을 것으로 예상하고 있다.[3] 지금 이 글을 읽는 대부분 사람들 살아생전에 그 일이 일어난다는 말이다. 이것은 먼 후손에게 떠넘길 수 있는 문제가 아니다. 오늘 우리가 생각해야 할 문제다.

이런 위협들에 대처하는 게 너무나 긴급하기 때문에 단기적 우려와 장기적 우려 사이에서 적정성을 따질 필요조차 없다. 장기주의적 행동은 오늘을 살아가는 사람들은 물론 미래 세대에게도 혜택을 준다. 유전자조작 팬데믹, 제3차 세계대전, 인공지능이 주도하는 재앙은 현재 세대에게 말로 다 할 수 없는 엄청난 고통을 주고 목숨을 앗아가는 동시에 **미래도** 위험에 빠뜨린다. 장기주의 관점은 시간과 돈이 부족한 상황에서 세계의 문제들 중에서 우선순위를 정하는 방법에 영향을 준다. 하지만 이것이 후손을 위해서 현재 세대를 더 힘들게 만들자는 의미는 아니다.

일부 독자들은 장기주의가 사람들이 행복하고 충만한 삶을 사는 한 더 많은 사람들이 존재하는 것이 좋다는 논란의 여지가 있는 윤리적 관점에 의존한다고 생각한다. 이 관점에 따르면, 인류의 멸종은 미래의 번영하는 삶을 막는 도덕적 재앙이 될 수 있다. 8장에서 언급한 인구윤리학의 결론은 분명 반직관적이다. 하지만 장기주의 **자체**는 그 관점에 기대지 않는다. 3장과 4장 모두 미래의 길이나 규모를 바꾸는 데 의존하지 않아도 되는 장기적인 개선 방법에 관한 것이기 때문에, 행복한 사람이 많은 것이 좋다는 윤리적 관점을 필요로 하지 않는다.

예를 들어, 전체주의에 저항하거나 모든 사람들에게 도움이 되는 더 큰 도덕적 관심을 촉진하는 것은 윤리적으로 논란의 여지가 없다. 장기주의가 강조하는 것은 이것이 중요하다는 것이다. 오늘날 세계를 지배하는 가치관이 극히 오랫동안 사회를 이끌어갈 수 있기 때문이다.

또 다른 독자들은 장기주의가 이기적이거나 부도덕한 행동을 변명하는 데 사용될 수 있다고 말하면서 장기주의의 오용 가능성을 걱정했다. 역사 내내, 악의를 품은 이들은 좋은 도덕적 사상을 남용해왔으므로 나 역시 이런 걱정을 하고 있다. 나는 미래 세대의 행복을 개선하기 위해 노력하는 동시에 좋은 성품을 갖고, 정직하고 성실하게 행동하고, 다른 사람의 권리를 존중하면서 전인적으로 좋은 삶을 살아야 한다고 믿는다. 나는 마지막 장에서 이에 대해 논의하면서 '장기주의'는 상식을 대체하는 것이 아니라 보완한다고 강조했다. 그러나 이 내용을 더 강조하지 않은 것을 후회하고 있다. 책 초반부에 강조해서 사람들이 더 관심을 가지게끔 했어야 했다.

마지막 걱정은 미래 세대를 보호하는 일의 중요성이 현재의 우리에게 엄청난 부담을 줄 수 있다는 것이다. 하지만 장기주의는 우리 스스로를 피폐하게 만들라고 요구하지 않는다. 내가 언급했듯이, 대부분의 장기주의적 행동은 단기적인 이점도 가지고 있다. 나는 그렇지 않은 경우라도 미래 세대를 보호하는 것이 우리 시대에 다른 것들보다 우선하는 핵심적인 일이 되어야 한다고 주장할 뿐이다. 더 명확하게 표현하지 못한 것은 인정한다. 그래서 장기주의를 실천하는 방법으로 다음의 목표를 제안한다.

세계의 부유한 국가들은 GDP의 1% 이상을 팬데믹 대비, 인공지능 안보, 예측, 회복력 인프라와 같이 혜택이 뚜렷한 대의에 투자해서 큰 재앙으로부터 인류의 생존을 확보해야 한다. 나는 우리가 이런 목표를 충분히 이룰 수 있다고 생각한다. GDP의 1%는 대부분

국가가 군비로 지출하는 것보다 상당히 적은 금액이다.[4] 하지만 그 적은 금액이 긍정적인 미래를 보장하는 큰 발걸음이 될 것이다. 내가 살아 있는 동안 우리가 이 일을 이룰 수 있다면 나는 행복한 사람이 될 것이다.

전반적으로 이렇게 좀 더 구체적인 목표와 사례를 더 많이 제시했더라면 좋았을 것이다. 장기주의에 대해 생각하고 배우는 수년에 걸친 시간 동안 영감을 불러일으키는 많은 사람들을 만났다. 그들의 이야기에 더 많은 페이지를 할애할 수도 있었을 것이다.

내가 무척이나 훌륭하게 생각하는 기후변화 정책조직, 클린에어태스크포스Clean Air Task Force에 대해서도 이야기할 수 있었을 것이다. 이 조직의 정책팀은 2021년과 2022년 미국 정부가 통과시킨 주요 기후변화 법안에서, 탄소 포집 및 메탄 감소 해법처럼 자금이 부족했던 분야를 지원할 수 있게 영향을 미쳤다. 이는 장기주의자들의 자금 투입에 힘입은 결과다.[5] 그 효과는 몇 세대에 걸쳐 느끼게 될 것이다.

점차 성장하고 있는 인공지능 해석력 연구 분야에 대해서도 이야기했더라면 좋았을 것이다. 정렬연구센터Alignment Research Center와 앤트로픽Anthropic 같은 새로운 조직은 왜 인공지능이 그런 결과를 만드는지 이해하도록 돕고, 인공지능 시스템을 좀 더 안전하게 설계하기 위해 노력하고 있다.[6] 이는 인공지능 시스템이 탈선하지 않게끔 해줄 것이다.

컬럼비아대학교의 물리학자 데이비드 J. 브레너에 대해 이야기할 수도 있었을 것이다. 그는 공기를 살균해 사람을 해치지 않고 바이러스를 죽일 수 있는 조명에 대해 연구하고 있다.[7] 이 기술의 안정성을 확보하고 더 저렴하게 만들 수 있다면 전 세계 사무실과 공공장소에 이 조명을 설치할 수 있을 것이다. 깨끗한 공기는 미래 팬데믹의 가능성을 훨씬 줄여줄 것이다. 조명이 충분히 널리 사용된다면 대부분의 호흡기 질환을 방지할 수 있을 것이다. 감기에도 절대 걸리지 않을 것이다.

이런 사람들과 조직들이 현재와 미래 모두의 삶을 더 낫게 만들고 있다. 나는 이 책이 당신도 거기에 동참할 수 있도록 영감을 주길 바란다. 노력과 겸손, 협력이 있다면 우리는 미래를 위태롭게 하는 현재의 문제들을 해결할 적절한 방향을 찾을 수 있을 것이다. 내 확신은 시작할 때보다 더 강해졌다. 우리는 후손이 우리에게 감사함을 느낄 미래를 만들 수 있다. 우리는 자유, 기쁨, 아름다움이 있는 세상을 우리 손주에게 그리고 앞으로의 모든 세대에게 물려줄 수 있다.

A MILLION

1부

장기주의

미래를 바꾸는 것은
왜 중요한가

YEAR VIEW

당신 앞의 거대한 미래

: 5개월 된 아기의 시점에서

지금까지 살았던 모든 인간의 삶을 태어난 순서대로 처음부터 살아 간다고 상상해보자.[1] 당신의 맨 처음 삶은 30만 년 전쯤 아프리카에서 시작된다.[2] 그 삶을 살다 죽은 후, 시간을 거슬러 첫 번째 사람보다 살짝 늦게 태어난 두 번째 사람으로 환생한다. 그렇게 두 번째 사람이 죽으면 세 번째 사람으로, 다음에는 네 번째 사람으로… 이렇게 환생을 거듭한다. 1,000억 번의 삶 뒤에[3] 현재 살아 있는 가장 어린 사람으로 태어난다. 당신의 '삶'은 이 모든 생애, 연속해서 살아온 모든 생으로 이루어진다.

당신의 역사 경험은 대부분의 교과서에서 묘사한 것과 딴판이다. 클레오파트라나 나폴레옹 같은 유명한 인물은 당신 경험에서 아주 작은 부분만을 차지한다. 당신 삶의 실체는 평범한 일상으로 이루어진다. 먹고, 일하고, 사람들과 어울리고, 웃고, 걱정하고, 기도하는 일상의 현실로 채워지는 것이다.

당신의 삶은 총 4조 년가량 이어진다. 그 시간의 10분의 1 동안은 수렵·채집인이고, 그중 60% 동안은 농경인이다.[4] 삶의 20%를 아이를 키우는 데, 또 다른 20%를 농사 짓는 데 사용한다. 그리고 약 2%를 종교 의식에 사용한다. 삶의 1% 이상은 말라리아나 천연두에 시달린다. 15억 년 동안은 섹스를, 2억 5,000만 년 동안은 출산을 한다. 그리고 44조 잔의 커피를 마신다.[5]

당신은 잔혹함과 친절함 모두를 경험한다. 식민지 개척자로서 새로운 땅에 침입한다. 식민지 주민으로서 땅을 빼앗긴다. 학대하는 자의 광포와 학대당하는 자의 고통을 느낀다. 삶의 10%는 노예 소유주로, 거의 같은 기간 동안은 노예로 산다.[6]

당신은 근대가 얼마나 이례적인지를 직접 경험한다. 극적인 인구 증가로, 당신 삶의 3분의 1은 1200년 이후, 4분의 1은 1750년 이후를 차지한다. 그 시점에는 기술과 사회가 그 어느 때보다 빠르게 변화하기 시작한다. 당신은 증기기관, 공장, 전기를 발명한다. 당신은 과학혁명, 역사상 가장 치명적인 전쟁,[7] 극적인 환경 파괴를 겪는다. 삶은 매번 더 길어지고, 당신은 왕이나 왕비로 산 과거의 삶에서조차 맛보지 못했던 호사를 누린다. 우주에서 150년을 보내고 일주일간 달 위를 걷는다. 당신이 경험한 것의 15%는 현재 살아 있는 사람들이 경험한 것이다.[8]

이것이 지금까지의 당신 삶이다. 호모 사피엔스로 태어나 현재까지 이어진. 하지만 이제 당신이 모든 미래의 삶도 산다고 상상해보자. 우리는 당신 삶이 이제 겨우 시작이기를 바란다. 인류의 지속 기간이 전형적인 포유류 종의 지속 시간에 불과하고(100만 년), 세계 인

구가 현재 규모의 10분의 1로 줄어든다고 해도, 아직 당신의 삶은 99.5%나 남아 있다.[9]

전형적인 인간 삶의 척도에서 볼 때 현재의 당신은 5개월 된 아기에 불과하다. 인류가 전형적인 포유류 종보다 오래 살아남는다면, 그러니까 지구가 더 이상 서식 가능 지역이 아닐 때까지 수억 년 동안, 혹은 마지막 별이 불타 없어질 때까지 수십조 년 동안 살아남는다면, 당신이 살아온 4조 년의 삶은 자궁에서 벗어난 후의 몇 초에 불과할 것이다.[10] 미래는 거대하다.

이 모든 미래의 삶을 살게 된다면, 당신은 현재의 우리가 무슨 일을 하길 원하는가? 우리가 공기 중에 이산화탄소를 얼마나 배출하길 원하는가? 우리가 연구나 교육에 얼마나 투자하길 원하는가? 미래를 망치거나 영원히 탈선시킬 수 있는 새로운 기술에 얼마나 신중하길 원하는가? 오늘의 조치가 장기적으로 미치는 영향에 얼마나 주의를 기울이길 원하는가?

이런 사고실험을 제안하는 이유는 도덕성의 본질이 다른 사람의 입장이 되어보고, 그들의 이해관계를 자신의 것처럼 다루는 데 있기 때문이다. 인간 역사의 전 범위에 걸쳐 이런 사고실험을 수행해보면, (거의 모든 사람이 삶을 영위하고, 거의 모든 즐거움과 고통의 가능성이 존재하는) 미래가 전면에 부각된다.

이 책은 **장기주의**에 대한 것이다. 장기주의란 장기적인 미래에 긍정적 영향을 주는 것이 우리 시대에 도덕적으로 가장 우선해야 할 일이라는 생각이다.[11] 장기주의는 미래가 얼마나 거대할 수 있는지, 미래의 방향을 정하는 일에 얼마나 많은 위험이 따르는지 진지하게 받아들이는 것이다. 인류가 이런 잠재 수명의 일부 동안만 생존할 수

20

있다고 해도, 우리는 (이상해 보일지 모르겠지만) 고대인이 된다. 우리는 인류 역사의 시초에, 가장 먼 과거에 살고 있는 셈이다. 지금 우리가 하는 일이 말로 다 할 수 없이 많은 미래 사람들에게 영향을 미친다. 우리는 현명하게 행동할 필요가 있다.

내가 장기주의라는 깨달음을 얻는 데는 오랜 시간이 걸렸다. 절대 만날 수 없는 세대의 사람들에게 초점을 맞춘 추상적인 이상은 가장 두드러진 문제에 집중할 만큼의 강한 동기를 부여하지 못한다. 나는 고등학교 때 노인과 장애인을 돌보는 조직에서 일했다. 대학 때는 세계의 빈곤 문제에 관심을 가지고 있었기 때문에 에티오피아의 소아마비 재활센터에서 자원봉사를 했다. 대학원에 들어간 후에는 사람들이 좀 더 효과적으로 서로를 도울 방법을 찾기 위해 노력했다. 나는 내 소득의 10% 이상을 자선단체에 기부하기로 약속했고, 다른 사람들에게서도 같은 약속을 끌어내기 위해 '기빙왓위캔Giving What We Can'이라는 조직을 공동 설립했다.[12]

이런 활동에는 눈에 보이는 효과가 따른다. 반면에 알지 못하는 미래 사람들의 삶을 개선하기 위해 노력해야 한다는 생각에는 냉담해진다. 한 동료가 먼 미래를 진지하게 받아들여야 한다는 주장을 폈을 때, 내가 즉각적으로 보인 반응은 그럴듯하게 포장한 묵살이었다. 나는 극빈, 교육 부족, 쉽게 예방할 수 있는 질병으로 인한 죽음 등 세상에는 실제 사람들이 직면한 현실적 문제들이 있다고 생각했다. 우리가 초점을 맞춰야 할 것은 그런 일들이라고 말이다. 미래에 영향을 줄지 안 줄지도 모르는 것들에 대한 공상과학 같은 추론은 집중을 방해하는 것으로 보일 뿐이었다.

하지만 장기주의에 대한 주장은 내 마음속에서 계속 힘을 행사했다. 이런 주장은 다음과 같은 단순한 아이디어에 기반을 둔다. 즉, 공정한 시선으로 볼 때, 미래 사람들은 도덕적으로 현재 세대 못지않게 중요하다. 미래 사람들의 수는 엄청나게 많을 수 있다. 그들의 삶은 월등히 좋을 수도 지나치게 나쁠 수도 있다. 그리고 우리는 그들이 사는 세상에 큰 차이를 만들 수 있다.

내게 가장 큰 문제로 다가온 것은 실용성이었다. 장기적인 미래에 마음을 쓴다 한들 지금의 우리가 뭘 할 수 있을까? 하지만 멀지 않은 미래에 일어날 수 있는, 역사를 형성할 잠재력을 가진 사건들에 대해 배워나가면서, 나는 우리가 인류 역사의 중요한 국면에 접근하고 있을 수도 있다는 아이디어를 더 진지하게 받아들이게 되었다. 기술 발전은 인류에게 새로운 기회를 만들어내면서도 미래 세대의 목숨을 위태롭게 하고 있다.

지금 나는 세계의 장기적인 운명이 (부분적으로는) 우리가 우리 평생에 걸쳐 하는 선택에 달려 있다고 믿는다. 근사한 미래가 펼쳐질 수 있다. 즉, 우리는 모두의 삶이 현재의 최고 삶보다 나아지는, 번영하고 오래 지속되는 사회를 만들 수 있다. 그러나 감시 시스템과 인공지능을 사용해서 자신의 이념을 영구히 지키려는 독재자의 손에 맡겨진 미래, 혹은 사회를 번창시키는 게 아니라 힘을 얻고자 하는 인공지능 시스템에 휘둘리는 끔찍한 미래가 될 수도 있다. 미래라는 것이 아예 없을 수도 있다. 생화학 무기로 스스로를 몰살시킬 수도 있고, 전면적인 핵전쟁이 일어나 문명이 붕괴하고 결코 다시는 회복하지 못할 수도 있다.

미래를 더 나은 방향으로 움직이기 위해 우리가 할 수 있는 일들이 있다. 우리는 사회를 이끄는 가치관을 개선함으로써, 그리고 인공지능의 발전을 주의 깊게 탐색함으로써 밝은 미래의 가능성을 높일 수 있다. 우리는 새로운 대량 살상 무기의 제작이나 사용을 막고 세계열강들 사이의 평화를 유지함으로써 미래를 보장할 수 있다. 물론 어려운 과제다. 하지만 그런 것들에 대해 우리가 하는 일이 실제적인 차이를 만든다.

이렇게 해서 나는 우선순위를 바꾸었다. 여전히 장기주의의 토대와 영향에 대해 확신하지 못하던 나는 이런 문제를 더 깊이 있게 조사하기 위해 연구의 초점을 전환하고, 옥스퍼드대학교 산하 글로벌우선순위연구소Global Priorities Institute와 원려재단Forethought Foundation이라는 두 개의 조직을 공동 설립했다. 이 책에서는 내가 배운 것들에 의지해 10년 전의 나와 같은 사람들을 설득할 만한 장기주의의 논거를 적어보려 한다.

나의 주장을 분명히 보여주기 위해 나는 이 책 전체에 걸쳐 세 가지 비유를 사용한다. 첫째, 인류를 경솔한 10대에 비유한다. 대부분 10대의 경우 인생이 한참 남아 있다. 그들이 내리는 결정은 평생에 걸쳐 영향을 미칠 수 있다. 공부를 얼마나 할 것인지, 어떤 커리어를 추구할 것인지, 어떤 위험을 감수할지 등을 선택할 때는 단기적인 설렘뿐 아니라 자신 앞에 있는 삶의 전체적인 방향에 대해서도 생각해야 한다.

둘째, 역사를 녹은 유리에 비유했다. 사회는 아직 얼마든지 주무를 수 있고, 입김을 불어넣어 어떤 모양으로든 만들 수 있는 상태다. 하지만 어느 시점에 이르면 유리는 식고 굳어서 바꾸기가 힘들 것이다. 유리가 아직 뜨거울 때 무슨 일이 일어났느냐에 따라 결과적인 형태는 아름다울 수도, 기형적일 수도 있고, 아예 산산조각이 날 수도 있다.

셋째, 장기적인 영향으로 가는 길을 미지의 땅을 향한 위험한 원정에 비유했다. 미래를 더 낫게 만들기 위해 노력하는 과정에서 우리는 어떤 위협에 직면할지 모르며, 심지어는 우리가 어디로 가고 있는지도 정확히 알지 못한다. 그럼에도 불구하고 우리는 대비할 수 있다. 우리는 앞쪽의 지형을 정찰할 수 있고, 원정이 적절한 지원을 받으며 잘 조정되도록 할 수 있고, 불확실하긴 해도 우리가 알고 있는 위협이 발생하지 않도록 주의할 수 있다.

이 책은 범위가 대단히 넓다. 나는 장기주의에 대해서만 이야기하는 게 아니라 그 영향을 파악하려 노력할 것이다. 그 때문에 수많은 컨설턴트와 연구 조교로부터 많은 도움을 받았다. 내 전문 분야인 도덕철학에서 벗어날 때마다 그 처음부터 끝까지 해당 분야 전문가들의 도움을 받았다. 따라서 이 책은 사실 '내' 책이라고만은 할 수 없다. 팀 노력의 산물이다. 이 책은 10년을 꽉 채운 연구(그중 거의 2년은 사실관계 확인에 할애했다)의 결실이다.

내 주장에 대해 더 깊이 있게 알고자 하는 사람들을 위해 배경 연구로 내가 의뢰했던 특별 보고서를 비롯한 광범위한 보조 자료를 모아 'whatweowethefutre.com'에서 찾아볼 수 있도록 해두었다. 지금까지의 연구에도 불구하고, 나는 우리가 장기주의와 그 영향의 표면만을 겨우 건드렸을 뿐이라고 생각한다. 아직 배워야 할 것이 많다.

내 생각이 맞다면 우리는 커다란 책임에 직면해 있다. 우리 뒤를 따를 사람들에 비교하면 우리는 극소수다. 하지만 미래 전체가 우리 손에 있다. 일상의 윤리는 그 정도의 규모를 다루는 경우가 드물다. 우리는 우리 손에 달려 있는 문제를 진지하게 받아들이는 도덕적 세계관을 구축해야 한다.

우리는 현명한 선택을 통해 인류를 적절한 궤도에 올려놓는 일에서 중심적 역할을 할 수 있다. 우리가 그렇게 한다면 우리의 현손자들은 과거를 되돌아보면서 공정하고 아름다운 세상을 그들에게 선사하기 위해 최선을 다한 우리에게 고마움을 느낄 것이다.

1장

장기적 관점이 필요한 이유

: 5억 년 이상의 미래를 책임지는 일

침묵하는 수십억

미래의 사람들은 중요하다. 미래는 거대하다. 우리는 그들의 삶을 더 나아지게 만들 수 있다.

이것이 아주 간결하게 요약한 장기주의의 논거다. 전제는 간단하다. 그리고 내가 보기에, 거기에는 특별히 논란이 될 만한 것이 없다. 하지만 그것들을 진지하게 받아들이는 일은 도덕적 혁명과 다름 없다. 활동가, 연구자, 정책 입안자, 아니 실은 우리 모두가 생각하고 행동해야 할 방법에 지대한 영향을 미치는 일인 것이다.

미래의 사람들은 중요하다. 하지만 우리는 그들에게 좀처럼 가치를 두지 않는다. 그들은 투표를 할 수도, 로비를 할 수도, 공직에 출마할 수도 없다. 따라서 정치인에게는 미래의 사람들을 생각할 유인이 거의 없다. 미래의 사람들은 우리와 협상도, 거래도 할 수 없다. 따라서 그들은 시장에서의 대표권이 거의 없다. 미래의 사람들은 자신의 견해를 직접 들려줄 수 없다. 트윗을 올릴 수도, 신문에 기사를 쓸 수도, 거리에서 행진을 할 수도 없다. 미래의 사람들은 모든 권리를 박탈당한 상태다.

시민권이나 여성참정권 운동 같은 과거의 사회적 운동은 사회의 무력한 구성원을 인정하고 그들에게 영향을 미치려 애썼다. 나는 장기주의가 이런 이상理想의 연장선상에 있다고 본다. 미래의 사람들에게 진짜 정치적 힘을 줄 수는 없지만, 최소한 그들을 고려할 수는 있다. 미래에 대한 현재의 압제를 버림으로써 우리는 선량한 관리자, 즉 미래 세대를 위해 번영하는 세계를 만드는 데 도움을 주는 수탁자 역할을 할 수 있다. 이것은 극도로 중요하다. 이제 그 이유를 설명해보기로 하자.

미래의 사람들은 중요하다

미래의 사람들이 중요하다는 생각은 상식이다. 미래의 사람들도 결국은 사람이다. 그들은 존재할 것이다. 우리와 마찬가지로 희망과 기쁨, 고통과 후회를 느낄 것이다. 단지 **아직** 존재하지 않을 뿐이다.

이것이 얼마나 직관적인지 확인하기 위해, 내가 등산을 하다가 산길에 유리병을 떨어뜨려 박살이 났다고 가정해보자. 내가 그것을 치우지 않으면 이후에 어떤 아이가 유리 파편에 심하게 베일 것이다.[1] 그것을 치울지 말지 결정하는 데 **언제** 아이가 다칠지 그 시기가 중요할까? 지금부터 일주일 후일지, 10년 후일지, 한 세기 뒤일지에 신경을 써야 할까? 그렇지 않다. 피해는 피해다, 언제 일어나든.

아니면 어떤 전염병이 한 도시에 퍼져 수천 명이 죽게 될 상황이라고 가정해보자. 당신은 전염병을 막을 수 있다. 그렇다면 조치를 취하기 전에 언제 전염병이 발발할지 알아야 할까? 그 자체가 중요할까? 고통과 죽음의 위험은 그런 것과 상관없이 걱정할 가치가 있는 일이다.

좋은 것들도 마찬가지다. 음악이든 스포츠든 당신의 삶에서 아끼고 사랑하는 어떤 것을 생각해보라. 그리고 삶의 어떤 것을 그만큼 아끼고 사랑하는 사람을 상상해보자. 미래에 산다고 해서 그들이 누리는 즐거움의 가치가 사라지는 것일까? 그들이 좋아하는 밴드의 콘서트 티켓이나 응원하는 축구팀의 경기 티켓을 당신이 줄 수 있다고 생각해보라. 그 티켓을 줄지 말지 결정하는 데 배송 날짜를 꼭 알아야 할까?

그런 문제들에 대해 토론하는 우리를 돌아보며 미래의 사람들이 어떻게 생각할지 상상해보자. 그들은 미래의 사람들이 중요치 않다고 주장하는 이들을 보게 될 것이다. 그들은 자신의 손을 내려다본다. 그들은 자신의 삶을 둘러본다. 무엇이 다른가? 무엇이 덜 실제적인가? 토론의 어느 편이 더 냉철하고 명확하게 보일까? 어느 편이 더 근시안적이고 편협하게 보일까?

시간적 거리는 공간적 거리와 다를 것이 없다. 수천 마일 떨어진 곳에 사는 사람도 중요하다. 마찬가지로 지금으로부터 수천 년 뒤에 살아갈 사람들도 중요하다. 두 경우 모두, 거리를 실재하지 않는 것으로 착각하고, 우리가 볼 수 있는 한계를 세상의 한계로 취급하기 쉽다. 그러나 세상이 우리 집 문 앞이나 국경에서 끝나지 않는 것처럼, 우리 세대나 다음 세대에서 끝나는 것도 아니다.

이런 생각은 상식이다. "사회는 그 나무 그늘에 절대 앉을 수 없는 노인들이 나무를 심을 때라야 발전할 수 있다"는 말이 있다.[2] 핵폐기물을 처리할 때 우리는 "수백 년 후 사람들이 죽든지 말든지 무슨 상관이야"라고 생각하지 않는다. 마찬가지로 기후변화나 환경오염을 걱정하면서 오로지 현재에 사는 이들만을 염두에 두는 사람은 없을 것이다. 박물관이나 공원이나 다리를 만들 때면 우리는 그것들이 수 세대를 견디기 바란다. 우리는 학교와 장기적인 과학 프로젝트에 투자한다. 우리는 그림과 전통과 언어를 보존한다. 우리는 아름다운 장소를 보호한다. 보통 우리는 현재에 대한 염려와 미래에 대한 염려 사이에 명확한 선을 긋지 않는다. 두 가지 모두 나름의 역할을 한다.

미래 세대에 대한 관심은 여러 지적 전통에서 공통적으로 받아들이고 있는 상식이다. 몇백 년에 걸쳐 구전되고 있는 이로쿼이족연맹Iroquois Confederacy[이로쿼이는 북아메리카 원주민 종족의 하나]의 헌법 '가야나샤고아Gayanashagowa'에는 유달리 명확한 진술이 있다. 연맹의 대표에게 "항상 현재의 세대뿐 아니라 앞으로서 세대까지 염두에 두라"고 권고하는 문장이다.[3] 오논다가와 세네카 부족의 지도자 오렌 라이언스는 이 문장을 '7세대 원칙'의 측면에서 다음과 같이 표현한다. "우리는 우리가 내리는 모든 결정이 앞으로 7세대의 안녕과 행복에 결부되도록 합니다. 우리는 '이것이 7세대에게 이익이 될 것인가'를 고려합니다."[4]

그렇지만 미래 세대가 중요하다는 것을 인정한다 해도 그들의 이익에 얼마나 비중을 둘지의 문제가 남는다. 현재를 사는 사람들에게 더 신경을 써야 할 이유가 있는 것일까?

　나로서는 두 가지 이유가 두드러져 보인다. 첫 번째는 편파성이다. 인간은 가족, 친구, 국민같이 현재의 사람들과 특별하고 강한 관계를 맺기 마련이다. 가까운 사람, 사랑하는 사람에게 특별히 비중을 두고, 또 그래야 하는 것은 상식이다.

　두 번째 이유는 호혜성이다. 황무지에서 은둔자로 살지 않는 한 엄청나게 많은 사람들(교사, 상점 주인, 엔지니어, 아니 사실은 모든 납세자)의 행동이 당신에게 직접적으로 혜택을 준다. 그것도 평생 동안 말이다. 우리는 보통 누군가로부터 혜택을 받으면 그것을 그 사람에게 되갚아야 할 이유로 여긴다. 하지만 미래의 사람들은 당신 세대의 사람들과 같은 방식으로 당신에게 혜택을 주지 않는다.[5]

　특별한 관계와 호혜성은 중요하다. 하지만 그것도 내 주장의 결과를 바꾸지는 못한다. 나는 언제 어디에서나 현재 사람들의 이익과 미래 사람들의 이익에 똑같은 비중을 두어야 한다고 주장하는 것이 아니다. 그저 미래의 사람들이 상당히 중요하다는 주장을 하고 있을 뿐이다. 우리 아이들에게 더 신경을 쓰는 것이 낯선 사람들의 이익을 무시한다는 의미가 아니듯, 동시대인을 더 신경 쓰는 것이 곧 후손의 이익을 무시한다는 뜻은 아니다.

　이 점을 분명히 보여주기 위해 어느 날 우리가 바다 밑에서 거대한 문명 '아틀란티스'를 발견했다고 가정해보자. 우리는 우리의 많은 활동이 아틀란티스에 영향을 준다는 것을 깨닫는다. 바다에 쓰레기를 버리면 아틀란티스의 시민들에게 피해를 줄 것이다. 배가 가라앉으면 그들은 그것을 고철과 다른 용도로 재활용할 것이다. 우리는 아틀란티스의 시민과 특별한 관계를 맺지 않으며, 그들이 준 혜택을 되갚아야 할 의무도 없을 것이다. 하지만 우리는 스스로의 행동이 그들에게 어떤 영향을 줄지 진지하게 생각해야 한다.

미래는 아틀란티스와 같다. 발견되지 않은 거대한 나라다.[6] 그 나라가 번창할지 흔들릴지는 우리가 지금 어떤 일을 하는지에 큰 영향을 받는다.

미래는 거대하다

미래의 사람들이 중요하다는 것은 상식이다. 마찬가지로 도덕적으로 수가 중요하다는 생각도 상식이다. 다른 모든 조건이 같은 상황에서 화재로부터 한 사람을 구할 수도, 열 사람을 구할 수도 있다면, 당연히 열 사람을 구해야 한다. 100명을 치료할 수도, 1,000명을 치료할 수도 있다면, 1,000명을 치료해야만 한다. 이것이 중요한 이유는 미래 사람들의 수가 엄청나게 많을 수 있기 때문이다.

이를 확인하기 위해 인류의 긴 역사를 생각해보자. 250만 년 전 지구상에는 호모Homo속屬의 구성원들이 있었다.[7] 우리 종인 호모 사피엔스는 약 30만 년 전 진화했다. 농경을 시작한 것은 1만 2,000년 전이고, 첫 도시를 형성한 것은 불과 6,000년 전이며, 산업 시대는 약 250년 전에 시작됐다. 그 이후 일어난 모든 변화(말이 끄는 수레에서 우주여행, 거머리에서 심장이식, 기계 계산기에서 슈퍼컴퓨터로의 전환)는 세 번의 인간 생애를 합친 기간 안에 일어났다.[8]

우리 종은 얼마나 오래 지속될까? 물론, 우리는 모른다. 하지만 우리의 불확실성(우리가 스스로의 멸종을 야기할지에 대한 불확실성도 포함)

그림 1.1 | 호모 사피엔스의 역사

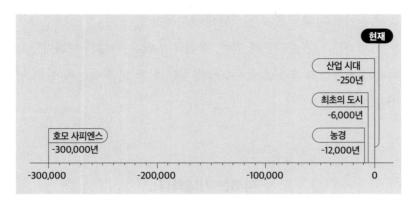

그림 1.2 | 인류가 평균적인 포유류 종만큼 오래 생존할 경우 문명의 잠재적 미래

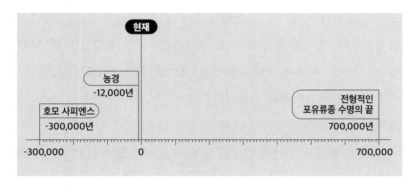

을 고려해 추측할 수는 있다.

미래의 잠재적 범위를 분명히 보여주기 위해 우리가 전형적인 포유류 종만큼만 지속될 것이라고, 즉 100만 년 정도 생존할 것이라고 가정하자.[9] 또, 우리 인구가 계속해서 현재의 크기를 유지한다고 가정해보자. 이 경우, 아직 태어나지 않은 사람은 80조 명이다. 즉, 미래의 사람들은 우리보다 1만 배 많을 것이다.

물론 미래가 펼쳐지는 방법 전체를 고려해야 한다. 스스로의 멸종을 야기할 경우 종으로서 우리 수명은 다른 포유류보다 훨씬 짧을 수도 있다. 다른 포유류와 달리, 우리는 다양한 환경에 적응할 수 있는 정교한 도구를 갖고 있다. 새로운 환경에 대응해 복잡하고 장기적인 계획을 세울 수 있는 추상적 사고 능력도 있다. 수백만 명이 함께 움직일 수 있게끔 하는 공통된 문화도 가지고 있다. 이것들이 다른 포유류는 할 수 없는, 멸종의 위협을 피할 수 있도록 도와준다.[10]

이는 인류의 수명에 불균형한 영향을 미친다. 문명의 미래는 몇백 년 안에 끝나는 대단히 짧은 것일 수 있다. 하지만 극히 길 수도 있다. 지구는 몇억 년 동안 인류의 서식이 가능한 상태를 유지할 것이다. 우리가 세기당 인구를 동일하게 유지하면서 그렇게 오래 생존한다면, 현재 살아 있는 사람의 100만 배 되는 미래의 사람들이 존재할 것이다. 인류가 별을 옮겨 다닌다면 그 기간은 말 그대로 천문학적일 것이다. 태양은 50억 년 동안 계속 타오를 것이다. 마지막 항성은 1조 년 후에 태어날 것이다. 갈색 왜성brown dwarf〔별이 되기에는 질량이 너무 작고 행성이라고 하기에는 무거운 천체〕들 간의 작지만 꾸준한 충돌로 인해 몇 개의 별은 지금부터 100만조 년 후에도 계속 빛날 것이다.[11]

문명이 그렇게 긴 시간 동안 지속될 수 있다면 인류는 엄청난 수명을 얻게 된다. 지구에서 사람이 더 이상 살 수 없을 때까지 5억 년을 생존할 가능성이 10%라면 5,000만 년 이상의 수명을 갖게 되는 것이다. 마지막 항성 형성까지 생존할 가능성이 1%라면 우리 인류에게는 100억 년 이상의 수명이 주어진다.[12]

결국 우리는 인류의 수명에 대해서뿐 아니라 얼마나 많은 사람

그림 1.3 | 지구의 서식 가능 시대

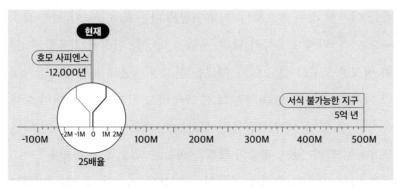

태양의 밝기가 증가하면서 지구가 인간이 서식 불가능한 상태로 변할 때까지 문명이 이어질 경우, 문명의 잠재적 미래. 5억 년에서 13억 년으로 추정되는 이 시간대의 길이에 대해서는 상당한 불확실성이 존재한다.

이 존재할지에까지 주의를 기울여야 한다. 그렇다면 우리는 이렇게 질문해야 한다. "미래에는 한 번에 얼마나 많은 사람이 살게 될까?"

미래의 인구는 현재보다 적을 수도, 많을 수도 있다. 하지만 미래의 인구는 감소한다 해도 80억 명까지만 줄어들 수 있을 뿐이다. 현재의 인구 규모다. 반면에 미래의 인구가 늘어난다면, 지금보다 훨씬 많아질 수 있다. 현재 세계 인구는 이미 수렵·채집 시대 인구의 1,000배를 넘어섰다. 세계 인구밀도가 네덜란드(농산물 순수출국) 수준으로 증가한다면, 한 번에 살아 있는 사람은 700억 명이 될 것이다.[13] 허황하게 들릴지 모르겠지만, 선사시대 수렵·채집인이나 초기 농경인에게는 80억 명이라는 세계 인구도 허황하게 보였을 것이다.

언젠가 우리가 다른 별로 이주한다면 인구 규모는 극적으로 늘어날 수 있다. 태양은 지구상 육지 크기의 수십억 배에 달하는 빛을 생성한다. 우리 은하에는 수백억 개의 다른 별이 있고, 그 밖에 우리가 접근 가능한 수십억 개의 은하도 있다.[14] 따라서 먼 미래에는 지금보다 훨씬 많은 사람이 존재할 수 있다.

정확히 얼마나 많을까? 정확한 추정은 가능하지도 않고 필요하지도 않다. 어떻게 계산해도 엄청난 수치다.

이를 확인하려면 다음 그림을 참조하라. 하나의 모형은 100억 명을 나타낸다. 지금까지 약 1,000억 명이 살았다. 이 과거의 사람들은 10개의 모형으로 표현할 수 있다. 현재의 세대는 약 80억 명으로 이루어져 있고, 나는 이것을 100억으로 올림해서 하나의 모형으로 표현할 것이다.

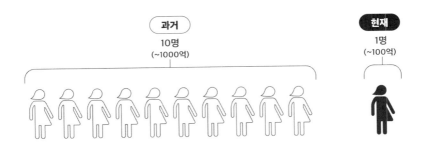

이어서 미래를 표현해보자. 우리가 현재의 인구 수준을 유지하고 5억 년 동안 지구에서 산다는 시나리오를 택하기로 한다. 그렇다면 다음은 모두 미래의 사람들이다.

1부 장기주의

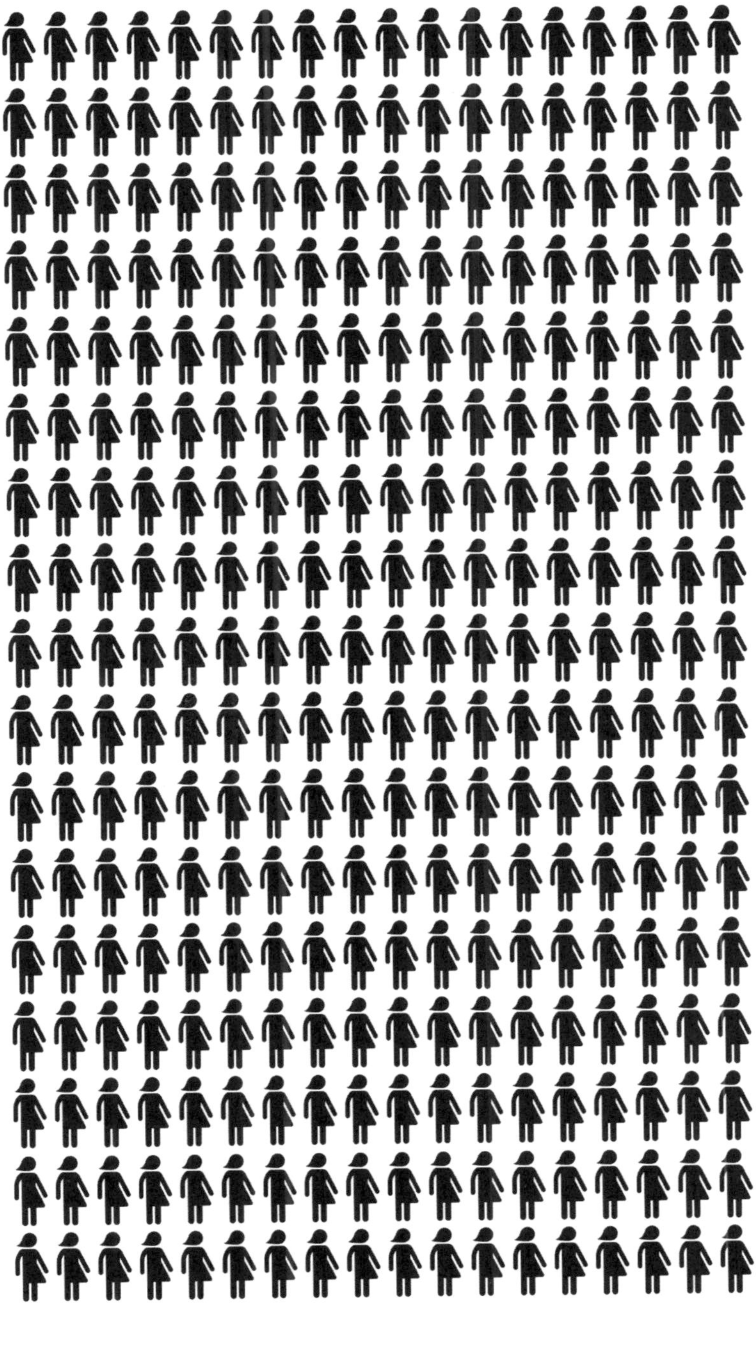

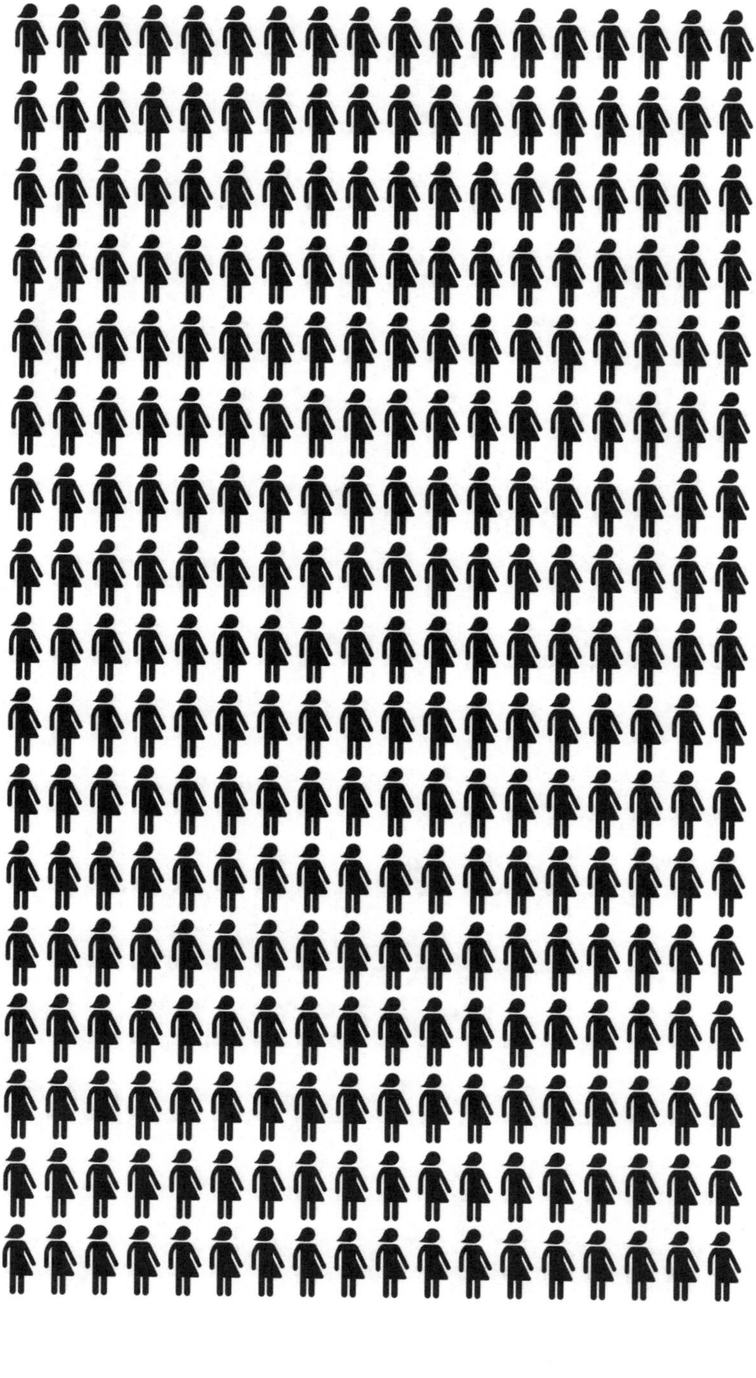

시각적으로 표현하면 얼마나 많은 목숨이 달려 있는 문제인지 눈에 보이기 시작한다. 하지만 이 그림은 짧게 줄인 것이다. 다 보여주려면 이 책의 100배가 넘는 2만 페이지를 채워야 한다. 각각의 모형은 100억 개의 삶을 표시한다. 그 각각의 삶이 번창할 수도, 끔찍해질 수도 있다.

앞서 나는 오늘날의 인류가 경솔한 10대와 같다고 말했다. 우리 인류에게 삶의 대부분은 아직 다가오지 않았다. 그 나머지 삶에 영향을 미치는 결정들은 엄청나게 중요하다. 하지만 이런 비유는 내 논거를 축소시키는 면이 있다. 10대는 자신이 얼마나 살 수 있을지 대략적으로 알고 있지만, 우리는 인류의 수명이 어디까지인지 알지 못하기 때문이다. 우리의 상태는 다음 몇 개월 내에 우연히 자신의 죽음을 유발할 수도 있고 1,000년을 살 수도 있는 10대라고 말하는 게 더 정확할 것이다. 그런 상황에 있다면 당신은 당신 앞에 있을지도 모르는 긴 삶에 대해 진지하게 생각할까, 아니면 무시해버릴까?

미래의 크기는 가히 아찔하다. 보통 '장기적' 사고라고 하면 기껏해야 수년 혹은 수십 년에 주목한다. 이런 정도로는 장기적 사고가 모레도 아닌 내일을 생각하는 것이라고 믿는 10대와 다를 바 없다. 인류의 수명을 아무리 짧게 잡아도 말이다.

미래에 대한 생각이 쉽지 않은, 버거운 일임은 부정할 수 없다.

그러나 미래 세대의 이익에 정말로 신경을 쓴다면, 그래서 그들이 우리처럼 행복과 고통을 경험할 수 있는 실제 사람이라는 것을 인식한다면, 우리는 그들이 사는 세상에 어떤 영향을 줄지 생각해볼 의무가 있다.

미래의 가치

미래는 매우 거대할 수 있다. 또 대단히 좋을 수도, 아주 나쁠 수도 있다.

얼마나 좋을 수 있는지 이해하려면 지난 몇 세기 동안 인류가 이룬 진전을 살펴보면 될 것이다. 200년 전, 평균수명은 30세에 못 미쳤다. 현재의 평균수명은 73세다.[15] 당시에는 세계의 80%가 극빈 상태로 살았다. 현재는 그 수치가 10% 미만이다.[16] 당시에는 성인의 10%만이 글을 읽을 수 있었다. 현재는 성인 85%가 글을 읽는다.[17]

전체로서 우리는 이런 긍정적 추세를 강화하고, 이산화탄소 배출량과 공장식 축산 농장에서 고통받는 동물 수의 극적인 증가와 같은 부정적 추세의 방향을 바꿀 수 있는 힘을 갖고 있다. 우리는 모든 사람이 현재 가장 잘사는 나라의 가장 행복한 사람들처럼 사는 세상을 만들 수 있다. 누구도 가난하지 않고, 적절한 의료 서비스를 제공받으며, 가능한 한 모두가 원하는 대로 자유롭게 살 수 있는 세상을 말이다.

하지만 우리는 그보다 더 나은, 훨씬 더 나은 일도 할 수 있다. 지금까지 살펴본 최선의 상황은 가능한 것을 가늠하는 면에서는 형편없는 안내서다. 여기에 대한 감을 잡기 위해 1700년 부유한 영국 남성의 삶을 생각해보자. 당시 최고의 음식, 최고의 의료 서비스, 최고의 사치를 누릴 수 있었던 사람이다. 이런 모든 장점에도 불구하고, 그 남자는 천연두·매독·발진티푸스로 쉽게 죽을 수 있었다. 수술이 필요하거나 치통이 있었다면, 그 치료는 고통스럽고 상당한 감염 위험을 동반했을 것이다. 그가 런던에 살았다면, 대기는 지금보다 17배 더 오염된 상태였을 것이다.[18] 브리튼섬 안을 돌아다니는 데만도 몇 주씩 걸렸을 테고, 지상의 대부분은 그가 전혀 닿을 수 없는 지역이었다. 그가 단순히 대부분의 사람이 자신만큼 부유한 미래를 상상했다면, 그는 전기, 마취제, 항생제, 현대적인 여행같이 우리의 삶을 향상시키는 많은 것을 염두에 두지 못했을 것이다.

사람의 삶을 개선하는 것은 기술만이 아니다. 도덕적 변화도 큰 몫을 한다. 1700년에 여성은 대학을 다닐 수 없었고 여권운동은 존재하지도 않았다.[19] 우리의 이 부유한 영국인이 동성애자였다면 드러내놓고 사랑을 할 수 없었을 것이다. 남색은 사형에 처할 수 있는 범죄였다.[20] 1700년대 말 노예제가 절정에 달했을 때는 세계 인구 상당수가 노예 상태였다. 현재 그 비율은 1%도 되지 않는다.[21] 1700년에는 민주주의국가에 살고 있는 사람이 아무도 없었다. 현재는 세계 인구의 절반이 민주국가에서 살고 있다.[22]

1700년 이래 우리가 이룬 많은 진전을 당시 사람들이 예측하기는 대단히 어려웠을 것이다. 단 3세기 동안 만들어진 격차다. 인류는 지구에서만 수백만 세기를 지속할 수 있다. 그런 규모라면 현재 세계에 고착된 버전만을 기반으로 인류의 가능성을 생각할 경우, 미래의 삶이 얼마나 좋아질지를 심각하게 과소평가할 위험이 있다.

삶에서 가장 좋았던 순간을 생각해보라. 사랑에 빠지거나, 평생의 목표를 이루거나, 창조적 식견을 얻는 것과 같은 기쁘고, 멋지고, 에너지가 충만했던 순간을. 이런 순간들은 무엇이 가능한지 알려준다. 우리는 삶이 그 순간들만큼 좋을 수 있다는 것을 알고 있다. 그런 순간들은 우리 삶이 어떤 방향으로 움직일 수 있는지도 보여준다. 아직 우리가 가보지 못한 어딘가로 우리를 이끈다. 내게 최고의 순간이 쾌적하지만 평범한 삶보다 수백 배 나았다면, 미래 사람들에게 최고의 날들은 그보다 수백 배 더 좋을 수 있다.

나는 근사한 미래가 **있을 법하다**고 주장하는 것이 아니다. 어원학상 '유토피아'는 '존재하지 않는 곳'을 의미하며, 실제로 여기에서 이상적인 미래 상태에 이르는 길은 망가지기가 대단히 쉽다. 그렇다고 근사한 미래가 단순한 공상인 것은 아니다. 그런 의미에서, 'utopia'보다는 '더 나은 곳', 즉 노력해서 얻어야 하는 것이라는 의미의 'eutopia'가 좀 더 적절한 단어일 것이다. 그것은 충분한 인내와 지혜가 있으면, 우리 후손들이 실제로 건설할 수 있는 미래다. 우리가 후손들을 위해 길을 닦는다면 말이다.

미래는 멋질 수도 있지만 끔찍할 수도 있다. 이를 확인하기 위해 과거의 부정적 추세를 살펴보고 **그것들**이 세계를 이끄는 지배적인 힘이 되는 미래를 상상해보자. 프랑스와 영국에서는 12세기 말에 노예제가 거의 사라졌다. 하지만 식민지 시대에 그 두 나라가 대규모로 노예를 거래했던 것을 생각해보라.[23] 아니면 20세기 중반, 민주국가에까지 전체주의 정권이 나타났던 것을 생각해보라. 아니면 과학 발전을 이용해 핵무기와 공장식 축산 농장을 만든 것을 생각해보라.

유토피아가 현실적으로 가능한 것과 마찬가지로 디스토피아도 현실적으로 가능하다. 미래는 하나의 전체주의 정권이 세계를 지배하는 곳일 수도, 오늘날과 같은 정도의 삶의 질이 황금기의 먼 기억으로만 남은 곳일 수도, 제3차 세계대전이 문명의 완벽한 파괴를 초래하는 곳일 수도 있다. 근사한 미래냐 끔찍한 미래냐는 (부분적으로) 우리에게 달려 있다.

기후변화의 중요성

미래가 거대하고 중요하다는 것을 받아들였더라도, 우리가 과연 미래에 긍정적 영향을 줄지에 대해서는 회의적일 수 있다. 우리 행동의 장기적 영향을 계산하는 것이 대단히 어려운 일이라는 점은 나도 인정한다. 많은 고려 사항이 있고, 미래에 대한 우리의 이해는 이제 막 시작 단계일 뿐이다. 이 책에서 내가 목표로 하는 것은 우리가 무엇을 해야만 하는지에 대해 최종적인 결론을 내리는 것이 아니다. 하지만 미래는 너무도 중요하기 때문에 우리는 적어도 긍정적 방향으로 나아가는 방법을 알아내기 위해 노력해야만 한다. 그리고 이미 알고 있는 것이 있다.

과거를 돌아보면, 의도적으로 장기적 영향을 목표로 삼은 사례가 많지는 않다. 그렇더라도 존재하기는 하며, 일부는 놀라운 수준의 성공을 거뒀다. 시인들이 하나의 실마리를 준다. 셰익스피어의 〈소네트 18〉("그대를 여름날에 비겨도 될까요?Shall I compare thee to a summer's day?")에서, 작가는 자신의 예술을 통해 자신이 경애하는 젊은이를 영원히 지킬 수 있다고 말한다.[24]

그러나 그대의 영원한 여름은 시들지 않을 것이며

(…)

그대는 이 불멸의 시 속에서 영원할 테니까

사람들이 숨을 쉬고 그들에게 눈이 있어 이 시를 볼 수 있다면

이 시가 그렇게 존재하는 한, 그대 또한 이 시 속에서 영원하

리라.[25]

〈소네트 18〉은 1590년대에 쓰였지만 그보다 훨씬 먼 과거의 전통을 반영한다.[26] 기원전 23년 로마의 시인 호라티우스는 〈송가Odes/頌歌〉의 마지막 시를 이렇게 시작한다.[27]

내 기념물을 쌓았노라, 청동보다 오래갈 것을, 제왕들의 피라

미드보다 한층 높이, 그것을 좀먹는 비도 억누를 수 없는 북

풍도 파괴할 힘이 없어라, 연년세세 측량할 길 없이 흘러갈

세월아, 쏜살같이 지나갈 시간아.

나는 완벽하게 불멸이다. 나의 풍요한 일부는 명부冥府의 여

왕조차 잡아 내리지 못할진저.[28]

이런 주장들은 어떻게 보아도 과장 같다. 하지만 이 시인들의 불멸 시도는 그럴듯하게 성공했다. 그들은 수백 년의 세월을 살아남았고, 오히려 시간이 지나면서 번창하고 있다. 그의 시대보다 더 많은 사람이 셰익스피어의 작품을 읽는다. 호라티우스도 다르지 않을 것이다. 미래 세대의 구성원이 이 시들의 표현을 보전하거나 모사하기 위해 아주 작은 대가를 기꺼이 지불하는 한 이 작품들은 영원히

사라지지 않을 것이다.

다른 작가들 역시 대단히 장기적인 영향을 주는 데 성공했다. 투키디데스는 기원전 5세기에 《펠로폰네소스 전쟁사》를 썼다.[29] 많은 사람이 그를 사건을 충실하게 묘사하고 원인을 분석하기 위해 노력한 최초의 서구 역사가로 생각한다.[30] 그는 자신이 일반적인 사실을 묘사하고 있다고 생각했으며, 의도를 갖고 역사를 썼기에 먼 미래에까지 영향을 줄 수 있었다.

> 그러나 과거사에 관해 그리고 (인간의 본성에 따라) 언젠가는 비슷한 형태로 반복될 미래사에 관해 명확한 진실을 알고 싶어 하는 사람은 내 역사 기술을 유용하게 여길 것이며, 나는 그것으로 만족한다. 이 책은 대중의 취미에 영합해 쓴 것이 아니라 영원히 남기기 위해 쓴 것이다.[31]

투키디데스의 작품은 오늘날에도 어마어마한 영향력을 갖고 있다. 이 책은 웨스트포인트와 아나폴리스사관학교, 미국 해군전쟁대학의 필독서다.[32] 그레이엄 앨리슨의 저서 《예정된 전쟁》(2018)은 '미국과 중국은 투키디데스의 함정에서 벗어날 수 있는가Can America and China Escape Thucydides's Trap?'(한국어판의 부제는 '미국과 중국의 패권경쟁, 그리고 한반도의 운명')라는 부제를 달고 있다. 앨리슨은 미·중 관계를 투키디데스가 스파르타와 아테네에 대해 사용했던 것과 같은 용어로 분석한다. 내가 아는 한 투키디데스는 장기적인 영향을 주는 것을 역사 기록의 의도적인 목표로 삼고 거기에 성공한 최초의 사람이다.

좀 더 최근의 사례는 미합중국 헌법 제정자들이다. 미국 헌법은 약 250년 전에 만들어졌으며 거의 변함없이 유지되고 있다. 헌법 제정은 장기적인 중요성이 큰 문제였고, 많은 제정자들이 그에 대해 잘 알고 있었다. 미국 2대 대통령 존 애덤스는 "지금 미국에서 만들어진 헌법은 수천 년 동안 사라지지 않을 것이다. 따라서 올바르게 시작하는 것이 대단히 중요하다. 잘못된 출발을 하면, 우연이 아닌 한 올바른 길로 되돌아갈 수 없을 것이다"라고 말했다.[33]

마찬가지로 벤저민 프랭클린은 미국의 번영과 지속에 대한 신념으로 유명했다. 1784년 프랑스의 한 수학자는 그에 대한 우호적인 논평에서 프랭클린이 자신의 신념에 정말 진지하다면 복리로 돈을 벌어 수 세기 후의 사회복지 프로젝트에 돈을 대야 하지 않겠느냐고 말했다.[34] 프랭클린은 그것을 좋은 아이디어라고 생각했고, 1790년 보스턴시와 필라델피아시에 1,000파운드(현재 가치로 약 13만 5,000달러)를 투자했다. 이 기금의 4분의 3은 100년 후, 나머지는 200년 후에 찾도록 되어 있었다. 1990년 기금의 최종 분배액은 보스턴의 경우 500만 달러, 필라델피아의 경우 230만 달러였다.[35]

건국 헌법 제정자 역시 그들보다 거의 200년 앞서 발전된 사상의 영향을 받았다. 권력분립에 대한 그들의 견해는 기원전 2세기 폴리비오스의 로마 지배구조 분석을 기반으로 한 로크와 몽테스키외의 사상에 바탕을 둔 것이었다.[36] 우리가 알고 있는 바로는 여러 헌법 제정자들이 폴리비오스의 작품과도 친숙했다.[37]

투키디데스나 프랭클린 정도의 영향력이 있어야만 장기적인 미래에 예측 가능한 영향을 미칠 수 있는 것은 아니다. 사실 우리는 항상 그런 일을 하고 있다. 우리는 운전을 하고 비행기를 탄다. 그러면서 대단히 오랫동안 환경에 영향을 미치는 온실가스를 배출한다.

자연적 과정을 통해 이산화탄소 농도가 산업화 이전 수준으로 되돌아가려면 수십만 년이 걸릴 것이다.[38] 이것은 방사성 핵폐기물과 관련된 시간 척도다.[39] 우리는 핵연료를 저장하고 그 폐기물을 매장하는 계획은 신중하게 세우면서, 다른 한편으로는 화석연료를 태워 이산화탄소를 공중으로 펑펑 내뿜는다.[40]

경우에 따라 이런 온실효과의 지구물리학적 영향은 시간이 지나면서 '씻기'는 게 아니라 오히려 더 심각해진다.[41] 기후변화에관한 정부간협의체IPCC는 (지금 가장 가능성이 높다고 인정받고 있는) 중·저 배출 시나리오에 따를 경우, 이번 세기 말에 해수면이 약 0.75미터 상승할 것으로 예상된다.[42] 하지만 해수면은 2100년이 훨씬 지나서까지 계속 상승할 것이다. 1,000년 후에는 해수면이 현재보다 20미터 높아질 거라는 얘기다.[43] 하노이, 상하이, 콜카타, 도쿄, 뉴욕이 모두 물에 잠긴다.[44]

기후변화는 지금의 행동이 어떻게 장기적 결과로 이어지는지 보여준다. 하지만 장기 지향적인 행동이 반드시 오늘을 사는 사람들의 이익을 무시할 필요는 없다는 것을 강조하기도 한다. 우리는 미래의 방향을 긍정적인 쪽으로 돌리면서도 현재를 개선할 수 있다.

청정에너지로의 전환은 현대인의 건강이란 측면에서 엄청난 혜택을 가져다준다. 화석연료를 태울 경우 미세 입자가 공기를 오염시키며 폐암, 심장 질환, 호흡기 감염을 유발한다.[45] 그 결과 매년 약 360만 명이 조기 사망한다.[46] 세계적으로 볼 때 상대적 오염도가 낮은 유럽연합EU에서도 화석연료로 인한 대기오염 때문에 일반 시민의 평균수명이 1년 감소한다.[47]

따라서 탈탄소decarbonization(화석연료를 더 깨끗한 에너지원으로 대체

그림 1.4 | 전기 1테라와트시 생산 시 사망자 수

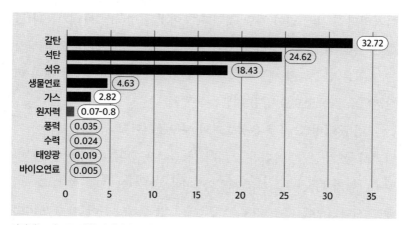

여기에는 사고로 인한 사망자와 공기 오염으로 인한 사망자가 포함되지만, 기후변화에 기여한 결과 발생한 사망자는 포함되지 않는다. 원자력 수치에는 체르노빌과 후쿠시마 사고의 사망자 수도 포함했다. 표시 범위는 저농도 피폭의 장기적 영향-추정치에 차이가 있기 때문에 달라진다. 더 자세한 내용은 whatweowethefuture.com/notes을 참고하라. 다른 동력원에 대한 추정치는 유럽의 데이터를 근거로 했다.

하는 것)는 장기적인 기후 혜택에 더해 엄청나고 즉각적인 건강상의 혜택을 준다. 우선 대기오염에 대해 설명해보면, 급속한 탈탄소화는 건강 혜택만으로도 충분히 정당화된다.[48]

즉, 탈탄소는 장기적으로도 단기적으로도 삶을 향상시키는 윈윈 전략이다. 실제로 청정에너지(태양광, 풍력, 차세대 원자력, 대체 연료 등) 혁신을 촉진하는 것은 다른 면에서도 이득이다. 청정에너지 혁신은 에너지를 더 값싸게 만듦으로써 가난한 나라의 삶의 수준을 높인다. 화석연료를 땅속에 그대로 둠으로써 내가 6장에서 이야기할 회복 불가능한 붕괴의 위험을 막을 수 있다. 아울러 기술 진보를 더욱 촉진해 7장에서 논의할 장기적 침체의 위험을 줄인다. 그야말로 윈-윈-윈-윈-윈이다.

탈탄소는 장기주의 개념에 관한 증거다. 청정에너지 혁신은 매우 큰 잠재력을 가지고 있으며, 그 분야에서는 아직 할 일이 대단히 많다. 그 때문에 나는 그것을 다른 잠재적인 조치들이 기준으로 삼을 만한 장기주의 활동의 기선基線으로 본다. 탈탄소는 상당히 높은 요구 기준을 마련한다.

하지만 그것이 장기에 영향을 주는 유일한 방법은 아니다. 이 책의 나머지 부분에서는 우리가 장기적인 미래에 긍정적 영향을 줄 수 있는 방법을 체계적으로 다루면서 인공지능을 현명하게 통제하고, 인위적 팬데믹을 막고, 기술 정체를 방지하는 도덕적 변화가 얼마나 중요한지 또 얼마나 심각하게 외면당하고 있는지 이야기할 것이다.

역사 속에서 우리의 순간

우리가 장기적인 미래에 영향을 줄 수 있으며 너무나 많은 것이 위태로운 상태라는 발상이 지나치게 무모하고 현실감이 없어 보이지 않는가? 처음에는 나도 그랬다.[49]

하지만 장기주의가 무모하다는 느낌은 그 기저를 이루는 도덕적 전제 때문이 아니라, 우리가 대단히 이례적인 시간을 살고 있다는 사실에 기인한다는 것이 내 생각이다.[50]

우리는 엄청난 변화의 시대에 살고 있다. 이를 확인하기 위해 최근 몇십 년간 세계 경제성장률이 매년 평균 3%대를 기록했다는 것을 떠올려보자.[51] 역사상 전례가 없는 일이다. 인류가 생겨나고 처

그림 1.5 | 지난 2,000년 동안의 세계 GDP

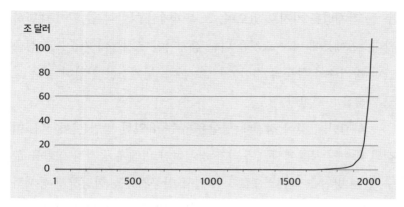

OWID based on World Bank & Maddison, 2017

음 29만 년 동안, 세계 연간 경제성장률은 0%에 가까웠다. 농경 시대에는 성장률이 0.1% 정도였고, 산업혁명 이후 가속됐다. 세계경제가 연 2%의 성장세를 보이기 시작한 것은 불과 100년 전부터다. 이렇게 표현해보자. 기원전 1만 년부터 세계경제의 규모가 두 배 성장하는 데에는 수백 년씩이 걸렸지만 가장 최근에 두 배가 되는 데 걸린 시간은 단 19년이었다.[52] 역사상 유례가 없는 것은 경제성장의 속도만이 아니다. 에너지 사용, 이산화탄소 배출, 토지 사용 변화, 과학 발전, 도덕적 변화의 속도도 마찬가지다.[53]

따라서 우리는 지금의 시대가 과거에 비교해서 극히 이례적이라는 점을 알고 있다. 하지만 지금 시대는 미래에 비교해서도 이례적이다. 이런 급속한 변화의 속도는 영원히 이어질 수 없다. 성장과 탄소 배출을 완전히 분리하고 미래에 다른 별로 이주한다고 해도 말이다. 이를 확인하기 위해 미래의 성장률이 정확히 연 2%로 떨어진다고 상상해보자.[54] 그런 속도라면, 1만 년 후 세계경제는 지금의 10^{86}배로 늘어날 것이다. 즉, 우리는 지금보다 100,000,000,000,000,000,000,00 0,000,000,000,000,000,000,000,000,000,000,000,000,000,0 00,000,000,000,000,000배 많은 생산을 하게 될 것이다. 하지만 지구로부터 1만 광년 내에 있는 원자는 10^{67}개 미만이다.[55] 요컨대 이론상 현재의 성장률이 1만 년만 지속돼도 우리가 접근할 수 있는 **모든 원자**에 대해 우리의 현재 세계가 생산하는 것보다 1,000조 배 많은 생산을 하게 된다는 얘기다. 물론 확신할 수는 없지만, 이것은 가능해 보이지 않는다.[56]

인류는 앞으로 수백만 년 혹은 수십억 년 지속될지도 모른다. 하지만 현대 세계의 변화 속도는 수천 년 지속될 수 있을 뿐이다. 이는 우리가 인류의 스토리에서 극히 이례적인 장chapter을 살고 있다는 의미다. 과거 그리고 미래와 비교하면 우리는 살아가는 동안 극히 특이한 경제적 · 기술적 변화를 겪고 있는 것이다. 이런 변화들(화석연료 발전, 핵무기, 유전자조작 병원체, 첨단 인공지능 등) 중에는 미래의 방향 전체에 영향을 줄 잠재력을 갖고 있는 것도 있다.

이 시대를 이례적으로 만드는 것은 변화의 빠른 속도만이 아니다. 우리는 이례적으로 연결되어 있다.[57] 5만 년이 넘도록 우리는 뚜렷이 구분되는 집단으로 나뉘어 있었다. 아프리카, 유럽, 아시아, 호주의 사람들이 서로 소통할 방법은 없었다.[58] 기원전 100~서기 150년에 로마제국과 한漢나라는 각기 세계 인구의 30%를 다스렸다. 하지만 그들은 서로를 거의 알지 못했다.[59] 한 제국 내에서도 한 사람이 멀리 있는 다른 사람과 소통할 수 있는 능력은 대단히 제한적이었다.

미래에 우리가 여러 별로 퍼져나간다면 인류는 다시 갈라질 것이다. 은하는 군도群島와 같이 아주 작은 온기warmth가 군데군데 있는 광활한 지역이다. 우리 은하를 지구의 크기라고 생각하면, 우리 태양계는 지름이 10센티미터이고 이웃들과는 수백 미터 떨어져 있는 셈이다. 은하의 한쪽 끝에서 다른 쪽 끝까지 가장 빠르게 소통한다 해도 10만 년은 걸릴 것이다. 가장 가까운 이웃이라도 왕복 소통에 약 9년이 걸릴 것이다.[60]

사실 인류가 충분히 분산되고 충분히 오래 살아남는다면, 문명의 일부분이 다른 문명과 소통하는 것은 불가능해진다. 우주는 수백만 개의 은하군으로 이루어져 있다.[61] 우리 은하군은 국부은하군局部銀河群이라고 불린다. 각 은하군 내의 은하들 간 거리는 인력이 영원히 그들을 묶어둘 수 있을 정도로 가깝다.[62] 하지만 우주가 팽창하고 있기 때문에 은하단은 결국 해체될 것이다. 1,500년 후면 빛조차 한 은하군에서 다른 은하군까지 이동하지 못할 것이다.[63]

우리 시대가 대단히 이례적이라는 사실 때문에 우리에게는 차이를 만들 수 있는 엄청난 기회가 주어진다. 지금까지 살았던 사람들 중에 우리만큼 미래에 긍정적인 영향을 줄 큰 힘을 가진 사람은 없었고, 앞으로도 없을 것이다. 이런 급속한 기술·사회·환경의 변화는 우리가 엄청나게 중요한 변화들(나쁜 가치관에 고착되거나 우리의 생존을 위협할 수 있는 기술을 관리하는 등)이 언제 어떻게 일어날지에 영향을 줄 수 있는 더 많은 기회를 갖고 있다는 의미다. 지금과 같이 통합된 문명은 작은 집단이 전체에 영향을 미칠 힘을 가질 수 있다는 뜻이다. 새로운 아이디어는 단일한 대륙에 국한되지 않고, 몇 세기가 아닌 몇 분 만에 전 세계로 확산할 수 있다.

더구나 이런 변화가 대단히 최근의 일이라는 사실은 우리가 아직 평형 상태에 돌입하지 않았다는 의미다. 사회는 아직 안정된 상태로 정착하지 않았고, 따라서 우리는 우리가 **어떤** 식의 안정된 상태에 들어갈지에 영향을 미칠 수 있다. 바위투성이인 땅에서 빠르게 굴러가고 있는 거대한 공을 생각해보라. 시간이 지나면 이 공은 추진력을 잃고 속도가 떨어지면서 어떤 계곡이나 틈의 바닥에 안착할 것이다. 문명은 이 공과 같다. 아직 움직이고 있는 동안은 작은 힘만 주어도 어디로 굴러갈지, 어디에서 멈출지에 영향을 미칠 수 있다.

2 장

미래 가치를 측정하는 기준

: 중대성, 지속성, 우발성

선사시대가 오늘에 미치는 영향

인간은 수만 년 동안 장기적 결과를 유발하는 선택을 해오고 있는 중이다. 생각해보라. 아프리카에 세계 다른 지역보다 그렇게 많은 거대 동물종(코끼리나 기린같이 몸집이 큰 동물)이 사는 이유는 무엇일까?[1] 이 주제에 대해 공부하기 전의 내가 그랬던 것처럼 당신도 그 답이 아프리카 특유의 환경과 관련되었을 거라고 생각할 것이다. 하지만 그렇지 않다. 5만 년 전에는 엄청나게 다양한 거대 동물들이 지구상을 돌아다니고 있었다.

1,000만 년 동안 남아프리카에서 살았던, 아마딜로와 비슷한 초식동물 글립토돈트glyptodont를 생각해보라.[2] 가장 큰 글립토돈트는 자동차만큼이나 크고 무거웠다.[3] 몸은 거대한 껍질로 덮이고 뼈로

이루어진 투구에 일부는 징spike이 박힌 곤봉 형태의 꼬리가 있었다.[4] 장갑차처럼 꾸민 거대한 카피바라capybara〔중남미의 강가에 사는 설치류 중 최대 크기 동물〕모습으로 살던 그들은 1만 2,000년 전 멸종했다.[5]

　메가테리움megatherium은 어떤가? 이 거대한 땅늘보는 가장 큰 육상 포유류 중 하나로 그 크기는 아시아코끼리에 필적한다.[6] 이 동물은 1만 2,500년 전 멸종했다.[7] 노티오마스토돈Notiomastodon은? 코끼리와 같은 속인 이 동물은 거대한 엄니를 가지고 있으며 200만 년 전에 진화했다가 1만 년 전에 멸종했다.[8] 여태 살았던 개과 동물 중 가장 컸던 것으로 알려진 다이어울프dire wolf는 거대한 초식동물 먹이가 사라지자 1만 3,000년 전 멸종했다.[9] 이 모든 종이 남아프리카에서 살고 있었다, 살아남지 못한 다른 수십 종의 거대 동물들과 함께.

　거대 동물의 멸종을 야기한 것이 무엇인지에 대해서는 열띤 논란이 있다. 일부 과학자들은 자연적인 기후변화가 주된 요인이었다

그림 2.1 | 현대 인간과 비교한 멸종된 거대 동물종의 크기

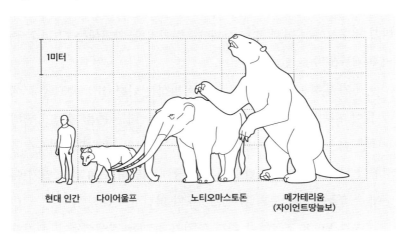

고 믿고, 일부에서는 인간이 주범이라고 생각하며, 또 일부에서는 인간과 기후변화의 합작이라고 생각한다.[10] 내가 보기에는 인간이 자주 결정적인 역할을 했다는 증거가 명확하다. 대부분의 이 거대 동물들은 과거 비슷한 규모의 기후변화를 십여 차례 겪어냈다.[11] 작은 동물들은 거대 동물과 같은 속도로 멸종하지 않았다.[12] 또한 멸종 시점이 인간이 그들의 서식지에 도착한 때와 일치한다.[13] 기후변화가 일조했을 수는 있지만, 그들을 없앤 것은 인간의 활동이 유발한 자연환경 파괴와 사냥이었다. 다른 대륙의 거대 동물들과 달리 아프리카의 거대 동물은 인간과 함께 진화했고, 따라서 포식자인 호모 사피엔스에 대한 대비가 더 잘 되어 있었다.

이런 거대 동물의 멸종은 세상의 돌이킬 수 없는 변화였다. 인간이 극히 원시적인 기술로 만든 변화 말이다. 이는 우리가 많은 아름답고 특이한 종들을 영원히 잃었다는 것을 의미한다. 호모 사피엔스는 자이언트땅늘보와 늑대의 멸종에만 연루된 것이 아니다. 우리는 인간의 사촌인 데니소바인과 네안데르탈인 멸종의 유력한 용의자다. 그들은 경쟁과 이종교배의 결과로 자취를 감췄을 가능성이 높다.[14] 지구상에는 이제 호모 사피엔스뿐이지만, 과거에는 더 많은 종이 존재했을 수도 있다.

초기 인류는 장기적인 결과를 유발하는 다른 선택들도 했다. 예를 들어, 초기 농경인은 농사용 평원과 물을 대는 논을 만들기 위해 광대한 숲을 태웠다.[15] 이런 산업화 이전의 산림 벌채에는 지속적인 영향이 뒤따랐다. 이산화탄소는 공기 중에 대단히 오래 남아 있기 때문에 선조들이 한 행동의 결과로 지구가 약간 따뜻해졌다.[16]

수천 년 전 조상들이 취한 조치가 현재를 형성했듯이, 우리가 현재 내리는 결정이 지금부터 수천 년 후의 미래를 형성할 것이다. 하지만 우리 결정에 장기적인 관점을 취하는 일을 정당화하려면 우리가 미래에 영향을 줄 수 있는지뿐만 아니라, 그런 영향이 어떤 것이 될지 적절히 내다볼 수 있는지 또한 중요하다. 모든 상세한 것을 예측할 필요는 없다. 시도한다 한들 가능하지도 않다. 하지만 미래를 더 낫게 만들고자 한다면 대단히 긴 시간 척도에서 균형에 긍정적 영향을 주는 행동을 식별해야 한다.

우리의 면 조상들은 세상에 미치는 장기적 영향을 예측할 수 없었다. 수렵·채집인은 자신들이 종을 없애고 있다는 것을 알지 못했다. 초기 농경인은 산림 벌채가 지구온난화를 유발하리란 것을, 이런 온난화의 결과가 어떨지를 짐작할 수 없었다.

하지만 우리는 더 나은 입장에 있다. 물론 우리가 알지 못하는 것이 여전히 많다. 하지만 우리는 많은 것을 배웠다. 지난 몇 세기 동안 특히 더 그랬다. 초기 농경인이 기후물리학에 대해 우리만큼 이해하고 있었다면, 숲을 태우는 일의 지구물리학적 영향을 얼마간 예측할 수 있었을 것이다. 수렵·채집인이 생태학이나 진화생물학에 대해 우리와 같은 지식이 있었다면, 그들은 멸종이라는 것이 무엇인지, 거기에 따르는 돌이킬 수 없는 잠재적 손실이 무엇인지 이해했을 것이다. 신중하게 조사하고 적절한 겸손함을 갖춘다면, 우리는 이제 대단히 긴 시간에 걸쳐 우리의 행동이 미치는 영향에 대한 평가를 시작할 수 있을 것이다.

이 장에서는 사건의 장기적인 가치를 평가하는 체계를 제시할 것이다. 그리고 이후의 장들에서는 이 체계를 우리가 앞을 내다보고 더 나은 방향으로 영향을 줄 수 있는 사건들에 적용할 것이다.

미래에 대해 생각하는 체계

글립토돈트의 멸종처럼 사람들이 일으켰을 수 있는 상황들을 생각해보자. 우리는 이런 새로운 상황의 장기적인 가치를 중대성, 지속성, 우발성, 이렇게 세 가지 요인의 측면에서 평가할 수 있다.[17]

중대성은 특정한 상황이 일어남으로써 부가되는 평균적인 가치다. 언제인지는 모르지만 글립토돈트의 멸종으로 세상은 얼마나 더 나빠졌을까? 이를 분석할 때는 지구상에 있는 종의 근본적인 손실, 껍질을 이용하거나 고기를 먹을 수 있는 사람에 대한 손실, 글립토돈트가 살았던 생태계에 대한 영향 등 글립토돈트 멸종과 관련한 모든 측면에 주의를 기울여야 할 것이다.

상황의 **지속성**은 그 상황이 일단 벌어지고 나면 얼마나 오래 계속되는가를 말한다. 글립토돈트의 멸종은 지속성이 길다. 요컨대 1만 2,000년 전부터 우주의 종말까지 지속된다.[18] 미래의 언젠가 우리가 글립토돈트를 복원하지 않는 이상에는.

기술로 복원이 가능할지도 모른다. 현재 매머드 같은 특정 종의 '멸종 생물 복원de-extinct' 노력이 진행 중이다. 유해에서 DNA를 추출하고, 그 DNA를 코끼리 같은 비슷한 현대 동물의 세포에 편집하는 것이다.[19] 그렇지만 이런 노력이 성공한다 하더라도 원래의 생물을 정말로 되돌리는 것은 아니다. 변종, 즉 멸종된 생물과 매우 흡사하지만 유전적으로 동일하지는 않은 종이 만들어지는 것뿐이다. 미래 세대가 글립토돈트를 되돌리려 노력한다면, 그들도 아마 비슷한 문제에 직면할 것이다.

이 체계의 마지막 측면은 **우발성**이다. 이것은 이 체계에서 가장

1부 장기주의

미묘한 부분이다. 'contingency'(우발성)이라는 영어 단어에는 몇 가지 다른 뜻이 있다. 내가 사용하는 의미에서 대체 가능한 단어라면 'noninevitability'(비필연성)이 될 것이다. 우발성은 상황이 소수의 특정한 행동에 좌우되는 정도를 말한다. 어떤 것이 우발적이지 않다면 그 변화는 대단히 긴 시간 동안 일어나지 않을 것이다. 소설《제인 에어》의 존재는 대단히 우발적이다. 샬럿 브론테가 그 책을 쓰지 않았다면 다른 누군가가 정확히 그 소설을 쓰는 일은 결코 일어나지 않았을 것이다. 농경은 우발성이 낮다. 여러 곳에서 독립적으로 발생했기 때문이다.

어떤 일의 우발성이 대단히 낮다면, 그 변화는 그 개인의 행동이 없더라도 어쨌든 곧 일어날 것이다. 미적분학이란 지식은 우발성이 그리 높지 않다. 뉴턴이 미적분학을 발견하고 몇 년 뒤에 라이프니츠가 독립적으로 발견했기 때문이다. 우발성을 고려하는 것은 대단히 중요하다. 당신이 세상을 변화시켰어도 그것이 어쨌든 이후에 곧 일어날 변화라면 세상에 장기적인 **차이**를 만든 것이 아니기 때문이다.

확신하기는 어렵지만 글립토돈트의 멸종은 그리 우발적인 사건이 아니라는 게 내 추측이다. 마지막 글립토돈트를 사냥꾼들이 죽이지 않았더라도, 아마 이후 언젠가는 다른 사냥꾼들이 그 글립토돈트를 죽였을 것이다. 글립토돈트의 멸종을 막으려면 그 사냥꾼들이 글립토돈트를 보호해야 한다는 규범을 만들어 알려야 했을 테고, 그 규범이 현재까지 세대를 거치면서 준수되고 전해져야 했을 것이다. 성사시키는 것이 불가능하지는 않지만 상당히 어려워 보이는 일이다.

중대성, 지속성, 우발성을 합치면 어떤 상황을 유발할 때의 장기적인 가치를 알 수 있다. 이 때문에 우리는 이들 차원에서의 각기 다른 장기적 영향을 직관적으로 비교할 수 있다. 예를 들어, 두 개의 대안 중 A의 지속성이 B보다 10배 크다면 A보다 8배 큰 B의 중대성을 넘어설 것이다. 장기적 미래의 잠재적 범위는 100만 년, 10억 년, 심지어는 수조 년까지 대단히 넓기 때문에 우리는 우선적으로 어떤 상황이 가장 지속성이 길지에 주목해야 한다. 그런 후에야 중대성과 우발성에 대해 생각할 수 있다.

지금 우리의 결정을 인도하는 데 이 체계를 어떻게 사용할지 알아보기 위해 경솔한 10대인 인류의 비유로 돌아가보자. 10대 시절을 돌아본다면 어떤 선택이 가장 중요했을까? 그 영향의 지속성이 가장 길어서 삶의 전체 경로에 영향을 주는 선택, 중대성이 커서 어느 때이든 우리의 안녕에 큰 차이를 만드는 선택, 우발성이 커서 그렇지 않았다면 이후에 일어나지 않았을 영향을 유발하는 선택이다.

내가 10대에 한 어떤 선택은 지속적인 영향이 없었다. 내 주간 계획은 그 주간에는 차이를 만들었지만 내 인생의 방향을 결정하지는 않았다. 그리 우발적이지 않은 선택들도 있었다. 많은 10대가 그렇듯이 나도 첫 경험에 신경을 썼다. 첫 번째 음주, 첫 번째 섹스. 하

표 2.1 | 중대성, 지속성, 우발성의 틀

중대성	특정한 상황이 일어남으로써 부가되는 평균적인 가치는 얼마인가?
지속성	그 상황이 일단 벌어지고 나면 얼마나 지속되는가?
우발성	해당 조치가 아니라면, 세상은 얼마나 빨리 이런 상황을 맞이하게 될까?

더 자세한 내용은 부록 3 참조

지만 궁극적으로 그런 첫 경험은 어느 시점엔가 일어났을 테고, 되돌아보면 정확한 시점은 그리 문제가 되지 않는다. 마지막으로 그 영향에 지속성과 우발성이 있지만 그리 중대하지 않은 경우도 있었다. 나는 앞니 사이의 구멍이 행운을 가져다준다고 믿어 그것을 좁히기 위한 보철 치료를 하지 않기로 결정했다. 하지만 내가 아는 한 이 선택은 내 인생에 중대한 영향을 끼치지 않았다.

대단히 중대한 결정들도 있었다. 나는 10대 때 겁이 없어서 가끔 '빌더링buildering'을 했다. 고층 빌딩을 오르는 경기다. 한번은 글래스고의 한 호텔 지붕에서 내려오다 발로 채광창을 딛는 순간 떨어졌다. 깨진 유리가 옆구리를 찔렀다. 다행히 내부 장기는 무사했다. 하지만 조금만 깊이 들어갔다면 장기가 튀어나왔을 테고, 나는 필시 죽었을 것이다. 아직도 흉터가 있다. 길이 3인치에 두께는 0.5인치 정도이고 지렁이처럼 구불구불하다. 그날 저녁 죽었다면 내 나머지 인생은 존재하지 않았을 것이다. 따라서 빌더링을 하겠다는 내 선택은 엄청나게 중대한 (그리고 엄청나게 어리석은) 결정이었다. 내가 내릴 어떤 결정보다 위험한 것이었다.

좀 더 일상적인 이야기를 하자면, 다양한 지적 영향에 나 자신을 쉽게 노출시킬 기회가 있었다. 이런 지적 영향은 나를 매우 다른 인생 경로로 이끌 수도 있었다. 내 친한 친구들은 모두 의학(똑똑하고 사회에 관심이 있는 스코틀랜드 10대가 택하는 기본적인 경로)을 공부했고, 나도 그런 진로를 고려했다. 학교에서 철학을 공부하지 않았다면, 그리고 제러미 홀같이 헌신적이고 열정적인 스승을 만나지 못했다면, 대학에서 철학을 전공하고 그걸 직업으로 삼지 않았을 것이다. 나는 의학 분야의 직업이 성취감을 줄 것이라고 예상했지만, 의학을 선택했다면 지금의 경로로 나를 이끈 도덕적 주장에 노출되지 못했을 것이다. 이는 현재의 관점에서 볼 때 큰 손실일 수 있었던 차이다.

돌이켜보면, 내 10대의 많은 선택 중 가장 중요한 측면은 빌더링이 전율을 가져다주는지(그랬다), 에든버러에서 의학을 공부했다면 더 나은 파티에 참석했을지와 같이 내가 당시에 느끼는 재미가 아니었다는 것이 분명하다. 가장 중요한 측면은 내가 죽음을 무릅쓰고 있는지, 미래의 나를 인도할 가치관의 전환을 일으키는지와 같이 이런 선택들이 내 남은 인생에 미치는 영향이었다.

내가 10대 때 겪은 죽음의 위험과 내 인생을 결정한 지적 영향은 우리가 장기적 미래에 영향을 끼칠 수 있는 두 가지 주요한 방식을 반영한다.

첫째, 우리는 인류의 지속에 영향을 줄 수 있다. 다음 몇 세기 동안 우리 인류의 생존을 확보하는 일은 얼마나 많은 미래 세대가 존재할지에 영향을 미친다. 즉, 우리는 **문명의 존속**을 **확보**할 수 있다. 목숨을 거는 내 10대 때의 결정이 내가 내린 가장 중대한 결정이었던 것과 같이, 멸종이나 회복 불가능한 문명의 붕괴 위험을 어떻게 다루는가에 대한 결정은 한 사회로서 우리가 오늘 내리는 가장 중대한 결정이다.

둘째, 우리는 문명의 평균적 가치관에 영향을 주어 잠재적으로 문명이 지속되는 동안 미래 세대의 삶이 얼마나 좋게 혹은 나쁘게 펼쳐질지 바꿀 수 있다. 즉, 우리는 문명의 수명이 이어지는 동안 미래 사람들이 누리는 삶의 질을 개선하기 위해 노력함으로써 **궤도를 변화**시킬 수 있다.[20] 내가 10대에 노출되었던 지적 영향이 내 나머지 인생 전체를 형성했듯이 인류가 다음 몇 세기 동안 채택하는 가치관이

미래의 전체 궤도를 형성할 것이다.[21]

이 책을 이루고 있는 것이 바로 이 두 아이디어다. 이 책의 2부는 사회 가치관의 변화에 특히 집중하면서 궤도의 변화를 살핀다. 3장은 사례 연구로서 노예제 폐지에 초점을 맞추어 가치관 변화의 중대성과 우발성에 대해 논한다. 4장은 가치관의 지속성에 대해 이야기하면서 권력자들이 새로운 기술, 특히 첨단 인공지능을 통해 무기한으로 자신의 가치관을 고수할 수 있다는 주장을 편다. 미래를 지배하는 가치관이 권위주의적이냐 평등주의적이냐, 호의적이냐 가학적이냐, 탐구적이냐 경직적이냐는 틀림없이 이 세기에 일어나는 일에 의해 결정될 것이다.

3부는 생존을 보장하는 세 가지 방법을 알아보면서 한 가지 방법에 한 장씩을 할애할 것이다. 첫 번째 방법은 인간 멸종의 직접적 위험을 막는 것이다. 나는 유전자조작 병원체에 초점을 맞춘다. 두 번째는 회복 불가능한 문명의 붕괴를 막는 것이다. 나는 핵전쟁과 극단적 기후변화에 초점을 맞춘다. 세 번째는 기술 정체다. 이는 멸종과 붕괴의 위험을 모두 높일 수 있다. 그 과정에서 나는 문명 종말의 지속성과 우발성에 대해 논한다.

문명 종말의 **중대성**에 대한 질문은 철학적 문제를 제기한다. 대체로, 생존 확보는 미래 삶의 양을 늘린다. 궤도 변화는 미래 삶의 질을 높인다. 사람들은 순수한 양에 그리 신경을 쓰지 않는다. 더 이상 신경 쓸 사람이 없다면 문명이 종말을 맞든 않든 중요치 않을 것이다. 그리고 모든 걸 감안하면 미래는 좋기보다는 나쁠 것이다. 이런 생각이 옳다면, 장기주의적 우선순위는 미래 문명의 지속 기간보다는 평균 가치를 높이는 데 있어야 하며, 궤도를 개선하는 것이 생존

그림 2.2 | 미래를 개선하는 두 가지 방법

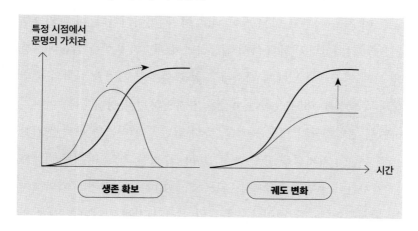

을 확보하는 것보다 더 중요할 것이다.

　4부에서는 이런 문제들을 다룬다. 나는 미래 세대에 속한 사람들이 충분히 좋은 삶을 산다면, 미래 세대의 비존재nonexistence를 도덕적 손실로 생각해야 한다고, 그리고 모든 걸 감안하면, 우리는 미래가 나쁘기보다는 좋다고 예상해야 한다고 주장한다. 따라서 생존 확보를 궤도 개선보다 훨씬 더 우선해야 한다.

　5부는 행동으로 시선을 옮긴다. 장기주의가 추상적인 철학적 사색인 것만은 아니다. 장기주의는 사람들이 오늘의 현실에 옮기는 아이디어다. 10장에서는 사회를 장기적으로 더 낫게 만들기 위해 일부 사람들이 현재 하고 있는 일과 당신이 도울 수 있는 방법을 이야기한다.[22]

내기로 생각하기

세상을 만드는 변화에 대해 생각할 때는 그런 변화가 얼마나 지속될지, 중대성이나 우발성이 얼마나 될지 알 수가 없다. 따라서 우리는 불확실성 앞에서 결정 내리는 방법을 알아야 한다. 가장 널리 쓰이는 설명은 기댓값Expected Value 이론이다.

이 책을 쓰는 동안 나는 당시 내 하우스메이트이던 리브 보어리 때문에 본능적으로 기댓값 이론을 계속 떠올릴 수밖에 없었다. 유러피언 포커 투어와 월드 시리즈 챔피언인 리브는 역대 최고의 여성 포커 플레이어 중 한 명이다. 기댓값이라는 아이디어에 대한 이해와 내재화는 그녀의 성공에 무엇보다 중요하다.

기댓값에는 세 가지 측면이 있다. 첫째, 확률이다. 리브는 같은 종류의 카드가 세 장 들어올 '확률이 대단히 낮다'고 생각하는 대신 패가 돌아가기 전이라면 한 장이 들어올 확률은 약 5%지만, 처음 들어 온 두 장의 카드가 페어라면 그 확률이 12%로 높아진다는 것을 알고 있다.[23] 두 경우 모두 확률은 낮지만 둘의 차이는 포커 테이블에서 당신의 결정에 영향을 주기에 충분하다.

리브의 놀라운 점은 이런 확률론적 사고를 삶의 다른 영역에도 적용한다는 것이다. 그녀와 그녀의 파트너 이고르(역시 포커 선수)는 10년 뒤에도 여전히 두 사람이 함께할 확률을 두고 즐겁게 대화를 나눈다(현재는 80%다).

가능성을 쉽게 정량화할 수 없는 삶의 영역에 확률을 적용한다는 것이 부자연스럽게 느껴질 수도 있다. 하지만 그런 영역에 확률을 적용한다는 것은 우리가 세상에 대해 더 민감하고 정확한 견해를 가질 수 있다는 의미이기도 하다. "사람들은 어떤 것이 확실히 일어난다거나 절대 일어나지 않는다고 생각하는 경우가 많아." 리브는 내게 이렇게 말했다. "물론 거의 모든 일이 그 사이에 있지. 또 사람들은 '상당한 가능성이 있다'와 같은 모호한 언어를 써. 하지만 '상당한 가능성'은 각기 다른 사람들에게 매우 다른 것을 의미해."

리브의 말이 맞다. 한 연구에 따르면 사람들은 '일어날 수 있다might happen'라는 표현을 10~60%, '중대한 가능성a serious possibility'을 30~90% 어딘가에 있는 확률로 해석한다.[24] 이런 모호함은 중대한 의미를 가질 수 있다. 1961년 존 F. 케네디 대통령은 피그스만으로 쿠바를 침공할지에 대해 군에 조언을 구했을 때, 성공의 "상당한 가능성이 있다"라는 답을 들었다. 케네디는 그것을 긍정적인 평가로 받아들이는 꽤나 합리적인 결정을 했다. 하지만 "상당한 가능성이 있다"는 표현을 선택했던 사람 자신은 이후 성공 가능성이 약 30%라는 의미였다고 말했다.[25] 작전은 큰 실패로 돌아갔다.

기댓값의 두 번째 측면은 결과에 가치를 부여하는 것이다. 프로 포커 선수들에게는 상대적으로 쉬운 일이다. 금전적 보상만 따지면 되니 말이다. 하지만 일반적으로는 금전적 보상이 가치의 적절한 척도가 되지 못한다. 생명을 구하는 수술에 1,000파운드를 내야 한다면 돈을 받지 못하는 것과 1,000파운드를 받는 것 사이의 가치 격차가 100파운드를 받는 것과 2,000파운드를 받는 것 사이의 가치 격차보다 훨씬 크다. 우리가 결과에 부여하는 가치는 무엇이든 우리가 궁극적으로 관심을 갖는 것(사람들의 행복과 같은)을 기반으로 해야 한다.

다양한 결과에 정확하게 가치를 부여하는 것은 어려울 수 있지만, 보통 결정을 할 때는 대략적인 비교만 하면 된다. 환자의 질병을 치료할 수 있는 두 가지 약이 있는데, 각각 부작용이 있다고 가정해 보라. 첫 번째 약은 가벼운 두통을 일으킬 것이 확실하다. 두 번째 약은 치명적인 심장마비를 일으킬 위험이 10%다. 죽음이 가벼운 두통보다 얼마나 더 나쁜지는 정확히 알기 어렵다. 하지만 예외적인 경우를 제외하면, 열 배보다는 더 나쁠 게 확실하다.

이렇게 해서 우리는 기댓값 이론의 세 번째 측면에 이른다. 기댓값에 의거해 결정이 얼마나 좋거나 나쁜지 측정하는 것이다. 이것은 직관적일 수 있다. 방금 들었던 두 가지 약의 사례에서 더 나은 선택은 첫 번째 약이다. 죽음은 가벼운 두통보다 열 배 이상 나쁘기 때문에 10%의 사망 위험보다는 차라리 확실한 두통을 감수할 만하다. 우리는 결정의 기댓값을 다음과 같이 계산할 수 있다. 우선, 결정에 따른 결과들을 나열한다. 다음으로, 각 결과에 확률과 가치를 부여한 뒤 그것들을 곱한다. 마지막으로, 확률에 가치를 곱한 값을 모두 합한다.

리브와 이고르는 항상 상대에게 내기를 제안한다. 그들은 기댓값을 바탕으로 내기를 받아들일지 결정한다. 실생활의 예를 하나 들어보자. 술집에서, 리브가 이고르에게 내기를 건다. 리브는 이고르가 한 손으로 컵 받침 여섯 개를 던졌다가 받는 것은 불가능하다면서, 그가 성공하면 자신이 그에게 3파운드를 주고, 그가 실패하면 반대로 1파운드를 달라고 제안한다. 이때 이고르가 자신이 이길 확률은 50%라고 생각한다고 가정하자.

그렇다면 그의 입장에서는 내기를 받아들이는 것이 유리하다. 이기는 경우의 기댓값은 3파운드를 받을 확률이 50%이므로 1.5파운드이고, 지는 경우의 기댓값은 1파운드를 내줄 확률이 50%이므로

표 2.2 | 기대수익에 따른 이고르의 결정

	컵 받침을 모두 잡는다 (확률 50%)	컵 받침을 모두 잡지 못한다(확률 50%)	기대수익
내기를 받아들인다	3파운드	-1파운드	1파운드
내기를 받아들이지 않는다	0파운드	0파운드	0파운드

-0.5파운드다. 이고르가 내기를 받아들일 경우 기댓값은 1.5-0.5, 즉 1파운드다. 자신의 성공 가능성에 대한 믿음이 정확하고, 이 내기를 계속 받아들인다면 그는 매번 평균 1파운드를 벌 수 있다.

기댓값 이론은 도박에만 유용한 것이 아니다. 내기를 받아들여야 할 때(즉, 불확실성 앞에서 결정을 해야 할 때)마다 유용하다. 거의 항상 유용하다는 뜻이다. 내 10대 때의 결정은 이 점을 더 확실하게 보여준다. 빌더링을 하기 전에 나는 떨어져서 죽을 확률이 없고, 따라서 걱정할 가치가 없다고 생각했다. 하지만 그것은 대단히 어리석은 생각이었다. 내가 떨어져서 죽을 **가능성이 높았기 때문**이 아니라, **가능성이 충분히 낮지 않았고** 죽음이라는 것이 대단히 나빠서 아주 작은 가능성도 피해야 할 가치가 충분했기 때문이다.

인간은 불확실한 미래 앞에서 경솔한 10대처럼 행동하는 경우가 많다. 예를 들어, 기후변화 회의론자들은 아무런 조치도 취하지 않는 이유로 불확실성을 들곤 한다.[26] 우리가 모르는 게 너무 많다고 주장하는 것이다. 기후 모델이 주어진 배출량에 대한 온난화 효과를 얼마나 잘 예측할지, 또 어느 정도의 온난화가 경제에 얼마만큼의 피해를 줄지 알지 못하며, 따라서 그 문제에 자원을 낭비해서는 안 된 다는 것이다. 하지만 이것은 형편없는 논거다. 기후변화가 무엇을 의 미하는지에 대해 엄청난 불확실성이 존재한다는 것은 우리도 인정한 다. 하지만 불확실성은 선한 쪽으로도, 악한 쪽으로도 진행할 수 있 다. 기후변화로 인한 피해가 전형적인 예측을 밑돌 수도 있다. 하지 만 반대로 훨씬 더 심각할 수도 있다. 예를 들어, 기후가 예상보다 온 도 변화에 더 민감할 수도, 혹은 적응이 어려울 수도, 혹은 우리가 전 문가들이 현재 예상하는 것보다 더 많은 이산화탄소를 배출할 수도 있다.

결정적으로, 기후변화를 둘러싼 불확실성은 대칭적이지가 않 다. 더 큰 불확실성은 더 나쁜 경우의 결과에 대해 더 많이 걱정해야 한다는 의미이며, 이런 변화는 최선의 결과가 나올 가능성이 높다고 해서 상쇄되는 것이 아니다.[27] 최악의 결과는 최선의 결과가 좋은 것 보다 훨씬 더 나쁘기 때문이다.

예를 들어 IPCC에 따르면, 중·저 배출 시나리오에 대한 가장 정확한 추측은 이번 세기 말까지 섭씨 약 2.5도 상승으로 온난화가 마무리된다는 것이다.[28] 하지만 이것은 불확실하다. 섭씨 2도 미만일 가능성은 10%다. 하지만 거기에 안심해서는 안 된다. 섭씨 3.5도를 넘을 가능성도 10%이기 때문이다.[29] 섭씨 2도 이하는 가장 정확한 예상치보다 안심되는 수치라고 할 수 있지만, 3.5도 이상이라면 훨씬 훨씬 더 나쁘다. 불확실성은 걱정해야 할 이유를 줄이는 것이 아니라 늘려준다. 10대 때의 내가 건물에서 뛰어내리기 전에 "괜찮아. 얼마 나 높은 곳에서 떨어질지 모르거든"이라고 말하면서 구경꾼을 안심 시켰던 것과 마찬가지다.

내가 이 책에서 다루는 사안들에 대해서도 똑같은 논리를 적용할 수 있다. 나는 우리가 가치관 고착이나 대규모 재앙이 이번 세기에 일어날 거라는 확신을 가져야 한다고 말하는 게 아니다. 내가 말하고자 하는 것은 그런 일이 일어날 가능성이 매우 현실적이라는 점이다. 확실히 1%보다 크다. 자동차 사고로 죽는 것 같은 일상적인 여러 위험보다 확실히 크다. 얼마나 많은 것이 걸려 있는가에 대한 고려까지 합치면, 좋은 미래를 확보하기 위한 노력의 기댓값은 어마어마하다.

따라서 중대성, 지속성, 우발성의 틀을 적용할 때는 예상 중대성, 예상 지속성, 예상 우발성에 대해 생각해야만 한다.[30] 세상에 대한 어떤 변화가 10년 후에 흐지부지될 가능성이 80%이고 100만 년 동안 이어질 가능성이 20%라면, 예상 지속성은 20만 년이 넘는다. 일반적으로 세상에 대한 어떤 변화가 중대성, 지속성, 우발성이 높을 합리적 가능성이 있다면 그 변화의 실제 기댓값은 대단히 높을 수 있다.

가소성의 순간

어떤 일에 가소성의 기간이 있다면, 즉 사상·사건·제도가 여러 형태 중 하나를 취할 때까지 시간이 걸리고 그 뒤에는 그 형태를 바꿀 수 없는 경직적인 기간이 따른다면, 그 일은 중대성·지속성·우발성의 영향이 대단히 클 수 있다. 이 역학은 유리 세공의 역학과 비슷하다. 유리는 일정 기간 동안 녹은 상태, 즉 가단성可鍛性이 있는 상태다. 공기를 불어넣어 여러 형태 중 하나로 만들 수 있는 것이다. 하지만 식고 나면 유리는 단단해지고 다시 녹이지 않는 한 더 이상의 변화는 불가능하다.

가소성은 전쟁 같은 위기 뒤에 나타나는 경우가 많다. 예를 들어, 제2차 세계대전 이후 한국은 38선을 따라 둘로 나뉘었다. 분단선의 위치는 극히 우발적이었다. 딘 러스크와 찰스 본스틸이라는, 30대 중반의 두 미국인 장교가 〈내셔널 지오그래픽〉 지도를 이용해 북위 38도를 분단선으로 제안했다. 한반도를 대략 절반으로 나누면서도 서울을 미국 관할 아래 둘 수 있었기 때문이다.[31] 미국은 한반도 전체가 소련의 손에 넘어가기 전 소련과 합의에 도달해야 했기 때문에 시간이 없었다.

한반도 전문가의 자문 같은 것은 없었다. 그들이 제안한 분단선은 기존의 지역과 지리학적 특징을 단절시키는 것이었다. 사실 미국은 소련이 그런 분단을 받아들인 데 꽤나 놀랐다. 소련은 이미 한반도에 주둔하고 있었지만 미군은 수백 마일 떨어진 오키나와에 있었다. 그런 상태에서 서울을 미국에 내준 것이다.[32] 하지만 일단 분단이 성사되자 되돌리기가 어려워졌고, 그것은 결국 두 나라 사람들의 운명에 엄청난 차이를 만들었다. 한국인들은 강력한 민주주의국가에서 살고 있으며 1953년보다 거의 30배나 부유해졌다. 북한 사람들은 전체주의 독재 정권하에서 살고 있으며 한국전쟁 이전보다 더 가난할 수도 있다.[33]

가소성의 기간은 어떤 사상이나 제도가 아직 새로울 때에도 흔히 발생한다. 예를 들어, 미국 헌법은 단 4개월(가소성이 가장 큰 순간)만에 만들어졌다. 그리고 시행 이후 첫 6년간 11차례 수정됐다.[34] 하지만 그 이후로는 한층 경직되어, 1804~1913년 단 세 개의 수정안만이 통과됐다. 모두가 남북전쟁 직후였다. 노예제를 폐지하고, 아프리카계 미국인과 노예였던 사람들에게 시민권을 부여하고, 인종이 투표권에 영향을 미치지 못하도록 했다.[35] 현재는 헌법이 대단히 경직되어 있다. 지난 50년간 단 한 번의 수정이 있었을 뿐인데, (의회 급여 인상이 다음 임기까지 발효되는 것을 막기 위한) 수정안을 처음 제안한 것은 1789년이었다.[36]

이런 역학은 새로운 기술과 관련한 법과 규범에도 마찬가지로 적용할 수 있다. 제2차 세계대전 이후 국제사회는 핵무기를 통제할 다양한 방법에 대해 논의했다.[37] 미국이 제안한 바루크 플랜Baruch Plan, 즉 미국이 핵무기 프로그램을 해체하고 핵폭탄을 UN으로 이전해 파괴하도록 하는 것도 그중 하나였다. 그런 다음 UN이 전 세계의 핵분열 물질을 감독하고, 다른 나라를 사찰해 아무도 핵폭탄을 만들지 못하게 한다는 계획이었다. 이에 소련 역시 전 세계적 군비 축소를 제안한 그로미코 플랜Gromyko Plan을 내놨다. 이 두 계획 모두 수포로 돌아갔다. 어느 쪽의 가능성이 컸을지는 명확하지 않다. 하지만 핵 관리에 있어 지금보다 가소성이 훨씬 큰 시간이었다는 것만은 분명하다. UN이 우라늄 채굴을 통제할 수 있다는 아이디어는 이제 완전히 논외가 된 것 같다.

'초기 가소성, 후기 경직성'이라는 역학은 새로운 사상에도 적용할 수 있다. 초기 기독교인들은 우리가 《신약성서》로 알고 있는 문서들 이외에 많은 다른 문서로 교육을 받았다.[38] 《신약성서》가 핵심적인 기독교의 가르침이 된 것은 1~2세기가 지나서였고, 4세기 말에서야 굳게 자리를 잡았다.[39]

마지막 예는 '기후변화 행동주의'의 역사에서 찾을 수 있다. 이산화탄소가 지구온난화에 미치는 영향을 처음으로 정량화한 것은 1896년 스반테 아레니우스였다. 그가 예측한 1906년의 평형기후 민감도는 섭씨 4도로, 현대의 예측치보다 약간 높은 상당한 정확성을 보여준다.[40] 당시에도 미래에 우리가 극적으로 많은 이산화탄소를 배출하리라는 걸 알 수 있었다. 기하급수적인 경제성장 추세를 추정하고, 그런 성장이 그에 상응하는 에너지 수요의 증가를 불러올 거라는 당연한 사실을 인식하기만 하면 되는 일이었다.

〈멋진 인생It's a Wonderful Life〉의 감독 프랭크 카프라는 1958년 기상에 관한 교육용 다큐멘터리 〈풀려난 여신Unchained Goddess〉을 만들었다. 여기에는 기후변화에 대한 경고가 담겨 있다.

> 지금도, 인간은 자신도 모르는 사이 문명의 배설물을 통해 세상의 기후를 바꾸고 있을지 모른다. 공장과 자동차를 통해 매년 배출하는 60억 톤의 이산화탄소, 공기가 태양의 열기를 흡수하는 데 도움을 주는 이 이산화탄소 때문에 우리 대기는 점점 더워지고 있는 듯하다. (⋯) 지구의 온도가 섭씨 몇 도만 상승해도 극지방의 만년설이 녹는다는 계산이 나왔다.[41]

2년 전, 〈뉴욕타임스〉는 길버트 플래스의 연구를 참조해 이산화탄소 배출이 지구를 데우고 있다는 기사를 내놓았다. 스반테 아레니우스와 마찬가지로, 길버트 플래스의 평형기후 민감도 추정치(섭씨 3.6도)는 현재 가장 정확한 것으로 알려진 IPPC의 추정치와 놀랄 만큼 비슷하다.[42]

우리가 좀 더 일찍 기후변화에 대한 조치를 취했다면, 지금보다 훨씬 더 많은 증거를 기반으로 행동할 수 있었을 것이다. 이 문제에 대한 정치적 분열이 훨씬 덜했을 테고, 변화가 훨씬 더 쉬웠을 것이다. 선도적인 환경운동가 빌 매키번은 2019년 이렇게 말했다. "30년 전이라면 비교적 작은 조치들로 이 싸움의 궤도를 바꾸어놓을 수 있었을 것이다. 탄소 배출량에 세금을 조금만 매겼더라도 궤도가 달라졌을 테고, 우리를 완전히 다른 곳에 데려다놓았을 것이다. 기후변화는 엄청난 문제이기 때문에 아직 해결하지 못했겠지만, 그것을 해결하는 과정에는 있었을 것이다."[43]

빌 매키번이 기후변화 운동의 역사에서 얻은 교훈은 새로운 문제가 부각되었을 때 면밀한 주의를 기울여야 한다는 것이다. 그는 특히 첨단 인공지능을 지목한다. "지금은 첨단 인공지능이 우리의 일상생활에 영향을 주지 않기 때문에 아직은 그 문제를 진지하게 생각하지 않는다. 하지만 기후변화가 내게 가르쳐준 것 중 하나는 일은 빨리, 정말 빨리 벌어진다는 것이다. 알아차리기도 전에 그것들은 벌써 통제에서 벗어나 있다. 그 때문에 그것들에 대해 생각해야 할 시점은 손을 댈 수 있는 기회가 아직 남아 있을 때다."[44] 그의 말이 옳다.

기후변화와 관련해 우리는 가소성의 순간 하나를 이미 놓쳤는지도 모른다. 그런 순간이 더 나타나기를 바라야 한다. 하지만 여기에서 좀 더 일반적인 교훈을 얻어 새로운 문제(인공지능, 합성생물학, 미·중 사이의 긴장, 새로운 이념의 부상, 기술 진보의 둔화 가능성 등)가 부각되자마자 빠르게 대응할 수도 있을 것이다. 이는 이 책에서 다룰 문제들이다.

다음 두 장에서는 '초기 가소성, 후기 경직성'의 역학을 역사 전체에 적용할 수도 있다는 이야기를 할 것이다. 현재 우리는 문명을 인도하는 가치관은 여전히 가단성을 갖춘 시기에 있다. 하지만 4장에서 언급하겠지만, 다음 몇 세기 안에 그런 가치관이 굳어져 모든 미래 문명의 방향을 제한할 수도 있다. 만약 그렇게 된다면, 오늘날 우리가 도덕적 가치관을 통해 만드는 변화는 무한히 지속되는 영향력을 가질 수 있다. 먼저 도덕적 변화의 **우발성**에 초점을 맞추면서 이 아이디어에 대해 이야기해보기로 하자.

2부
수백만 번의 선택들

우리는 도덕적으로 발전해왔는가

3 장

중대하지만 우발적인 변화

: 노예제 폐지의 역사

노예제 폐지

강한 혐오감을 주는 일임에도 불구하고 노예제는 역사의 거의 어디에서나 발견할 수 있다.[1] 노예제는 유럽·아프리카·아메리카·아시아에서 다양한 형태로 행해졌으며, 고대 메소포타미아·이집트·중국·인도 등 거의 모든 초기 농경 문명에 존재했다.[2] 사람들은 정복이나 유괴의 결과로, 빚을 갚을 수 없어서, 범죄에 대한 처벌로, 가족이 그들을 팔아서 등과 같은 여러 가지 이유로 노예가 됐다.[3] 로마제국에서는 아마도 인구의 10% 이상이 노예였을 것으로 추정한다.[4] 아랍 세계에서도 현대의 모로코에서 오만에 이르기까지 오랜 기간 이어온 광범위한 노예무역이 20세기까지 지속됐다. 팔리거나 급습을 받은 사람들이 아프리카, 중앙아시아, 기독교 유럽에서 주로 군인, 몸종, 성노예로 일을 했다.[5] 추정치는 다양하지만, 사하라-인도양 횡단 노예무역으로 아프리카에서만 약 1,200만 명이 노예로 전락했다.[6]

노예무역은 아메리카 대륙의 풍부한 천연자원과 땅을 개발하려는 유럽인의 욕망이 부추긴 대서양 횡단 무역에서 정점에 달했다. 1,200만 명 넘는 아프리카 출신 노예 중 47만 명이 영국령 북아메리카로, 160만 명이 스페인 식민지로, 420만 명이 카리브해로, 550만 명이 브라질로 끌려갔다.[7] 유럽인은 때때로 급습을 통해 노예를 조달했지만, 대부분은 아프리카 지도자들이 다른 공동체에서 복속시킨 노예를 사들였다.[8]

대서양을 횡단하는 상황은 끔찍하다는 말로는 부족할 정도였다. 노예들은 수송선의 비좁고 통풍도 되지 않는 구역에 갇힌 채 이

그림 3.1 | 영국의 노예제 폐지론자들이 캠페인 자료로 사용했던 1780년대 노예선 브룩스의 도해

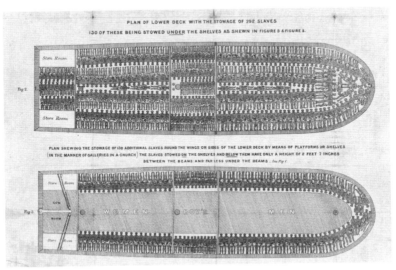

동했다. 질병이 만연했다.[9] 노예는 배 안의 화장실 사용이 금지되어 몇 주 동안 자신의 배설물 사이에 누워 있어야 했다. 이런 항해 도중 약 150만 명이 목숨을 잃었다.[10]

이 대서양 횡단 여정에서 살아남은 사람들의 고통을 정확히 다 옮기는 것은 불가능하다. 노예들은 보통 농장(사탕수수, 담배, 면화, 커피 농장이 가장 흔했다)에서 일을 해야 했고, 광산에서 은이나 금을 채굴하기도 했다.[11] 근무일에는 규칙적으로 열 시간을 일했고, 임산부와 아이들도 종종 강제 노역에 시달렸다.[12] 1700년까지 노예는 카리브해 인구의 압도적 다수를 차지했고, 그들의 출생 시 기대수명은 때때로 20년밖에 되지 않았다.[13] 대부분의 영국 식민지에는 노예의 처우를 규제하는 법규가 있었지만, 실제로는 노예주들이 판사, 배심원, 사형 집행인 역할을 했다. 채찍은 '비효율적인 노동'을 막고 노예들이 계속 두려운 상태를 유지하게끔 하는 수단으로 널리 쓰였다.[14]

인간이 다른 인간을 소유하는 게 허용된다고 어떻게 믿을 수 있었는지 상상하기 어렵다. 노예주도 사실 마음 깊은 곳에서는 자신들이 하고 있는 일이 잘못임을 알고 있었지만 신경 쓰지 않았을 것이란 생각이 들기도 한다. 하지만 다른 사람들의 가치관이 실제보다 우리와 비슷하다고 가정하는 실수를 범하지 않도록 해야 한다. 노예제는 완전히 무방한 것으로, 자연율의 일부로 여겨졌었다.[15] 도덕적 성찰에 인생을 바친 사상가, 종종 다른 영역에서는 대단히 진보적이었던 사람들조차 노예제도를 받아들였다. 고대 그리스의 철학자 플라톤과 아리스토텔레스가 그랬고, 이마누엘 칸트 같은 계몽사상가들이 그랬다.[16]

그러나 노예제는 역사적 보편성, 지속성, 광범위한 수용에도 불구하고, 아울러 그것을 옹호하는 명사名士들에도 불구하고 폐지되었다. 노예제 폐지는 불가피했을까? 경제적 변화의 결과일까, 멈출 수 없는 도덕적 진보의 결과일까? 혹은 역사가 다른 길로 갔다면 결코 일어나지 않았을 우발적인 문제였을까?

노예제 폐지의 전말을 다 이야기하자면 그것만으로도 책 한 권이 필요할 터이다. 그 책은 수많은 역사 곳곳에서 일어난 노예들의 저항, 전복, 용기를 드러낸 수많은 행위를 다룰 것이다.[17] 그 책은 또한 노예제도의 끔찍함을 드러내고, 대중의 반대를 촉진하고, 입법 조치를 요구한 미국의 프레더릭 더글러스, 소저너 트루스, 해리엇 터브먼과 브라질의 루이스 가마 등 노예였던 사람들의 노력을 다룰 것이다.

하지만 나는 여기에서 이 서사의 단 한 부분만을 조명한다. 나는 노예제 폐지에 우발성이 존재했는지, 즉 다소 느닷없어 보이는 혹은 설명하기 어려워 보이는 역사의 일부에 관심을 갖고 있다. 노예제 폐지에 대해 연구한 역사가 크리스토퍼 레슬리 브라운이 말했듯 "노예들의 저항 원인은 특별히 이해하기 힘들 것이 없어 보인다."[18] 그는 노예제가 거기에서 혜택을 보는 사람들로부터 공격을 받았다는 점이 놀랍다고 말한다. 더구나 노예들은 역사 내내 매우 자주 압제에 강하게 저항해왔다. 그렇다면 이전의 다른 노예 사회가 아니라 하필 1800년대 초 영국에서 노예제 폐지 운동이 성공한 것은 왜일까?

나는 18세기와 19세기 초 상당히 작은 퀘이커교도 집단의 행동주의에 해답의 일부가 있다고 생각한다. 그들의 노력은 역사에서 가장 놀라운 도덕적 전향에 대단히 중요했다. 이 스토리에는 많은 주요 인물이 있지만 초기 퀘이커 운동가 중에서도 가장 두드러지는 인물

은 벤저민 레이다.[19]

레이는 1682년 영국 콥포드에서 태어났다. 런던으로 간 그는 선원이 되었고, 이후에는 바베이도스에서 상점을 운영하다가 1732년 필라델피아로 이주했다. 필라델피아는 당시 영국령 북아메리카의 대도시였고, 가장 큰 퀘이커교도 공동체의 본거지이기도 했다. 레이는 키가 4피트(약 122센티미터) 조금 넘는 난쟁이에 곱사등이였다. 그는 스스로를 '작은 벤저민Little Benjamin'이라고 부르면서 골리앗을 죽인 '작은 다윗'에 비유했다.[20]

레이의 도덕적 급진주의는 다양한 형태를 취했다. 그는 사형제도와 소비주의에 반대했다.[21] 이후의 많은 노예 폐지론자들이 그랬듯이, 그러나 당시로서는 매우 드물게도 채식주의자가 되었고 가죽이나 양모로 된 옷도 입지 않았다. 말년에는 필라델피아 외곽의 동굴에 살면서 노예가 생산한 어떤 물건도 사용하지 않았다. 스스로 옷을 만들고, 염색하지 않은 옷감을 이용하고, 차茶와 설탕을 거부했다.[22]

노예제에 대한 반대 입장은 대서양을 횡단하는 배 안에서 강간이 광범위하게 이루어진다는 사실을 알게 된 선원 시절, 그리고 바베이도스에서 보낸 2년 동안의 경험에서 비롯되었다. 바베이도스 정착 초기에는 굶주림으로 고통받는 노예들이 자신의 가게에서 음식을 훔치자 그들을 채찍질하기도 했다. 그는 이후 죄책감에 시달리며 여러 노예와 친구가 되었다.[23] 이 친구들 중 한 명, 즉 나무통을 만드는 노예에게는 자신이 소유한 노예들이 경외심을 잃지 않도록 매주 월요일 아침 채찍질을 하는 주인이 있었다.[24] 어느 일요일 아침, 이 친구는 다음 날의 잔혹한 행위를 피하기 위해 스스로 목숨을 끊었다. 이런 경험은 평생 레이의 뇌리에서 떠나지 않았다.

레이는 펜실베이니아에서 산 27년 동안 기회가 있을 때마다 필라델피아 퀘이커교도들에게 노예제의 참상에 대해 열변을 토했다. 그것도 대단히 극적인 스타일로 말이다. 한번은 퀘이커 집회 때 야외에서 외투도 입지 않고 맨발로 눈 위에 서 있었다. 행인들이 걱정을 하면 노예들은 그와 같은 차림으로 겨울 내내 밖에서 일을 해야 한다고 설명했다. 퀘이커 집회 동안에는 노예주가 이야기를 하려 할 때마다 일어서서 "저기 노예주가 또 있다!"라고 소리쳤다고 한다.[25] 소란을 일으켜 집회에서 쫓겨나자 집회 장소 입구 밖의 진창에 드러누워 교도들이 지날 때마다 자신의 몸을 밟게 만들었다.[26] 동네의 어떤 가족이 어린 소녀를 노예로 부린다는 것을 알고는 부모에게 말도 하지 않고 그 집안의 여섯 살 난 아들을 자신의 동굴로 데려갔다. 부모가 아이 잃은 슬픔을 잠시나마 느끼도록 말이다.[27]

무엇보다 이목을 끈 그의 기행이 있다. 1738년 군복에 커다란 망토를 두른 그는 속을 파낸 《성경》에 가짜 피를 채워 들고 퀘이커교도 연례 집회에 나타났다. 집회가 진행되는 도중 그는 일어나 망토를 벗고 이렇게 외쳤다고 한다. "같은 사람을 노예 상태로 만족스럽게 부리고 있는 노예주들이여. 당신들도 나처럼 평범한 망토는 벗어던지는 편이 나을 것이다. 모든 국가와 모든 피부색의 사람을 동등하게 존중하는 전능하신 신이 보기에는 내가 이 《성경》에 하듯이 그분이 당신들의 가슴에 칼을 꽂는 것이 정당하리라!"[28] 그러곤 모여 있는 사람들에게 가짜 피를 뿌렸다. 훗날 영향력 있는 퀘이커 노예제 폐지론자가 된 존 울먼도 그날 청중의 한 사람이었을 것으로 추정된다.[29]

펜실베이니아 전역에서 레이를 모르는 사람이 없을 정도였다.[30] 하지만 당시만 해도 그의 행동주의는 존경을 받지 못했다. 오히려 런던, 콜체스터, 필라델피아, 애빙턴의 퀘이커교도 사회에서 네 번이나 쫓겨났다.[31] 하지만 끝내는 퀘이커교도 사회에서 영향력을 얻게 되었다. 1790년 말, 벤저민 러시는 레이의 초상을 "필라델피아의 많은 가정"에서 볼 수 있다고 적었다.[32]

레이는 영국에서 노예 폐지론을 주류로 만드는 데 도움을 준 앤서니 베네젯과도 친분이 있었다.[33] 레이의 행동주의는 퀘이커교도들 사이의 도덕적 정서가 극적으로 변화한 시기와 일치했다. 1681~1705년에는 퀘이커교도 연례 집회의 지도자 약 70%가 노예를 소유했던 것으로 추정된다. 하지만 1754~1780년에는 그 수치가 10%에 불과했다.[34] 1758년 필라델피아 연례 집회에서는 사람을 거래하는 퀘이커교도를 징계하고 배척한다는 결정이 내려졌다(사람을 소유하는 걸 금지하기까지는 18년이 더 흘러야 했지만).[35] 그 소식을 들은 레이는 이렇게 소리쳤다고 한다. "주 하나님께 감사와 찬미를 드리라. 나는 이제 평화롭게 눈을 감을 수 있다."[36] 그리고 1년 후 세상을 떠났다.

역사 곳곳에서 노예제 폐지론 사고의 싹을 발견할 수 있다. 노예들도 자신이 겪는 비인간적 처우에 폭력적으로 대항하는 경우가 잦았다. 도덕주의자들은 노예제의 잔인성을 비난하면서 그것이 노예는 물론 노예주에게 미칠 영향에 우려를 표했다.[37] 그들은 노예를 더 존엄하게 대우하라고, 자선이나 종교적 이유를 들어 그들을 석방하라고 권고했다.[38] 많은 사람이 그 제도가 그들의 특정한 교리와 공존하는 것을 어색하게 여겼다. 보편주의와 천부인권이라는 원칙을 견지한 18세기 계몽사상가들도 마찬가지였다.[39] 일부 통치자들은 현실적인 측면에서, 그러니까 귀족의 권력을 축소하고 폭동을 막기 위해

2부 수백만 번의 선택들

노예의 자유를 확대하는 데 힘썼다.[40] 하지만 노예제 폐지 운동을 조직적으로 벌이고, 대중의 지지를 촉구하고, 노예제를 완전히 근절하기 위해 노력한 역사상 최초의 집단은 퀘이커교도인 듯하다.[41]

레이를 비롯한 사람들의 행동주의는 폐지론자 세대에 영감을 주어 북미 퀘이커 사상과 영국 내의 대중적 관심 사이에 중요한 가교를 마련했다. 앤서니 베네젯은 특히 영향력이 큰 인물이었다. 그는 1770년 젊은 흑인들을 위한 학교를 설립해 그들에게 백인 못지않은 지적 능력이 있다는 것을 입증했다.[42] 이로써 압살롬 존스, 리처드 앨런, 제임스 포텐 같은 많은 학생이 직접 노예제 폐지 운동을 이끌게 되었다.[43] 베네젯의 업적은 토머스 클라크슨으로 하여금 그러한 대의를 옹호해 '노예무역폐지를위한협회Society for Effecting the Abolition of the Slave Trade'를 공동 설립하게 만들었다. 클라크슨 역시 하원의원 윌리엄 윌버포스에게 영향을 주어 그가 영국 노예제 폐지 운동의 정치적 지도자가 되게 했다.[44]

선즈오브아프리카Sons of Africa(영국 최초의 흑인 정치조직)를[45] 만든 올라우다 에퀴아노와 오토바 쿠고아노 등 과거 노예였던 사람들과 힘을 합한 영국의 노예제 폐지 운동은 엄청난 성공을 거뒀다. 영국 의회는 1807년 노예무역을 폐지했고, 1833년에는 대영제국 대부분 지역에서 사람을 **소유**하는 것이 불법화됐다.[46] 1807년 이후 영국 정부는 전 세계에서 노예무역을 근절하기로 결정했다. 그들은 외교적 역량과 뇌물을 동원해 대서양 횡단 노예무역을 금지하도록 다른 나라들을 설득했고, 영국 해군의 서아프리카 함대를 이용해 바다를 감시했다.[47] 이로써 노예선이 서아프리카, 미국, 그리고 프랑스, 스페인, 포르투갈, 네덜란드 등의 아메리카 및 카리브해 식민지를 오가는 것이 어려워졌다. 이 작전으로 2,000척 이상의 노예선을 나포하고 20만 명의 노예를 해방시켰다. 이렇게 해방된 노예들이 대영제국 전역에서 다른 방식으로 착취를 당하기는 했지만 말이다.[48]

노예제 폐지는 **가치관 변화**의 한 예였다. 가치관 변화란 사회가 지닌 도덕적 태도의 변화, 혹은 그런 태도가 현실로 옮겨지는 방식에서의 변화를 의미한다. 내가 보기에 노예제 폐지는 역사상 가장 중요한 가치관 변화다. 이번 장과 다음 장에서는 사회의 가치관 변화가 장기주의 관점에서 특히 중요하다는 주장을 펼 것이다. 이번 장은 가치관 변화의 중대성과 우발성에 대해, 다음 장에서는 지속성에 대해 논의한다.

가치관의 중대성

상황의 중대성은 어느 시점에 상황이 얼마나 좋으냐 나쁘냐의 문제다. 노예제 사례는 가치관 변화의 중대성을 분명히 드러낸다. 노예제 폐지로 수백만의 사람이 비참한 삶에서 벗어났다. 하지만 이는 도덕적 가치관의 극단적 중대성을 보여주는 유일한 사례가 아니다.

여성의 지위에 대한 도덕적 견해에 대해 생각해보자. 여성은 역사가 이어지는 내내 조직적인 억압에 시달렸다. 노예무역을 폐지하고 25년이 지난 1832년, 영국 정부는 여성의 투표를 공식적으로 금하는 대개혁법Great Reform Act을 통과시켰다. 현재 여성은 세계의 모든 민주주의국가에서 투표를 할 수 있으며, 일하고 공직에 참여하는 데 있어 훨씬 큰 기회를 갖고 있다. 하지만 성역할에 대한 태도는 국가마다 큰 차이가 있어서 많은 기회를 누리지 못하는 여성들도 있다. 예를 들어 캄보디아, 라오스, 베트남, 인도, 파키스탄은 모두 1인당 소득이 비슷하다. 그러나 캄보디아, 라오스, 베트남의 경우 여성 네 명 중 약 세 명이 노동에 참여하는 반면, 인도와 파키스탄에서 노동에 참여하는 여성은 네 명 중 한 명에 못 미친다.[49]

예는 얼마든지 있다. 지난 몇십 년간 많은 나라에서 LGBTQ+〔여성 동성애자lesbian, 남성 동성애자gay, 양성애자bisexual, 성전환자transgender, 성 소수자 전반queer, 성 정체성에 관해 갈등하는 사람questioning〕에 대한 태도가 극적인 변화를 겪었다. 매사추세츠주는 2004년 미국에서 최초로 동성 결혼을 합법화했다. 불과 11년 후 대법원이 전국적으로 동성 결혼을 합법화하는 판결을 내렸다. 이런 변화의 결과, 수백만 명이 좀 더 온전한 권리를 누리며 살 수 있게 되었다.

20세기에 광범위하게 퍼져 있던 학교 내 체벌을 현재는 120개 이상의 국가에서 금지하고 있다.[50] 국수주의와 이민에 대한 진화적인 태도는 수백만 명의 해외 이민자에게 인생을 바꾸는 영향을 미치고 있다.[51] 한 연구는 미국으로 이주한 미숙련 노동자의 평균 연소득 추정치가 1만 5,000달러를 상회한다는 사실을 발견했다.[52] 우리 가치관에 영향을 받는 것은 사람들뿐만이 아니다. 우리가 자연에 가치를 두는 정도에 따라 경치와 생태계도 달라질 수 있다. 동물 복지에 대한 우리의 태도는 공장식 축산 농장에서 기르는 수백만 마리 동물에게 엄청난 영향을 미친다.[53]

가치관 변화는 중대하다. 그것이 사람과 다른 존재의 삶에 큰 영향을 끼치기 때문이다. 그러나 장기주의적 관점에서는 우리가 만들 수 있는 다른 종류의 변화에 비해 특히 더 중대하다. 그것들의 영향을 너무나 확실하게 내다볼 수 있기 때문이다.

목표를 이루는 특정한 수단, 즉 특정 정책 같은 것을 촉진할 경우, 그 정책이 미래에 당신의 목표를 달성하는 데 그리 좋지 않을 위험이 있다. 미래의 세상이 지금과 크게 다를 경우, 정치적·문화적·기술적 환경이 매우 다를 경우에는 특히 더 그렇다. 미래에 얻을 수 있는 지식이 지금은 없을 수도 있고, 이는 그 정책이 좋은 아이디어라는 생각마저 변화시킬 수 있다. 반면에 미래의 사람들이 반드시 특정한 **목표**를 택하도록 할 수 있다면, 그들이 어떤 환경에 있든, 어떤 추가적인 정보를 가지고 있든 가장 이치에 닿는 전략을 추구하리라고 확신할 수 있을 것이다. 따라서 당신은 그 목표의 달성 가능성이 매우 높다는 상당한 확신을 가질 수 있다. 그 미래의 사람들이 행동할 때의 세상이 어떤 모습인지 전혀 모르더라도 말이다.

자선사업에서의 '죽은 손 문제dead hand problem'〔게임을 할 수 없는 패. 카드가 너무 많거나 너무 적은 등의 문제가 발생한 상황〕는 수단이 아닌 목표를 촉진하는 일의 중요성을 보여준다. 자선단체를 설립하는 사람들은 그 단체의 미래 행동을 지시하는 정관을 정해두는데, 그런 지시는 시간이 지나면 불합리해지곤 한다. 그 한 예가 런던의 스코틀랜드인들을 위한 자선단체 '스코츠케어ScotsCare'다.

이 단체를 설립한 1611년에는 런던 거주 스코틀랜드인의 삶을 향상시킨다는 행동 방침에 충분한 의미가 있었다. 당시 스코틀랜드와 잉글랜드는 같은 왕의 지배하에 들어온 지 얼마 지나지 않은 시점이었다. 런던의 스코틀랜드인들은 이민자였고, 일부는 몹시 불우한 처지였으며, (당시 사회보장제도라 할 수 있는) 지역 교구의 지원도 받을 수 없었다.[54] 하지만 그것은 400년 후 거의 의미 없는 행동 방침이 됐다. 런던은 영국에서 가장 부유한 도시이며[55] 내가 아는 한 현재 스코틀랜드인들은 런던에서 특별히 불리한 상황에 처해 있지도 않다. 오히려 스코틀랜드의 많은 지역이 훨씬 더 빈곤하다. 짐작건대 이 단체의 설립자들은 런던의 스코틀랜드인을 신경 쓴 것이 아니라, 같은 동포에게 신경을 쓴 것이다. 그들이 자선의 방향을 목적 달성에 필요한 특정 방침을 지시하기보다 근본적인 목표를 추구하는 쪽으로 맞추었다면("스코틀랜드인의 삶을 개선하는 데 가장 효과적인 일을 한다"), 그 목표를 달성하는 데 훨씬 큰 도움이 되었을 것이다.

이런 이유로 가치관 변화는 장기적 관점에서 특히 중요하다. 과거를 돌아보면, 우리는 그런 변화가 수십억 명의 삶에 엄청난 영향을 주었다는 것을 알 수 있다. 미래 세대의 행동을 이끌 가치관을 더 나아지게 만들 수 있다면, 우리는 그들이 더 나은 행동을 할 것이란 강한 확신을 얻을 수 있을 것이다. 그들이 우리와 매우 다른 세계, 그 유형을 예측할 수 없는 세상에서 살고 있다고 해도 말이다.

가치관의 우발성

하지만 우리가 사회의 가치관에 주는 변화가 어쨌든 일어날 일이라면, 그 변화의 장기적 영향은 그리 크지 않을 것이다. 따라서 우리는 가치관 변화의 예상 우발성expected contingency도 고려해야 한다. 즉, 우리가 사회의 가치관에 변화를 일으키지 않는다면 결국 그 변화가 일어나는 데까지 얼마나 긴 시간이 걸릴까(예상)에 대한 의문을 가져야 한다. 지금의 우리는 노예제 폐지 운동이 노예제를 종식시키는 데 큰 역할을 했다고 이야기한다. 그러나 어떤 이유에서든 노예제 폐지가 불가피했다면, 장기적으로 노예제 폐지론자들이 쟁취하려 노력했던 변화는 이후 언제가 되었든 발생했을 것이다.

우발성은 우리가 고려하는 시간 척도에 따라 달라질 수 있다. 노예제 폐지나 여성참정권 같은 큰 변화는 그때 일어나지 않았더라도 100년 내에는 **결국** 일어났을 것이다. 이제 나는 수백 년을 기준으로 예상 우발성에 집중할 것이다. 이런 정도의 우발성을 가진 가치관 변화는 그 자체로 큰 의미를 지니며, 여러 세대와 수십억 명의 사람들에게 영향을 미친다. 또한 다음 장에서 나는 세상의 지배적 가치관이 다음 수 세기 동안 '고착'되어 극히 긴 시간에 걸쳐 지속될 상당한 가능성이 있다고 이야기할 것이다. 다음 몇 세기 동안의 평범한 가치관들이 미래로 향하는 길 전체를 형성할 수 있다.

역사 속 가치관의 우발성에 대해 명확히 파악하기 위해 진화 과정에서의 생물학적 우발성을 고려해보자. 유기체는 번식 성공, 즉 '적합도fitness'에 영향을 미치는 특성을 가지고 있다. 진화는 이러한 특성이 다양하며, 그중 어떤 것이 다른 것보다 번식에 성공율이 높기 때문이다.

진화적 우발성은 수십 년에 걸친 논쟁의 주제였다. 진화생물학자 스티븐 제이 굴드는 진화가 대단히 우발적이라고 생각했다. 그는 "생명이라는 테이프"가 다시 돌아간다면, 먼 과거의 아주 작은 변화도 오늘날 지구상에 있는 생물에게 엄청난 영향을 줄 수 있다고 주장했다.[56] 심지어 굴드는 인간과 같은 수준의 지능을 가진 생물의 재진화는 불가능할 것이라고 추측했다.

코끼리의 코나 기린의 목 같은 진화적 특이성이 존재한다는 것은 진화의 우발성에 대한 증거다. 진화가 지극히 다양한 환경에서 지속적으로 수렴됐다면 이런 특성은 한 번 이상 진화했을 것이다.[57]

뉴질랜드를 생각해보자. 이 섬은 8,000만 년 전 호주로부터 분리된 이래 계속 고립되어 있었다. 뉴질랜드에는 토종 육생 포유류가 없다. 그 덕분에 조류가 이례적인 범위의 틈새를 차지하며 진화한 "조류의 제국"이 되었다.[58] 여기에는 임상forest floor/林床(산림의 아래쪽에 살고 있는 관목·초본·이끼 등을 통틀어 일컫는 말)의 곤충을 뒤지는 키위kiwi, 독특하게도 춥고 높은 고지대 환경에서 사는 앵무새 키아kea, 현재는 멸종된 하스트독수리Haast's eagle가 있다. 이 독수리는 몸무게가 15킬로그램에 달해 지금 살아 있는 독수리 크기의 두 배에 가까웠던 것으로 추정한다.[59]

그렇지만 다른 경우에는 전혀 다른 장소에서 시작된 종들이 결국 같은 특성으로 진화하는 '수렴 진화'를 볼 수 있다. 예를 들어 곤충, 새, 익룡, 박쥐는 모두 다른 진화의 역사를 겪었지만 나는 능력을 갖게끔 진화했다. 마찬가지로 우리는 물고기, 헤엄치는 포유류, 일부 연체동물에서 유선형 몸을 발견할 수 있다. 갑각류는 게 같은 형태로 진화하는 경향이 매우 강해서 게가 되는 과정에 따라 게화carcinisation 이라는 이름이 있을 정도다.[60]

현재 생물학자들은 진화가 때로 우발적일 수도 있고 때로 비우발적일 수도 있다는 쪽으로 의견을 모으고 있다. 이는 이른바 '적합도 지형fitness landscape'를 고려함으로써 알 수 있다(그림 3.2). 적합도 지형에서는 하나 이상의 차원으로 유기체의 특성 변화를 측정한다. 예를 들어 코끼리의 경우 체질량, 코의 길이, 사회성이 포함될 수 있다. 마지막 차원은 유기체가 가진 특성의 함수로서 진화 적합도를 측

정한다.[61]

적합도 지형의 봉우리들은 어떤 특성 혹은 특성의 조합이 유기체의 적합도를 극대화하는지 보여준다. 유전적 돌연변이에 의해 야기되는 것과 같은 변화는 개체가 지형에서 약간 다른 위치를 점하게끔 한다. 봉우리에 가까운 것들은 다음 세대로 특성을 물려줄 가능성이 더 높을 것이다. 때로는 봉우리가 하나뿐인 경우도 있다. 이런 경우 진화는 그 종을 단일한 봉우리로 밀어붙일 것이다. 종이 지형의 어디에서 시작하든 말이다. 예를 들어, 헤엄치는 모든 동물은 유선형 몸으로 진화할 것이다.

봉우리가 여러 개일 때도 있다. 같은 환경에서 적응하는 데 여러 가지 방법이 있는 것처럼 말이다. 비버와 오리너구리는 모두 물살

그림 3.2 | 생물 진화의 적합도 지형

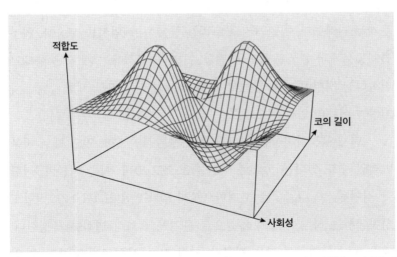

코끼리의 번식 적합도가 사회성과 코의 길이에 따라 어떻게 변화하는지 보여준다(실제 코끼리에 대한 이론이 아니라 설명을 위한 도해).

이 세지 않은 개울이나 강에 집을 만든다. 하지만 그들은 매우 다른 특성을 가지고 있다. 적합도 지형에 하나 이상의 봉우리가 있으면 **다중 평형**multiple equilibria이라고 부른다. 이로써 진화에 우발성이 등장한다. 유기체가 결국 어떤 봉우리에 오르는지는 적합도 지형의 어디에서 출발했는지, 그 지형이 어떤 형태였는지, 무작위성이 유전적 변이에 내재하는지에 좌우될 것이다.

다중 평형에서는 생물학적 진화의 우발성이 높을 수 있다. 하지만 평형이 하나뿐이라도, 그 평형에 이르는 데 긴 시간이 필요하다면, 즉 적합도 지형에 오르는 진화가 느리다면 예상 우발성은 높을 수 있다. 예를 들어, 최초의 뉴런 진화에서 인간 수준의 지능 진화까지는 약 7억 년의 시간이 걸렸다.[62] 인간 수준의 지능은 항상 적합도 지형의 맨 꼭대기에 있었을 테고, 거기까지 이르는 것은 대단히 느린 여정이었을 것이다. 이 봉우리로 오르는 데에는 실행 가능한 많은 길이 있었을 테고, 그렇다면 진화한 지능의 형성은 7억 년 동안 우발적일 것이다.

몇십 년 전부터 가치관을 비롯한 문화의 진화를 이해하는 데 진화 이론과 적합도 지형이 활용되고 있다.[63] 이는 가치관이 언제, 왜 우발적일 수 있는지 이해하는 데 도움을 준다.

이 이론에서 문화는 신념, 지식, 기술, 관행 등 사회적으로 전달된 정보로 이해할 수 있지만, 나는 가치관에만 초점을 둘 것이다. 문화적 진화는 다윈적 진화를 지배하는 것과 같은 세 가지 원리로 설명할 수 있다.

- **변이**variation: 문화적 특성은 형질에 따라 다르다.

- **차등 적합도**differential fitness: 다른 형질을 가진 문화적 특성
  은 생존과 번식의 비율이 다르다.
- **대물림**inheritance: 문화적 특성은 모방이나 발화를 통해 사람
  으로부터 사람에게로 전달될 수 있다.

예를 들어, 외집단outgroup〔개인이 소속되어 있지 않은 사회집단〕구
성원에 대해 취할 수 있는 문화적 태도는 친화적인 것에서 적대적인
것까지 여러 가지가 있다. 이런 문화적 태도의 일부는 다른 것보다
주어진 환경에 더 잘 적응할 것이다. 적응을 더 잘하는 태도는 동료
나 다음 세대에 전달될 가능성이 더 높다. 문화적 진화 모델의 개인
과 집단 사이에서 더 강한 문화적 경쟁력을 얻는 것이다.[64]

문화적 진화의 관점은 과거와 미래 모두를 이해하는 데 유용하
다. 문화는 오랜 시간에 걸쳐 상호작용하고 환경에 적응하면서, 새로
운 문화와 특성이 생기고 낡은 문화는 진화하거나 경쟁에서 뒤처진
다. 분명히 말하지만, 나는 문화를 확산시킬 수 있는 특성이 그것을
다른 문화보다 '낫게' 만든다고 주장하는 것이 아니다. 높은 적합도를
갖추고 있어서 오랜 시간을 헤쳐나갈 가능성이 높은 문화가 가장 바
람직한 문화는 아니라는 점을 반드시 유념해야 한다. 저명한 인류학
자 조 헨리히가 지적하듯이, 집단 내에서는 외집단 구성원을 심각하
게 평가절하하는 규범을 환영하며 이는 구성원에게 경쟁 집단을 제
거할 동기를 부여하기도 한다.[65]

유기체의 특성에 적합도 지형이 있듯이 문화의 가치관에도 적
합도 지형이 있다. 그런 지형에 봉우리가 하나일 때는 문화가 그 봉
우리로 대변되는 특정한 가치관에 수렴할 것으로 예상해야 한다. 즉,

가치관 변화의 우발성은 낮을 것이다.

어린이를 보호하는 방향의 규범이 널리 퍼져 있는 것은 그리 놀라울 게 없는 일이다. 그런 규범이 없는 문화는 건강한 어린이를 키워낼 가능성이 낮고 오랫동안 번성할 가능성 또한 낮다.[66] 마찬가지로, 전도에 주력하는 종교처럼 개종자를 만들려 노력하고 스스로를 가능한 한 널리 퍼뜨리려는 문화는 이런 특성이 부족한 문화보다 성장 가능성이 높을 것이다. 따라서 기독교나 이슬람교 같은 세계적인 종교가 다른 사람들을 자신의 신념으로 개종시키는 데 가치를 두는 것은 당연하다.

그러나 적합도 지형에는 여러 개의 봉우리가 있을 수 있고, 이는 장기적으로 여러 문화가 안정되게 여러 다른 가치관을 유지할 수 있다는 의미다. 예를 들어 과시적 소비 현상, 즉 부유한 사람들이 남에게 자신이 얼마나 많은 부를 갖고 있는지 공개적인 방식으로 내보이기 위해 물건을 사는 현상에 대해 생각해보라. 과시적 소비의 보편성은 그 방향으로 문화적 진화의 압력이 있다는 것을 시사한다. 하지만 그것이 취하는 형태는 대단히 우발적이다. 어떤 문화에서는 사치품을 구매하는 형태를 띠고, 또 어떤 문화에서는 자선의 형태를, 또 다른 문화에서는 노예 소유의 형태를 띤다. 과시적 소비 형태 중에는 다른 것보다 훨씬 선호도가 높은 것들이 있다.

또 다른 예로, 많은 종교가 신자들이 자신의 독실함과 도덕적 청렴성을 입증하는 걸 중요하게 여긴다. 하지만 종교들마다 이런 목표를 달성하는 매우 다른 방법을 발전시켰다. 불교도와 힌두교도는 채식을 함으로써 독실함과 도덕적 청렴성을 내보인다. 대부분의 기독교에서는 그렇지 않다. 이는 아시아인 다섯 명 중 한 명이 채식주의자인 반면, 유럽과 북아메리카에서는 채식주의자 비율이 스무 명 중 한 명인 이유를 어느 정도는 설명해준다.[67] 마찬가지로, 중국, 한국, 베트남은 한 해에 1인당 30킬로그램 이상의 돼지고기를 소비하는 반면 이란, 파키스탄, 인도네시아, 이스라엘 같은 이슬람 국가나 유대 국가는 돼지고기 소비량이 0에 가깝다.[68]

성, 결혼, 일, 자선을 둘러싼 종교적 규범도 마찬가지다. 종교적 배경에 따라 자신이 신앙심 강하고 존경받을 만한 사람이라는 것을 보여주기 위해 취하는 행동도 크게 다를 수 있다.

이런 다중 평형은 문화적 적합도의 관점에서는 동일하게 좋은 것일 수 있지만, 도덕적 관점에서는 훨씬 더 좋을 수도 반대로 아주 나쁠 수도 있다. 고기를 먹는 것이 도덕적으로 잘못된 일이라고 생각한다면, 힌두교와 불교가 도덕적 청렴성을 보이기 위해 채식주의로 수렴했다는 사실은 매우 좋은 일이다.

도덕적 태도에서 다중 평형을 기대하는 두 번째 이유는 가치 체계가 이념적 경쟁을 억누르면서 자기 입장을 견고히 하기 때문이다. 이념을 이유로 한 숙청 사건들을 떠올려보자.

1209년부터 1229년까지 정말 부적절한 이름의 교황 인노켄티우스 3세Innocentius III〔교황의 영어 이름 Innocent에는 '아무 잘못이 없는' '결백한'이라는 뜻이 있다〕는 남프랑스에서 비정통 기독교 교파인 카타리파Cathari派를 뿌리 뽑기 위해 알비십자군Albigensian Crusade을 조직했다. 그는 결국 목표를 달성했다. 약 20만 명의 카타리파 교도들이 알비십자군에 목숨을 잃고, 1350년에는 카타리파가 유럽 전역에서 사라졌다.[69]

영국의 역사 역시 종교적 반대를 억압하려 애쓴 군주들의 사례로 가득하다. 16세기에 메리 1세는 신교도를 화형시키고 모두에게 가톨릭 미사에 참석하라는 명령을 내렸다. 몇 년 후 엘리자베스 1세는 많은 가톨릭교도를 처형하고 통일령Act of Uniformity이라는 노골적인 이름의 법을 선포했다. 가톨릭 미사를 금하고 성공회 예배에 참석하지 않는 사람을 처벌하는 법이었다.[70]

이념적 숙청은 20세기 내내 흔하게 벌어졌다. 히틀러는 '긴 칼날의 밤Night of the Long Knives'을 통해 당 내 반대파를 제거하고 독일 최고 통치자로서 입지를 다졌다. 스탈린의 대숙청으로 1936~1938년 약 100만 명이 목숨을 잃었다. 공산당과 시민사회 내에서 자신에게 반대하는 모든 사람을 제거한 것이다.[71] 1975~1976년 권력을 장악한 폴 포트는 캄보디아를 일당독재 국가로 만들었다. 지식인들은 이념적인 적으로 간주되었고, 아주 하찮은 증거만으로도 살해당했다. 한 난민은 안경을 썼다는 이유만으로 죽임을 당할 수도 있었다고 증언했다.[72] 권력 기반을 다진 폴 포트는 1978년 당원들에게 "당을 정화하라! 군을 정화하라! 간부를 정화하라!"로 당훈으로 삼아야 한다고 말했다고 한다.[73] 3년여 동안 크메르루주Khmer Rouge〔캄보디아의 급진 좌익 무장 단체〕는 캄보디아 인구의 약 25%를 살해했다.[74]

가치관의 정착은 다중 평형을 만든다. 이는 가치 체계에 특정한 장소와 시간에 가장 강력해질 가능성이 높은 요소가 있고, 가치 체계가 충분히 강력해지면 경쟁을 억누름으로써 그 방식을 유지할 수 있기 때문이다. 문화 진화 이론은 사회 내 기존의 지배적 문화가 스스로를 공고히 하는 경향이 있는 이유를 설명하는 데에도 도움을 준다. 간단히 말해, 이런 식으로 스스로를 공고히 하지 않는 문화는 다른 것들에 비해 시간이 흐르면서 사라질 가능성이 높다.

단일 평형일 때조차 도덕적 변화의 예상 우발성이 높을 수 있는 마지막 이유는 거기에 도달하는 과정이 느릴 수 있기 때문이다. 선택 압력이 특별히 강하지 않거나 변화의 기회가 많지 않으면, 문화는 적합도 지형 위의 많은 다른 지점에 흩어졌다가 긴 시간이 흐른 후에야 봉우리로 수렴할 것이다. 이전 몇십 년간의 경제 침체를 근거로, 북한의 통치 문화는 남한의 그것보다 훨씬 적합도가 낮다고 볼 수 있다.[75] 하지만 북한 정권은 70년이 넘도록 건재하다.

이런 고려 사항을 유념하면, 오늘날 여러 국가 내, 그리고 국가들 사이에 대단히 우발성이 높아 보이는 다양한 가치관의 차이가 나타나는 것을 알 수 있다. 칠레, 도미니카공화국, 엘살바도르, 니카라과, 바티칸시국, 몰타 같은 가톨릭 국가에서는 낙태 금지에 대한 태도가 대단히 강경하며 낙태를 반대하는 법 또한 강력하다.[76]

1인당 GDP에 관해서는 약한 U자형 추세가 있지만(가장 가난한 나라와 가장 부유한 나라의 노동 참여가 꽤 높다), 여성의 노동 참여율은 나라마다 엄청난 차이가 있다. 소말리아, 아프가니스탄, 이라크, 이집트, 사우디아라비아 등 이슬람교도가 다수인 국가들은 여성의 노동 참여가 극히 낮은 수준이다(물론 카자흐스탄 같은 예외도 있다).

여성의 노동 참여는 문화적 태도에도 반영된다. 이집트와 페루 모두 1인당 GDP가 약 1만 2,000달러다. 하지만 이집트에서는 국민의 약 80%가 남성이 여성보다 일에 대해 더 많은 권리를 갖는다고 생각해 노동에 참여하는 여성의 비율이 20%에 못 미친다. 반면, 페루에서는 남성이 여성보다 일에 대해 더 많은 권리를 갖는다고 생각하는 사람이 약 20%에 불과하고, 여성의 70%가 노동에 참여한다.[77]

복제나 유전자 증강 같은 새로운 생의학 기술에 대한 태도도 나

그림 3.3 | 2019년 1인당 GDP와 15세 이상 여성의 노동 참여율 관계

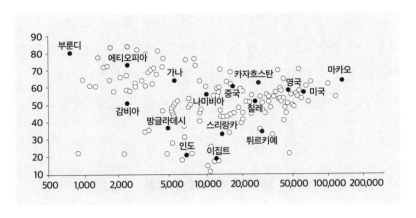

라마다 상당히 다르다. 예를 들어, 유전적 특성을 변화시켜 아이를 더 똑똑하게 만드는 걸 받아들일 수 있다고 생각하는 사람의 비율은 일본의 8%에서 인도의 64%까지 그 범위가 매우 넓다.[78] 지역적 차이가 많기는 하지만 일반적으로 아시아 국가들은 유럽과 아메리카의 국가들보다 유전자 증강에 대해 좀 더 개방적인 것으로 보인다.[79]

마찬가지로, 나라마다 국가를 위해 싸우겠다는 의지(일본의 13%에서 베트남의 96%까지), 이민자에 대한 태도(평균적인 고소득 국가에서는 인구의 14%가 외국에서 태어난 반면, 일본과 한국의 경우 인구의 2%만이 외국 출신)에 큰 차이가 있다. 한 연구는 인도에는 채식주의자가 브라질보다 약 열 배 더 많은 것으로 추정했다.[80] 자선의 수준도 마찬가지다. 국민 대부분이 불교도인 국가는 자선단체에 더 많은 기부를 하는 경향이 있다. 미얀마와 스리랑카는 국민의 50% 이상이 최근 자선단체에 돈을 기부했다고 말한다.[81] 이런 다양한 경우에서 볼 수 있듯 한 나라의 역사와 관련한 사실들은 그 국민이 오늘날 가지고 있는 가치관을 설명하는 데 상당한 도움을 준다.

이 모든 것을 종합하면, 우리는 가치관이 종종 우발적이라고 기대할 만한 이론적인 이유와 이런 우발성이 명확해 보이는 듯한 많은 사례를 얻을 수 있다. 그렇다면 이번 장의 서두에 등장한 사례, 즉 노예제 폐지 사례는 어떨까? 그것도 우발적인 사건이었을까?

노예제 폐지의 우발성

노예제는 너무나 혐오스러워서, 나는 그 주제에 대한 학문적 내력을 살피기도 전에 분명히 폐지가 불가피했을 것이라 추정했을 정도다. 확실하게 아는 것은 불가능하지만, 역사라는 테이프를 시작 조건을 조금씩 다르게 해서 100번 다시 돌린다면 그중 상당한 비율로, 현재와 같은 수준의 기술적 발전 상태에서조차, 세계의 많은 혹은 대부분의 국가에 여전히 합법적인 노예제가 존재할 가능성이 다분하다.[82]

내가 살필 핵심적 의문은 노예제 폐지가 주로 경제적 변화의 결과였는지, 도덕적 태도 변화의 결과였는지(물론 두 가지 다 영향이 있겠지만)이다. 사람들은 노예제 폐지가 주로 경제적 문제에서 비롯되었다고 생각하곤 한다. 유럽과 그 식민지들이 산업화하고 있어 노예의 수익성이 점차 낮아졌으므로 노예제 폐지는 이미 죽어가고 있는 제도를 끝맺음한 것에 불과하다고 말이다. 이런 생각은 궁극적으로 1994년 나온 에릭 윌리엄스의 책《자본주의와 노예제》(한국에서는 2014년 출간)에서 비롯된 것이다. 이 인상적인 학자는 이후 트리니다드토바고의 초대 총리가 되었다.

2부 수백만 번의 선택들

윌리엄스의 주장은 엄청나게 큰 기여를 했지만, 역사학자 시모어 드레셔가 1977년 자신의 저서 《이코노사이드Econocide》에서 가장 설득력 있게 보여주었듯이 면밀한 조사를 거친 것은 아니었다. 크리스토퍼 레슬리 브라운이 언급한 것처럼 《이코노사이드》 출간 이래 영국 노예제 폐지를 경제적으로 해석하는 견해를 고수한 역사가는 몇 명 되지 않는다.[83] 마니샤 신하, 애덤 호크실드, 마이클 테일러, 데이비드 리처드슨을 비롯한 유명 역사가들 그리고 시모어 드레셔 자신도 이 주장에 대체로 동의한다고 말했다.[84]

여기에는 몇 가지 이유가 있다. 첫째, 노예제 폐지 당시 영국에서 노예의 수익성은 엄청나게 높았다. 폐지에 이르는 수년 동안 영국 식민지들은 나머지 세계를 합친 것보다 많은 설탕을 생산했고, 영국은 어떤 나라보다 많은 설탕을 소비했다.[85] 노예제를 폐지했을 때 설탕 가격은 약 50% 상승했고, 7년 동안 영국 국민은 설탕에 2,100만 파운드를 지불했다. 이는 당시 영국 총지출의 약 5%였다.[86]

실제로 노예무역은 쇠퇴하고 있는 게 아니라 급속히 성장하고 있었다. 영국이 1807년 노예무역을 폐지했지만, 1821~1830년 대서양 노예무역을 통해 끌려간 아프리카인은 1780년대를 제외한 어떤 기간보다 많았다.[87] 영국 정부는 1833년 노예제도 폐지법Slavery Aboliton Act을 통과시키기 위해 자국의 노예주들에게 돈을 지불했고, 이로써 대영제국 대부분 지역에서 노예는 점진적으로 자유를 찾았다.[88] 영국 정부는 당시 재무부 연간 지출의 40%에 이르는 2,000만 파운드를 썼다.[89] 이 자금을 조달하기 위해 영국 정부는 1,500만 파운드를 대출받았고, 그 돈을 2015년까지도 완전히 상환하지 못했다.

폐지 이유를 경제에 두는 해석은 1807년 이후 영국이 노예무역에 취한 행동주의 접근법을 설명하는 데에도 어려움이 있다. 영국은 때로는 조약, 때로는 뇌물을 통해 다른 유럽 열강이 노예무역에 개입하지 못하도록 압력을 행사하고, 영국 해군의 서아프리카 함대를 이용해 조약을 집행했다.[90] 영국은 노예가 생산한 물건을 자국이 할 수 있는 것보다 낮은 가격에 판매하지 못하도록 하는 경제적 인센티브가 있었다. 그러나 그들이 보인 행동주의의 규모는 그 정도로 상쇄될 것이 아니었다. 1807~1867년 노예제 폐지 실행에 들인 비용은 연간 국가 소득의 약 2%로 영국이 현재 해외 원조에 사용하는 것보다 몇 배나 많았다. 정치학자 로버트 페이프와 체임 코프먼은 이런 활동을 "현대사에서 가장 값비싼 세계적 규모의 도덕적 활동"이라고 묘사했다.[91] 경제적 해석이 옳다면 굳이 그런 활동을 할 필요가 없었다. 노예무역은 어쨌든 사라졌을 테니까.[92]

그렇다면 영국 의회로 하여금 노예무역을 금지하게끔 만든 경제 문제가 아니더라도, 경제적 변화로 인해 언젠가는 노예제의 종말이 불가피했을까? 경제가 점차 기계화하면서 노예 노동의 가치가 감소했다는 주장을 할 수도 있을 것이다. 보통 노예들에게 주어지던 작업(생산량을 쉽게 측정할 수 있는 불쾌한 작업)은 자동화 가능성이 가장 높은 종류의 일처럼 보인다.

이렇게 보면 시간이 흐르면서 세계의 노예 비율이 감소했을 것이라고 생각할 만한 이유가 생긴다. 하지만 그것이 노예제가 완전히 폐지되었을 거라고 생각할 만한 이유가 되지는 않는다. 첫째, 미국의 과일 수확에서부터 저소득 국가의 채굴이나 농사에 이르기까지 불쾌하고, 숙련도 낮고, 기계화되지 않은 노동이 여전히 엄청나게 많다. 미국의 노예해방 이후에도 특히 사탕수수와 면화 재배는 기계화 속도가 대단히 늦어서 남부에 제2차 세계대전 이후에야 기계화 수확이 광범위하게 퍼질 정도였다.[93] 둘째, 역사적으로 많은 노예가 성노예나 가정의 하인같이 산업화에 위협을 받지 않는 역할을 하고 있었다. 마지막으로, 노예는 감시하기 어려운 일에도 종사해왔다. 고대 그리스에서는 노예가 금속 세공, 목공, 공무, 은행업, 심지어는 작업장이나 대규모 농장의 관리직 등 숙련직에서 일하는 경우가 많았다.[94]

이 모든 증거를 종합하면, 우리는 노예제의 종말이 경제적 요인의 불가피한 결과가 아니라는 결론을 내릴 수 있다. 그보다는 상당 부분이 도덕적 태도의 변화 때문에 일어났다. 이를 고려하면 우리는 도덕적 태도의 변화와 그 법제화가 얼마나 우발적으로 발생했는지 생각해봐야 한다. 물론 노예제 폐지가 세계를 휩쓴 단일한 물결 속에서 단 한 번 일어난 일이었기 때문에 확신하기는 어렵다. 일이 어떻게 되었는지 확인하는 개별적인 역사적 실험을 해볼 수도 없다. 문화적 적합도 지형에는 단 하나의 봉우리만 있는가, 아니면 여러 개가 있는가? 노예제 폐지는 전기의 이용처럼 아이디어가 존재하면 불가피하게 발전하는 일이었을까? 아니면 넥타이를 매는 것처럼 거의 세계적인 보편성을 갖게 되었지만 아주 쉽게 달라질 수 있는 문화적 우발성이었을까?[95]

노예제에 종말을 불러온 도덕적 변화가 지속적으로 진행되는 도덕적 진보의 일부로서 어느 정도 불가피했다고 보는 낙관적인 견해가 있다.[96] 하지만 이 견해는 지지하기 어렵다. 우주의 도덕적 궤도가 정의를 향한다고 생각한다 해도, 그 궤도가 너무나 길다. 역사를 다시 밟는다면 현재 수준의 기술적 발전에서 노예제가 폐지되기까지는 대단히 긴 시간이 필요할 것이다. 그렇다면 우리는 수백수천 년의 범위에서 노예제 폐지를 우발적이라고 예상할 수 있다.

실제로, 20세기의 역사, 특히 나치주의와 스탈린주의의 부상은 자유노동 문제 등의 부분에서 도덕적 퇴행이 얼마나 쉽게 일어나는가를 보여준다. 제2차 세계대전 중 나치 독일은 1,100만 명에게 강제노동을 시켰다. 그중 75%가 민간인이었고, 최고조에 달했을 때는 강제 노동자가 독일 노동인구의 약 25%를 차지했다.[97] 마찬가지로 스탈린 치하의 소련은 1930~1950년대에 굴라크gulag〔교정노동수용소〕내의 강제 노동력을 광범위하게 활용했다. 최고점에 이르렀던 1946년에는 그 수가 노동인구의 8%에 해당하는 600만 명에 달했다.[98]

북서 유럽의 자유노동을 향한 진보적 추세가 '도덕적 진보의 행진'이라는 견해를 지지한다고 보면, 나치 독일과 스탈린 소련의 퇴행은 그저 일시적인 문제일 뿐이라고 생각할지도 모르겠다. 프랑스와 영국에서는 12세기 말 노예제가 사라지고 농노제로 대체되었다.[99] 농노는 노예보다 더 많은 자유를 누렸고, 자신과 자녀들이 특정한 토지에서 떠날 수 없게 구속당하긴 했지만 사고팔리지는 않았다.[100] 14세기 흑사병 이후, 서유럽 전역에서는 농노제가 곧 자유노동으로 대체되었다.[101] 따라서 노예제 폐지가 이런 진보 추세의 불가피한 다음 단계처럼 보일 수 있다.

하지만 역사의 전체적인 그림은 훨씬 더 복잡하다. 첫째, 엄청난 복잡성은 대서양 횡단 노예무역 자체에서도 발견할 수 있다. 자유노동을 향한 국내의 추세에도 불구하고 유럽 열강은 대규모로 사람들을 노예화시켰다. 이것만으로도 도덕이 주도하는 추세라는 주장은 불확실해진다. 둘째, 세계의 다른 지역에서는 비슷한 추세를 찾아볼 수 없다.[102] 동유럽 일부에서는 흑사병 이후 농노제가 약화한 것이 아

니라 오히려 강화되었다.[103]

중국에서는 노예제가 시간의 흐름에 따라 부침을 보였다. 노예제는 기원전 1500년 이전 세워진 고대 상商나라 내내 존재했던 것 같고, 한나라(기원전 202~서기 220)에는 노예제가 존재했다는 명확한 증거가 있다.[104] 중국에서는 20세기까지 다양한 형태로 사실상의 노예제가 계속됐다. 몇몇 지도자가 종종 권력투쟁의 일환으로 노예제의 개혁이나 폐지를 시도했지만, 노예제는 새로운 왕조가 권력을 잡게 되면 반복적으로 소생했다.[105] 예를 들어, 1626년 랴오둥성에서는 인구의 3분의 1이 청나라에 의해 노예가 된 것으로 추정한다. 만주 침략과 1636년 청 왕조 성립 이후 노예제는 중국의 다른 지역에서도 한동안 부활했다.[106] 중국의 노예제는 1909년에야 영구히 폐지됐다.[107] 세계 전체의 상황을 고려하면 폐지론을 강제 노동 문제에서의 도덕적 진보를 향한 아주 느리고 단속적인 역사적 추세라고 보는 데조차 어려움이 있다.

좀 더 중도파적 견해는 도덕적 진보라는 생각에 의지하는 대신 노예제 폐지가 북서 유럽의 자유주의와 자유시장 이념을 향한 일반적인 사상의 흐름에 의해 만들어졌을 가능성이 높다고 본다. 이것은 역사가 데이비드 엘티스의 견해다.[108] 그는 사람들이 국가에 의해 강제당하지 않을 권리를 포함한 동등한 권리를 가지고 있다는 사상이 자리를 잡으면서, 논리적 일관성이 반노예제와 폐지 정서에 힘을 싣는 방향으로 압력을 가했다고 보았다.

(내가 보기에) 여러 자유주의 지식인 그룹에서 반노예제 흐름이 독립적으로 나타났다는 사실이 이런 견해의 강력한 증거일 것이다. 18세기 후반 영국 이외의 국가들에는 폐지론 정서의 씨앗이 존재했

다. 그 가장 유명한 사례가 프랑스다. 콩도르세와 몽테스키외를 비롯한 여러 프랑스 사상가들이 노예제를 맹렬히 비난했고, 프랑스 정부는 1794년 노예제 폐지를 위한 (성의 없는) 시도를 했다.[109] 그러나 폐지주의 **정서**가 프랑스에서 나온 반면, 그것을 법적 현실로 만드는 **활동**은 영국에서 성장했다. 실제로 프랑스의 노예제 폐지론자 단체 '흑인의친구협회Société des Amis des Noirs' 설립자 자크 피에르 브리소는 런던을 방문해 토머스 클라크슨을 만나면서 직접적인 영감을 얻었다.[110] 더욱이 노예제 폐지법은 불과 8년 후 나폴레옹에 의해 폐기되었고, 프랑스는 1848년 이후가 되어서야 노예제를 영구 폐지했다.[111]

폐지론적 정서가 좀 더 포괄적인 자유주의적 사고에 포함되어 있었다는 것은 의심할 여지가 없는 사실이며, 개인의 자유를 옹호하면서도 노예 소유를 지지하는 견해는 도덕적 일관성이 몹시 떨어지는 것으로 여겨야 마땅하고 실제로도 그렇게 여겨지곤 했다.[112]

하지만 우리는 자유주의 사고가 노예제 폐지로 이어진 것이 확실하다고 생각해서는 안 된다. 역사가 마니샤 신하가 지적했듯이 "계몽주의의 유산은 아프리카인들에게 은총이자 저주였다. 그것은 반노예제에 대한 강한 자극제였지만 또한 노예화를 정당화하는 요소들을 담고 있기도 했다. '자유의 확산'은 그 스스로의 논리에 따라 노예들에게까지 거침없이 흘러간 것이 아니었다."[113] 핵심적인 문제는 도덕적 세계관의 모순이 얼마나 지속될 수 있는가에 있다. 논리적 모순은 옹호자에게 그들의 견해를 지지하는 강한 논거를 부여함으로써 변화에 압력을 행사하는 것 같지만, 현대의 도덕적 견해는 다양한 방식으로 아주 오랫동안 모순을 인내해왔다.

예를 들어, 담배와 알코올은 전 세계 대부분의 국가에서 합법이며 사회적으로 수용된다. 반면, 다른 약물은 불법이고 그걸 사용하면 비난을 받는다. 개와 고양이를 학대하는 것은 대중의 분노를 불러일으키지만, 매년 수십억 마리의 동물이 공장식 축산 농장에서 고통을 받으며 죽어간다.[114] 체벌은 인권침해로 간주된다. 그렇다면 인생의 몇 년을 철창 뒤에서 보내는 게 나을지 태형을 받는 게 나을지 자문해보라.[115]

이런 것들이 진정한 도덕적 모순이라고 주장하는 것은 아니다. 각 경우마다 설명을 통해 이런 견해와 실행 사이의 긴장을 해소할 수 있다. 하지만 우리의 도덕적 견해에는 적어도 몇 가지 심각한 모순이 있고, 이런 모순은 현저한 지속성을 가질 수 있다.

결정적으로, 이런 도덕적 모순은 강제 노동과도 관련이 있다. 일부 형태의 강제 노동은 자유주의와 편안히 공존해왔다. 그 한 예가 징병이다. 미국은 이 제도를 이용해 1970년대까지 거의 200만 명의 남성에게 베트남전쟁에서 목숨을 내놓도록 강요했다.[116]

또 다른 예는 징역형이다. 예를 들어, 파치먼 농장Parchman Farm 이란 이름으로 더 널리 알려진 미시시피주립교도소에 대해 생각해 보자. 1901년부터 당시 미시시피 주지사 제임스 K. 바더먼은 수익성 높은 새로운 교도소 건립을 지시했다. 그 결과물은 "노예가 기결수로 대체되었다는 것 이외에는 어느 모로 보나 전쟁 전의 대농장"을 닮아 있었다.[117] 주 정부는 약 2만 에이커의 땅을 사들이고, 수감자를 인종별로 분리한 뒤, 농사일을 하거나 면화를 따게 했다. 뙤약볕 아래에서, 그리고 채찍질의 위협 속에서 말이다.[118] 이 교도소는 1912~1913년 지금 돈으로 2,600만 달러를 벌어들이는 높은 수익성을 자랑했다.[119]

지금은 이런 참상이 우리와 멀리 있는 것처럼 생각되는가? 파치먼 농장이 지독한 관행을 멈춘 것은 1970년대 들어서였는데, 그것도 법적 압박에 굴복했기 때문이다.[120] 오늘날에도 미국의 수많은 재소자들이 시간당 약 1달러의 변변찮은 봉급을 받으며 일하고 있다.[121] 일부 경우에는 보상도 전혀 받지 못한다. 미국 수정헌법 13조가 노예제를 폐지하고 비자발적 노역을 금지하면서 "범죄에 대한 처벌"을 예외로 인정했기 때문이다.[122]

모순이 그렇게 오래 지속될 가능성을 진지하게 받아들인다면, 특정한 노예제 폐지 활동이 없었을 경우 노예제가 오늘날까지도 지속될 수 있다는 생각이 들지 않는가? 그렇다면 노예제 폐지는 우발성이 대단히 높은 일이고, 이것이 크리스토퍼 레슬리 브라운의 견해다. 브라운은 자신의 책 《도덕 자본Moral Capital》에서 이렇게 주장한다. "반노예제 운동의 조직화는 불가피했다기보다는 특이한 일이었고, 도덕적·문화적 진보의 불가피한 결과라기보다는 기이한 일이었다. 영국 반노예제 운동은 여러 핵심적인 면에서 절대 일어나지 않았을지도 모를 역사의 사고, 우발적 사건이었다."[123]

이 견해에는 당신이 생각하는 것보다 더 많은 놀라운 이야기들이 내재해 있다. 핵심은 노예제 폐지 운동이 많은 놀라운 혹은 우발적인 요소의 도움을 받았다는 것이다. 브라운은 특히 미국 독립전쟁을 강조한다. 미국이 계속 대영제국의 일부로 남아 있었다면, 영국은 노예무역 폐지같이 분열을 초래하는 조치를 취해 미국과의 불편한 관계를 위태롭게 하는 일을 더 꺼렸을 것이다.[124] 통일된 제국에서라면 대농장의 로비 역시 더 거셌을 것이다.

브라운은 마지막으로 프랑스 폐지론자들이 영국 폐지론자들보다 위상이 낮고 기회가 부족해서 어려움을 겪었다고 지적한다. 브라운은 프랑스에서 노예제 폐지론자들의 사상이 성장한 것은 프랑스 혁명과 아이티 혁명의 시기와 일치하기 때문에 폐지론 사상은 폭력이나 투쟁과 연관되어 있다고 주장한다.[125]

브라운에 따르면, 19세기 초 영국에서는 폐지론자들의 행동이 덕virtue을 입증하는 방편이었다. 프랑스에서는 그렇지 않았다. 이 견해에서 보면, 노예제 폐지론자들의 활동은 도덕의 다중 평형 상태에서 가소성의 순간에 일어났다. 중요한 몇십 년 동안 상황이 다르게 펼쳐졌더라면, 반폐지 정서가 득세하고 대농장의 로비에 의해 노예제가 더 지속되었을 수도 있다.[126]

더구나 노예무역을 폐지하더라도 노예제 폐지 자체는 당연한 결론이 아니었다. 역사가 마이클 테일러가 주장하듯이, 1833년의 영국 노예해방은 실제보다 몇십 년이 더 필요했을 수도 있다. "이후의 뒤늦은 노예해방 운동은 단순히 노예무역 폐지 운동의 종결부가 아니었다. 그 성공에는 필연성이 전혀 없었다."[127] 노예해방 운동에 도움을 준 우발적 사건들에는 1829년과 1832년의 의회 개혁, 그에 이은 폐지론자 주도의 의회, 식민지 노예제에 대한 관심을 불러일으키고 의회 의원들에게 노예제가 영국 식민지에 위협을 가한다고 설득하는 데 도움을 준 1831~1832년의 '자메이카 크리스마스 반란'이 있다.[128]

테일러는 해방 운동에서 가장 유명한 두 인물, 즉 윌리엄 윌버포스와 재커리 매콜리가 1833~1838년에 죽었다는 것도 언급한다. 그는 1838년 노예해방이 이루어지지 않았다면 운동은 완전히 중단되었을 수도 있다고 말한다.[129] 노예해방의 어려움은 당시 운동가들이 충분히 인식하고 있었던 것이다. 1824년 저명한 노예제 폐지론자 포웰 벅스턴은 노예제가 70년 내에 폐지된다면 만족할 것이라고 말한 것으로 전해진다.[130]

　마지막으로, 영국의 노예제 폐지 이후에도 세계의 노예해방에는 필연성이 없어 보인다. 영국 운동가들의 노력과 자유주의 사상의 우세에도 불구하고, 세계적인 노예제 폐지에는 한 세기가 더 걸렸다. 1930년대에 들어서도 에티오피아 인구의 약 20%는 노예 상태였던 것으로 추정한다.[131] 에티오피아의 노예제는 1942년에야 폐지되었다.[132] 사우디아라비아와 예멘은 그보다 더 늦은 1962년에 노예제를 폐지했다.[133] 당시 사우디아라비아에는 수천 명의 노예가 있었다.[134] 모리타니는 1980년에 이르러서야 노예제를 폐지했고, 노예를 소유한 사람을 형사처벌한 것은 2007년부터였다.[135] 세계적으로 노예제 폐지를 촉진하려는 노력이 부족했더라면, 노예제는 일부 국가에서 더 오래 지속되었을 것이다.

　이 모든 것을 종합하면, 우리는 노예제 폐지가 우발적인 사건이었다는 놀라운 생각에 마음을 열어두어야 한다. 경제적 근거로 노예제 폐지가 불가피했다는 견해는 타당하지 않다. 자유주의를 향한 폭넓은 추세를 고려할 때 노예제 폐지의 궁극적 가능성이 높았는지, 특정한 노예제 폐지 운동의 성공에 크게 좌우되었는지의 문제에 답을 찾아보는 것은 가치 있는 일일 것이다. 후자의 견해에서라면, 노예제 폐지는 극소수의 행동이 야기한 것이다. 전자의 견해에서라면, 프랑스와 영국의 정책 결정권자들을, 노예제를 용납할 수 없는 세계관의 방향으로 밀어붙인 수천 명의 집단적 산물이다.

　하지만 어느 쪽이든 노예제의 종말을 불러온 것은 사상가, 작가, 정치가, 노예 출신 운동가, 노예 반란자의 행동이다. 이들 견해의 어느 쪽에 근거해도 노예제 폐지는 이미 정해진 운명이 아니었고, 역사가 다르게 진행됐다면 지금 우리는 합법적으로 허용된 광범위한 노예제가 존재하는 세상에 살고 있었을지도 모른다.

무엇을 해야 할까

도덕규범의 우발성을 진지하게 받아들이면, 우리는 세상의 도덕적 신념이 매우 달라질 수 있을, 현기증이 날 정도로 다양한 방법에 대한 고려를 시작할 수 있을 것이다. 산업혁명이 채식주의자에게 친화적인 인도에서 일어났다면 어땠을지 생각해보라. 지난 세기 동안 공장식 축산 농장이 엄청나게 증가하는 일은 일어나지 않았을 것이다. 그런 대안적인 세상의 사람들은 우리 세계에서 매년 수백억 마리의 동물이 겪는 고통과 죽음을 엄청나게 혐오스러운 일로 여겼을 것이다.

나치주의가 인기를 끌지 못했다면 어땠을지 생각해보라. 19세기 말과 20세기 초, 우생학은 미국·영국·스웨덴 같은 자유주의 국가의 지식인들 사이에서 큰 지지를 받았다.[136] 나치주의가 우생학과 자유주의 사상 사이에 그렇게 강한 대립을 만들지 않았더라면, 강제 불임과 강제 낙태가 오늘날 광범위한 관행이 되었을지도 모를 일이다. 대부분의 문화가 역사적으로 지극히 가부장적이었다는 데 주목해보라. 성에 대한 로마인들의 태도가 서구 유럽까지 이어졌다면 페미니스트 운동은 시작도 해보지 못했을 것이다.

나는 우리가 이런 반사실의 진실을 알고 있다고 주장하는 것이 아니다. 이런 일에 대해 확실히 아는 것은 불가능하다. 하지만 도덕적 다중 평형을 기대하는 이론적 근거와 오늘날 우리가 볼 수 있는 도덕적 우발성의 그럴듯한 사례를 고려하면, 이런 매우 다른 도덕적 세계관이 광범위하게 퍼지거나 세계를 지배할 수 없었다고 확신해서는 안 된다. 도덕규범의 예상 우발성은 대단히 높아서 세상이 확실히 도덕적으로 적절한 궤도에 있게끔 하는 일의 가치는 엄청나게 높다. 그렇다면 가치관 변화를 진지하게 받아들일 때, 어떤 가치를 장려해야 하는 것일까? 또 그 방법은 무엇일까?

장기적 관점은 좀 더 일반적으로 적용되는 가치 변화를 선호한다. 예를 들어, 초기 기독교의 도덕은 이혼 금지 같은 특정한 도덕률과, 다른 사람을 자신이 대우받고 싶은 대로 대우해야만 한다는 황금률 같은 일반 원칙 모두를 장려했다.

배경이 달라지면, 특정한 도덕률은 처음 의도한 목적을 달성하는 데 실패하기 쉽다. 예수의 가르침은 페미니스트가 되는 것과는 거리가 멀지만 여성을 대하는 태도라는 측면에서 당시의 극히 가부장적인 사회에 비해 얼마간 진보적이다. 이는 특히 기독교가 이혼을 금지했기 때문이다. 당시의 이혼은 가족들이 친족 동맹을 만들거나 깨는 도구였으므로 여성들에게 해로운 것이 보통이었다.[137] 그렇지만 이것을 모든 시간과 장소에서 적용할 수 있는 것은 아니다. 20세기에는 이혼의 합법화가 페미니스트의 큰 승리로 여겨졌다.

반면, 황금률은 진실한 것이기만 하다면 시간과 장소에 제한을 받지 않는다. 그런 원칙을 촉진한다면 미래에 영원히 강한 긍정적 영향을 줄 것이다. 실제로 우리는 기독교의 장려 이후 1,700여 년이 지나서도 그런 황금률이 사람을 소유하고 거래하는 것과 부합하지 않는다는 퀘이커교도들의 인식을 통해 도덕적 진보에 활용되는 것을 목격했다.

이는 장기주의자로서 사회의 가치관을 개선하려 할 때 좀 더 추상적이고 일반적인 도덕적 원리를 촉진하는 데 초점을 맞춰야만 하며, 특정한 도덕적 행동을 장려하는 경우 그런 행동을 더 일반적인 세계관과 엮어야 한다는 것을 시사한다.

노예제 폐지론자들은 도덕적 변화를 만드는 일의 중요성을 입증했다. 하지만 우리는 그들을 도덕적 변화를 만드는 **방법**에 대한 영감을 주는 존재로도 볼 수 있다. 앞서 나는 18세기 노예 폐지론을 주장한 퀘이커교도들이 도덕적 영감의 지속적 원천으로 벤저민 레이의 초상을 집에 두었다는 이야기를 했다. 나도 그들의 선례를 따랐다. 레이의 초상은 지금 내 모니터 옆에 있다. 그는 내가 이 책을 쓰는 것을 지켜보고 있다.

레이는 도덕적 기업가의 전형적인 예다. 도덕성에 대해 깊이 생각하고, 그것을 대단히 진지하게 받아들이고, 정말로 기꺼이 자신의 신념에 부합하는 행동을 하고, 그런 이유에서 기이한 괴짜로 취급받았다. 우리는 그와 같은 괴짜가 되는 것을 꿈꾸어야 한다. 누군가는 지구 반대편에 사는 사람들, 돼지와 닭, 수천 년 후에 태어날 사람들을 걱정하는 당신을 놀릴지도 모른다. 과거 노예제 폐지론자들도 많은 이들에게 조롱당했다. 우리는 완벽한 사회와는 거리가 아주 먼 곳에 있다. 거기에 이를 때까지 도덕적 진보를 추진하기 위해서는 도덕적으로 의욕 넘치는 이단자들이 필요하다. 현상 유지를 바라는 이들의 조롱을 견딜 수 있는 사람들 말이다.

분명히 말하지만, '이상한' 신념을 갖는 것이 곧 이상한 행동에 참여하는 걸 의미하지는 않는다. 나는 벤저민 레이의 게릴라 공연이 필라델피아 퀘이커교도들을 설득하는 데 도움을 주었을 것이라고 생각한다. 그들에게는 반노예제 정서를 진지하게 받아들이는 도덕적 세계관이 이미 준비되어 있었기 때문이다. 하지만 그와 같은 전략을 영국 대중을 설득하는 데 사용했다면 역효과를 일으켰을 것이다. 활동의 그다음 단계에는 퀘이커교도들의 반노예제 정서를 더 광범위한 청중을 대상으로 다시 포장할 수 있는 앤서니 베네젯과 같은 운동가들이 꼭 필요했다. 미국 헌법을 제정한 벤저민 러시는 레이와 베네젯의 전기를 썼다. 그는 베네젯을 온순하고 점잖은 사람으로 묘사한 후 베네젯이 "레이가 시작한 것을 완성시켰다"고 말했다.[138]

내게 특히 친숙한 사회운동은 동물 복지 운동이다. 이를 통해 나는 혁명적 신념과 협력적 행동의 결합이 갖는 힘을 목격했다. 예를 들어, 레아 가르세스는 '머시포애니멀스Mercy for Animals'의 대표인데, 그녀는 다른 활동가 단체들과 손잡고 (월마트 같은 미국의 대형 업체를 비롯해) 50여 개 미국 소매업체 및 패스트푸드 체인으로 하여금 좁은 우리에서 키우는 암탉의 달걀을 취급하지 않게 함으로써 매년 수천만 마리의 고통을 줄이는 엄청난 성공을 이끌었다.[139] 가르세스가 거둔 성공의 열쇠는 상대방을 인간으로 대우하고 그들과의 공통점을 찾는 데 있었다.

그녀는 내게 이렇게 말했다. "궁극적인 목표는 언제나 이른바 적enemy과 한자리에 앉아서 협상하고 함께 해법을 마련하는 것이어야 합니다. 직접적인 행동과 홍보 활동은 그 사안에 대한 관심을 얻는 중요한 전략입니다. 하지만 그런 전략은 적을 타파하는 게 아닌 대화, 협력, 협상으로 이어지도록 고안해야 합니다." 혁명적 신념과

협력적 행동 모두가 필요한 것이다.[140]

오늘날의 사회가 갖고 있는 도덕규범을 개선하는 데 성공한다면, 그 영향력은 얼마나 오래갈까? 종교적·도덕적 운동의 역사는 그 영향이 수백 년, 심지어는 수천 년 동안 계속된다는 것을 말해준다. 그렇다면 우리의 영향력이 그보다 더 오래 지속될 가능성은 없을까? 다음 수 세기 내 어느 시점에 세상을 인도하는 가치관이 고착되어 무한히 미래를 형성해나가지는 않을까? 다음 장에서는 이런 생각에 대해 이야기해보자.

4 장

영원히 지속될지도 모르는 변화

: 인공지능의 세계

제자백가

기원전 6세기 중국에서는 주周나라의 멸망이 전국시대라는 긴 충돌의 시기를 불러왔다. 하지만 주의 멸망은 생기 넘치는 철학적·문화적 실험의 시대로 이어지기도 했다. 훗날 제자백가라고 알려진 중국철학의 황금기였다.[1]

제자백가 시대 동안, 철학자들은 이 나라 저 나라를 여행하면서 자신의 사상을 발전시키고 정치 엘리트에게 자신의 이론, 도덕적 책무, 정책 제안을 납득시키기 위해 노력했다.[2] '백가百家', 즉 100가지 학파 중 선두를 차지하는 네 가지 철학이 있었다.[3] 현재 가장 잘 알려진 것은 공자의 철학이다. 유교는 자기 수양과 도덕적 정제의 촉진에 중점을 두었다. 그들은 평생 자기 수양에 헌신한다면 정신적 현자가 될 수 있다고 생각했다.[4] 아울러 인격 도야를 뼈를 깎고, 뿔을 조각하고, 옥을 다듬는 장인 정신에 비유했다.[5]

영적 고귀함에서는 유교가 옹호하는 다양한 사회적 규범과 문화적 의례에 숙달하는 것이 무엇보다 중요했다.[6] 유교는 권위에 대한 복종, 부모에 대한 공경, 가족·통치자·국가에 대한 충성을 강조했다. 유교의 법 원리는 잘못된 행동을 벌하기보다는 잘못된 관계를 벌했다. 아들이 아버지를 때리는 것은 심각한 범죄이지만, 아버지가 아들을 때리는 것은 죄가 아니었다.

두 번째 학파는 법가法家다.[7] 마키아벨리즘과 다소 비슷한 법가는 인간 본성에 대해 비관적 견해를 취하며, 인간을 생래적으로 사악하고 이기적인 존재로 여긴다. 법가는 잘못된 행동을 막기 위한 무거운 처벌의 필요성과, 부국강병의 정치적 중요성을 강조했다.

세 번째로 《도덕경》과 《장자》에 담긴 반권위주의 사상이 있다. 훗날 학자들은 이를 도교道教라고 불렀다. 이 책들은 각각 노자와 장자의 것으로 여겨진다. 도교는 변하지 않는 엄정한 일련의 사회적 규범을 촉진함으로써 세상을 통제하려는 유교의 시도가 무모하다고 생각했다. 그 대신 세상의 부침을 예측하고 대응하는 즉흥적이고 비강압적인 행동을 옹호했다.[8]

마지막으로, 기원전 5세기 철학자 묵자의 사상, 즉 묵가墨家가 있다. 오늘날에는 거의 알려진 것이 없지만, 묵가는 유교의 가장 강력한 경쟁 상대였다. 그 영향력은 대단히 강해서 공자와 동시대 사람인 맹자는 그들의 가르침이 "세상을 채우고 있는 듯"하다고 말했을 정도다.[9] 묵가는 스스로를 아끼는 것처럼 남을 아껴야 하며 어떤 정책이든 모두에게 가장 큰 혜택을 추구하는 방향이어야 한다고 주장했다.[10] 그들은 무엇이든 최선의 결과를 내는 행동을 취해야 한다는 견해를 지지하는 최초의 결과론자였다. 그들의 철학은 영국의 실용주의자 존 스튜어트 밀이나 제러미 벤담의 사상과 유사한 점이 많다. 묵가는 2,000년 먼저 그런 사상에 도달했다.

그들은 자신의 급진적 사상을 실행하면서, 자원의 낭비를 막기 위해 사치품을 소유하지 말고 지나친 소비를 금해야 한다고 주장했다.[11] 아울러 당시의 광범위한 족벌주의를 비난하고 능력주의를 옹호했다. 특히 전쟁으로 고통을 겪은 일부 묵가 학파 사람들은 약한 도시를 보호하는 무장 단체를 만들었다. 한 논평가는 그들을 제다이 나이트Jedi knight(영화 〈스타워즈〉의 영웅들)에 비유했다.[12]

이들 학파 사이에는 극심한 경쟁과 강도 높은 비난이 난무했다. 유교 철학자 순자는 이런 말을 남겼다. "당신의 방법이 묵자를 따르는 것이라면 온 세상을 방랑하게 될 것이다. 그 모든 구석에 도달한다고 해도 아무도 당신을 기반으로 생각지 않을 것이다."[13]

제자백가 시대는 기원전 221년에 끝났고, 법가의 영향을 받은 진秦은 중국 전역을 통일하고 새로운 정통성에 대한 모든 이의를 제거하려 노력했다.[14] 황제는 승인받지 않은 책을 불태우라고 명하며 모든 '사학私學'을 금했다.[15] 이에 불복하면 사형으로 벌했고, 반대하는 400여 명의 학자를 죽였다.[16] 법가가 사상 전쟁에서 승리한 듯 보였다. 유교는 살아남았지만 그 영향력은 미미했다.[17]

진시황은 통치의 지속성에 집착했다. 그는 자신의 제국이 1만 세대 동안 존속할 것이라고 선언했다. 불멸의 묘약을 만들 수 있다고 주장하는 방사方士(연금술과 주술을 연구하는 사람)로부터 조언을 듣고, 신화 속 불멸의 존재를 찾는 원정에 자금을 대기도 했다.[18] 그의 탐색은 아무런 소득이 없었다. 그는 기원전 210년 마흔아홉의 나이에 사망했다. 진시황의 죽음 이후 민중 봉기가 일어났고, 경쟁 파벌들 사이에 벌어진 몇 년간의 싸움 끝에 유방이 한나라의 초대 황제로 등극했다.[19] '1만세'의 진나라는 단 15년 만에 멸망했다.

지금까지도 법가는 진나라 그리고 진나라의 억압적인 정책과 연관되어 오명을 쓰고 있다. 한나라 건립 첫해에 황제의 결정은 법가, 유교, 도교의 영향을 받았다.[20] 유교는 처음에는 특별한 입지를 점하지 못했지만[21] 행운과 교묘한 정치 공작의 결합으로 곧 제국의 정통 이념으로 부상했다. 기원전 74~48년 재위한 선제宣帝는 한나라를 최초의 유교 제국으로 만들었다.[22]

물론 유교는 여전히 경쟁을 계속해야 했다. 서한西漢이 몰락한 이후 중국 전역에 불교가 퍼졌고, 비교적 개방적이었던 서기 618~907년의 당나라 때에는 유교, 도교, 불교 모두가 국가의 용인을 받고 대중에 퍼져 있었다.[23] 하지만 9세기 중반부터 유교는 다시 중국의 지배적 공공 이념으로 부상했다.[24] 1,000년 넘게 중국의 모든 식자들은 유교 경전을 익혀야 했고, 그중 700년 동안은 어린이를 위한 유교 경전, 즉《삼자경三字經》으로 글을 배웠다.[25]

공자가 죽고 2,500여 년이 흐른 오늘날의 중국에서는 유교의 영향력이 크지 않은 상태다.[26] 1912년 유교를 중국 경제 발전의 장애물로 보는 견해가 유행하면서, 유교는 공식적인 국가 철학으로서 지위를 잃었다. 하지만 중국과 '유교 유산'을 가진 다른 국가들의 역사에 유교가 미친 영향력은 부정할 수 없다. 오늘날에도 유교 유산을 지닌 국가들은 삶에서 중요한 것이 무엇이라고 생각하는지, 자녀들이 어떻게 행동하기를 기대하는지, 미래에 대한 바람이 무엇인지에 대해 뚜렷한 유교적 견해를 갖고 있다.[27] 혹 2,000년 전의 사건들이 달리 펼쳐졌다면, 아마도 유교 대신 법가·도가·묵가 또는 이들의 조합이 2,000년 동안 중국을 지배할 수도 있었을 것이다.

가치관의 지속성

가치관은 대단히 지속적일 수 있다.[28] 익숙하지만 주목할 만한 사실이 있다. 예년과 마찬가지로 올해 가장 많이 팔린 책은 약 2,000년 전 완성된 《성경》이다.[29] 두 번째로 많이 팔린 책은 《코란》이다.[30] 공자의 《논어》는 아직도 매년 수십만 부가 판매된다.[31] 매일같이 이런 출처에서 나온 인용문이 전 세계의 정치적 의사 결정에 영향을 미친다.

1,000여 년 전 편찬된 바빌론의 《탈무드》에는 "배아는 40일까지 단순한 물로 간주된다"는 구절이 있다. 반면 가톨릭교도들은 잉태하는 순간 생명이 시작된다고 믿기 때문에 배아의 이용에 반대한다. 그로 인해 오늘날 유대교도들은 가톨릭교도보다 줄기세포 연구에 자유로운 태도를 갖는 경향이 있다.[32] 마찬가지로 수백 년 된 식이食餌 제한의 규율이 여전히 광범위하게 지켜지고 있다. 이례적으로 높은 인도의 채식주의자 비율, 200억 달러에 달하는 코셔kosher〔전통적인 유대교의 율법에 따라 식재료를 선택하고 조리한 음식을 일컫는 말〕 시장,[33] 이슬람교도들의 금주 등이 이를 증명한다.

이 장에서 나는 가치관 **고착**에 대해 논의할 것이다. 가치관 고착이란 단일한 가치 체계, 혹은 일련의 가치 체계가 극히 긴 시간 동안 지속되게끔 하는 사건을 말한다. 가치관 고착은 우리에게 익숙한 도덕적 다양성과 대격변을 끝내거나 심각하게 축소시킨다. 가치관 고착이 전 세계적으로 일어날 경우, 미래의 상황이 얼마나 좋을지 혹은 나쁠지는 그 대부분이 고착된 가치관의 성격에 의해 결정될 것이다. 가치관의 일부 변화는 여전히 일어나겠지만 사회의 광범위한 도덕적 윤곽은 명확하게 정해질 테고, 가능한 모든 미래에 비해 확연히 적은 수의 미래만이 펼쳐질 것이다.[34]

유교의 부상은 가치관 고착 현상을 분명히 보여준다. 진나라는 법가의 고착을 시도했지만 실패했다. 한나라는 1,000년 동안 유교의 고착에 성공했다. 하지만 이 세기 혹은 다음 세기에 일어나는 고착은 더 오랫동안, 심지어는 무한히 지속될 수도 있다.

극단적인 이야기로 들릴 수도 있다. 이 장에서는 하나의 경고로, 이상하고 공상과학처럼 보일 수 있는 몇몇 아이디어에 대해 논의할 것이다. 하지만 기술은 급속하게 변화하고 있고, 기술적 발전은 우리에게 익숙한 도덕적 변화의 역학을 빠르게 바꿀 수 있다. 미래 세대의 이익을 진지하게 생각한다면 기술적 진보를 쉽게 무시할 수 없다. 1600년에 살던 누군가가 20여 세대 안에 스위치를 딸깍거리는 것만으로 빛과 불을 만들어낼 수 있다는 이야기를 듣는다면 어떻게 반응할지 생각해보라. 그것도 의식조차 하지 않고 하루에 수십 번씩 말이다. 혹은 주머니에 넣고 다니는 장치로 세계 어디에 있는 사람이든 실시간으로 당장 만날 수 있다고 말한다면? 하늘을 날 수 있고, 천체 위를 걸을 수 있다고 말한다면? 우리는 알고 있다. 지속적인 기술 진보를 감안하면 미래에는 엄청난 변화가 있으리라는 것을.

다른 것들이 할 수 있는 것보다 가치관이 더 오래, 더 충실하게 지속될 수 있게끔 하는 기술이 이미 등장했다. 예를 들어, 글은 복잡한 아이디어가 인간의 기억력에 의한 불가피한 왜곡 없이 수 세대 뒤의 미래로 전달될 수 있게 하는 데 결정적이었다. 글을 쓰는 기술이 없었다면 유교 같은 종교적 가치관 혹은 도덕적 세계관의 지속은 불가능했을 것이다.

2장에서 나는 '초기 가소성, 후기 경직성' 현상에 대해 이야기했다. 상황이 안정된 후기보다 아직 새로운 초반에는 규범, 기준 그리고 기술, 아이디어, 국가를 둘러싼 법규에 영향을 주기가 훨씬 쉽다고 말이다. 중국의 경우, 제자백가 시대는 가소성이 있는 기간이었다. 아직 말랑한 유리처럼 이 시기 동안에는 중국의 철학 문화가 다양한 모양으로 형성될 수 있었다. 송나라에 와서는 문화가 좀 더 경직적이었다. 유리는 식어서 굳었다. 이념적 변화가 가능은 했지만 이전보다 훨씬 어려웠다.

우리는 지금 세계적으로 제자백가에 비유할 수 있는 시기를 살고 있다. 다양한 도덕적 세계관이 경쟁하고 있고, 단일한 세계관이 아직 승리를 거두지 못한 것이다. 어떤 사상이 두드러지게 될지에 영향 주고 바꾸는 것이 가능하다. 하지만 기술적 발전은 이런 다양성과 변화의 긴 시간을 끝낼 수 있다.

가치관 고착에 대해 생각할 때 가장 핵심적인 기술은 인공지능이다.[35] 글은 사상에 수천 년 동안 사회에 영향을 줄 수 있는 힘을 선사했다. 인공지능은 사상에 수백만 년 지속될 영향력을 줄 수 있다. 나는 이런 일이 **언제** 일어날지에 대해 이야기할 것이다. 지금은 우선 첨단 인공지능이 왜 그런 엄청난 장기적 중요성을 갖는지의 문제에 초점을 맞춰보자.

범용 인공지능

인공지능은 인간의 지능을 모방 또는 모사할 수 있는 기계를 설계하는 목표를 가진 컴퓨터공학의 한 분야다. 패러다임으로서 기계 학습이 성공을 거두면서 우리는 지난 10년 동안 인공지능에서 어마어마한 진전을 이뤘다. 기계 학습은 명시적인 프로그래밍 없이 유용한 알고리즘을 만드는 방법이다. 프로그래밍 대신 데이터(사진, 컴퓨터 게임의 결과, 마우스 클릭의 패턴)를 통한 학습에 의존한다.

그 돌파구로 가장 유명한 것은 2016년 딥마인드DeepMind가 내놓은 알파고AlphaGo였다. 알파고는 바둑 세계 챔피언 이세돌을 18번이나 꺾었다.[36] 하지만 알파고는 기계 학습의 최근 발전에서 나온 인상적인 업적 중 아주 작은 일부에 불과하다. 발화, 이미지, 예술, 음악을 이해하고 만드는 일, 스타크래프트 같은 실시간 전략 게임, 인간처럼 글을 이해하고 쓰는 것과 연관된 광범위한 과제에서도 엄청난 발전이 있었다.[37] 당신은 아마도 매일 인공지능을 이용하고 있을 것이다. 그 한 예가 구글 검색이다.[38] 인공지능은 음성 인식, 이메일 텍스트 작성, 기계 번역에서도 상당한 발전을 이끌었다.[39]

인공지능 연구의 궁극적 목표는 범용 인공지능AGI: artificial general intelligence, 즉 인간이 하듯이 다수의 광범위한 과제를 학습하고 인간과 최소 동일한 수준으로 수행할 수 있는 단일 시스템 혹은 함께 작동하는 시스템의 조합을 만드는 것이다.[40] 일단 범용 인공지능을 개발하면 우리는 인공 에이전트agent를 만들게 될 것이다. 인간이 하듯 계획을 세우고, 그에 따라 일을 할 수 있는 존재(꼭 의식이 있는 것은 아니다)를 말이다. 범용 인공지능은 보드게임 방법뿐 아니라 운전하는 법, 대화하는 법, 수학 문제를 푸는 법 등 수없이 많은 다른 과제를 익힐 수 있을 것이다.

지금까지의 인공지능은 협의의 인공지능이었다. 알파고는 바둑은 뛰어나게 잘 두지만 다른 것은 할 수 없다.[41] 하지만 딥마인드나 오픈AI OpenAI 같은 유수의 인공지능 연구소들은 범용 인공지능을 구축하겠다는 목표를 내세우고 있다.[42] 실제로 GPT-3와 같은 진보의 징후가 있었다. GPT-3는 명시적인 수행 훈련을 전혀 받지 않은 번역이나 산술 같은 다양한 과제를 수행할 수 있는 인공지능 언어 모델이다.[43] 알파고의 후속작 알파제로 AlphaZero는 바둑뿐 아니라 체스, 장기까지 스스로 배워서 세계 수준의 실력을 쌓았다.[44] 뮤제로 MuZero 는 처음에는 게임의 규칙도 모르는 상태였지만 약 2년 후 세계 수준의 실력에 도달했다.[45]

범용 인공지능의 개발은 두 가지 이유에서 장기에 걸쳐 기념비적 중요성을 갖게 될 것이다. 첫째, 범용 인공지능은 기술 진보, 경제 성장 혹은 둘 모두의 속도를 크게 높일 수 있다. 이런 주장의 시작은 60년 전 초기 컴퓨터공학의 선구자 I. J. 굿까지 거슬러 올라간다. 그는 제2차 세계대전 중에 앨런 튜링, 그리고 우연히도 내 할머니 다프네 크라우치와 함께 브레츨리파크에서 독일의 이니그마 Enigma 암호를 풀기 위해 일했던 인물이다.[46]

최근 노벨상 수상자 윌리엄 노드하우스를 비롯한 주류 성장경제학자들이 이 아이디어를 분석했다.[47] 범용 인공지능이 성장을 가속화할 수 있는 방법은 두 가지다. 첫째, 국가가 더 많은 인공지능 노동자를 생산함으로써 경제의 규모를 무한히 늘리는 것이다. 이후 국가의 성장률은 더 많은 인공지능을 만들 수 있을 정도로 빠르게 증가한다.[48] 이 시나리오를 분석한 노드하우스는 시간이 흐르면서 지속적인 기술 진보를 통해 인공지능 노동자의 생산성까지 개선한다면, 성장은 물리적 한계에 부딪힐 때까지 무한히 가속화할 것이라는 사실을 발견했다.[49]

둘째, 범용 인공지능을 통해서 기술 혁신의 과정을 자동화하는 것이다. 우리는 최근 이것을 얼마쯤 목격했다. 딥마인드의 기계 학습 시스템 알파폴드 2AlphaFold 2가 '단백질 접힘 문제'(단백질이 어떤 형태를 취할지 예측하는 방법) 해법을 상당히 진전시켜 수십 년 후에나 가능할 것으로 여겨지던 수준에 올라선 것이다.[50] 범용 인공지능이 혁신의 진보를 상당히 일반적으로 자동화할 수 있다면, 기술 진보의 속도는 지금까지 우리가 보아온 걸 훨씬 넘어설 것이다. 이런 가속은 인공지능 시스템 자체 설계에도 적용되면서 긍정적인 피드백 루프를 형성할 것이다. 이 아이디어는 유명 성장경제학자들이 모델로 공식화했다. 그들은 인공지능의 성장 속도를 극히 빠르게 만들고 가속시킬 수 있다.[51]

인공지능이 이런 식으로 기술적 진보에 영향을 미치는 것이 필연적인 일은 아니다. 실제로 내가 언급한 모델을 만든 사람들은 일정한 조건하에서만 성장률 가속이 가능하다고 강조한다.[52] 자동화하기가 대단히 힘든 결정적인 인풋input들이 있어야 할 것이다. 여기에는 컴퓨터 칩의 제조, 그런 칩을 만드는 데 필요한 광물의 채굴, 인공지능 시스템이 의존하는 서버 팜server farm(웹사이트의 모든 소프트웨어와 데이터를 보유한 대형 컴퓨터 회사)에 동력을 공급하는 발전소의 건설 등이 포함될 것이다. 그렇다면 이런 영역에서의 느린 성장이 전체적인 진보의 속도를 제한할 것이다.

하지만 인공지능이 성장률을 훨씬 높일 수 있는 명확한 메커니즘을 고려하면 이런 가능성을 매우 심각하게 받아들여야 한다. 경제성장 규모는 몇십 년이 아닌 몇 년, 아니 몇 개월 만에 두 배가 될 수도 있다. 믿기 어렵겠지만 경제의 훨씬 더 빠른 성장은 추세가 될 것이다. 우리는 국가의 경제가 매년 몇 %씩 늘어나는 데, 즉 꾸준한 지수적 측면에서 성장을 생각하는 데 익숙하다. 장기적으로 성장률은 가속해왔다. 초기 농경 시대에 세계의 경제성장률은 연간 약 0.1%였다. 지금은 연 3% 정도다.[53] 산업혁명 이전에는 세계경제의 규모가 두 배가 되는 데 수 세기가 걸렸지만 지금은 25년마다 두 배로 성장한다.

이를 어떻게 이해하는 것이 최선인지는 명확하지 않다. 역사는 수렵·채집 시대에서 농경 시대로, 다시 산업 시대로 이동하는 뚜렷한 지수적 '성장 모드'의 연속일지도 모른다.[54] 아니 어쩌면 경제의 역사는 시간이 흐르면서 성장률이 꾸준히 가속되는, 지수적 성장보다 더 빠르고 격한 단일 추세일지도 모른다. 후자의 견해로 볼 때, 지난 100년 동안의 상대적으로 안정적인 성장률은 변칙적으로 느리다.[55] 하지만 '성장 모드'의 견해든, '지수적 성장보다 더 빠른 단일 추세'의 견해든, 우리는 미래의 성장률이 현재보다 훨씬 높을 수 있다는 아이디어에 열려 있어야 한다. 농경 시대부터 성장률이 30배 증가했다는 점을 고려하면, 다시 10배 증가할 수 있다는 생각을 말도 안 된다고 일축할 수는 없다. 만일 그렇게 된다면 세계경제는 2년 반마다 두 배가 될 것이다.[56]

기술 진보 속도의 증가가 범용 인공지능에 있어 기념비적 사건인 첫 번째 이유라면, 장기적 관점에서 대단히 중요한 두 번째 이유

는 범용 인공지능의 잠재적 수명이다.[57]

우리는 1장에서 셰익스피어와 호라티우스가 시를 통해서 거의 불멸에 이르렀다는 것을 보았다. 정보는 무한히 지속될 수 있다. 복제 비용이 너무나 낮기 때문이다. 소프트웨어 역시 정보다. 조금 복잡할 뿐 쉽게 복제할 수 있다. 예를 들어, 최초의 상용 컴퓨터게임은 아타리Atari가 1977년 출시한 퐁Pong이었다.[58] 이 게임을 아직도 온라인에서 즐길 수 있다.[59] 본래의 아타리 콘솔이 모두 녹슬고 부서져도, 퐁은 계속 살아남을 것이다. 퐁을 규정하는 소프트웨어는 복제 가능하다. 미래의 모든 세대가 이 역사 속의 작은 부분을 복제하는 소소한 비용을 기꺼이 지불한다면 퐁은 문명이 계속되는 날까지 지속될 수 있다.

원리적으로 보면 퐁을 부호화하는 소프트웨어와 범용 인공지능을 부호화하는 소프트웨어에는 차이가 없다. 소프트웨어는 대단히 충실하게 복제할 수 있기 때문에, 범용 인공지능은 소프트웨어를 구현하는 하드웨어의 변화 속에서도 살아남을 수 있다.

인공지능과 고착

범용 인공지능의 이 두 가지 특징(급속한 기술 진보의 가능성과 원칙적인 불멸성)을 조합하면 가치관 고착은 현실적 가능성이 된다.

범용 인공지능을 사용하면 사람들이 자신의 가치관을 그 어느 때보다 먼 미래로 확장할 수 있는 수많은 방법이 생긴다.

첫째, 사람들은 자신의 목표를 인간의 목표에 부합시켜 인간 대신 그 목표를 달성하는 범용 인공지능 에이전트를 만들 수 있다. 인간의 행동을 복제하거나 그들의 목표를 추론할 수 있는 인공지능 시스템을 개발하는 등 인공지능을 인간의 의도에 맞추는 방법에 대한 연구는 이미 많이 진행되었다.

둘째, 범용 인공지능의 목표를 하드코딩hardcoding(변수의 값을 고정해 코딩하는 것)할 수 있다. 자신이 바라는 미래를 치밀하게 구체화하고 범용 인공지능이 그것을 달성하는 걸 목표로 삼게 만드는 것이다.

셋째, 사람의 '업로드'도 가능할 수 있다. 높은 해상도로 두뇌를 스캔하고 그 구조를 컴퓨터에서 모방하는 것이다. 현대 컴퓨터가 낡은 비디오 콘솔을 모방해서 복고 컴퓨터게임을 할 수 있게 해주는 것처럼, 미래 컴퓨터는 인간 두뇌를 디지털로 모방해서 인간 두뇌의 기능을 복제할 수 있다.[60] 이런 모방은 기능적으로 정신을 업로드하는 일과 동일할 것이다. 정신이 디지털의 형태로 살아가는 것이다.

마지막으로, 이들 기법을 섞어서 사용할 수도 있다. 처음 두 가지 방법은 기존 인공지능 연구의 단순한 확장이다.[61]

우리가 그런 전례 없는 힘을 책임감 있게 행사할 수 있을까? 걱정스럽게도 가치관 고착의 추구는 역사 내내 흔하게 벌어졌다. 우리는 중국의 지배권을 잡은 진나라가 경쟁 학파를 체계적으로 제거하는 것을 보았다. 마찬가지로 한나라는 경쟁 학파에 불리하게끔 유교의 가르침을 체계화했다. 묵가 역시 힘만 있었다면 자신들의 가치관을 무한히 고착시키고자 했을 것이다. 묵가는 도덕적 불일치를 세상에서 가장 큰 문제로 보았고, 그에 대한 해법은 모두가 같은 가치관을 갖게 하는 것이라고 생각했다. 그들은 '현명한 왕'의 우화를 이야기했다. 이 현명한 왕은 자신으로부터 가장 낮은 농민 계급까지 이르는 지휘 계통을 확립하고, 그 지휘 계통의 매 단계마다 하급자가 상급자의 가치관을 완벽하게 복제하도록 했다. 이는 묵가의 가치관이 사회의 모든 구성원에게 완벽하게 전달될 때까지 이어진다.[62]

마찬가지로 1장에서는 다른 가치관을 옹호하는 사람들을 제거할 목적으로 일으킨 종교적 십자군 전쟁이나 이념적 숙청의 예를 소개했다. 그중에는 스탈린의 대숙청같이 극히 성공적인 것도 있었다.[63] 앞 장에서 나는 문화적 진화 이론이 많은 도덕적 변화가 우발적인 이유를 어떻게 설명하는지에 대해 이야기했다. 같은 이론이 도덕적 변화가 그토록 지속적일 수 있는 이유도 설명한다. 역사를 살펴보면, 사회의 우세한 문화가 자신의 가치관을 정착시키고, 경쟁 상대를 제거하고, 오랜 시간에 걸쳐 스스로를 복제하는 단계를 밟는 것을 목격할 수 있다. 실제로 많은 도덕적 견해가 자기 가치관의 고착을 바람직한 일로 여긴다.[64] 앞서 언급했듯이, 문화적 진화가 부분적으로 그 이유를 설명한다. 이런 식으로 스스로를 정착시키지 않는 문화는 그렇게 하는 문화보다 사라질 가능성이 높다. 이런 결과 때문에 정착을 장려하고 가능하게 하는 특성을 가진 문화가 점차 세상을 지배하고, 따라서 지속성을 갖는 것이다.[65]

고착의 추구는 권력을 포기하지 않으려는 자발성과 결합한 불멸 추구(예를 들어, 정신 업로드를 통해)의 부작용이기도 하다. 불멸에 대한 욕구는 역사 내내 매우 흔했다. 심지어 기원전 2000년《길가메시 서사시》에도 길가메시(아마도 실존하는 왕이었을 것이다)가 영생을 누리려 하는 이야기가 담겨 있다.[66] 불멸을 추구했던 진시황제도 이미 언급했다. 이 부분에서 그는 유일무이한 존재가 아니다. 지상에서의 불멸은 중국에서 수천 년 동안 인기를 누린 목표였다.[67] 중국 화학의 역사에는 이런 기간 동안 황제들과 그들이 고용한 연금술사들이 실험한 수십 가지 물질과 묘약에 대한 묘사가 있다.[68]

지난 세기 동안 많은 독재자들이 생명 연장에 관심을 보이고 실제로 그것을 추구했다.[69] 스탈린은 그 주제에 관심을 표했고, 소련에서 망명한 한 인사에 따르면 이로 인해 과학자들이 생명 연장을 "소련 의학 연구의 중심 주제"로 삼았다고 한다.[70] 북한의 김일성은 자신의 수명을 연장하는 연구를 전문으로 하는 장수 연구소를 세우고 더 오래 살기 위해 20대 젊은이들로부터 수혈을 받았다.[71] 1990년부터 2019년까지 카자흐스탄을 통치한 독재자 누르술탄 나자르바예프는 카자흐스탄 과학자들에게 '생명 연장'의 과제를 맡겼다. 하지만 수백만 달러의 돈과 2년의 시간을 들인 끝에 과학자들이 만들어낸 것은 나르Nar라는 이름의 프로바이오틱 요구르트였다.[72]

최근에는 많은 부유한 기술낙관론자들이 무한 수명 달성을 목표로 하는 생의학 연구·개발 기업에 수억 달러의 자금을 댔다. 아마존의 CEO 제프 베이조스와 페이팔의 공동 창업자 피터 틸은 노화 방지를 사명으로 삼는 샌프란시스코의 유니티바이오테크놀로지Unity Biotechnology에 투자를 했다.[73] 구글은 2013년 10억 달러 넘는 자금을 조달해 노화 퇴치를 목표로 하는 기업 칼리코Calico를 출범시켰다.[74] 캘리포니아의 신생 기업 암브로시아Ambrosia는 나이 든 고객에게 8,000달러를 받고 10대들에게서 채취한 2.5리터의 혈장을 주사했다.[75]

우리가 살아 있는 동안에는 노화 문제를 해결하지 못할 거라고 생각해서 냉동 보존술에 비용을 지급하고 미래로 그 문제를 미뤄두려는 사람들도 있다. 미래 기술로 부활이 가능하길 바라면서 몸이나 절단된 머리를 냉동시키는 것이다. 알코르생명연장재단Alcor Life Extension Foundation의 전신 냉동 보존 비용은 22만 달러다. 머리만 보존할 경우의 비용은 그 절반도 안 된다.[76] 단순한 살에 불과한 몸을 완전히 버리고 뇌의 컴퓨터 복제를 통해 디지털 형태로 사는 것을 바라는 기업가들도 있다. 와이콤비네이터Y Combinator에 출자한 신생 기업 넥토메Nectome는 미래 세대가 뇌를 스캔하고 업로드할 것이란 희망을 갖고 뇌를 보존한다. 그들이 내세우는 고객은 실리콘밸리 기업가 샘 올트먼이다. 넥토메의 설립자 로버트 매킨타이어는 이 서비스를 "100% 치명적"이라고 묘사한다.[77]

가치관 고착이라는 목표와 불멸에 대한 바람이 역사 내내 그렇게 흔한 것이었다면, 우리는 미래에도 많은 사람이 그런 열망을 품으리라고 예상해야 한다. 범용 인공지능은 그런 열망을 현실로 만들어 줄 수 있다.

범용 인공지능은 **누가** 권력을 가질지에도 영향을 미칠 수 있다. 범용 인공지능은 기업이나 군에서 개발할 수 있고, 그렇게 되면 권력이 국가가 아닌 그들의 손에 들어갈 수도 있다. 국제기구나 민간조직이 범용 인공지능을 활용해 엄청난 권력을, 18~19세기 인도의 넓은 지역을 사실상 지배했던 동인도회사 시대 이후 볼 수 없었던 수준의 권력을 얻을 수도 있다. 범용 인공지능은 단지 국제적인 힘의 균형만 뒤엎는 것이 아니라, 세계적 사안에서 가장 중요한 행위자가 누구인지까지 뒤바꿀 수 있다.

우리 제도가 이런 전환을 잘 통제하도록(가치관의 다극화와 바람직한 도덕적 진보의 가능성을 지키도록) 설계하지 않으면 일련의 단일한 가치관이 우세해질 수 있다. 그것은 한 명의 개인, 한 정당의 엘리트, 한 국가의 국민에 의해 옹호되는 가치관일 수도 있고 전 세계가 옹호하는 가치관일 수도 있다.

이런 일이 일어나면 그 통치 이념은 원칙적으로 문명이 지속하는 한 계속될 수 있다. 범용 인공지능 시스템은 지금의 우리가 소프트웨어를 복제하는 것만큼 쉽게 원하는 만큼 스스로를 복제할 수 있을 것이다. 그들은 생물학적 노화 과정으로부터 자유로운, 하드웨어가 못 쓰게 될 때마다 스스로 백업하고 새로운 기계에 자신을 복사할 수 있는 불멸의 존재일 것이다. 그리고 더 이상 현재 상황을 몰아낼 수 있는 경쟁적인 가치 체계는 존재하지 않을 것이다.

이 부분은 지금까지 사람들이 범용 인공지능을 자신의 목표에 맞추는 상황을 전제로 해왔다. 하지만 이런 방법은 아마 실패할 것이다. 범용 인공지능을 통해 가치관을 고착시키려는 시도는 범용 인공지능 시스템에 대한 통제력을 돌이키지 못할 정도로 상실할 위험을 안고 있다. 목표에 부합하려 하지 않고 통제에서 벗어난 범용 인공지능 시스템은 다른 모든 사람은 물론 개발자까지 죽일 수 있다. 이제 이런 위험에 대해 이야기해보기로 하자.

인공지능의 장악

범용 인공지능을 만들게 된다면, 현재의 인공지능 시스템이 체스와 바둑에서 인간을 훨씬 능가하듯이 인공지능 시스템이 모든 영역에서 인간의 능력을 훨씬 넘어설 날이 멀지 않을 것이다. 이것은 큰 문제를 제기한다. 오픈필란트로피Open Philanthropy의 연구원 아제야 코트라는 이를 막 한 나라의 통치자가 된 아이에 비유한다.[78] 아이는 스스로 나라를 운영할 수 없기 때문에, 그 일을 대신 할 성인을 정해야 한다. 아이의 목표는 자신의 바람대로 행동할 어른을 찾는 것이다. 아이가 이런 일을 하는 데에는 어려움이 따른다. 말하자면 기만적인 판매술에 능한 전략가를 찾는 것이 아니라, 아이보다 훨씬 현명하고 지식이 많음에도 불구하고 권력을 이용해 아이의 어젠다를 추구하는 사람을 찾아야 하는 것이다.

이런 위험은 닉 보스트롬의 저서 《슈퍼인텔리전스》의 중심 주제다. 그의 책과 관련성이 가장 높은 시나리오는 단일한 인공지능 에이전트가 점점 더 나은 버전의 자신을 설계해서 모든 인류의 능력을 합친 것보다 훨씬 나은 능력을 빠른 시간 안에 개발하는 것이다. 그 인공지능 에이전트의 목표는 인류의 목표와 같지 않을 것이 거의 확실하다. 인공지능 에이전트는 목표를 더 잘 달성하기 위해 자원을 모으고 생존의 위협을 제거하려 노력할 것이다.[79] 따라서 세상을 장악하고 인간을 제거하거나 영원히 지배하에 두는 일을 장려할 것이다.[80]

최근의 연구들은 더 넓은 범위의 시나리오를 조사했다.[81] 인간에 못 미치는 지능에서 초지능으로의 이동이 반드시 위험을 일으킬 만큼 심각하게 빠르거나 불연속적일 필요는 없다. 꼭 단일한 인공지능이 장악해야 하는 것도 아니다. 많은 수의 인공지능일 수도 있다. 인공지능 시스템이 점점 더 커지고 세계경제에서 차지하는 비중도 더 늘어남에 따라 인간이 점차 통제력을 상실하는 경우도 생각할 수 있다.

결국 우리는 인간에 비교한 침팬지와 개미의 운명을 갖게 될 것이다. 잘해야 무시를 당할 것이고, 문명의 미래에 대해서는 아무 말도 할 수 없을 것이다. 그런 영향력 상실을 피하기 위해 사람들은 인공지능이 반드시 조작자가 원하는 일만을 하도록 해야 할 것이다. 이를 '정렬alignment'의 문제라고 한다.[82] 이 문제는 《슈퍼인텔리전스》나 스튜어트 러셀의 《어떻게 인간과 공존하는 인공지능을 만들 것인가》, 브라이언 크리스천의 《정렬의 문제The alignment Problem》 같은 뛰어난 책들에서도 길게 논의하고 있으므로 여기서는 깊이 있게 다루지 않을 것이다.

인공지능 장악의 위험은 인간 멸종의 다른 위험들과 함께 묶이는 것이 보통이다. 하지만 이것은 실수다.

우선, 모든 인공지능 장악 시나리오가 인간 멸종을 초래하지는 않는다. 인간이 침팬지의 멸종을 바랐다면 그렇게 할 수 있었을 것이다. 하지만 우리는 그렇게 하지 않기로 선택했다. 그렇게 할 이유가 없었다. 침팬지는 인간 주도권에 위협이 되지 않았기 때문이다. 마찬가지로 초지능 범용 인공지능이 세상을 장악한다 하더라도, 그들이 인간에 비해 극히 큰 힘을 갖고 있어서 굳이 우리 인간을 죽일 필요가 없을지도 모른다.

둘째, 도덕적 관점에서 가장 중요한 것은 인공지능 장악이 다른 멸종 위험과는 매우 다르게 보인다는 점이다. 예를 들어, 세계적 전염병으로 인류가 멸종하고 다른 어떤 종이 진화해서 우리 대신에 문명을 건설하지 않는다면 문명은 끝날 것이다. 그리고 지구상의 생물은 팽창하는 태양 때문에 우리 행성이 더 이상 생명이 살기에 적합하지 않은 곳이 될 때 종말을 맞을 것이다. 대조적으로, 앞서 이야기한 인공지능 장악 시나리오에서는 인공지능 에이전트가 앞으로 수십억 년 동안 문명을 지속할 것이다. 그러한 문명이 얼마나 좋을지 나쁠지는 미결의 문제다.

이런 비유를 사용해보자. 당신은 섬나라의 국민이고, 당신 나라가 종말을 맞을 두 가지 방법에 대해 고려중이다. 첫 번째는 전염병이 섬에 있는 모든 사람을 죽이는 것이다. 그 이후 섬에는 아무도 살지 않게 된다. 두 번째 방법은 식민지 개척자가 침략해서 섬의 모든 사람을 말살시키고, 이전보다 나쁜 가치관으로 섬에 다른 나라를 세우는 것이다.

이 두 시나리오에서 이 섬의 미래는 매우 다를 것이다. 도덕적 평가도 판이할 것이다. 당신이 미래 세대의 부재를 도덕적 손실로 보지 않는다 해도, 그리고 도덕적인 면에서 전염병을 통한 섬에서의 인간 멸종이 좋은 것이라 생각한다 해도, 당신은 여전히 식민지 개척자들의 섬 침략을 막고자 할 것이다. 전염병을 예방함으로써 당신은 아무것도 없는 상태가 아닌 당신 나라가 지속되는 상태를 만들 것이다. 식민지화를 막음으로써 더 나쁜 가치관을 지닌 다른 국가에 의해 대체되지 않고 당신 나라가 지속되게 할 것이다.

같은 방식으로 초지능 범용 인공지능이 우리 모두를 죽인다 해도 문명은 끝나지 않을 것이다. 사회는 디지털 형태로, 범용 인공지능의 가치관이 인도하는 대로 지속될 것이다. 그렇다면 첨단 범용 인공지능에 의한 세상으로서 전환을 다룰 때의 문제는 문명의 지속 여부가 아니라 어떤 문명이 지속되는가다.[83]

이런 이유로, 미래 세대의 부재가 도덕적 손실이 아니라거나 문명의 종말이 좋은 것이라 생각한다 해도(4부에서 논의할 사안), 인공지능 장악이나 나쁜 가치관의 고착을 피하는 일은 여전히 대단히 중요하다. 어느 쪽이든 지능을 가진 미래 세대가 존재할 것이고, 나쁜 가치관을 가진 인공지능의 세계 장악을 막음으로써 당신은 문명의 수명이 이어지는 동안 미래를 좋게든 나쁘게든 바꿀 수 있다. 그것이 문명의 수명에 대한 영향들보다 중요한 효과다.

내가 보기에 핵심적인 문제는 통제권을 인간이 가지느냐 인공지능이 가지느냐가 아니다. 어느 쪽이든 범용 인공지능은 가치관이 무한히 고착되는 방법이다. 핵심적인 문제는 어떤 가치관이 미래를 인도하느냐다. 편협하고, 지역주의적이고, 무분별한 가치관일 수도 있다. 개방적이고, 초교파적이고, 도덕적으로 탐구적일 수도 있다.

어느 쪽으로든 고착이 일어나는 것이라면 우리는 후자의 방향으로 밀고 나가야 한다. 하지만 가치관 고착의 위험을 완전히 제거하는 것이 훨씬 좋다. 여기에는 두 가지 혜택이 있다. 두 가지 모두 장기주의 관점에서 극히 중요하다. 첫째, 결함 있는 인간 가치관이 영구적으로 고착되는 것을 피할 수 있다. 그리고 둘째, 모두에게 이런 결과가 논외의 문제라는 것을 주지시켜 거기에 가장 먼저 이르려는 압력을 애초에 제거할 수 있다. 즉, 참가자들이 범용 인공지능 장악에 대한 예방책을 소홀히 하거나 선수를 치기 위해 군사력에 의지하는 일을 막는 것이다.

범용 인공지능까지는 얼마나 남았을까?

범용 인공지능은 수천 년 후에나 벌어질 일이라고, 따라서 지금까지의 내 논의는 헛된 추측이라고 생각하는가? 그것은 심각한 오판이다.

범용 인공지능이 언제 만들어질지 **모른다**는 것은 분명한 사실이다. 하지만 불확실성에는 두 가지 길이 있다. 즉, 기술 발전은 놀라울 정도로 느릴 수 있지만, 또 놀라울 정도로 빠를 수도 있다. 예를 들어, 영국의 유전학자 J. B. S. 홀데인은 미래의 순수한 규모와 도덕적 의미를 처음으로 파악한 사람들 중 한 명이다. 1927년 〈최후의 심판The Last Judgment〉이라는 에세이에서 그는 다음 4,000만 년에 걸친 인간 미래의 비전을 묘사했다.[84] 내가 아는 한 인류가 은하계 전체에 퍼질 수 있다고 예측한 것은 이 글이 처음이다. 하지만 같은 에세이에서, 홀데인은 우리가 달 왕복 여행을 하는 데 800만 년 이상이 걸릴 것이라고 예측했다.[85]

기술적 진보의 명확한 추세가 있다 해도, 경우에 따라서는 사람들이 그것을 끝내 알아차리지 못할 수도 있다. 예를 들어, 태양전지판의 가격은 40여 년 동안 기하급수적인 추세로 계속 하락하고 있

그림 4.1 | 예상치 대비 새로 설치한 태양광발전 용량

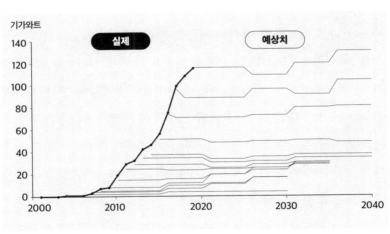

2006년 이후 세계 태양광발전 용량은 국제에너지기구의 모든 예상치를 앞질렀다. 그래프는 (누적 총량이 아닌) 연간 용량 증가를 보여준다.

다.[86] 하지만 모든 주류 경제 모델은 이런 추세를 미래에 접목시키지 못하고 태양에너지 이용에 대해 대단히 비관적인 경향이 있다.[87] 기하급수적인 진보는 우리로서 파악하기 어려운 대상이다. 초기하급수적인 진보는 말할 것도 없다.

범용 인공지능은 아직 먼 미래의 이야기다. 하지만 곧 다가올 수도 있다. 다음 50년, 심지어 20년 내에.

이에 대한 가장 중대한 증거를 정리한 것은 아제야 코트라다. 코트라는 보고서에서, 시간에 따른 컴퓨터 연산력의 추세를 예측하고, 그 추세를 생물의 두뇌 연산력 그리고 그 능력을 얻기 위해 필요한 학습량과 비교한다.[88] 기존 신경과학을 통해 우리가 알고 있는 것을 이용하면, 현재 인공지능 시스템의 능력은 곤충의 뇌 정도이며, 심지어 가장 큰 모델도 인간 뇌가 가진 능력의 1%에 미치지 못한다.[89] 미래에는 이런 상황이 바뀔 것이다.

연산 비용은 기하급수적으로 떨어지는 반면, 인공지능 시스템의 효율과 대규모 기계 학습 훈련 운영 예산은 기하급수적으로 증가하고 있다.[90] 코트라는 이런 추세들을 통한 외삽extrapolation〔이용 가능한 자료의 범위가 한정되어 있어 그 범위 이상의 값을 구할 수 없을 때 관측된 값을 이용해서 한계점 이상의 값을 추정하는 것〕과 신경과학을 통한 최선의 추측을 근거로, 다음 약 10년 내에 인간 두뇌만큼의 연산력을 이용하는 인공지능 시스템을 훈련시킬 수 있을 것이며, 우리는 이 세기 말까지 생물 진화의 완벽한 역사를 시뮬레이션할 수 있을 정도의 연산력을 보유할 것이란 예측을 내놓았다.[91]

이런 비교에는 인간의 두뇌가 사용하는 연산력이 얼마나 되는지와 같은 많은 불확실성이 내포되어 있다. 코트라는 이런 불확실성을 고려해 2036년까지 범용 인공지능 개발 확률을 10% 이상으로, 2050년까지는 50% 이상으로 보고 있다.[92]

코트라는 자신의 연구에 대해 논의하는 한 팟캐스트에서, 연구 결과 "인공지능을 돌진하는 물결처럼 훨씬 더 본능적으로 받아들이고 있다"면서 "세상 변혁의 날을 예측하는 것이기 때문에 그것이 대단히 극단적이고 스트레스가 크며 무서운 결론"이라는 것을 인정했다.[93]

이런 연대표가 그 문제에 대한 기계 학습 전문가들의 견해와 불일치하는 것은 아닐까? 그렇지 않다. 싱크탱크 'AI임팩트AI Impacts'의 설립자 카챠 그레이스는 2016년 현재로서는 가장 포괄적인 설문 조사를 진행했다.[94] 기계 학습 분야의 최고 전문가 약 350명으로 하여금 "비非보조 기계들이 모든 과제를 인간 노동자보다 더 낮은 비용에 더 잘 수행할 수 있게 되는 해"(범용 인공지능과 대단히 유사한 개념)를 추정하도록 한 것이다.[95]

이 설문 조사의 주된 결론은 기계 학습 전문가들이 이 문제에 대해 안정적이고 일관된 믿음을 갖고 있지 않다는 것이었다. 비보조 기계가 모든 과제를 인간 노동자보다 더 낮은 비용에 더 잘 수행할 확률에 대해 평균적인 답변은 2025년까지가 10%, 2061년까지가 50%였다.[96] 하지만 범용 인공지능의 다른 조작화에 대한 질문(모든 작업을 인간 노동자보다 더 낮은 비용에 더 잘 수행하는 기계를 만들 수 있는 때)에는 2138년까지 범용 인공지능의 확률이 50%라는 평균적인 응답이 나왔다. 2061년이라는 이전의 예측에 비해 향후 두 배의 시간이 더 걸린다는 뜻이다.[97] 설문 대상자들은 인공지능 시스템이 인공지능 연구에서 인간을 추월하는 것이 '모든 과제'(이는 불가능한 일이다)에서 인간을 추월하는 것보다 훨씬 오래 걸린다고 예측했다.[98]

이는 범용 인공지능의 미래를 예측하려 할 때 기계 학습 전문가들에 대한 설문에 큰 비중을 두어서는 안 된다는 의미다. 하지만 전문가들이 범용 인공지능을 수 세기 너머의 일로 생각한다고 결코 말할 수 없다는 의미기도 하다. 최소한 이 질문의 틀 안에서 전문가들의 의견은 범용 인공지능이 다음 몇십 년 안에 도래한다는 것이다.

수십 년간 범용 인공지능을 만들기 위한 시도가 실패했고, 그 과정에서 선전이 지나치게 부풀려졌기 때문에 연대표에 대한 모든 예측을 회의적인 시선으로 봐야 한다는 반응도 있을 수 있다. 이전의 선전은 과장된 것이었다. 1950~1960년대에는 낙관론이 광범위하게 퍼져 있었다. 하지만 반대의 목소리도 많았다.[99] 중요한 것은, 과거 양치기 소년들의 이야기에서는 지금 우리가 무엇을 생각해야 하는지와 관련한 측면에서 알 수 있는 게 많지 않다는 점이다.

오픈필란트로피의 또 다른 연구원 톰 데이비드슨은 우리가 인공지능 연구를 얼마나 오랫동안 해왔는지, 앞으로 얼마나 더 많은 연구를 예상해야 하는지, 비슷한 역사적 사건과는 어떤 유사성이 있는지를 바탕으로 범용 인공지능의 추정 연대표를 만들었다. 그는 이 정보만을 기반으로 할 경우, 범용 인공지능이 2036년까지 구축될 확률을 약 8%라고 예측한다. 다음으로, 범용 인공지능의 최근 성과와 같은 추가 정보에 따라 이 예상치를 위아래로 조정해야 한다.[100]

이 모든 증거의 출처는 신뢰성이 떨어진다. 내가 보기에는 장기적인 예측이 너무 어려워서 높은 불확실성이 계속될 수밖에 없는 것 같다. 하지만 이런 견해들을 지난 10년 동안 인공지능 분야에서 달성한 놀라운 진전과 결합한다면, 범용 인공지능의 도래가 멀지 않았다는 점을 진지하게 받아들여야만 할 것이다. 향후 50년 내에 범용 인공지능을 구축할 확률을 10% 이하로 보는 것은 타당치 못하다는 것이 내 생각이다. 만약 그렇다면 역사상 가장 중요한 발전 중 하나가 우리가 살아 있는 동안 일어날 가능성이 대단히 높다.

문화와 고착

범용 인공지능 출현이 몇 세기 이후의 일이라면 어떨까? 그렇더라도 엄청나게 중요한 일이다. 시대를 지배하는 가치관이 고착화하는 날이 될 것이기 때문이다. 그리고 우리가 앞으로 하게 될 일이 범용 인공지능이 처음 만들어졌을 때 지배적인 가치관이 무엇일지에 영향을 줄 수 있다. 종교와 도덕적 세계관에 대한 사례는 가치관이 수 세기 동안 지속될 수 있다는 것(그 과정에서 진화는 하겠지만)을 이미 보여주고 있다. 더구나 단일한 가치 체계가 세계를 지배한다면 미래에는 가치관의 지속성이 더 커질 수 있다. 그렇다면 충돌과 경쟁의 부재로 시간에 따라서 가치관이 변화할 이유가 사라질 것이다.

정복은 단일 가치 체계가 세계를 지배할 수 있는 가장 극적인 경로이며, 가장 가능성이 높은 경로일 수도 있다. 다음 장에서는 제3차 세계대전이 일어날 가능성이 대단히 높다는 이야기를 할 것이다. 만약 그런 일이 일어난다면, 아마도 그 결과는 단일 세계 정부의 등장 그리고 그 정부 이념의 세계적 확산이 될 것이다.

사실, 문화적 정복은 상당히 흔한 일이다. 세계 종교 분포 지도를 보면, 그 상당 부분은 정복과 식민주의의 역사로 설명할 수 있다. 개신교가 미국에서 가장 흔한 종교인 것은 영국의 식민주의 때문이다. 가톨릭이 라틴아메리카에서 가장 흔한 종교인 것은 스페인과 포르투갈의 식민주의 때문이다.[101] 아프가니스탄 사람들은 기원전 2세기부터 서기 약 650년까지 800년 정도 주로 불교를 믿었다.[102] 이 시기의 시작과 끝은 모두 정복에 의한 것이었다. 시작은 불교를 믿는 마우리아제국, 얼마 후에는 쿠샨제국의 정복에 의해 이루어졌다. 끝은 예언자 무함마드의 죽음 이후 세워진 최초의 칼리프 국가 라시둔 칼리프Rashidun Caliphate의 정복에 의한 것이었다.[103] 이 정복 이후 거의 1,400년이 지난 현재까지 아프가니스탄 인구의 99.7%는 이슬람교도다.[104]

장기적 세계 지배를 추구해온 이념의 역사적 사례도 존재한다. 자신들의 나라를 '천년 제국Thousand-Year Reich'이라고 칭한 나치도 여기에 해당한다. 제2차 세계대전 이전 소련의 통제 조직 코민테른이 세계 혁명이란 목표 달성을 위해 설계한 세계 회의를 일곱 번이나 개최하며 세계 공산주의의 비전을 내세운 것도 비슷한 맥락이다.[105]

단일한 가치 체계가 다른 모든 가치 체계를 정복하는 일이 벌어지지 않아도, 여전히 단일한 가치 체계로의 수렴이 일어날 수 있다. 여러 다른 색의 물감이 섞여 새로운 색을 만들어내듯이 여러 가치 체계가 섞인 혼성 가치 체계가 되는 것이다. 이것은 '최선'의 단일한 도덕적 세계관으로 수렴하는 것처럼 보일 수 있지만, 사실 그 세계가 시작된 가치관이 무엇인지 그리고 각각의 가치관이 얼마나 강하게 드러나는지와 관련한 함수일 뿐이다.

세계가 수렴하는 가치의 성격은 그 시점 이전에 서로 다른 가치 체계가 얼마나 강력했는지에 달려 있을 것이다. 그 밖에도 많은 요인의 영향을 받을 수 있다. 첫 번째 요인은 세계 지배에까지는 못 미치는 정복이다. 문화가 더 강력해지는 두 번째 방법은 이민이다. 예를 들어, 지난 130년 동안 미국은 세계에서 가장 큰 경제국이었다.[106] 한 나라의 경제 규모는 1인당 GDP와 인구 규모를 통해 정의할 수 있다. 그리고 미국의 현재 인구 규모는 (부분적으로) 1607년부터 이어진, 그리고 특히 1830년 이후에 늘어난 유럽 이민자 때문이다. 미래에는 높은 이민율과 문화적 동화를 유지하는 국가들의 규모와 힘이 커질 것이다. 실제로, 최근 저널리스트 맷 이글레시아스는 미국이 세계적 영향력을 유지하려면 인구 10억 명을 목표로 이민을 급속히 늘려야 한다고 제안했다.[107]

문화적 특성이 영향력을 얻을 수 있는 세 번째 방법은 문화적 특성으로 인해 한 집단이 다른 집단보다 새로운 환경에서 생존하거나 번영할 수 있는 더 큰 능력을 갖는 것이다. 사람들이 이미 지구상의 모든 거주 가능 지역에 살고 있기 때문에, 이런 고려를 그리 중요하지 않게 생각할 수도 있다. 그러나 미래로 눈을 돌리면, 문명을 확장할 수 있는 광대한 영역이 있다. 우주 말이다. 우리 태양계 안에서도, 지구 밖의 잠재 에너지는 지구보다 10억 배 이상 크다. 우리 은하 안에서도, 태양계 외부의 에너지는 우리 은하 안보다 수십억 배나 더 크다.[108] 어떤 문화가 우주에 정착하기 위해 더 많은 노력을 기울이거나 그렇게 할 수 있는 더 큰 능력을 가진다면, 그 문화는 지상에 묶여 있기로 선택한 문화를 왜소해 보이게 만들 것이다.

어떤 문화가 다른 문화를 능가할 수 있는 마지막 방법은 장기적으로 더 높은 인구 증가율을 유지하는 것이다. 예를 들어, 기독교는 높은 개종률과 높은 출산율의 조합을 통해 역사적 측면에서 눈에 띄게 짧은 시간 안에 유럽의 지배적 종교가 되었다.[109] 기독교는 수 세기 동안 10년 성장률을 40%로 유지했다. 서기 40년의 기독교도는 1,000명에 불과했으나 서기 350년에는 3,400만 명으로 로마제국 인구의 50% 이상을 차지했다.[110] 이러한 기하급수적 성장은 기독교가 주요 세계 종교 중 하나가 된 데 큰 몫을 했다. 그러나 서기 40년의 이교도 로마인들에게는 기독교가 지배적인 종교가 된다는 생각이 터무니없게 느껴졌을 것이다. 일부 현대 종교 집단은 초기 기독교인의 성장률에 비견되는 성장세를 보이고 있다. 예를 들어, 20세기에 모르몬교 인구는 높은 출산율, 선교 활동, 높은 유지율 덕분에 10년에 43%씩 증가했다.[111]

이 같은 힘은 계속해서 미래의 형성에 영향을 줄 것이다. 나는 극도로 세속적인 집단 속에 살고 있고, 무신론자인 세계 인구의 비율이 거침없이 증가할 것이란 순진한 생각을 갖고 있었다. 하지만 현실은 이런 내 생각과 딴판이다. 평균적으로, 무신론자는 독실한 신자, 특히 근본주의자나 가난한 나라 사람들에 비해 출산율이 상당히 낮다. 이것은 장기적으로 볼 때 큰 의미를 갖는다. 퓨리서치센터Pew Research Center에 따르면, 2050년까지 종교가 없는 사람들(무신론자, 불가지론자, 종교적 또는 영적 믿음을 갖고 있지만 어떤 종교와도 일체감을 느끼지 않는 사람 포함)의 비율은 세계 인구의 16%에서 13%로 감소할 것이다.[112] 그 주된 이유는 종교 집단의 높은 출산율이다. 종교 안팎으로의 개종이 총 신자 수에 미치는 영향은 놀랄 만큼 작다.[113] 이러한 추세가 미래까지 계속된다면 세속적인 영향력은 서서히 사라질 것이다. 이는 세계 대부분 지역이 결국 단일 종교를 따른다는 걸 의미할 수도 있다.

마찬가지로 현재 가장 큰 힘을 가지고 있는 국가들이 그런 권력을 누리는 데에는 높은 출산율이 한몫한다. 인도는 현재 세계 3대 경제국이다. 그 부분적인 이유는 인도 인구가 1900년 2억 9,000만 명에서 현재는 약 14억 명으로 증가한 데 있다.[114] 현재 인도의 출산율은 여성 한 명당 2.2명으로 감소했지만, 그럼에도 불구하고 인도는 이번 세기 말까지 세계 최대 경제국으로 부상할 것이다. 그때가 되면 인도의 인구 규모는 중국보다 40% 커질 것으로 예상한다.[115] 비슷한 이유에서, 나이지리아는 2100년 지금보다 훨씬 중요한 지정학적 위치를 차지할 것으로 보인다. 인구가 2억 명에서 7억 3,000만 명으로 늘어나 세계 3대 인구국 자리에 오를 것으로 예상되기 때문이다.[116]

지금까지 내가 이야기한 메커니즘은 집단 간 경쟁과 관련한 것이다. 하지만 문화적 경쟁은 여러 문화에 걸쳐, 또는 하나의 문화 안에서 특정한 문화적 특성들 사이에도 일어난다. 최근의 동성애자 권리 운동, 그에 이은 LGBTQ+ 권리 운동이 거둔 성공은 성적 지향과 성 정체성에 대한 소수 견해가 시간이 지남에 따라 훨씬 더 일반화한 사례다. 서구 국가에서 명상과 '마음 챙김'이 부상하고 동양에서 패스트푸드가 늘어나는 것 역시 특정한 문화적 특성이 한 문화에서 다른 문화로 성공적으로 전달된 사례다.

만약 세계가 하나의 가치 체계로 수렴한다면, 시간이 지남에 따라 그 가치에 대한 변화 압력은 크게 줄어들 것이다. 따라서 이런 세계적 수렴은 역사적으로 보아온 것보다 훨씬 더 오래 특정 가치관이 지속되는 방향으로 이어질 수 있다. 단일한 세계적 가치 체계가 수천 년 동안 지속될 수 있는 것이다. 혹 그것이 범용 인공지능을 개발하는 시점까지 이어진다면, 그 가치 체계는 영원히 지속될 수도 있다.

이미 얼마나 고착된 상태인가?

지금까지 단일한 가치 체계가 세계적 지배력을 얻을 수 있는 여러 방법과 그것이 대단히 긴 시간 동안 스스로를 고착시키는 방법에 대해 논의했다. 나는 이것을 우리가 지금까지는 피해왔지만 미래에 직면할 위협으로 제시했다. 하지만 가치관 고착은 이분법으로 정확히 나눌 수 있는 문제가 아니다. 뚜렷이 다른 무수한 도덕적 규범이 있고, 그 각각은 고착될 수도 아닐 수도 있다. 따라서 우리는 역사가 이미 특정 가치관에 어느 정도 고착되었는지, 일부 가치관의 미래 변화 가능성을 크게 낮추지는 않았는지 의문을 가져야 한다.

이미 상당한 고착이 진행되었다고 보는 것이 타당할 것이다. 가치관 고착은 호모 사피엔스의 등장부터 시작되었다. 그것은 아마 이장에서 설명한 문화적 고착과 비슷했을 것이다. 단일 종이 다른 종보다 더 빨리 힘을 얻었고, 따라서 지구에서의 지배력을 견고히 할 수 있었던 것이다. 호모 사피엔스가 영역에 들어온 후 곧 멸종된 호모속屬 구성원에는 네안데르탈인, 데니소반인, 호모 루조넨시스, 호모 에렉투스, 호모 하이델베르겐시스, 호모 플로레시엔시스 등이 있다.[117] 이제 다른 모든 호모종이 멸종했기 때문에 그들이 부활해 세계를 지배할 가능성은 전혀 없다.

만약 진화가 다른 길로 갔다면, 여러 가지 면에서 우리와 상당히 다른 어떤 종들이 누적된 문화적 학습과 더 높은 지능을 진화시킬 수 있었을 것이다. 아마도 그들은 침팬지처럼 계급이 강하게 확립되어 있었을 수도 있고, 보노보처럼 더 평등주의적일 수도 있었을 것이다. 더 공격적일 수도 덜 공격적일 수도 있었을 것이다. 성별에 따른 차이가 클 수도 적을 수도 있었을 것이다. 이렇게 우리의 생물학적 본성은 정말 많은 가능성에 열려 있지만, 어떤 가치 체계가 다른 것들보다 번성하는 것만은 여전하다.

고착에 큰 의미가 있는 두 번째 요소는 식민주의로 보인다. 호모 사피엔스는 진화하면서 지리적으로 통합되었다가, 전 세계로 퍼진 후 별개의 개체군으로 나뉘었다. 식민지 시대 이후, 세계는 다시 한번 상호 연결되었고, 따라서 하나의 이념이 전 세계에 도달할 수 있었다. 실제로 서유럽의 강대국들은 아메리카의 타이노Taino 같은 많은 대안적 문화를 없애고 많은 다른 문화에 자신들의 문화를 강요했다.[118] 그 결과 기독교, 영어와 스페인어, 서유럽 문화가 엄청나게 확산했다. 그 시점 이후 시간이 흐르면서 세계화로 인해 대부분의 나라가 문화적으로 서구화하고 있다.[119] 이 과정이 지속된다면 결국 문화 전반은 점점 더 균질화할 것이다.

기존의 문화적 다양성을 측정하는 한 가지 방법은 코로나 팬데믹에 대한 국가의 대응 범위를 고려하는 것이다.[120] 물론 중국의 극단적 봉쇄에서부터 스웨덴의 온건한 대응에 이르기까지 어느 정도의 다양성은 존재했다. 그러나 대응의 범위는 가능했던 것보다 훨씬 더 제한적이었다. 예를 들어, 모더나와 화이자-바이오앤테크 백신의 설계는 2020년 1월 중순 단 며칠 만에 이루어졌다.[121] 그러나 2020년 개발된 백신에 휴먼 챌린지 실험을 허용한 국가는 단 한 곳도 없었다. 이 백신의 약효를 빠르게 테스트하기 위해서는 자원자들이 백신을 접종해 의도적으로 코로나 바이러스에 감염되어야 했다. 실험 이전에는 시장에서의 백신 구매를 허용한 나라가 단 한 곳도 없었다. 위험을 인지한 사람들이 이후 감염 여부를 보고하는 조건에서 구매하

는 것도 말이다.[122]

　어떤 특정한 정책이 다른 정책보다 낫다는 주장을 하려는 것이 아니다. 그러나 대응의 다양성이 갖는 세계적 혜택은 엄청났을 것이다. 단 한 나라만이라도 인간 실험을 허용하거나 백신의 자유로운 판매를 허가했다면 백신의 효력 지속 기간에 대한 지식을 더 빨리 얻었을 것이다. 백신의 생산을 늘리기까지 상당한 시간이 걸렸을 테지만, 그래도 우리는 팬데믹 종식을 몇 개월 더 앞당길 수 있었을 것이다. 이 경우에는 대응 방법의 균질성 때문에 수백만 명이 목숨을 잃었다.

도덕적 탐색이 자유로운 세상을 건설한다

나치주의나 스탈린주의 같은 가치관이 고착되었다면 세상은 끔찍했을 것이다. 여러 소설이 이런 시나리오가 구현된다면 어떤 모습일지 그려냈다. 가장 유명한 것은 조지 오웰의 《1984》다. 《1984》에는 이 암울한 전망이 "인간의 얼굴을 영원히 짓밟는 구둣발"이라는 유명한 비유로 요약되어 있다. 내게 더 인상적인 것은 캐서린 버데킨의 《스와스티카의 밤Swastika Night》이다. 이 책은 천년 제국을 만들겠다는 히틀러의 주장을 진지하게 받아들인다. 700년 미래를 배경으로 독일과 일본 제국이 완벽하게 통제하는 세계를 묘사하는 것이다. 이 독일제국에서는 비독일인이 통제를 받고, 폭력을 미화하며, 여성은 우리에 감금된 채 강간을 당한다. 대안적 역사의 단편처럼 보이지만 사실 그것은 이념 고착에 대한 예언적 경고였다. 이 책은 제2차 세계대전이 발발하기 4년 전인 1935년에 쓰였고, 《1984》보다 12년 앞서, 히틀러가 국

제적으로 상당한 위상을 갖고 있던 1937년에 출판되었다.[123]

그렇다면 지금까지 내가 말한 것을 토대로 현재 우리가 옳다고 생각하는 가치를 고착시켜 더 나쁜 가치관의 고착으로 인한 반이상향을 막는 데 목표를 두어야 할까? 하지만 그것 역시 실수가 될 것이다.[124] 나치주의와 스탈린주의의 고착도 악몽일 테지만, **어떤** 시대나 장소의 가치관이 고착되든 여러 가지 면에서 끔찍할 것이다. 예를 들어, 불과 250년 전 서구의 가치관이 고착되었다면 세상이 어떤 모습일지 상상해보라. 노예제를 허용하고, 인종 간에는 타고난 위계가 존재하며, 여성은 이류 시민이고, 성적 지향과 성행위 대부분은 혐오감을 자아내는 가치관에 의해 미래가 형성될 것이다.

과거의 거의 모든 세대는 현재 우리가 끔찍하게 여기는 가치관을 가지고 있었다. 어떤 한 세대가 최선의 가치관을 지녔다는 것은 순진한 생각이다. 로마인들은 '야만인'인 주변국에 비해 문명화한 존재라는 것을 자랑스러워하면서, 저녁에는 부리는 노예들을 때리거나 죄수들의 내장이 터져나오는 걸 보기 위해 콜로세움을 방문했을 것이다. 모든 시대에 걸친 모든 세대 중에서 우리가 가치관을 완벽하게 바로잡은 최초의 세대일 가능성은 극히 낮다. 당신이나 내가 지지하는 가치관은 최선의 가치관과는 거리가 멀 것이다

더구나 우리가 아직 답을 찾지 못했다는 것을 우리 스스로도 잘 **알고 있는** 많은 윤리적 문제가 있다. 어떤 존재가 도덕적 지위를 가지고 있는 것일까? 호모 사피엔스? 아니면 모든 영장류? 우리가 미래에 창조할지도 모를 인공의 존재를 포함한 모든 의식 있는 존재? 우리는 행복의 증진과 고통의 완화를 어떻게 비교해야 할까? 우리 행동의 영향에 대한 불확실성을 어떻게 처리해야 할까? 특히 엄청난 보

상의 아주 작은 확률에 관해서라면? 옳은 일이 무엇인지 모를 때 우리는 어떻게 행동해야 할까?

내가 제시한 목록은 우리가 알고 있는 불확실성의 영역만을 가리킨다. 수천 년 동안, 노예 소유는 윤리적 성찰에 삶을 바친 사람들마저 아무 의심 없이 받아들인 문제였다. 우리가 아직 고려해보지도 않은 심각한 도덕적 오류에 대해서도 걱정해야 한다. 물고기가 물을 볼 수 없듯이 우리 눈에 보이지 않는 것을 말이다.

과거의 도덕적 오류에 대한 기록은 오늘의 우리 역시 그런 심각한 오류를 범하고 있다는 것을 시사한다. 우리는 진나라, 유럽의 식민주의자, 나치가 이념을 고착시키려던 역사적 시도를 끔찍하다고 여기며, 그런 느낌이 드는 게 당연하다고 생각한다. 그러나 만약 우리가 중대한 도덕적 오류를 범하고 있다면, 우리의 현재 가치를 고착시키는 것 또한 재앙이 될 것이다.

우리는 가치관이 고착되는 시점이 오기 전에 가능한 한 많은 도덕적 진보를 이루도록 노력해야 한다. 정치철학자들은 이상적인 상태가 어떤 모습인지를 두고 논쟁을 벌이곤 한다. 나는 우리가 이상적인 상태가 무엇인지 모르고 있다는 점을 받아들여야 한다고 생각한다. "어떻게 하면 시간이 지남에 따라 도덕적 견해가 개선되고, 사람들이 더 자주 그에 부합하도록 행동하고, 세상이 더 나은, 더 정의로운 곳으로 진화하는 사회를 만들 수 있는가"라는 질문을 던져야 한다.

우리는 우리가 **긴 성찰**long reflection이라고 부를 수 있는 것을 이상적인 목표로 삼아야 한다. 재앙으로부터 안전하고, 좋은 삶의 본질에 대해 성찰하고 토론하며, 가장 번성하는 사회를 만들어나갈 안정된 세계의 상태를 말이다. 나는 이것을 긴 성찰이라고 부르는 것은 기간이 얼마나 오래 지속되느냐 때문이 아니라, 얼마나 긴 시간을 쓸 가치가 있느냐 때문이다. 저녁을 먹는 두 시간을 어디서 보낼지 결정하는 데 5분을 소비하는 것은 가치 있는 일이다. 남은 인생 동안 가질 직업을 선택하는 데 몇 달을 소비하는 것은 가치 있는 일이다. 그런데 문명은 수백만, 수십억, 심지어 수조 년 동안 지속될 수 있다. 따라서 가치관을 고착시키거나 여러 행성으로 퍼지는 것과 같은 돌이킬 수 없는 조치를 취하기 전에 상황을 파악하는 데 수 세기를 사용하는 것은 충분히 가치 있는 일이다.

실제로 이런 긴 성찰이 있을 가능성은 낮다. 하지만 거기에 접근하기 위해 노력하는 것을 이상으로 삼을 수는 있다. 우리가 하고자 하는 것은 도덕적 탐색이 자유로운 세상을 건설하는 것이다. 시간이 지남에 따라 도덕적으로 더 나은 규범과 제도가 승리하고 긴 시간에 걸쳐 가능한 한 최선의 사회로 수렴하도록 제도화된 세상을 말이다.[125] 여기에는 여러 가지가 필요할 것이다.

첫째, 옵션에 대해 가능한 한 열려 있어야 할 것이다. 이로써 우리에게는 가치관 고착의 위험이 있는 사건을 지연시킬 이유(꼭 결정적인 이유는 아니더라도)가 생긴다. 그런 잠재적으로 돌이킬 수 없는 사건들에는 세계 정부의 형성, 범용 인공지능의 개발, 우주 정착을 위한 최초의 진지한 노력 등이 포함될 수 있다.

그런 열린 자세는 예를 들어 보전을 위한 노력을 지지함으로써 소규모의 가치관 고착을 막을 이유도 될 것이다. 어떤 종이 혹은 예술 작품이 혹은 언어가 가치 있는지 알지 못한다고 해도, 그것을 보전하는 것과 파괴되도록 놓아두는 것 사이에는 비대칭성이 존재한다. 일단 보전하고 있다면, 이후에 고수하는 것이 가치 없다는 결론에 이르렀을 때 얼마든지 마음을 바꿀 수 있다. 하지만 파괴되도록 놓아둔다면 다시는 되돌릴 수 없다.

둘째, 도덕적 탐색이 자유로운 세상은 가능한 문화적·지적 다양성을 증대하는 **정치적 실험주의**political experimentalism를 선호해야 할 것이다. 앞서 살펴보았듯이 우리는 이미 단일한 세계 문화로 가는 길에 있을지도 모른다. 가능한 최선의 사회에 도달하려는 목표를 갖고 있다면, 조기 수렴에 대해서 염려해야만 한다. 조기 수렴은 10대가 첫 번째로 사귄 사람과 결혼하는 것에 비유할 수 있다. 존 스튜어트 밀은《자유론》에서 개인의 자유와 표현의 자유를 허용해야 하며, 이는 그렇게 하는 것이 다양한 사상이 경쟁하고 최선의 사상이 승리하는 사상의 자유시장을 만들기 때문이라고 주장했다. 같은 생각을 사회의 수준에도 적용할 수 있다. 노예제 폐지는 (부분적으로) 문화적 실험의 결과였다. 18세기 미국은, 상대적으로 말해, 문화적·종교적 다양성의 용광로였다. 이런 다양성은 한 공동체, 즉 퀘이커교도로 하여금 노예제의 도덕성에 대한 나름의 견해를 발전시킬 수 있게끔 했다. 그들이 그 제도의 부도덕성을 깨닫자, 그 아이디어는 적절한 조건하에서 멀리 퍼져나갈 수 있는 잠재력을 얻었다.

사회의 문화적 다양성을 증진시키기 위한 아이디어 중에 특히 흥미로운 것이 있다. 바로 차터 시티charter city다. 주변국들과 다른 법을 갖고 있는 이 자치 공동체는 경제정책과 거버넌스 시스템의 실험실 역할을 한다. 예를 들어, 1979년 덩샤오핑은 선전시 주변에 경제특구를 만들어[126] 중국의 다른 지역보다 더 자유로운 경제정책을 펼쳤다. 연평균 소득은 40년 동안 200배 증가했다.[127] 그곳의 성공은 지난 40년 동안 중국 전체에 걸친 광범위한 경제 개혁에 영감을 주었

고, 수억 명을 빈곤에서 구제했다.[128]

차터 시티는 좀 더 자유로운 경제정책을 원하는 사람들이 추진하는 경우가 많다. 하지만 두 사상 간에 연관성이 필요한 것은 아니다. 이런 아이디어에 근거해서 우리가 상상할 수 있는 거의 모든 사회구조에 대해 차터 시티를 만들 수 있다. 마르크스주의 차터 시티, 환경주의 차터 시티, 무정부주의 공산 차터 시티 등이 있을 수 있다. 이 중 어떤 것이 최선의 사회를 불러올지 경험적으로 알아낼 수 있는 것이다. 다양한 공식적인 제도를 만드는 것 외에 다양한 문화 구축도 시도해볼 수 있다.

셋째, 세계적으로 문화적 진화가 도덕적으로 더 나은 견해와 사회로 우리를 인도하는 환경을 구축하고자 해야 한다. 나는 오랜 시간에 걸쳐 일부 문화 혹은 특정한 문화적 특성이 살아남을 수 있는 여러 기제를 이미 설명했다. 이런 기제의 일부는 도덕적 최선과 연관이 없을지도 모른다. 어떤 도시가 다른 도시보다 출생률이 높거나 더 빠른 경제성장률을 보인다는 것은 그 사회가 도덕적으로 우월하다는 의미가 아니다. 반면, 도덕적 견해를 개선하는 데 가장 중요한 기제는 이성, 성찰, 공감 그리고 그런 기제를 기반으로 한 타인의 설득이다. 두 집단이 선의의 논쟁에 참여하고 이성이나 공감을 통해 한쪽이 설득되어 마음을 바꾼다면, 일반적으로 그 집단은 개선된 관점을 가질 가능성이 높다.

따라서 특정한 형태의 표현의 자유는 더 나은 아이디어가 퍼지도록 하는 데 지극히 중요하다. 선의의 논쟁과 주의 깊은 논의와 숙고의 여지를 적극적으로 장려해야 한다. 하지만 이것은 표현의 자유에 대한 도구적 정당화이며, 모든 종류의 표현에 적용되지는 않을 수도 있다. 사람을 속이는 기법(거짓말, 공갈, 세뇌)은 막아야 하고, 특히 공직자처럼 권력을 가진 위치에 있는 사람들의 접근을 막아야 한다. 그렇지 않으면 세상은 결국 가장 정당한 아이디어가 아닌 가장 유혹적인 아이디어에 수렴할 것이다.

상당히 자유로운 이주도 도움이 될 것이다. 사람들이 한 사회에서 다른 사회로 이주한다면, 그것은 새로 정착한 사회가 이주한 사람에게 더 낫다는 (최소한) 몇 가지 증거가 생기는 셈이다. 세계 성인의 15%는 기회가 있다면 다른 나라로 이주하기를 원한다. 저소득 국가에서는 수요가 특히 높다. 이주를 원하는 사람 중 대다수는 몇 안 되는 부유한 자유민주주의 국가를 선호한다.[129] 아마도 이는 부유한 자유민주주의 국가에서 사는 게 삶의 질을 높여주기 때문일 것이다.

상당히 자유로운 이주는 사람들이 '행동으로 의사를 밝히는' 데 도움을 줄 테고, 살기에 더 나은 사회는 순이민의 증가, 시간이 흐르면서 세력의 증가라는 보상을 받게 될 것이다. 동시에 우리는 어떤 문화의 세력이 너무 강해져서 경제적 혹은 군사적 지배로 다른 모든 문화를 정복하는 것을 막아야 한다. 잠재적으로, 반독점 규정이 단일 기업의 시장 지배를 막는 것처럼 단일 국가의 인구가 지나치게 많아지는 것을 막는 국제 규범이나 법률이 필요할 수도 있다.

문화적 진화가 세상을 더 나은 가치관과 더 나은 사회구조로 인도하는 세계 사회를 구축해야 한다는 마지막 주장은, 도덕적 탐색이 자유로운 세상을 설계할 때 직면할 문제를 강조한다. 나는 이 문제를 **고착의 역설**lock-in paradox이라고 부를 것이다. 더 많은 가치관의 철저한 고착을 막기 위해서는 일부 제도와 사상을 고착시킬 필요가 있다. 여기서 한 가지 문제는 이런 제도와 사상에 도덕적 논쟁의 여지가 있을 것이란 점이다. 예를 들어, 많은 근본주의 종교적 관점에서, 우리가 다양한 세계관을 장려하거나 허용한다는 사상은 혐오스러운 일로 여겨질 수 있다. 마찬가지로 《성경》을 공부하기보다는 성찰과 선의의 논쟁을 통해 올바른 도덕적 견해로 나아갈 수 있다는 사상을 모두가 받아들이는 건 아닐 것이다.[130]

따라서 고착의 역설은 관용의 역설과 닮아 있다. 자유주의 사회에서는 자신의 자유를 해칠 수 있는 불관용적 견해에 대해 자신을 방어하는 것이 불가피하다. 그렇게 하는 게 자신이 지키고자 하는 바로 그 관용을 제한하는 것일지라도 말이다.[131]

우리는 이런 역설 속에서 살아갈 수밖에 없다. 나쁜 도덕적 견해의 고착을 피하고자 한다면 완전한 자유방임주의적 접근은 가능하지가 않다. 자유방임으로 대응한다면 시간이 흐르면서 문화적 진화의 힘은 미래가 진행할 방향을 지시할 테고, 가장 강한 군사력으로 이념 및 경쟁을 제거하려는 이념이 다른 모든 이념을 억누를 것이다.[132]

이 장에서 나는 우리가 가소성의 시기를 살고 있다고, 사회를 형성하는 도덕적 견해가 많은 다른 모양으로 만들어질 수 있는 말랑한 유리 같은 상태라고 이야기했다. 하지만 유리가 식고 있다. 그리고 언젠가는, 아마 멀지 않은 미래에 굳어질 것이다. 아름답고 수정같이 맑은 조각이 될지, 토막 난 기형이 될지는 상당 부분 우리에게 달려 있다. 유리가 굳었을 때 어떤 형태도 얻지 못할 수 있다. 금이 가거나 산산조각 날 수도 있는 것이다. 멀지 않은 미래에 단일한 이념의 승리가 아닌 문명의 영구적 붕괴와 함께 이 장에서 우리가 논의했던 것보다 더 문자 그대로의 의미로 역사가 끝날 수도 있다. 다음으로 눈을 돌릴 문제가 바로 이런 가능성이다.

A MILLION

3부

파괴적인
시나리오

어떻게 멸망에 이르는가

YEAR VIEW

5 장

인간 멸종의 위험

: 유전자조작 전염병이 발생할 가능성

스페이스가드

2077년 9월 11일 세계표준시 09:46, 유난히 아름다운 여름 날, 유럽인 대부분은 동쪽 하늘에서 눈부신 불덩이를 목격했 다. 그것은 몇 초 만에 태양보다 더 밝아졌고, 하늘을 가로지 르면서 (처음에는 완전한 적막 속에) 소용돌이치는 먼지와 연기 기둥을 남겼다.

그것은 오스트리아 상공 어딘가에서 해체되기 시작하면서 일련의 진동을 일으켰다. 그로 인해 수백만 명 넘는 사람들이 청력에 영구 손상을 입었다. 그들은 행운아였다.

1초에 50킬로미터를 움직이는 수천 톤의 바위와 금속이 이 탈리아 북부의 평원에 떨어지면서 눈 깜짝할 사이에 수백 년에 걸친 노력의 결실을 파괴했다. 파도바와 베로나의 도시들은 지구 표면에서 사라졌다. 베네치아의 영광은 우주로부터 시작된 일격 이후 육지로 밀려든 아드리아해로 인해 바다 밑으로 가라앉았다.

60만 명이 사망했고 총피해액은 1조 달러가 넘었다. 예술, 역사, 과학이 입은 피해, 그리고 남은 시간 동안 전 인류가 입을 피해는 계산할 수 있는 범위를 넘어섰다. 하루아침에 큰 전쟁을 치르고 패배한 것 같았다. 파괴의 먼지가 천천히 가라앉으면서 전 세계는 크라카타우Krakatau[인도네시아 남서부의 활화산. 1883년 사상 최대의 분화를 일으켰다] 분화 이래 가장 아름다운 일출과 일몰을 목격했다. 그러나 이 사실에 기뻐할 수 있는 사람은 없었다.

초기 충격 이후, 인류는 이전의 어떤 시대도 보여주지 못한 결단력과 단합으로 대응했다. 그런 재앙이 1,000년 동안 다시 일어나지 않을 수도 있지만 내일 일어날 수도 있다는 깨달음을 얻었다. 다음번에는 그 결과가 더 끔찍할 수도 있다. 그 후에는 다음이 없을 수도 있다.

1973년 출간된 아서 C. 클라크의 공상과학 소설 《라마와의 랑데부》는 이렇게 시작된다. 이탈리아의 소행성 충돌로 타격을 입은 지구 정부는 스페이스가드Spaceguard라는 시스템을 만든다. 우주로부터 지구로 향하는 위협에 대한 초기 경보 시스템이다.

수년 동안 많은 과학자가 소행성이 지구의 생명체에 미치는 위험을 경고했지만 거기에 귀를 기울이는 사람은 없었다. 1980년 공룡

이 사라진 게 멕시코 유카탄반도를 강타한 거대한 소행성 때문이라는 주장이 처음 제기된 이후에도[1] 소행성에 의한 위험은 저명한 천문학자 클라크 R. 채프먼의 말을 빌리면 "웃음 코드"로 연결되었다.[2]

이 모든 것은 슈메이커-레비 9 Shoemaker-Levy 9 혜성이 세계 전체 핵전력의 125배에 상당하는 힘, TNT 3,000억 톤에 해당하는 힘으로 목성의 측면에 충돌하면서 바뀌었다.[3] 슈메이커-레비의 조각 하나가 목성에 지구 크기와 맞먹는 1만 2,000킬로미터 길이의 흔적을 남겼다.[4] 데이비드 레비는 그가 공동으로 발견한 이 혜성이 "웃음 코드를 박살냈다"고 언급했다.[5] 혜성의 영향이 전 세계 뉴스의 헤드라인을 차지했다.[6] 1998년 두 편의 블록버스터 영화 〈딥 임팩트〉와 〈아마겟돈〉이 지구로 접근하는 거대한 소행성에 대응하는 방법을 탐색했다.

과학자들은 충격의 위협에 대한 이해나 특수 효과의 현실성이라는 측면에서 〈딥 임팩트〉를 추천한다. 이 영화는 (슈메이커-레비 혜성의 이름을 딴) 진 슈메이커를 비롯한 기술 고문단의 인풋을 잘 반영하고 있다.[7] (반면 클라크 채프먼은 〈아마겟돈〉을 "거의 모든 면에서 과학적으로나 기술적으로 터무니없다"고 묘사했다.)[8]

대중의 관심과 과학자들의 지지가 커지면서, 1998년 미국 의회는 미 항공우주국NASA에 10년 내에 지구와 가까워질 직경 1킬로미터 이상의 모든 소행성과 혜성의 90%를 찾아내라는 임무를 맡겼다.[9] 그리고 아서 C. 클라크의 공로를 인정해 이 사업에 '스페이스가드'라는 이름을 붙였다.[10] 스페이스가드는 엄청난 성공을 거뒀다. 우리는 현재 직경 1킬로미터 이상의 소행성 93%를 추적했고, 절멸을 초래할 수 있는 (직경 10킬로미터가 넘는) 소행성의 98% 이상을 발견했다.[11]

스페이스가드 이전에, 지구가 절멸 수준으로 소행성과 충돌할 위험은 연간 2억분의 1로 추정되었다.[12] 이제 우리는 그 위험이 150억분의 1 이하라는 것을 알고 있다. 100배나 낮은 수치다.[13]

앞의 두 장에서는 문명이 얼마나 길게 지속되든 미래를 더 낫게 만들 수 있는 방법에 대해 논의했다. 이 장과 다음 두 장에서는 우리 종이 가까운 미래에 절멸하는 것을 피할 방법으로 시작해서 우리에게 미래를 보장해줄 방법을 살펴볼 것이다.

스페이스가드는 우리가 마음만 먹는다면 인류의 절멸 위험을 관리하는 데 필요한 것이 이미 우리에게 있다는 걸 보여주었다. 소행성으로부터의 당면한 위협은 없다는 것을 발견했지만, 그 추적 사업은 우리가 지구와 충돌하는 궤도에 있는 소행성을 발견할 경우, 엄청난 자원을 쏟아부어 그것을 피하고, 실패했을 때를 대비해 식량을 비축할 수 있다는 걸 의미한다. 수억 달러 정도면 이런 위험을 적절히 관리할 수 있다.[14] 하지만 앞으로 수십 년을 생각한다면 훨씬 더 큰 위험들을 다루어야 할 것이다. 그런 도전에 잘 대처하지 않으면 인류는 머지않아 종말에 이르고, 우리의 미래는 파괴될 가능성이 높다.

유전자조작 병원체

이 책의 대부분은 코로나 팬데믹 동안 쓰였다. 글을 쓸 당시, 코로나가 전 세계에서 1,700만 명(500명 중 한 명)의 초과 사망excess death〔일정 기간에 통상 수준을 초과해 발생한 사망〕을 초래한 것으로 추정됐다.[15] 분명 사망자는 앞으로 더 늘어날 것이다. 경제적 비용은 10조 달러가 넘을 것이다.[16] 수십억 명이 몇 개월 내내 봉쇄된 상태로 살았다. 심지어 병원에서 죽어갈 때도 가족과 친구를 대면할 수 없었다.

하지만 이런 피해에도 불구하고 어떤 면에서 우리는 코로나에서 쉽게 벗어났다. 지금의 우리는 어떤 바이러스가 새로운 코로나보다 치명적일 수 있다는 것(에볼라)을, 일부는 전염성이 더 강할 수 있다는 것(홍역)을 알고 있다. 새로운 코로나바이러스가 기존보다 열 배 더 치명적이었다면, 사망자는 수억 명을 넘어섰을 수도 있었다.

미래에는 전염병으로 인한 위협이 훨씬 더 클 수 있다. 더 큰 위협은 자연적으로 생긴 병원체가 아닌 생명공학이라는 도구를 이용해 우리 스스로 설계한 질병에서 비롯될 것이다.

생명공학은 새로운 생물학적 개체를 만들거나 자연에서 발견되는 개체를 변화시키려는 연구 분야다. 이 분야는 매우 빠르게 발전했다. 우리는 보통 무어의 법칙Moore's law(연산력의 비용이 몇 년마다 반감되는 것)이 빠른 진보의 대표적 예라고 생각하지만, 합성생물학의 많은 기술은 실제로 그보다 더 빨리 발전했다.[17] 예를 들어, 인간 게놈의 염기서열을 처음 해독했을 때 그 비용은 수억 달러였다. 불과 20년 후, 인간 게놈 전체의 염기서열 분석에 드는 비용은 1,000달러가 되었다.[18] 유전자 편집 비용뿐만 아니라 단일 가닥 DNA를 합성하는 데 드는 비용도 마찬가지다.

이런 급속한 기술 발전은 의학과 희귀 유전질환 치료에서 큰 혜택을 주지만, 새로운 병원체를 설계하고 만들 수 있기 때문에 전례 없는 위험을 초래하기도 한다.

유전자조작 병원체는 천연 병원체보다 훨씬 더 파괴적일 수 있다. 위험한 새로운 특성을 주입할 수 있기 때문이다. 극도로 파괴적인 힘을 지닌, 에볼라만큼 치명적이고 홍역만큼 전염성 높은 병원체를 설계할 수 있다면? 감사하게도 현재의 기술로는 대단히 어려운 일이다. 하지만 이 분야의 발전 속도를 고려하면 시간문제일 뿐이다.

생명공학은 빠르게 발전하고 있을 뿐 아니라 점점 민주화하고 있다. 천연두의 유전자 레시피는 이미 온라인에서 쉽게 구할 수 있다.[19] 핵무기의 경우, 어떤 면에서는 핵분열성 물질이 믿기 힘들 정도로 제조하기 힘들다는 것이 우리에게 '행운'일 수 있었다. 그렇기 때문에 핵물질 제조 능력은 정부에 국한되며, 외부 관찰자는 어떤 국가의 핵무기 프로그램 보유 여부를 비교적 쉽게 판단할 수 있다.[20]

유전자조작 병원체의 경우에는 그렇지 않다. 지속적인 기술 발전이 계속된다면 이론적으로는 집에서도 바이러스를 설계하고 생산하는 것이 가능할 수 있다. 미래에는 비용과 기술의 장벽이 낮아질 것이다. 더구나 과거에는 한 번에 하나의 전염병만을 다뤘고 보통 일부 사람들은 자연면역을 갖고 있었다. 반면에 대단히 파괴적인 유형의 새로운 병원체를 유전자조작으로 만드는 것이 가능하다면, 수백 종을 더 만드는 것은 그리 힘들지 않다. 전 세계의 수천 곳에 동시에 퍼뜨리는 것도 어렵지 않다.

생명공학 기법이 점점 더 강력해지고 민주화하기 때문에 사람들은 이런 연구를 둘러싼 안전 조치에도 그에 상응하는 발전이 있기를 기대할 것이다. 우리는 이런 연구를 하는 연구소들이 극히 높은 안전 기준을 두고 대단히 엄격하게 지키면서, 안전 측면에서의 실수를 엄중하게 처벌할 것이라고 생각한다. 하지만 사실 세계의 생물학적 안전성 수준은 충격적으로 낮다. 예를 들어, 나는 10대 때 뉴스를 통해 거대한 장작더미에 수천 마리의 암소 사체를 태우는 걸 본 적이 있다. 2001년 영국의 구제역 발생에 대한 보도였다.

발굽 있는 동물이 구제역에 감염되면 고열에 시달리고 입과 발에 고통스러운 물집이 잡히며 때로는 다리를 절거나 사망에까지 이른다. 구제역은 돼지한테 이 질병에 오염된 불법 수입 고기의 잔여물이 섞인 음식 쓰레기를 먹여서 시작되었고, 영국 전역의 2,000여 개 농장으로 퍼졌다.[21] 유행병을 억제하기 전까지 수백만 마리의 양과 소를 도살했고, 피해액은 총 80억 파운드에 달했다.[22] 재발을 막기 위해 정부 보고서를 작성하고 법률을 개정하는 등 엄청난 노력도 했다.[23]

하지만 6년 후 또 한 번 구제역이 발생했다. 2001년과 달리, 2007년의 유행은 가축을 구제역으로부터 보호하기 위해 백신을 개발하던 연구소에서 시작됐다.[24] 폐기물을 처리장까지 운반하는 배관 일부가 노후해 누수가 일어났고, 오염된 폐기물이 토양으로 유출돼 결국 인근 농장까지 번졌다.[25] 배관 관리 소홀은 전염성 병원체를 다루는 연구소 허가 규정을 명백하게 위반한 것이었다.[26] 구제역을 몇 주 만에 억제하긴 했지만, 애초에 일어나서는 안 될 일이었다.[27]

그렇다면 이런 사고 이후에는 구제역의 재발 위험을 막기 위한 확실한 조치가 취해졌을까? 안타깝게도 그렇지 않다. 2007년의 억제 이후 얼마 지나지 않아 세 번째 구제역이 발생했다. 몇 주 만에 바로 같은 실험실에서 일어난 사고였다. 이 실험실은 정부의 백신 생산 재개 조건을 따르지 않아 또 한 번 구제역 병균을 유출시켰다.[28]

이 사건만 있는 것이 아니다. 사실 통제되지 않은 병원체 유출은 흔하다고 말할 수 있을 정도의 일이다. 기록으로 확인 가능한 연구소 유출 중 가장 치명적인 사례는 탄저균이다. 1979년 4월 소련 생물무기 프로그램에서, 가장 강력한 탄저균 836에 노출되어 100명 이상이 사망했다.[29] 스베르들롭스크의 비밀 탄저균 건조 공장 기술자가 막힌 필터를 교체하지 않고 제거해버렸다. 그는 감독관에게 메모를 휘갈겨두었으나 그 사실을 일지에 기록하는 것을 잊었다. 감독관은 메모를 발견하지 못한 채 공장을 가동했고, 탄저균은 필터 없는 환기구를 통해 빠져나와 바람을 타고 인근 건물들로 퍼져나갔다.[30]

1971년에는 아랄해의 환경 연구선에 타고 있던 한 여성이 인근 생물무기 실험 현장에서 사용한 것으로 보이는 천연두 변종에 노출됐다.[31] 이 변종은 전염성이 대단히 강하며 아마도 백신 저항성을 갖도록 설계된 것으로 보인다. 이를 공기 중에 분사해 먼 거리까지 이동할 수 있도록 한 것이다.[32] 그녀는 무증상으로 고향인 아랄스크로 돌아왔고, 거기에서 아홉 명이 감염되었다. 이후 여성 한 명과 어린이 두 명이 사망했다.[33] 소련 관리들은 아랄스크를 봉쇄하고, 몇몇 건물을 소각하고, 5만 명 시민 전체에게 백신을 접종해 세계에서 가장 치명적인 바이러스 중 하나의 확산을 막으려 했지만 그 범위는 제한적이었을 것이다.[34]

바이러스 연구소에서도 천연두균이 유출된 적 있다. 영국에서 1960~1970년대에 그것도 세 번이나 말이다. 1966년 버밍엄대학교의 안전치 못한 바이러스 연구소 위층에서 일하던 의학 사진작가가 약한 변종에 감염되었고, 이어 72명의 확진자가 나왔다.[35] 1973년에는 런던위생열대의학대학원London School of Hygiene and Tropical Medicine의 연구소 기술자가 천연두에 감염되었고, 이후 개방 병동에 입원해 있던 중 인근 병상의 환자를 방문한 두 사람을 감염시켰다. 두 사람은 사망했다.[36] 사실, 천연두로 사망한 마지막 사람인 재닛 파커(1978년 사망)는 1966년 천연두 발생의 원인이 되었던 버밍엄 연구소 위층에서 일하던 의학 사진작가였다.[37] 1979년부터 2009년까지 극히 위험한 병원체 연구를 허가받은 연구소에서 444건의 감염이 있었다.[38] 에볼라, 탄저병, 리프트계곡열, 뇌염 등과 관련된 이런 사고들은 사람의 실수와 장비 고장이 결합되어 일어났다.[39]

구제역이나 코로나보다 훨씬 파괴적인 병원체를 만드는 게 가능해졌다 해도 그런 일을 하고자 하는 사람들이 있을까? 생물무기는 감염자를 특정하기가 극히 어렵기 때문에 전쟁에서는 유용하지 않아 보인다. 상대를 궤멸시키기 위해 바이러스를 만들었더라도 그 병이 고국까지 침투할 가능성이 높은 것이다.

곧 반론을 생각해낼 수 있다. 생물무기를 사용하는 국가가 자국민에게 백신을 접종하는 것이다. 그 나라는 억제책으로 병원체가 핵 공격의 경우에만 방출되도록 하는 자동화 시스템을 만들 수도 있다.[40] 하지만 더 강력한 반론은 사실상 대규모 생물무기 프로그램이 **이미** 가동되었다는 것이다.

과거 미국, 일본, 그리고 소련은 모두 대규모 생물무기 프로그램을 가지고 있었다.[41] 최대 6만 명의 직원을 고용하고 64년 동안 지속된 소련의 프로그램이 가장 광범위했다.[42] 그들은 어떤 지도에서도 찾을 수 없고 외국인이 접근할 수 없는 도시를 건설했으며, 모든 생물무기 연구는 그곳에서 이루어졌다.[43] 다른 국가들의 생물무기 프로그램은 그 범위와 성공이 제한적이었지만, 소련의 프로그램은 개인을 암살하고, 농작물을 죽이고, 심지어 넓은 지역에 걸쳐 사람들을 무력화시킬 수 있는 다양한 생물무기를 개발하는 데 성공했다.[44] 프로그램은 극비리에 진행됐다. 소련은 1972년 생물무기금지협약 Biological Weapons Convention에 서명하면서 생물무기 프로그램을 폐기했다고 주장했지만, 소련이 붕괴할 때까지 계속 진행시켰다. 사실 러시아가 소련의 프로그램을 완전히 해체했는지도 확실치 않다.[45] 이 프로그램은 망명자들의 이야기와 스베르들롭스크의 탄저병 발발로 일찍이 의심받기는 했지만, 1991년 러시아가 자발적으로 정보를 공개하기 전까지 미국에 알려지지 않았다.[46]

그런 무기들이 미래의 전쟁에 절대 사용되지 않는다고 하더라도, 개발 연구소에서의 유출은 여전히 가능하다. 내가 앞서 논의한 연구소 유출 목록에는 확인된 사례만이 포함되어 있다. 실제로는 아마 훨씬 더 많을 것이다. 상대적으로 위험한 병원체를 다루는 미국 연구소 감염에 대한 데이터는 매년 이들 연구소에서 일하는 250명의 정규직 직원 중 한 명꼴로 감염 사고가 발생했다는 것을 보여준다.[47]

소련 생물무기 프로그램에서 미국의 연구소와 같은 비율로 감염 사고가 발생했다고 가정하면 수천 건의 연구소 유출 감염이 있었을 것으로 예측할 수 있다.[48] 여기서 우리는 냉전 시대의 소련 생물무기 프로그램이 냉전 시대 후 미국 생의학 공동체만큼 안전에 주의를 기울였을 것이라고 가정하고 있다. 하지만 아마도 실제는 훨씬 더 위험했을 것이다.[49]

소련이 생물무기 프로그램을 그토록 오랫동안 비밀에 부쳤던 것을 생각하면 수천 건의 연구소 감염 사고도 비밀로 했을 가능성이 높아 보인다. 그들은 스베르들롭스크와 아랄스크에서 생물무기 프로그램으로 인한 감염을 숨겼다.[50] 자연적 질병 발생이 실제로는 인간의 실수에서 비롯된 것일 수 있다는 몇 가지 증거가 이런 의심을 뒷받침한다. 예를 들어, 현재 1977년 러시아독감 팬데믹(한 추정치에 따르면 70만 명이 사망했다)이 연구실에서 유출되었거나 잘못 수행한 백

신 실험의 결과일 수 있다는, 유전 분석에 근거한 증거가 존재한다.[51]

나는 합성생물학이 인간의 생존을 위협할 가능성은 배제하기 어려울 것으로 본다. 이런 문제에는 신기술이 잘못 사용되는 구체적인 방법을 예상해보는 방식으로 접근할 수 있을 것이다. 그렇지만 그 과정에서 미래를 내다보는 통찰을 강화함으로써 얻을 수 있는 위험 감소 혜택과, 연구소 사고 및 악의을 지닌 행위자에게 영감을 줄 위험과의 균형을 고려해야 할 것이다. 후자에 대한 선례가 있다. 예를 들어, 이시이 시로는 1927년부터 수년간의 로비를 통해 일본 육군성이 생물무기 프로그램을 진행하도록 설득했다. 1925년 제네바군축회의Geneva Disarmament Conference(화학 및 생물학 무기 금지에 대한 지지를 얻기 위해 열린 회의)에 대한 한 일본 의사의 보고서를 읽고 생물무기의 위력에 대해 알게 된 그는 "그렇지 않았다면 생물학전은 국제연맹League of Nations에 의해 불법화되지 않았을 것"이라면서 생물무기를 연구할 가치가 있다고 주장했다.[52] 그는 일본군이 생물무기 프로그램을 추구하도록 설득하는 데 성공했다. 인간 대상의 광범위한 실험으로 악명 높았던 일본의 생물무기 프로그램은 11년 동안 존속하며 수천 명의 인력을 쓸 정도로 성장했다.

마찬가지로 알카에다의 생물무기 프로그램을 구상한 아이만 알자와히리는 "적이 생물무기를 간단히 생산할 수 있다는 데 계속적인 우려를 표현한 것이 우리의 주의를 끈" 후에야 그 파괴력에 대해 알게 되었다고 썼다.[53] 미국은 아프가니스탄을 침공한 후, 칸다하르 인근의 알카에다 훈련 캠프에서 생물무기 구축과 생물무기 연구소 계획 관련 책자 및 학술지 논문을 찾아냈다. 이런 문서들은 미생물학 박사 교육을 받은 알카에다 첩보원이 (자신이 계획하고 있던) 연구소 직원들을 위해 생물무기와 백신을 확보하려 했다는 것을 보여준다.[54] 경보를 울림으로써 오히려 그런 재앙이 일어날 가능성을 높일 위험이 있는 것이다.

그러나 위험을 완화하기 위해서는 우리 미래에 닥칠 수 있는 위험 중 어떤 것이 가장 클지 이해하는 게 중요하다. 많은 멸종 위험 전문가들은 금세기 인류 멸망의 원인으로 유전자조작 전염병이 인공지능에 이어 두 번째로 가능성이 높다고 생각한다. 이 글을 쓰고 있는 현재 이 분야의 예측 플랫폼 메타큘러스Metaculus는 2100년까지 95% 이상의 인간이 사망할 확률을 0.6%로 예측하고 있다.[55] 내가 알고 있는 전문가들은 보통 금세기에 멸종 수준의 전염병이 발생할 확률을 약 1%로 본다. 내 동료 토비 오드는 그의 책《사피엔스의 멸망》에서 그 확률을 3%로 보기도 한다.[56]

정확한 수치에 대해서는 반박한다 해도 그런 가능성을 완전히 배제할 수는 없을 것이다. 확률이 낮다고만도 할 수 없다. 그 수치라면 그런 재앙의 예방을 우리 시대의 최우선 순위에 두어야 할 정도로 충분히 높다. 당신이 비행기에 탔는데 충돌해서 탑승객 모두가 사망할 확률이 '겨우' 1,000분의 1이라는 이야기를 듣는다고 상상해보라.[57] 안심이 되겠는가?

거대한 혜성이 인근 행성과 충돌해 섭씨 3만 도 넘는 불덩이를 만들자[58] 각국 정부와 광범위한 대중이 소행성과 혜성으로 관심을 돌렸다. 세계가 전염병에 더 많은 관심을 기울이도록 설득하는 데 코로나 팬데믹 같은 재앙이 필요하다는 것은 비극적인 일이다. 그리고 코로나 팬데믹은 새로운 유전자조작 병원체가 불러올 수 있는 공포에 비하다면 약한 것이다. 세계는 결국 소행성과 혜성의 문제를 해결

하는 데 힘을 모았다. 이제는 유전자조작 병원체에 대해서도 똑같은 일을 해야 할 때다.[59]

장기주의자 공동체의 사람들은 코로나가 발발하기 오래전부터 팬데믹에 대해 경고해왔다. 장기주의에 자금을 조달하는 선도적인 조직 오픈필란트로피는 코로나 이전부터 팬데믹에 대비해 자금을 마련해온 세계에서 몇 안 되는 조직 중 하나였다. 이 조직은 2015년 그 분야에 첫 번째 보조금을 지급했고, 그 이후 1억 달러 이상을 더 기부했다. '8만 시간80,000Hours'은 2016년부터 팬데믹 대비 분야에서 커리어를 쌓을 것을 권고해왔다. 2017년 나는 스코틀랜드 자치 정부 제1장관 니컬라 스터전과 저녁 식사를 하면서 정책을 제안할 기회를 얻었다. 당시 나는 최악의 팬데믹에 초점을 맞췄다. 모두가 웃었고, 만찬 진행자인 톰 헌터 경은 내가 "모두를 기겁하게 만들고 있다"고 농담을 했다.

열강의 전쟁

지금까지 유전자조작 병원체 연구의 가장 큰 추진 요인은 의심할 여지없이 냉전이었다. 소련은 군사적 우위에 서기 위해 생물무기 프로그램을 추진했다. 그러나 러시아인 수십 명의 목숨을 빼앗고 끔찍한 죽음의 위험에 수백만 명을 노출시킨 것 외에는 아무 성과도 얻지 못했다. 간단히 말해, 전쟁 중이거나 전쟁을 두려워하는 사람들은 어리석은 일을 저지른다.

전쟁은 언제 어디에서나 일어나는 비극이다. 하지만 장기주의적 관점에서 가장 우려되는 것은 그 시대의 가장 힘 있는 국가들, 즉 '열강'들의 전쟁이다. 이것이 가장 걱정스러운 문제인 것은 인간의 멸종이나 미래 세대에 대한 돌이킬 수 없는 피해를 유발하는 파괴력의 순수한 규모 때문이다. 초강대국과 기술적으로 가장 발전한 군대 사이의 전면전이라면 암울한 문턱을 넘을 가능성이 더 높다.

장기주의자들은 제2차 세계대전 이후 강대국의 군인들이 전장에서 서로 만난 적이 없다는 사실에 크게 기뻐하고 있는지도 모르겠다. 이런 '긴 평화'는 열강의 전쟁이 과거의 유물이라는, 혹은 오늘날에는 그 가능성이 훨씬 낮다는 것을 시사할 수도 있다.[60]

나는 긴 평화를 당연한 것으로 받아들일 수 없다고 생각한다. 출판을 위해 이 장을 손보는 동안 일어난 러시아의 우크라이나 침공은 수십 년 동안 평화를 구가하던 지역에서 전쟁이 얼마나 빨리 되살아날 수 있는지를, 초반에는 제한적이었던 갈등이 세계 최대 핵보유국을 정면 대결 직전으로 얼마나 가까이 몰아갈 수 있는지를 상기시키고 있다. 다음 100년 안에 열강의 전쟁 위험이 용인할 수 없을 정도로 높다고 생각하는 데에는 몇 가지 이유가 있다.

첫째, 긴 평화를 유지하는 데에는 경제성장과 국제협력 같은 구조적 요인 외에도 상당한 행운이 큰 몫을 했다고 생각하는 것이 타당하다. 우리는 쿠바 미사일 위기 동안 미국과 소련이 전쟁에 근접했다는 것을 알고 있다. 그러나 이것이 냉전 중에 있었던 유일한 위험의 순간은 아니었다. 베를린 위기, 수에즈 위기, 1973년 아랍-이스라엘 전쟁, 대만해협에서 있었던 다수의 위기, 한국과 베트남에서의 대리전은 물론 조기 경보 시스템의 고장으로 핵 공격을 받고 있다는 잘못된 경보가 발령된 경우에도 긴장감이 높아졌다.[61] 제2차 세계대전은 예상을 벗어난 히틀러의 부상浮上으로 인한 매우 불운한 전쟁이었다고 말할 수 있다.[62] 그러나 그 뒤에 이어진 평화 역시 우연의 결과로 볼 수 있다.[63]

둘째, 세계적으로 경제적·군사적 힘의 분배가 변화하면서 갈등 위험이 고조될 수 있다. 중국은 여러 국면에서 미국을 능가하는 궤도에 올라 있다. 실제로 구매력을 조정하면 중국 경제의 규모는 이미 미국보다 크다.[64] 한 초강대국이 다른 초강대국을 능가하는 세력 전이轉移 시기는 강대국들이 국제 시스템에 대한 영향력을 두고 경쟁하기 때문에 특히 불안정할 수 있다.[65] 그런 시기라고 전쟁이 불가피한 것은 아니며 과거의 많은 세력 전이가 평화롭게 이루어지기는 했지만, 몇몇 학술적 분석은 폭력적으로 변하는 전이의 비율이 걱정스러울 정도로 높다는 것을 발견했다.[66]

전쟁으로 가는 결정에는 다양한 요소가 기여하지만, 상대적 위상에 대한 의견 충돌과 국제 시스템 내에서 정치적·경제적·군사적 힘의 분배가 중요한 역할을 할 수 있다.[67] 동맹 약속은 지리적으로 먼 나라들을 지역 분쟁에 끌어들일 수 있다. 강대국이나 오랜 라이벌 관계에 있는 나라들은 다른 나라보다 충돌 가능성이 높다.[68]

미국과 중국은 향후 10년 동안 초강대국으로 자리할 태세를 갖추고 있다. 하지만 다른 열강들 사이에도 상당한 전쟁 위험이 존재한다. 러시아는 엄청난 양의 핵탄두를 보유하고 있으며[69] 미국-러시아 관계는 악화한 상태다. 인도는 2030년까지 세계 최대 인구국이 될 것으로 예상되며, 금세기에 중국을 추월해 세계 최대 경제국으로 올라설 수도 있다.[70] 인도와 중국 사이에도 군사적 긴장감이 존재한다.

이 글을 쓰고 있는 현재, 나는 2020년 6월 15일에 벌어진 갈완

계곡Galwan Valley 충돌에 대한 뉴스를 읽고 있다. 인도와 중국이 각기 자기 영토라고 주장하는 히말라야산맥의 이 고지대에서 양측 군대의 소규모 무력 충돌이 일어났다는 것이다. 국경 분쟁 지대에서 화기를 사용하지 않기로 한 두 나라 간 합의 때문에 양측 군은 돌, 곤봉, 가시철사를 감은 경찰봉을 이용해 서로를 공격했고 20명 이상이 사망했다.[71] 한 매체는 "두 나라의 유대가 1962년 중국-인도 국경 분쟁 이후 최악에 도달했다"고 보도했다.[72]

다시 한번 강조한다. 금세기 열강들 사이의 전쟁은 불가피한 것이 아니다. 우선, 세력 전이는 거침없이 충돌로 치닫는 것이 아니다. 20세기 미국은 영국을 추월했고 소련은 유라시아의 대세가 되었으나 두 나라는 직접적인 충돌에 이르지 않았다. 그리고 미·중 관계에는 가장 위험한 종류의 국제적 라이벌 관계가 갖는 특성이 결여되어 있다. 특히 두 나라는 국경이 맞닿아 있지도, 같은 영토에 대한 소유권 분쟁도 없다. 국가를 전쟁으로 밀어 넣는 강력한 두 가지 요인이 부재한 것이다.[73] 또 서로가 가장 큰 무역 상대국이기 때문에 경제적으로 밀접하게 얽혀 있다. 일부 연구자들은 이것이 전쟁 비용을 더욱 크게 만들어 전쟁 가능성을 낮춘다고 생각한다.[74] 마지막으로, 지난 70년의 평화가 양국이 서로와 관계를 맺는 방식에 대한 체계적이고 지속적인 변화의 결과였다면, 평화는 계속될 것이다. 핵전쟁은 관련국 모두에게 너무나 파괴적이기 때문에 핵전쟁을 유발할 위험이 있는 조치는 취할 가치가 없을 것이다.[75] 일부 학자들은 핵무기 배치 가능성에 대해 큰 오해가 있는 덕분에 핵무기를 사용하는 것이 금기가 되었다고 생각하기도 한다.[76]

러시아의 우크라이나 침공 이후 공동체 예측 플랫폼 메타큘러스는 2050년까지 제3차 세계대전 발발의 예상 가능성을 종전보다 두 배 이상 상승한 23%로 조정했다(세계대전을 GDP의 30% 혹은 세계 인구의 50%에 해당하는 국가들이 참여하고 1,000만 명 이상이 사망하는 전쟁으로 규정할 때).[77] 그런 위험도가 다음 50년간 계속 유지된다면, 이는 이 세기 말까지 또 다른 세계대전이 일어날 가능성이 그렇지 않을 가능성보다 높다는 의미다. 여기에서 특히 문제 되는 것은 늘어나는 군비와 새로운 기술이 인류의 전쟁 수행 능력을 끌어올리고 있다는 점이다. 미래에 강대국들 간 충돌이 생기면 그들은 우리가 제2차 세계대전 때 사용했던 것보다 훨씬 파괴적이고 치명적인 무기를 사용할 수 있을 것이다. 대대적인 파괴 잠재력이 엄청난 것이다.[78]

흡연이 모든 형태의 암의 위험을 실질적으로 높이는 것과 마찬가지로, 열강의 전쟁은 문명에 대한 여러 다른 위험을 높인다. 첫째, 삶의 질과 안정을 끌어올리는 데 쓸 수도 있는 비용을 다른 곳에 지출하게 한다. 둘째, 협력하는 능력을 파괴한다. 냉전은 소련을 비밀 생물무기 프로그램이라는 미친 짓으로 이끌었다. 강대국들 사이의 새로운 충돌은 새로운 대규모 살상 생물무기 개발의 유혹을 높일 것이다. 새로운 냉전은 직접적 폭력 충돌로 이어지지 않더라도 인공지능 무기 경쟁의 위험을 높여서 나쁜 가치관 고착이나 정렬整列에서 벗어난 인공지능 장악의 위험까지 높일 수 있다. 이는 핵무기 사용의 위험을 높일 테고, 기후변화에 대처하기 위한 국제적 협력 역량을 약화시킬 것이다. 다음 세계대전의 가능성과 심각성을 줄이는 것은 우리가 금세기 문명을 보호할 수 있는 가장 중요한 방법 중 하나다.

기술적 역량을 지닌 종들은 재진화할까?

인간의 멸종이 장기적 중요성을 지니려면 지속성, 중대성, 우발성이 높아야 한다. 지속성 측면은 확실해 보인다. 인류의 멸종은 돌이킬 수 없다. 하지만 거기에도 반박할 수 있는 부분이 있다. 호모 사피엔스의 종말은 지속성이 높더라도, 도덕적으로 가치 있는 문명의 종말은 그렇지 않을 것이다. 다시 말해, 호모 사피엔스가 멸종한다면 다른 기술적 역량을 지닌 종들이 진화해서 우리 자리를 차지할 수도 있다.

1,200만 년 전만 해도 인간과 침팬지의 마지막 공통 조상이 살아 있었다. 인간이 최초의 포유류에서 진화하는 데에는 겨우 2억 년이 걸렸을 뿐이다.[79] 태양이 점점 밝아져서 지구가 인간 크기의 동물이 살 수 없는 곳이 될 때까지는 적어도 수억 년이 남아 있다. 이런 사실을 고려하면, 호모 사피엔스가 멸종하고 침팬지가 살아남을 때, 영화 〈혹성 탈출〉처럼 침팬지로부터 기술적 역량을 가진 종이 진화하는 것을 기대할 수는 없을까? 혹은 모든 영장류가 멸종한 경우라도 포유류가 생존하는 한 2억 년 내에 기술적 역량을 가진 종이 진화하는 것을 기대할 수는 없을까? 2억 년은 긴 시간이기도 하지만 지구가 더 이상 거주할 수 없는 곳이 되기 전에 그와 같은 진화가 충분히 일어날 수 있는 짧은 시간이기도 하다.

논쟁을 하기에는 너무 이르다. 우리는 대규모 진화적 전이 가능성이 얼마나 되는지 알지 못하며, 더구나 (기술적 역량을 가진 종의 진화를 비롯해) 그 일부의 가능성이 실제로 현저히 낮다고 생각할 만한 이유도 존재한다.

이렇게 생각하는 데에는 두 가지 이유가 있다. 첫 번째 이유는 페르미 역설Fermi paradox에 근거를 두고 있다. 은하 내에는 최소한 수억 개의 거주 가능한 행성이 있고, 우리은하의 나이는 135억 년이다.[80] 행성 간의 문명이 그 전체로 광범위하게 퍼질 만한 충분한 시간이 있었음에도 우리는 외계인의 존재 증거를 보지 못한다. 은하가 그렇게 넓고 오래되었다면 왜 외계인으로 바글거리지 않는 것일까?

한 가지 대답은 우리 진화 역사에서 어떤 부분인가의 발생 가능성이 예외적으로 낮다는 것이다.[81] 생명에 도움을 주는 행성이 실제로 극히 드물 수도 있고(아마도 은하의 안전지대에 있으면서 판구조, 큰 달, 적절한 화학적 성분을 갖춰야 할 것이다), 45억 년 전 지구 형성에서부터 호모 사피엔스 진화까지의 과정 중 특정 단계의 가능성이 이례적으로 낮을 수도 있다.[82] 무기물질로부터 최초의 자기 복제자 형성, 단순한 세포에서 핵과 미토콘드리아가 있는 복잡한 세포로의 진화, 유성 생식의 진화, 그리고 유난히 지능이 높고, 대단히 협력적이고, 문화적으로 진화하고, 말과 언어가 가능한 덕분에 다른 영장류와 구별되는 호모 사피엔스와 같은 종의 진화 등은 개연성이 극히 낮은 단계들이다.[83] 인류미래연구소Future of Humanity Institute의 내 동료들이 진행한 최근의 연구는 이런 진화적 전이 가능성이 얼마나 낮은가에 대한 불확실성만 적절히 설명할 수 있어도 이토록 넓은 우주가 비어 있는 것이 전혀 놀랍지 않으리라는 것을 시사한다.[84]

과거의 진화적 전이 중에 한 가지 이상의 가능성이 대단히 낮을 것이라고 생각하는 두 번째 이유는 호모 사피엔스가 진화하는 데 걸린 시간 때문이다. 이렇게 생각해보라. 지구와 비슷한 행성이 있고, 그 행성이 냉각으로부터 문명 구축 역량이 있는 종의 진화까지 평균적으로 1조의 1조 배 되는 시간이 필요하다고 가정하자. 그게 사실이라면 우리 과거에서 무엇을 보리라고 기대할 수 있을까? 우리가 실제 밟았던 길을 거의 정확히 볼 수 있으리라고 예상할 것이다. 우리는 생물이 살 수 있는 지구 수명 중 거의 끝에 이르러서야 진화했을 것이다. 지구 냉각에서 생물이 살 수 있는 기간의 끝까지는 50억 년 정도밖에 없기 때문에 월등히 운이 좋지 않는 한 우리가 진화할 방법은 없었을 것이다.[85] 지구와 같은 행성으로부터 기술적 역량이 있는 종까지의 전이가 50억 년이 걸리든 1조 년의 1조 배가 걸리든 우리는 같은 시간 척도에 걸친 진화 역사를 보게 될 것이기 때문에 전이의 가능성이 높은지 낮은지 추론할 수 없다.

지금의 우리는 과거에 가능성이 극히 낮은 진화적 전이가 얼마나 있었는지 알지 못한다. 일부 연구자들은 발달 후기 생물로 진화하는 과정에 세 개에서 아홉 개의 '어려운 단계'가 있었던 것으로 예상해야 한다고 이야기한다.[86] 그러나 이 연구는 매우 제한적이었고, 실제 수치는 더 클 수도 더 작을 수도 있다.[87] 우리는 포유동물이나 영장류가 진화한 후에 생물학적 진화가 문명 건설 역량이 있는 종을 만들어낼 가능성이 얼마나 낮았는지도 알지 못한다. 우리가 현재 알고 있는 것들을 기반으로 판단하자면, 포유동물에서 문명 건설 역량이 있는 종으로의 진화 단계가 발생할 가능성은 천문학적으로 낮다.

따라서 인간 문명이 끝나면 기술적 역량을 지닌 다른 종이 우리를 대신하리라는 데에는 확신을 가질 수가 없다. 그런 일이 일어날 가능성이 90%라고 생각한다 해도 그것은 큰 재앙이 문명의 영구 종말을 불러올 위험을 10분의 1로 낮출 뿐이다. 여전히 그 위험은 도덕적 최우선 과제가 되어야 할 만큼 충분히 클 것이다.

더구나 우리 진화 역사의 일부 단계가 가능성이 극히 낮은 것이라면 영향력 범위 내에 있는 우주 어디에서도 고도의 지능을 가진 다른 생명체가 존재하지 않을 것이다. 가능성이 전혀 없을 수도 있다. 그렇다면, 우리의 행동은 우주적 중요성을 갖는다.

큰 희소성에는 큰 책임이 따른다. 130억 년 동안 우주에는 의식이 없었다. 토머스 나겔의 말을 빌리면, 그런 것이 될 만한 어떤 실체도 존재하지 않았다. 약 5억 년 전, 상황이 바뀌었다. 최초의 의식적인 생물이 진화했다. 새로운 불길을 일으키는 불티였다. 하지만 그 생물들은 자신에게 의식이 있다는 것을 의식하지 못했다. 그들은 우주 안에서 자신의 위치를 알지 못했고, 그에 대한 이해를 시도하지도 않았다. 그리고 불과 몇천 년 전부터 시작해, 여태까지의 우주 수명의 1,000만분의 1이 조금 넘는 시간 동안 우리는 글쓰기와 수학을 발전시켰고, 현실의 본질에 대해 묻기 시작했다.

우리는 지금 그리고 앞으로 몇 세기 안에 우리 모두를 죽일 수 있는 위협에 직면해 있다. 우리가 여기서 망친다면 그것은 영원히 지속될 것이다. 우주의 자기 인식은 영원히 상실될 수도 있고, 몇억 년 만에 잠시 깜박이던 짧고 가느다란 의식의 불길이 영원히 꺼질 수도 있을 것이다. 우주는 처음 130억 년 동안 점했던 상태, 즉 춥고, 공허하고, 활기 없는 상태로 영원히 돌아갈 수도 있다.

멸종은 문명이 종말을 맞는 유일한 방법이 아니다. 어떤 재앙은 모두를 죽이기에는 부족하지만 문명의 붕괴를 유발할 테고, 우리는 결코 회복하지 못할 것이다. 다음 장에서는 그런 가능성에 대해 다루어보기로 하자.

6 장

문명 붕괴의 위험

: 핵전쟁과 기후변화의 가능성

제국의 몰락

서기 100년, 세계에는 영토나 인구가 거의 같은 두 개의 대제국이 있었다. 두 제국이 세계 인구의 절반 이상을 아울렀다.[1] 4장에서 그중 하나인 한나라에 대해 이야기했다. 2,000년 넘게 유교를 중국의 중심 이념으로 고착시킨 제국이었다. 또 다른 하나는 매우 다른 운명을 가진 로마제국이다.

당신이 서기 100년 로마의 황제였다면 당신은 스스로를 기술·법률·경제 발전의 정점에 있는 나라를 다스리고 있다고 생각했을 것이다. 그런 견해를 뒷받침하는 증거는 매우 많다.

당신의 제국은 중앙난방과 이중유리라는 문명의 혜택을 누렸다. 이것들이 공중목욕탕의 단열을 맡았다.[2] 당신의 제국은 콘크리트를 사용했다. 어떤 면에서는 우리가 오늘날 사용하는 콘크리트보다 더 내구성이 강했다.[3] 당신의 제국은 5만 명 이상을 수용할 수 있는 콜로세움이나 15만 명이 앉을 수 있는 전차 경주장 키르쿠스 막시무스 같은 장대한 건축물을 만들었다.[4] 당신은 기차나 비행기 같은 현대적 교통수단이나 현대적 커뮤니케이션 기술이 없었음에도 현재의 EU보다 더 넓은 지역을 다스렸다.[5] 고도로 분업화한 노동, 은행 시스템, 대륙을 가로지르는 국가 간 교역, 제국 전체를 돌아다니며 물건을 팔고 지식을 퍼뜨리는 무역상이 있는 제국의 경제는 복잡하고도 정교했다.[6] 역사에서는 보기 드물게 인구의 10%를 차지하는 중산층이 존재했으며, '벼락부자'에 대한 시사 풍자극이 입증하듯 계층의 상향 이동이 가능했다.[7] 당신의 지배하에서는 소작농조차 품질 좋은 도자기와 기와지붕 같은 유용한 물건을 구할 수 있었다.[8]

로마제국의 번영은 로마 인구의 증가에 반영되어 있다. 로마는 인구가 100만 명에 이른 최초의 도시다(그림 6.1).[9]

로마공화정에서, 로마 성장의 대가는 시민과 이웃의 피였다. 기원전 410년부터 기원전 101년 동안의 90% 이상은 전쟁 상태였다.[10] 기원전 27년 로마제국 설립 이후, 로마는 인구와 생활수준의 모든 면에서 성장의 2세기를 경험했다. 로마는 강하고 안정적이었다. 당시에는 기술과 거버넌스의 진보가 주도하는 도시의 번영이 미래에도 오래도록 계속될 것처럼 보였을 것이다.

그러나 현실은 달랐다. 이를 분명히 확인하려면 로마의 인구 그래프를 다시 살펴보자. 다만, 이번에는 시간 축을 더 확장해서 말이다(그림 6.2).

5세기에 로마는 사냥감을 찾아 돌아다니는 게르만 부족으로부터 두 차례 약탈을 당했다. 410년에는 서고트족, 455년에는 반달족이었다. 410년의 약탈에 대해 성 히에로니무스는 이렇게 평했다. "세상에서 가장 밝은 빛이 꺼졌다. 실상 로마제국은 머리가 잘렸다. 좀 더 정확하게 말하면, 전 세계가 하나의 도시와 함께 죽었다. 전 세계에서 얻어낸 승리를 바탕으로 세워진 로마가 무너질 것이라고 누가 믿었겠는가. 그렇게 로마는 모든 민족의 어머니이자 무덤이 될 것이다."[11]

당시 로마는 더 이상 서로마제국의 중심지가 아니었다. 그렇더라도 5세기 로마의 쇠퇴는 서로마제국이 얼마나 약해졌는지를 생생하게 보여준다.[12] 몇십 년 후 서로마제국 전체가 무너졌다. 로마 인구는 단 3만 명으로 줄어들었고, 수백 년 동안 비슷한 수준을 유지하다가, 1,400년 후인 1930년대에 와서야 최대 인구 기록을 갱신했다.[13] 사실 19세기 초까지는 유럽의 어떤 도시도 고대 절정기의 로마 인구를 넘어서지 못했다.[14]

그렇다면 서로마제국은 왜 무너진 것일까? 1984년부터 검토해보니 역사가들이 서로마제국의 멸망에 대해 210개 이상의 서로 다른

그림 6.1 | 로마의 인구 수 1

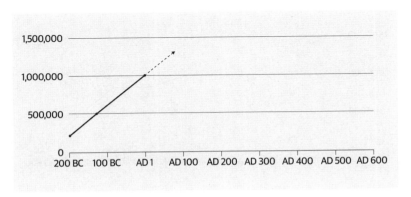

원인을 제시했다는 것이 드러났다.[15] 현대의 많은 역사학자들이 제도적 결함, 정치적 지위와 과잉 착취를 둘러싼 내부 권력 투쟁, 부패와 경제적 약점, 외부 침략자의 압력, 전염병과 기후변화의 해로운 영향 증가 등 로마 쇠퇴의 기본적 서사에 동의하고 있다.[16]

전근대적 기술과 커뮤니케이션으로 거대한 제국을 관리하는 데 따르는 어려움을 생각하면 로마제국의 몰락이 놀라운 일은 아니다. 오히려 어떻게 그토록 오래 살아남았는지에 의문을 갖는 것이 더 적절할 것이다.[17] 사실 문명의 평균적인 수명은 약 340년에 불과하다.[18] 국지적 문명의 경우, 몰락은 예외가 아닌 원칙이다.

앞 장에서 나는 문명이 종말을 맞을 수 있는 한 가지 방법인 인간 멸종의 위험에 대해 이야기했다. 하지만 모든 사람을 죽이는 재앙은 몹시 극단적이다. 문명의 붕괴나 모두를 죽이는 데까지는 못 미치는 세계적 재앙이라면 그 가능성이 훨씬 더 높다. 오늘날의 세상이 로마제국과 같은 운명을 겪을 가능성이 있을까?

나는 사회가 산업 기술과 탈산업 기술을 만들어낼 능력을 잃은

그림 6.2 | 로마의 인구 수 2

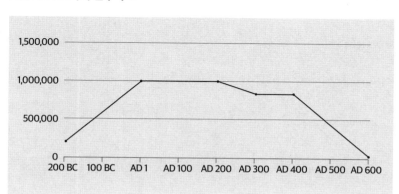

상황을 가리킬 때 '문명 붕괴'라는 용어를 사용할 것이다. 그런 붕괴가 영구적일 가능성이 높다면 문명 붕괴의 위험이 멸종의 위험보다 장기적으로 더 중요해질 수 있다. 그렇다면 이런 질문을 해보자. 멸종에까지 이르지 않는 재앙이 문명 붕괴를 유발할 가능성이 있을까? 그렇다면 회복의 가능성은 있을까?

세계 문명의 역사적 회복력

역사적 증거는 인류 문명의 재앙 이후 회복력이 놀라울 만큼 강하다는 것을 보여준다. 우선 문명의 세계적이고 영구적인 붕괴가 역사적인 문명 붕괴와 어떻게 다른지를 유념해야 한다. 서로마제국의 몰락은 문명 붕괴의 유난히 극적인 역사적 사례다. 하지만 유럽에서 가장 강한 제국이 무너졌어도 유럽의 인구가 완전히 사라진 것은 아니다. 로마의 지배는 서고트족, 반달족, 동고트족, 프랑크족, 브리튼족, 색슨족에 의해 대체되었다.

하지만 기술적 정교함과 생활수준은 로마 멸망 후에 급격히 떨어졌다. 영국은 그 극단적인 예다. 5세기, 글을 사용하지 않게 되었고 로마의 모든 건축 기술은 사라졌다.[19] 돌, 벽돌, 기와 건물은 나무와 짚에 자리를 내주었다.[20] 하지만 이런 기술적·문화적 쇠퇴는 영구적이지 않았다. 수 세기가 지나 서로마제국의 잿더미에서 르네상스, 과학혁명, 산업혁명, 계몽주의가 탄생했다. 여러 저명한 경제역사가들의 해석에 따르면, 로마 멸망 이후 유럽의 정치적 분열은 과학혁명과 산업혁명이 중국이 아닌 유럽에서 발생한 이유 중 하나다.[21]

더구나 지금까지의 모든 역사적 문화 붕괴는 국지적이었다. 서로마제국이 붕괴했을 당시 다른 주요 문명(중국의 남북조시대, 에티오피아의 악숨제국, 한국의 삼국시대, 멕시코의 테오티우아칸, 중앙아메리카의 마야 문명, 지금의 이란에 위치한 사산제국, 인도의 굽타제국)은[22] 전처럼 지속되었다. 그중 대부분은 애초 로마제국에 대해 전혀 알지 못했다. 서쪽의 파트너를 잃었는데도 동로마제국(혹은 비잔티움)은 이후 1,000년을 더 존속했다.

사실, 거대한 위기도 세계 문명을 진로에서 벗어나게 하지 못했다. 지난 60년 동안(우리가 가장 좋은 데이터를 가지고 있는 기간) 세계의 연간 GDP가 감소한 것은 단 몇 번에 불과했고, 그마저 2년 내에 완벽하게 회복했다.[23] 1,700만~1억 명이 사망한 것으로 추정되는 1918년 스페인독감 팬데믹 동안에도 인구가 감소했었는지 확실치 않다.[24] 제2차 세계대전은 사상자 수로 볼 때 가장 치명적인 전쟁이었지만 그조차도 세계 인구의 감소를 유발하지는 않았다.[25]

수십 년 동안 세계 인구가 감소에 근접했던 마지막 시기는 일부 역사가들이 '일반적 위기General Crisis'라고 부르는 때였다.[26] 이는 거의 모든 상황이 어긋나고 있던 17세기의 한 시기를 말한다. 30년전쟁과 명나라의 멸망을 비롯해 유럽·중국·인도에서 대규모 전쟁이 있었고, 유럽 식민주의로 인해 많은 아메리카 원주민이 목숨을 잃었으며, 대서양 횡단 노예무역이 부상했고, 유럽의 기온이 떨어지는 '소빙하기'로 인해 광범위한 기근이 찾아왔다.[27] 세계 인구의 손실이 컸을 것이다. 일부의 추정에 따르면 17세기 전반 중국 인구는 약 40% 급감했고, 독일과 프랑스의 일부 지역은 인구의 20~45%를 잃었다.[28] 그러나 이런 위기에도 불구하고 1700년 세계 인구는 '일반적 위기'

이전보다 많았다.

흑사병은 사회의 회복력에 대한 생생한 역사적 실례다. 흑사병은 14세기 중동과 유럽 전역에 퍼진 림프절 페스트를 말한다. 몽골의 크림반도 침공 때 도망친 무역선 안의 쥐가 감염된 벼룩을 전 세계로 실어 나르면서 흑사병이 퍼졌다. 흑사병의 유행은 손실된 세계 인구의 비율로 측정했을 때 역사상 가장 치명적인 자연재해일 것이다. 전 유럽인의 4분의 1에서 2분의 1이 죽었고 중동 역시 끔찍한 타격을 입었다.[29] 대략 세계 인구의 10분의 1 정도가 목숨을 잃었다.[30] 그것도 끔찍한 고통 속에서 말이다.

자연적 사건이 문명의 붕괴를 불러오는 경우로 흑사병을 떠올릴 것이다. 하지만 흑사병에 의한 엄청난 인명 손실과 극심한 고통에도 불구하고 장기적인 유럽 경제와 기술 발전에는 부정적 영향이 거의 없었다. 유럽의 인구 규모는 200년 후 흑사병 이전 수준으로 회복했다. 유럽의 식민지 확장이 계속되었고, 불과 400년 후 산업혁명이 일어났다.[31]

좀 더 최근에도 눈에 띄는 사회적 회복력의 다른 사례가 있다. 1945년 일본 히로시마의 원자폭탄 폭격을 생각해보자. 미국이 떨어뜨린 폭탄은 이전에 사용하던 것보다 1,500배나 강했다.[32] 폭심의 불덩이는 1만분의 1초 안에 섭씨 수천 도에 도달했고, 이후 1.5마일 (약 2.4킬로미터) 내의 모든 인화성 물질에 불을 붙였다.[33] 도시 건물의 90%가 일부분 이상 불에 타거나 가루로 변했다.[34] 폭격으로 인해 1945년 말 이전에 사망한 사람의 초기 추정치는 7만 명이었으나 최근의 추정치는 14만 명에 이른다.[35] 폭발로 인한 열기가 너무나 맹렬해서 계단, 포장도로, 벽이 하얗게 변했고, 사람들이 불에 타 죽은 자리에는 새까만 그을음이 남았다. 오치 미츠노라는 여성으로 추정되는 한 사람이 일본은행 계단에 남긴 흔적은 히로시마평화기념자료관 Hiroshima Peace Memorial Museum에 '인간 죽음의 그림자Human Shadow of Death'라는 이름으로 전시되고 있다.[36]

히로시마의 이후 역사를 알기 전까지 나는 그곳이 지금도 핵으로 인해 오치 미츠노의 그림자 같은 그을음이 시내 전역에 남은 폐허일 것이라고 생각했다. 하지만 실제는 그런 상상과는 딴판이었다.[37] 엄청난 생명 손실과 인프라 파괴에도 불구하고, 하루 만에 일부 지역이 전력 공급을 재개했고, 가옥의 30%는 2주 만에, 폭발로 파괴되지 않은 모든 가옥은 4개월 만에 복구했다.[38] 공격 하루 후부터 제한적으로 철도를 운행했고, 3일 만에 전차 운행을 재개했으며, 양수기가 나흘 만에 다시 작동했고, 전신은 일부 지역에서 한 달 만에 복구했다.[39] 폭심에서 불과 380미터 떨어진 일본은행은 이틀 후 다시 문을 열었다.[40] 히로시마의 인구는 10년 내에 파괴 이전 수준을 회복했다.[41] 현재 히로시마는 120만 인구의 번영하는 현대적 도시다.[42]

측량조차 하기 힘든 파괴로부터 이토록 빠르게 복구한 것은 히로시마와 주변 도시 사람들의 회복력을 보여준다. 하지만 이것은 히로시마에만 국한된 것이 아니다. 나가사키의 경우, 재건이 히로시마보다 느리긴 했지만 스토리는 근본적으로 유사했다. 인구는 10년도 되지 않아 종전의 인구를 추월했고, 현재는 번영하는 도시가 되었다. 제2차 세계대전 중 일본 도시 폭격에 대한 좀 더 폭넓은 한 연구는 이런 반등이 광범위했다는 것을 보여준다. 수십 개의 일본 도시에서 절반 이상의 건물이 잿더미가 됐다.[43] 하지만 이들 도시는 곧 이전의 인구, 경제 생산, 특정 산업에 대한 비중을 회복했다.[44]

베트남전 이후의 베트남 도시들에 대한 비슷한 연구도 매우 흡사한 결론에 도달했다. 베트남전쟁에서는 역사상 가장 강력한 공중 폭격이 있었다. 미 공군은 제2차 세계대전 때 사용한 무게의 세 배에 달하는 폭탄을 베트남에 투하했다. 하지만 놀랍게도 이 연구의 저자는 이런 폭격이 전쟁 종결 25년 후 현지의 빈곤율, 소비 수준, 인프라, 문맹률, 인구밀도에 아무런 영향도 주지 않았다는 것을 확인했다.[45]

때로 사람들은 현재의 세계가 너무 복잡하고 상호 의존적이기 때문에 손상되기 쉽다고, 한 가지 버팀대를 잃으면 도미노 효과로 인해 구조 전체가 무너진다고 주장한다. 하지만 이런 생각은 역경 앞에서 사람들이 보여주는 놀라운 투지, 적응력, 독창성을 도외시한다.

이러한 적응력은 재난 지역이 나머지 세계와 단절되어 어느 곳으로부터도 원조를 받을 수 없을 때조차 나타난다. 예를 들어, 1992년부터 1995년까지 세르비아 군대가 보스니아의 고라주데를 포위했다. 고라주데는 물리적 인프라 대부분을 잃었고 국가 전력망으로부터도 단절되었다. 하지만 고라주데 시민들은 버려진 교류발전기를 이용해 임시로 수력발전기를 만들어 기본적인 전력 수요를 충당했다.[46] 더 극단적인 상황으로, 쿠바는 농업 장비와 농산물의 유일한 공급처이던 소련의 몰락 이후 화석연료, 비료, 살충제, 농업용 기계 등의 공급선이 끊기고 말았다. 그리고 몇 년 내에 모든 비축량이 고갈 상태에 이르렀다. 이에 쿠바는 40만 마리의 소를 사육하는 긴급 프로그램을 시행함으로써 산업 기계를 대체해, 광범위한 기근을 피할 수 있었다.[47]

우리는 극한의 재앙으로부터 회복할 것인가?

하지만 이런 역사적인 이력은 미래 재앙에 대한 우리의 회복력을 오해하게끔 한다. 세계 인구의 20% 이상을 없애는 세계적 재앙은 역사적 사례가 없다. 하지만 지금은 핵무기를 통해 훨씬 많은 인구를 없앨 수 있다. 진보된 생물무기는 더 치명적일 것이다. 유례없이 심각한 재앙이 찾아온다면 사회는 붕괴할까? 붕괴된 사회는 다시 회복할까?

나는 전면적인 핵전쟁의 잠재력을 탐구하면서 이런 질문들에 대해 살펴볼 것이다. 하지만 내 분석은 생물무기와 관련한 재앙 등의 다른 재앙에도 적용된다.

히로시마와 나가사키의 원폭은 당시의 가장 강력한 폭발물보다 1,500배나 강한 무기를 사용한 것이었다. 하지만 우리가 현재 보유한 핵전력과 비교하면 그 파괴력은 형편없이 작다. 히로시마와 나가사키에 떨어진 것은 우라늄이나 플루토늄의 핵분열에 의존하는 원자폭탄이다. 그러나 1952년 수소 동위원소의 헬륨 융합에서 나오는 에너지를 이용하는 최초의 수소폭탄이 개발되었고, 이 수소폭탄은 원자폭탄보다 500배나 강력하다.[48] 실험에 쓰인 가장 큰 폭탄의 폭발력은 5,000만 톤으로, 히로시마에 떨어진 폭탄의 3,000배가 넘는다.[49] 이와 동시에 세계 핵무기 비축량은 1945년의 2기에서 1967년의 4만 기로 수만 배 증가했다. 20여 년 만에 폭발 무기의 전체 파괴력이 어마어마하게 늘어난 것이다(이들 무기의 대부분은 미국과 소련이 만들었다).[50]

전면적인 핵전쟁이 일어난 적 없기 때문에 앞으로도 일어날 가능성이 매우 낮다고 추론하는 것은 실수다. 실제로 아슬아슬한 순간이 몇 차례 있었다. 쿠바 미사일 위기 동안, 존 F. 케네디는 전면 핵전쟁의 확률을 "3분의 1에서 2분의 1 사이"라고 말했다.[51] 1979년 미미사일전략사령부는 핵미사일이 대규모로 접근 중임을 탐지하고 반격을 준비하기 시작했다. 하지만 공격을 확정하기 전에 원시 데이터를 확인한 상급 지휘관들은 미사일이 접근하고 있다는 증거를 발견하지 못했다. 후속 조사를 통해, 소련의 핵 공격을 시뮬레이션하기 위해 고안한 훈련용 테이프가 실수로 사령부 화면에 재생되었던 것으로 드러났다.

불과 4년 후, 미국과 소련 사이의 긴장이 고조되던 시기, 소련의 핵무기 관제센터에서도 비슷한 경보 오작동이 있었다. 소련의 조기 감지 시스템이 다섯 발의 핵미사일을 탐지한 것이다.[52] 당직 장교 스타니슬라프 페트로프는 미국의 첫 공격에 핵미사일이 다섯 기뿐이라는 데 의심을 품었고, 미사일의 비행운을 찾지 못했다. 그는 경보가 잘못되었다고 보고했다. 그가 아니었다면 소련은 프로토콜에 따라 반격을 시작했을 것이다(관제센터의 더 높은 장교가 오경보가 아니라고 생각했을지는 확실치 않지만).

다행히 미국과 러시아의 총 핵무기 비축량은 감소했다. 1986년의 최고점에는 현재보다 일곱 배나 많았다. 하지만 여전히 9,500기의 핵탄두가 남아 있는 상황이다.[53] 총 국방 예산에 비교하면, 새로운 핵탄두 제조 비용은 대단히 낮다. 미국과 러시아 사이에 심각한 군사적 긴장이 재점화되거나 미국과 중국 혹은 인도와 파키스탄 같은 다른 핵보유국 간의 새로운 긴장이 조성되면, 핵전력은 크게 늘어날 수 있다.[54]

전면적 핵전쟁은 우리가 목격해온 어떤 재앙보다 많은 세계 인구의 목숨을 빼앗을 것이다. 직접적인 사망자 수만도 수천만에서 수억 명대에 이를 것이다.[55] 일부 모델은 그런 전쟁이 '핵겨울'을 초래할 수 있다고 말한다. 불타는 도시에서 나온 그을음이 성층권까지 올라가면 세계의 평균기온이 섭씨 8도 떨어져서 10~20년이 걸려야 정상으로 되돌아올 것이라고 말이다.[56] 그러면 몇 년 동안 북반구 대부분에서 식량 재배가 불가능할 것이다. 열대지방과 남반구 대부분은 여전히 농업이 가능하겠지만 많은 지역이 강우량 감소로 어려움을 겪을 것이다.[57] 일부에서는 이것이 광범위한 기근으로 이어져 수십억 명이 기아의 위험에 처할 수 있다고 주장한다.[58]

구체적으로 알아보기 위해 내가 최악의 핵 시나리오로 여기는 것에 대해 생각해보자. 전면전의 여파로 세계 인구의 99%가 죽고 약 8,000만 명만 남는 시나리오다. 무기의 비축량이 크게 늘어나고 화력이 훨씬 더 강해지거나, 생물무기 같은 다른 무기도 사용한다면 가능할 것이다. 문명 붕괴를 사회가 대부분의 산업 기술과 탈산업 기술을 만드는 능력을 잃는 사건으로 보는 내 정의를 이용하면, 이제 우리는 첫 번째 질문, 즉 "인구의 99%가 죽는다면 문명은 붕괴할까?"에 답을 해볼 수 있을 것이다.

최근까지 이 질문에 대한 연구는 매우 제한적이었기 때문에 나는 루이사 로드리게스에게 이 주제에 대한 보고서를 의뢰했다. 리싱크프라이올러티Rethink Priorities의 연구원으로 이후 우리 팀에 합류한 루이사는 '프레퍼prepper'(사회적 재앙에 대해 염려하고 대비하는 사람)의 고정관념을 깨는 인물이었다. 엘살바도르에서 도망쳐 미국으로 망명한 사회주의자의 딸인 루이사는 인생의 대부분 동안 사회적 의식을 지닌 좌파 구성원을 위해 대단히 전형적인 일을 해왔다. 10대 때는 조

부모처럼 평화봉사단Peace Corps에서의 자원봉사를 원했고, 대학 시절에는 감염병 전문의로서의 커리어와 국제 발전 비영리단체에서의 커리어를 두고 갈등했다. 현재 그녀는 대물림 종자(현대 농장에서 자란 대부분의 식물은 잡종으로, 바람직한 특성이 다음 세대로 전해지는 것을 보장할 수 없기 때문), 부싯돌 기반의 라이터(불을 피우는 것이 어렵기 때문), 수동식 비상 발전기 등 생존주의 도구 몇 가지를 보유하고 있다. 파트너와 데이트를 하면서, 그들은 모든 커뮤니케이션 인프라가 사라졌을 때 어디에서 만나야 할지를 비롯해 대재앙이 일어나면 어떻게 해야 할지에 대한 계획을 세웠다. 묘하게 낭만적이지 않은가?

그럼에도 불구하고 루이사는 문명의 강인함에 상당히 낙관적이다. 나 역시 "사회는 **아마도** 붕괴하지 않을 것이다"라는 이런 **제한적** 낙관주의에 공감한다. 하지만 완벽한 확신을 갖기는 어렵다. 위험이 너무 커져서 회복하지 못할 가능성도 매우 진지하게 받아들여야 한다.

낙관의 이유 중 하나는 흑사병 이후의 유럽이나 히로시마, 쿠바와 같이 방금 논의한, 재앙을 맞닥뜨린 사회의 회복 사례에서 비롯된다. 엄청난 국가적 재난에 직면해서도 사회는 눈에 띄게 빠르게 회복했다.

인구의 99%가 죽는다 해도 문명이 붕괴하지 않으리라고 생각하는 데에도 구체적인 이유가 있다. 건물, 도구, 기계 같은 물리적 인프라 대부분은 재앙 후에도 보존되고 사용할 수 있을 것이다. 마찬가지로, 대부분의 지식이 살아남은 사람들의 정신 속에, 디지털 저장소에, 도서관에 보존되어 있을 것이다. 세계에는 260만 개의 도서관이 있고, 그중 수십만 개는 핵무기가 없거나, 핵무기를 보유한 국가와 동맹을 맺지 않는 국가에 있다.[59] 중요한 기술은 여전히 남아 있을 것이다. 재앙이 99%의 사람을 죽여도 생존자 중 항공기 기술자, 원자력발전소 직원, 유기화학자, 전기통신 엔지니어가 100명 미만일 확률은 0에 가깝다. 현재 20억 명이 농업에 종사하고 있고, 그중 상당수가 소규모 자급 농장에서 일하고 있기 때문에 우리가 농업에 대한 모든 지식을 잃을 가능성은 대단히 낮다.[60]

마지막으로, 대규모 재앙은 그 영향이 상당히 다양하게 나타날 것이다. 핵무기를 보유한 모든 국가가 북반구에 있기 때문에 남반구의 경우 핵겨울의 영향이 제한적일 것이다. 대양은 열기를 유지하기 때문에 해안 지역은 영향이 훨씬 덜할 것이다.[61] 남아메리카 해안 지역과 호주의 경우 여름 기온이 정상보다 섭씨 5도 정도 떨어질 것이다.[62] 물론 좋지는 않지만 감당할 수 있는 수준이다. 마찬가지로 생물무기가 사용된다면 분쟁과 관련 없는 섬나라들은 국경을 봉쇄함으로써 다른 나라들에 비해 더 나은 방어를 할 수 있을 것이다. (최악의 재난을 모델링할 경우, 뉴질랜드는 비교적 피해가 크지 않게 나타나는 경향이 있다. 많은 갑부 프레퍼들이 그곳의 땅을 사들이는 이유가 여기에 있다.)[63] 따라서 인구의 99%가 사망한 세상을 상상할 때 전 세계가 똑같다고 여겨서는 안 된다. 일부 국가는 폐허가 될 것이고, 일부 국가는 상대적으로 영향을 덜 받을 것이다.

이는 세계의 회복 가능성을 높인다. 직적접 영향을 받지 않은 국가(아마도 호주, 뉴질랜드)에서는 인구, 인프라, 지식 기반, 정치제도, 사회제도가 온전히 유지될 것이다. 그들은 자급자족이 가능할 것이다. 호주와 뉴질랜드는 이미 인구를 유지하는 데 필요한 것보다 여러 배 많은 식량을 재배하고 있다. 화석연료 매장량도 충분하다.[64] 그런 전례 없는 재앙 이후에도 문명은 계속될 것이다.

이런 주장의 공정성을 확인하기 위해 대략 기원전 2500년, 세계 인구가 8,000만 명이던 때를 생각해보자.[65] 세계 문명은 지금보다 기술적 정교함이 훨씬 떨어졌지만 그럼에도 붕괴를 걱정할 상태는 아니었다. 모든 것을 감안할 때 나는 재앙 후의 세계가 기원전 2500년의 세계보다는 나을 것이라고 생각한다. 우리가 지난 4,500년 동안 발전시켜온 지식, 물리적 자본, 제도가 있으니 말이다.[66]

그럼 이제 두 번째 문제를 생각해보자. 재앙이 벌어지고 그로 인해 세계 문명이 완전히 붕괴해 우리가 산업화 이전의 기술에만 의존할 수 있다고 가정하자. 앞 단락에서의 고려에 어떤 실수가 있을 수도, 99%의 인구를 죽이는 전쟁이 세계 문명을 붕괴시키기에 충분할 수도 있다. 다른 더 큰 규모의 재앙이 일어나 인구의 99.999%가 죽고 1만 명 정도만이 살아남을 수도 있다. 이런 일이 벌어진다면 우리는 농업을 잃게 될까? 그리고 농업을 잃는다면 그것을 되찾을 수 있을까? 아니면 우리는 혜성 충돌과 같은 자연 재앙으로 인해 우리 모두가 죽을 때까지 수렵·채집인 사회나 수백만 년 전의 농경 사회로 남을까?

앞서 언급한 이유들로는 붕괴 이후 농업의 중단을 예상하기 어렵다. 세계 인구가 8,000만 명으로 줄어들면 생존자 중 농업 지식을 가진 사람이 충분히 존재할 가능성이 극히 높다. 세계 인구가 8,000만 명이었던 기원전 2500년에 우리는 이미 농업혁명을 겪은 지 오래인 상태였다. 세계 인구가 1만 명으로 감소한다고 해도 여전히 생존자의 일부는 농업 지식을 갖고 있을 가능성이 높다. 더구나 그들은 기원전 2500년의 사람들에 비해 농업을 유지하는 데 훨씬 더 나은 위치에 있을 것이다. 야생식물을 재배해 농경에 적합하게 만들면서 서서히 (그리고 대개는 우연히) 수확량이 많은 식물을 선택하는 데에는 수천 년이 걸렸다. 현재 재배 중인 작물과 그 야생의 조상 간 차이는 그야말로 엄청나다. 예를 들어, 우리가 오늘날 먹는 옥수수는 야생 조상 테오신트_teosinte에 비해 약 10배가 크다.[67] 마찬가지로 수박의 야생 조상은 크기가 절반이고 과육이 연한 흰색이었으며 현재의 수박보다 당도가 훨씬 낮았다. 현대 토마토의 야생 조상은 콩보다 약간 더 컸다.[68] 이런 재배 작물을 이용할 수 있는 우리는 초기 농경인들보다 훨씬 나은 위치에 있을 것이다.

이것이 농업 산출량이 당장 지금과 같은 수준이 될 거라는 의미는 아니다.[69] 지금의 높은 산출량은 합성비료, 살충제, 제초제 같은 산업 생산품에 크게 의존한다. 이것들이 없다면 잡초와 해충 때문에 작물에 손실이 클 것이다. 그 외에도 많은 재배 작물은 잡종이다. 두 개의 근친계를 교배시켜 수득률 높은 종을 만들어낸 것이다.[70] 잡종 작물은 세대를 거치면서 바람직한 특성을 잃는다. 농업에 단절이 일어나면 주요 작물의 중요한 품종을 잃게 될 것이다. 특히 옥수수와 쌀이 그렇다(쌀의 경우는 정도가 덜함).[71] 그러나 밀과 대두의 대부분 품종과 쌀의 대부분 품종을 비롯한 주곡의 많은 품종은 잡종이 아니기 때문에 생존 가능성이 높다.[72]

또 다른 중요한 요소는 재앙에 따라 정도는 다르겠지만 농경에 필수적으로 보이는 장기적인 기후 조건이 여전히 유지될 거라는 점이다. 농업은 역사 내내 다른 시간, 다른 장소에서 열 번 이상 발전했다.[73] 고식물학자들은 메소포타미아 사회에서 기원전 1만 1000년부터 기원전 8000년까지 밀, 보리, 호밀, 무화과를 재배했다는 증거를 찾았다. 남아메리카와 중앙아메리카 사람들은 거의 비슷한 시기인 기원전 8000년 각기 독립적으로 호박을 재배했다. 3,000년 뒤 파푸아뉴기니 사람들은 얌, 바나나, 타로를 재배했다. 전혀 마주친 적 없는 사회에서 수천 년의 시간차를 두고 전혀 다른 작물로 이런 일이 반복되었다.[74] 우리가 마지막 빙하기에서 현재도 살고 있는 더 따뜻한 시기, 즉 홍적세로 이동하는 동안 일어난 일이다.

홍적세가 농업에 도움을 주는 이유는 따뜻해서 서리가 성장기의 곡물을 망치는 일이 없고, 이산화탄소 수치가 높아 작물 수확량이 높고, 기후가 안정적이기 때문이다.[75] 붕괴가 일어난다면 기후변화 때문에 우리는 지금보다 섭씨 1~3도 높은 환경에서 살게 될 것이다. 하지만 이것이 큰 차이를 만들어낼 가능성은 낮아 보인다. 보통 세계적으로 농사를 불가능에 가깝도록 만드는 것은 춥고 이산화탄소가 적은 환경이지, 따뜻하고 이산화탄소가 많은 환경이 아니다.

따라서 농업은 재앙에서 살아남거나 빠르게 다시 발전할 가능성이 대단히 높다. 총인구가 1만 명이 되더라도 말이다. 그렇다면 농업이 살아남는다는 가정하에 우리는 산업화를 다시 이룰 수 있을까? 농업의 발전과 달리, 산업혁명은 단 한 번 일어났을 뿐이다. 산업혁명을 촉발한 조건은 대단히 우발적일 가능성이 있다. 하지만 산업화 역시 장애물이 아닐 것이라고 생각하는 데에는 몇 가지 이유가 있다.

첫째, 최초의 농업 발전 이후 산업혁명이 일어나기까지 걸린 시간은 약 1만 3,000년에 불과했다. 산업화 가능성이 극히 낮은 상황이라면 시간이 훨씬 더 많이 걸렸을 거라고 예상해야 할 것이다.[76] 물론 1만 3,000년은 개인의 삶이라는 관점에서 보면 길지만 종의 관점에서는 짧은 시간이다.

문명 붕괴 후에도 다시 산업화가 일어날 거라고 생각하는 두 번째 이유는 세계적 재앙의 뒤를 이은 세대들이 어떤 면에서는 우리 조상보다 훨씬 유리한 출발을 할 것이기 때문이다. 돌과 콘크리트 건축물 일부가 수백 년 동안 존속할 것이다.[77] 대부분의 도구와 기계는 수십 년 내에 분해되겠지만, 일부는 현대적 건물 안에 보존되어 제 기능을 할 것이다.[78] 살아남은 것이 도구와 기계의 아주 작은 일부라 하더라도, 이로써 붕괴 후의 생존자들은 그런 기술이 가능하다는 것을 알게 될 테고, 발견한 일부 도구와 기계를 역설계할 수 있을 것이다. 정치과 경제에 대한 지식과 마찬가지로 산업 기술에 대한 지식은 도서관에 보존될 것이고, 이를 토대로 초기 국가는 성공적인 정책을 복제할 수 있을 것이다.

　　실제로 산업화 방법에 대한 지식이 존재하면 산업화는 상당히 빨리(역사적 시간 척도에서) 일어난다는 증거가 있다. 영국이 산업화한 후 다른 유럽 국가와 미국 같은 서구 국가들이 바로 그 뒤를 따랐다. 세계의 다른 대부분 지역이 같은 일을 해내는 데 200년도 걸리지 않았다. 이는 지식만 있다면 농경 사회가 급속한 산업화의 길을 가는 것이 충분히 달성 가능한 일임을 보여준다.

　　우리가 산업화를 다시 이룰 수 있다고 생각하는 마지막 이유는 붕괴 이후 사회에는 생활수준을 높이거나 지역 경쟁자들을 능가하는 힘을 얻는 등 산업화에 대한 강한 인센티브가 있다는 점이다.

기후변화

지금까지는 전쟁이나 유전자조작 병원체의 돌발적인 유출 결과 일어
날 재앙을 살펴봤다. 그렇다면 기후변화는 어떨까? 기후변화가 세계
문명의 붕괴를 유발할까?

낙관론의 한 가지 근거는 우리가 기후변화에서 실질적인 진전
을 보고 있다는 점이다. 최근 들어 희망을 가질 이유가 내 생애 다른
어느 때보다 많아졌다.[79] 국제에너지기구IEA는 세계 석탄 사용량이
2014년 정점에 이른 후 현재는 구조적 감소세에 있는 것으로 예측한
다.[80] 지금까지 석탄 사용량 감소의 주된 원인은 값싼 천연가스와의
경쟁이었지만,[81] 현재는 좀 더 근본적인 전환이 진행 중이다. 여기에
서 큰 몫을 한 것이 기후 예측을 두 가지 방식으로 변화시킨 환경행
동주의다.

첫째, 젊은이들의 행동주의 덕분에 기후변화에 대한 관심이 크
게 증가했고, 몇몇 핵심 국가들이 대담한 기후 약속을 했다. 특히 중
국이 2060년까지 탄소 배출 제로 달성 계획을 세웠고, EU가 2050년
까지 탄소 배출 제로를 목표로 하고 있으며, 미국에서는 주 정부 차
원의 노력을 강화하고 있다.[82] 둘째, 핵심 저탄소 에너지 기술(태양, 풍
력, 배터리)이 상당히 진전했다.

환경문제를 적극적으로 해결하려는 각국 정부들의 장기적인
정책 지원 덕분에 태양전지판 비용이 1976년 이후 250분의 1로 떨
어졌고, 리튬 이온 배터리 비용은 1991년 이래 41분의 1로 떨어졌
다.[83] 현재는 태양광과 풍력이 에너지 공급의 약 3%를 차지할 뿐이
지만, 기하급수적인 비용 감소가 계속된다면 20년 내에 세계 에너지

그림 6.3 | 2019년 태양광 모듈의 세계 평균 가격

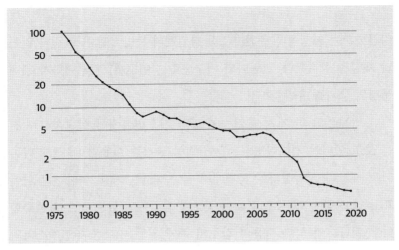

WORLDWIDE

공급의 상당 부분을 책임질 것이다.[84] 마찬가지로 향후 몇 년 내에 전기차 소유에 따른 총비용(구매, 연료, 유지·보수 비용 등)도 휘발유나 디젤 차량의 비용보다 떨어질 것으로 예상한다.[85]

그렇지만 여기에 안주해서는 안 된다. 탈탄소 노력은 중단될 가능성이 상당히 크다. 첫째, 5장에서 논의한 대로 세계 주요 경제국 사이의 군사적 긴장 고조로 국제협력 체제가 무너지면서 탈탄소에 대한 제한적인 진전이 악화할 수 있다. 탈탄소는 세계적 문제다. 대부분의 지역에서 배출을 멈추더라도 한 지역이 협조하지 않기로 결정할 경우에는 오랫동안 배출이 계속될 수 있는 것이다. 둘째, 다음 장에서 논의할 장기적 기술 정체의 위험이 완전 탈탄소에 필요한 기술 개발 중단 위험을 가중시킬 것이다. 이것들은 이례적인 상황이 아니다. 나는 이 두 가지 위험의 가능성을 3분의 1 정도로 본다.

문명 붕괴에 대한 평가라는 목적에 맞추어, 가능성은 낮지만 최악인 기후 시나리오에 대해 생각해보자. 땅에서 얻을 수 있는 모든 화석연료를 다 태운다고 가정하는 것이다. (최대 추정치로 이 양은 탄소 3조톤에 해당한다.[86] 따라서 배출량을 기존 수준으로 유지한다면 약 300년이 걸릴 것이다.) 그렇게 한다면 지구의 온도는 산업화 이전보다 약 섭씨 7도 높아질 것이다. 섭씨 9.5도의 온난화 가능성은 6분의 1이다.[87]

그런 극단적 기후변화의 영향은 예측하기 어렵다. 우리는 지구 기온이 섭씨 7도 높아지면 세상이 어떤 모습으로 변할지 알지 못한다. 대부분의 연구는 섭씨 5도 이하의 영향에 초점을 맞춰왔다.[88] 섭씨 7~10도 상승이라면 열대 국가는 엄청난 피해를 입을 것이다. 많은 가난한 농업국이 극심한 더위와 가뭄에 타격을 입을 것이다.[89] 이런 나라들은 기후변화에 대한 책임이 가장 적기 때문에 이는 엄청나게 부당한 결과다.

하지만 이것이 문명 붕괴로 직접 연결될지는 알기 어렵다. 예를 들어, 기후변화에 대한 시급한 우려 사항 중 하나는 농업에 미칠 영향이다. 열대의 농업에는 좋지 않겠지만 적응의 여지가 있고, 온대 지역은 큰 피해를 입지 않을 것이며, 고위도에서는 동토 지대의 농업이 가능해질 것이다.[90] 온열 스트레스에서도 비슷한 상황이 펼쳐진다. 열대에서는 열 스트레스 때문에 야외 노동이 점점 더 어려워질 테고, 이로 인해 적응력이 제한적인 덥고 가난한 나라들은 막대한 피해를 입을 것이다. 하지만 부유한 나라들은 적응 능력이 있을 테고, 온대 지역은 상대적으로 영향을 덜 받을 것이다.[91]

일정 정도의 온난화가 추가적인 온난화로 이어지는 피드백 루프는 어떨까? 여기에 대해서는 '습윤 온실moist greenhouse'과 '폭주 온실runaway greenhouse'의 두 가지 가능성이 제기되었다. 두 시나리오 모두에서 온도가 너무 높아져 금성처럼 대양大洋이 사라진다. 하지만 기존 모델들은 화석연료 연소가 지구상에서 폭주 온실 효과를 유발할 가능성은 없다고 말한다.[92] 습윤 온실을 유발할 가능성도 낮아 보이긴 하지만, 혹 이산화탄소가 습윤 온실 상태로의 전환을 유발한다면, 지구의 물이 모두 말라버리기 훨씬 전에 수십만 년에 걸쳐 이산화탄소 농도가 자연적으로 낮아질 것이다.[93]

좀 더 우려되는 다른 피드백 효과도 있다. 최근 들어 충격을 안긴 기후과학 논문이 하나 있다. 이 논문의 모델은 이산화탄소 농도가 약 1,300ppm에 도달하면 층적운이 타서 없어지고, 이미 적용된 섭씨 6~7도의 상승에 더해 수년 내 섭씨 8도의 온난화가 있으리라는 것을 발견했다.[94] 3조 톤의 탄소가 연소되면 대기 중 이산화탄소 농도가 약 1,600ppm에 도달할 것이다.[95]

이 연구에 대해서는 논란이 분분하다. 연구의 타당성을 두고 학자들의 견해가 엇갈리고 있다.[96] 안타깝게도 이런 종류의 피드백 위험이 얼마나 큰지 파악하는 것은 어려운 일이다. 이산화탄소 농도는 최소 1,000만 년 동안 1,300ppm을 넘어선 적이 없기 때문이다.[97] 하지만 아주 적은 가능성이더라도 이런 종류의 피드백 효과가 있을 수 있다는 것은 우리를 걱정스럽게 만든다. 몇 년 동안의 섭씨 8도 온난화가 줄 영향이 어떨지는 확인하기 힘들고, 이 문제에 대해서는 과학계의 연구가 이루어지지 않았다.

보통 기후 불안은 농업에 좋지 않다. 그러나 나는 이런 극단적인 전환기에도 여전히 세계 농업이 가능하리라고 추측한다. 섭씨 15도의 온난화에도 대부분 지역에서는 더위가 작물의 치사致死 한계를 넘기지 않을 것이다.[98] 하지만 정확히 어떤 일이 일어날지는 알기 어렵다. 그런 변화가 너무나 극단적이고 너무나 이례적이기 때문이다. 내가 보기에, 이런 비선형적 티핑 포인트tipping point〔어떤 현상이 서서히 진행되다가 작은 요인으로 갑작스럽게 한순간에 폭발하는 지점〕는 기후변화가 우리의 장기적 미래에 주는 위협 중 가장 큰 것이다.[99]

기후변화가 문명 붕괴의 위험을 급격히 높이지 않는다 해도, 핵전쟁이나 생물무기 전쟁 같은 다른 사건에 의해 붕괴됐을 때는 회복이 더 힘들 수도 있을 것이다. 위에서 언급한 이유 때문에, 상당한 수준의 온난화에도 농업은 여전히 가능할 것이다. 그러나 그것은 산업문명이 우리가 역사 속에서 만났던 것보다 더 따뜻한 세상에서 다시 출현해야 한다는 걸 의미하고, 이는 회복 전망에 대한 불확실성을 증대시킬 것이다.

중요한 것은 기후변화가 아주 오랜 시간 지속될 거라는 점이다. 기온은 1만 년 후에도 비슷할 것이고 10만 년 후에나 정상으로 복귀할 것이다.[100] 기온이 현재 수준으로 돌아오기까지의 기간은, 기후변화가 회복을 지연시킬 경우 거의 모든 기계·도구·건물이 못 쓰게 되고, 도서관의 모든 책이 썩고, 한 세대에서 다른 세대로 전해지는 지식이 점차 신뢰성을 잃을 정도로 길다.[101]

화석연료 고갈

화석연료를 태우면 세상은 더 따뜻해진다. 이는 문명의 회복을 더 어렵게 만들 수 있다. 또한 역사적으로 산업화 필수 연료로 여겨지는 재생 불능 자원을 다 써버림으로써 문명의 회복을 더 어렵게 만들 수도 있다. 산업화 이전의 조상들은 주로 동물과 인간의 근육 그리고 나무나 곡물 같은 생물연료를 태우는 데에서 동력을 얻었다. 이 모든 것은 산업혁명의 시작과 함께 변화했다. 산업혁명과 함께 거의 무제한적으로 화석연료를 태우는 시대로 돌입했다. 국가들은 막대한 양의 화석연료, (항상은 아니지만) 보통은 석탄에서 시작해 원유와 가스로까지 화석연료를 태워 산업화와 빈곤 탈출의 경로를 걷기 시작했다.[102]

역사적으로 화석연료의 사용은 산업화의 철칙에 가깝기 때문에, 화석연료 고갈은 붕괴로부터의 회복 시도를 방해할 수 있다. 그런데 지금까지의 국가들이 거의 항상 화석연료를 사용했다고 해서 붕괴 이후의 세계에서도 그래야 하는 것일까? 석탄·원유·가스를 다 써버리면, 그 대신 녹색 산업혁명을 일으킬 수는 없는 것일까? 이 문제는 상대적으로 많은 관심을 받지 못했고, 내가 그에 대한 수준 높은 논의로 알고 있는 것은 하나뿐이다. 루이스 다트넬은 지난 몇 년 동안 재앙으로부터 회복할 방법을 연구해왔다.[103]

문명이 붕괴하면 우리는 남아 있는 일부 태양광발전소와 풍력발전소에서 전기를 얻을 수 있을 것이다. 그렇지만 이것은 오래가지 못할 것이다. 태양전지판과 풍력 터빈은 몇십 년에 걸쳐 기능이 떨어진다. 태양전지판에 필요한 실리콘 정화 공장 같은 선진적인 국제 공급망이 파괴되면 그것들을 처음부터 만드는 일은 끔찍할 정도로 어려울 것이다. 게다가 태양과 바람은 시멘트, 철강, 벽돌, 그리고 유리 같은 몇몇 중요한 산업에 필요한 고온의 열을 제공할 수 없다.[104] 붕괴 이후의 세계에서는 핵연료를 채굴하고 운반하는 일, 기술적으로

3부 파괴적인 시나리오

복잡한 원자력발전소에 동력을 공급하고, 가동하고, 유지·보수하는 일이 대단히 어려울 것이다. 따라서 핵을 동력으로 하는 재산업화의 가능성은 낮아 보인다.

대체 연료는 숯이다. 숯은 열분해 과정을 거친 나무다. 물을 제거하기 위해 산소 없이 가열한 것이다. 숯은 석탄과 거의 같은 에너지밀도를 갖고 있어 대체 및 재생 가능하다. 세계 9위의 브라질 철강 산업은 숯에 의존해서 고온의 열기를 만들어낸다. 따라서 우리는 숯이 일부 선진적인 산업에 동력을 공급할 수 있다는 것을 알고 있다. 문제는 우리가 숯에서 얻은 에너지를 이용하는 데 필요한 효율적인 증기터빈과 내연기관을 개발할 수 있을지 확실치 않다는 데 있다. 산업혁명 때는 탄광에서 더 많은 석탄을 채굴하기 위해 증기터빈을 처음 사용했다. 루이스 다트넬이 말하듯이 "증기 엔진은 기계 공장에서 더 많은 증기 엔진을 만들었다. 증기 엔진을 만들어 작동시킨 후에야 엔지니어들은 효율을 높이고 연료 수요를 줄이는 방법을 고안할 수 있었다. 그들은 엔진의 크기와 무게를 줄여 운송이나 공장 기계에 적용할 방법을 찾았다. 달리 말해, 산업혁명의 핵심에는 긍정적인 피드백 루프가 있었다. 석탄, 철, 증기 엔진의 생산은 모두 상호 보완적이었다."[105]

산업혁명에 필요한 기술을 개발하기 위해서는 쉽게 구할 수 있는 많은 양의 에너지가 필요했다. 같은 일을 다시 하려면 어마어마한 양의 나무가 필요할 테고, 거기에는 많은 땅이 필요할 것이다. 늘어나는 인구를 먹이기 위해 안간힘을 쓰는 농업과 경쟁해야 하는 것이다.

붕괴 후의 회복 전망을 평가한 루이스 다트넬은 석탄 없는 산업혁명은 아무리 긍정적으로 생각해도 대단히 어려울 것이라고 결론지었다. 이것은 대단히 중요한 문제일 수 있다. 우리 모두를 죽이기에는 부족하지만 산업 기술을 잃게끔 만드는 재앙이 인간 멸종을 초래하는 재앙보다 그 가능성이 훨씬 높다면, 그리고 쉽게 얻을 수 있는 화석연료의 고갈이 그런 재앙으로부터의 회복 가능성을 크게 낮춘다면, 화석연료의 고갈은 인류 멸종만큼이나 문명 종말에 큰 영향을 줄 것이다.

화석연료가 재산업화에 그토록 중요하다면 우리는 이런 질문을 던져야 한다. 화석연료는 얼마나 남아 있는가? 화석연료 자원에 남아 있는 탄소의 양은 약 12조 톤이고, 그중 93%는 석탄이다. 그렇지만 궁극적으로 땅에서 얻을 수 있는 것은 화석연료의 일부에 불과하고 쉽게 접근할 수 있는 것은 훨씬 더 작은 부분이다.[106] 세계 지표탄surface coal 매장량에 대한 데이터는 그 양이 놀라울 정도로 제한적임을 보여준다. 하지만 2010년부터 수행한 한 연구는 지표탄에 잔존하는 탄소의 양이 2,000억 톤이라고 밝혔다.[107]

접근하기 쉬운 석탄은 산업화 이전의 기술로 퇴행한 붕괴 후 세계에 특히 중요할 것이다. 지표탄 중 일부는 조금만 파도 접근할 수 있고, 삽 같은 간단한 도구를 이용해서도 얻을 수 있다. 서유럽은 접근하기 쉬운 석탄을 이미 다 태웠다. 현재 접근하기 쉬운 석탄은 대부분 중국, 미국, 인도, 러시아, 호주에 있다.[108] 세계 최대인 노스앤텔로프로셸North Antelope Rochelle 탄광의 접근하기 쉬운 석탄 속에는 9억 톤의 탄소가 함유되어 있다.[109] 이 탄광 하나만으로도 재산업화의 첫 몇십 년간은 연료를 공급받을 수 있다.[110] 전 세계 잔존 지표탄의 양은 우리가 1800년부터 1980년까지 사용한 총에너지를 충당하기에 충분할 것이다.[111]

그렇지만 이런 자원이 계속 우리 주위에 있는 것은 아니다. 지표탄 생산이 꾸준히 이어진다면 미국의 경우 300년 남짓, 러시아와 중국의 경우 200년 남짓, 인도와 호주의 경우 50~100년을 버틸 것이다.[112] 현재는 전 세계적으로 석탄 수요가 감소하고 있으며 환경 규제를 강화하고 있다. 따라서 지표탄은 아마 이보다 더 오래 버틸 것이다.[113] 하지만 장기적 관점에서는 이런 종류의 시간 척도를 진지하게 받아들일 필요가 있다. 이런 자원이 고갈될수록 재산업화의 기회는 더 크게 위협을 받는다.

우리가 이런 비축물을 다 태울 가능성이 있을까? 이런 일이 일어나는 방법은 세 가지가 있을 것이다. 첫째, 문명 붕괴는 현대 수준의 기술로 회귀하는 과정에서 남아 있는 접근하기 쉬운 화석연료를 거의 전부 태워버린다는 걸 의미한다. 한 번의 문명 붕괴에서 회복하는 데 충분한 비축물이 있다고 해도, 문명이 두 번 붕괴한다면 충분치 않을 것이다. 그렇게 가능성이 낮은 일은 아니다. 문명 붕괴가 한 번 일어난다면 이는 문명 붕괴의 가능성이 극히 낮은 것이 아니며 다시 일어날 수 있음을 시사한다.[114]

둘째, 우리는 탈탄소의 '라스트 마일last mile'(시멘트와 철강 산업에서 고온의 열을 내기 위해 석탄을 사용하는 것처럼 탄소 배출에서 대체하기 가장 어려운 부분을 제거하는 일)에 실패할 수 있다.[115] 화석연료에서 완전히 벗어나기 위해서는 값싸고 통제 가능한 저탄소 동력과 수소 같은 값싼 제로 탄소 연료를 적절하게 조합해야 할 것이다. 이런 역량을 향상시키기 위한 혁신적인 방법들이 제안되고는 있지만 우리가 거기에 도달할 수 있을지는 미지수다.[116]

더구나 잘못된 기술의 조합으로 탈탄소 문제를 해결할 경우 부작용이 생길 수 있다. 많은 화석연료를 계속해서 이용할 수 있는 마지막 방법은 탄소 포집과 저장을 광범위하게 사용하는 것이다. 탄소 포집과 저장은 발전소 같은 점오염원point source에서 탄소를 포집해 지하에 묻는 일을 수반한다. 탄소는 '역배출negative emission'이라고 알려진 과정을 통해 외기권外氣圈에서도 포집할 수 있다.

탄소 포집은 화석연료의 환경 비용을 크게 줄인다(심각한 대기오염은 남지만). 결과적으로 환경문제 해결에 의욕을 가진 정부들이 애초에 화석연료를 태우지 말아야 할 이유를 약화시킬 것이다. 기후변화로 인한 피해를 줄인다는 면에서는 좋은 일이다. 하지만 화석연료를 무한정 태움으로써 쉽게 접근할 수 있는 자원이 고갈되고, 문명 붕괴로부터의 회복 전망이 낮아질 위험이 커질 수 있다.

내 추측에 따르면, 우리는 금세기에 대부분의 화석연료 연소를 단계적으로 중단하게 될 것이다. 그렇지만 관련 기술의 진보로 어떤 일이 일어날지에 따라 석탄과 다른 화석연료를 오랫동안 계속 태울 가능성도 무시할 수 없다는 것이 내 생각이다. 만약 그렇게 된다면 우리는 문명 붕괴 후 회복에 필수적인 자원을 고갈시킬 것이다.

결론

전면적인 핵전쟁(어쩌면 생물무기까지 가세한)은 대단히 파괴적일 것이다. 하지만 대량 살상 무기의 위험과 세계열강 사이의 전쟁 가능성은 더 나은 세상을 위해 싸우는 사람들 사이에서 이루어지는 대화의 주된 흐름에서는 벗어나 있는 것이 보통이다. 나는 이 점이 충격적이고 걱정스럽다. 그런 재앙이 회복 불가능한 문명 붕괴로 이어질 가능성은 낮다는 것이 내 견해이긴 하지만, 그렇지 않다고 확신하기도 어렵다. 이런 지속적 불확실성은 회복 불가능한 붕괴 위험을 장기주의의 핵심 우선 사항으로 만들기에 충분하다. 이런 위험은 우리가 계속해서 화석연료를 태울 때 더 커진다. 완전한 탈탄소에 실패하고 쉽게 얻을 수 있는 화석연료를 다 태워버린다면, 우리가 문명 붕괴로부터 회복할 가능성은 훨씬 더 낮아질 것이다.

멸종을 통해서든, 영구적인 붕괴를 통해서든 금세기에 문명의 종말을 맞을 가능성은 안심할 만큼 낮지가 않다. 내가 보기에 이런 일이 일어날 확률은 1% 이상이라고 추정하는 것이 타당하다. 그 확률을 0.1%라고 본다 해도, 이번 세기 인류가 안고 있는 위험은 당신이 올해 안에 자동차 사고로 사망할 위험보다 높다.[117] 인류는 10대, 그것도 술을 마시고 안전벨트를 매지 않은 채 앞이 보이지 않는 모퉁이를 돌며 속도를 올리는 10대다.

이것은 금세기의 위험만을 생각한 것이다. 인류가 오랫동안 존속하면서 번영하길 바란다면, 재앙의 위험을 가능한 한 낮추고 영구적으로 낮게 유지해야 한다. 하지만 사회가 기술적으로 정체된다면, 재앙의 위험이 높은 시간에 계속 갇히며 장기에 걸쳐서는 멸종이나 붕괴가 거의 불가피할 수도 있다. 다음 장에서는 이런 가능성으로 눈을 돌려보자.

7 장

기술 정체의 위험

: 발전의 속도가 정체될 가능성

개화

11세기 세계 과학 진보의 중심지는 바그다드였다. 이 시기는 이슬람 황금시대로 알려져 있다.[1] 엄청나게 다양한 발견과 혁신을 낳은 시대다. 확대경의 원리를 처음으로 이해했고, 플라이휠flywheel〔기계나 엔진의 회전 속도에 안정감을 주기 위한 무거운 바퀴〕로 구동하는 양수 장치를 발명했으며, 초기 단계의 프로그램이 가능한 기계(플루트를 연주하는 로봇)를 만들었고, 최초로 암호 해독 방법을 발견했다.[2] '알고리즘algorithm'과 '대수학algebra'이라는 단어는 모두 아랍어에서 유래했으며, 우리가 사용하는 힌두-아랍 숫자 체계(1, 2, 3…)는 13세기에 피보나치가 유럽에 소개했다. 피보나치는 지중해 일대를 여행하면서 당대의 유명 아랍 수학자들 밑에서 공부했다.[3] 중세 이슬람 세계의 과

학 서적이 번역되어 유럽의 르네상스와 과학혁명에 동력을 공급했을 것으로 여겨진다.[4]

그러나 이슬람 황금시대는 오래 지속되지 않았다. 12세기부터 과학 진보의 속도가 눈에 띄게 느려졌다.[5] 왜 이런 일이 일어났는지에 대해서는 여러 가지 설명이 있다. 몽골의 침략을 이유로 드는 사람도 있고, 십자군의 역할을 지적하는 사람도 있으며, 과학적 탐구보다 신학적 연구를 장려하는 문화적 변화를 지목하는 사람도 있다.[6]

이슬람 황금시대는 역사가 잭 A. 골드스톤이 **개화**開化/efflorescence 라고 부르는 것의 한 가지 사례다. 단일한 문화 혹은 국가에서 기술적·경제적 진보가 단기간에 이루어지는 것을 말한다.[7] 역사 속에는 개화의 사례가 많이 존재한다. 고대 그리스는 또 다른 사례일 것이다. 기원전 800년부터 기원전 300년까지, 수명과 함께 생활수준이 크게 향상했다. 전형적인 그리스 가옥은 약 80제곱미터에서 360제곱미터로 넓어졌고 건축 수준도 훨씬 높아졌다.[8] 이런 경제적 진보는 지적 진보의 번영과 함께 나타났다. 플라톤, 아리스토텔레스, 헤로도토스, 투키디데스 등 지금까지도 읽히는 책의 저자들이 등장한 것이다.

이와 달리 현대의 성장 시대는 기술 진보와 경제성장이 지속되어서 훨씬 더 높은 수준에 도달했다. 산업혁명을 통해 세계는 전례 없는 급속한 성장과 기술적 진보를 이루었고, 그것이 오늘날까지 이어지고 있다.

그렇다면 이런 성장과 진보는 계속 이어질까? 4장에서 우리는 기술적 혁신 과정의 자동화를 통해 인공지능이 우리가 지금까지 봐온 것보다도 더 빠른 기술적 진보를 불러올 수 있다고 생각할 만한 근거들을 살펴봤다. 이 장에서는 반대의 가능성에 대해 생각해볼 것이다. 어쩌면 미래의 역사가들은 우리 시대를 돌아보며 우리 이전의 다른 개화와 같되 더 큰 규모의 개화, 즉 침체가 뒤따른 그런 개화의 시기로 여기지 않을까? 지금 내가 우려하는 것은 단순한 혁신의 둔화가 아니라 성장이 거의 중단되고 기술 진보의 정체기를 맞이하는 상황이다.

무기한적 침체는 가능성이 낮아 보이지만, 수백 혹은 수천 년간의 침체(일종의 문화적 공백기)는 얼마든지 가능성이 있다. 그것이 장기주의적 측면에서 대단히 중요한 데에는 두 가지 이유가 있다. 첫째, 이런 공백기에 나타나는 사회는 지금의 사회와는 매우 다른 가치관에 따라 작동할 수 있다. 둘째, 침체의 시기는 멸종과 영구적인 붕괴의 위험을 높일 수 있다.

이 두 번째 이유를 확인하기 위해 기술이 1920년대에 정체했다면 어떤 일이 일어났을지 생각해보자. 우리는 화석연료에 계속해서 의존했을 것이다. 녹색 기술의 혁신 없이 엄청난 양의 이산화탄소를 계속 배출했을 것이다. 기후변화를 막을 수 없을 뿐 아니라 석탄·원유·가스가 결국 고갈되었을 것이다. 1920년대 수준의 기술은 **지속 가능성이 없다**. 지난 100년의 기술 진보가 없었다면 우리는 화석연료로부터의 전환 역량을 얻지 못했을 것이다.

기술 진보의 다음 수준이 지속 불가능할 수도 있다. 우리는 쉽게 만들 수 있는 병원체를 비롯한 강력한 파괴 수단에 직면할 수도 있다. 그것을 방어할 충분한 기술 없이 말이다. 문명의 종말을 이끄는 재앙 위험이 끊임없는 존재할 것이다. 이런 지속 불가능한 수준에 오랫동안 머무르면 그런 재앙은 불가피해질 것이다. 따라서 문명을 지키기 위해서는 우리가 지속 불가능한 수준을 넘어 그런 재앙적 위험을 효과적으로 방어하는 기술을 얻는 지점에 이르도록 해야 한다.

지속 가능성이라는 아이디어는 경제성장의 속도를 늦추려는 노력과 연관되는 경우가 많다. 하지만 주어진 기술 발전의 수준이 지속 불가능하다면, 거기에는 선택의 여지가 없다. 우리는 로프나 장비 없이 깎아지른 암벽을 올라가는 등반가의 처지에 놓인다. 떨어질 위험이 다분한 것이다. 그런 상황에서 멈춰 있는 것은 해법이 아니다. 지쳐서 결국은 떨어질 것이다. 계속해서 암벽을 올라가야 한다. 정상에 올라야만 안전해질 수 있다.[9]

기술적 진보는 둔화하고 있는가?

경제 데이터는 기술적 진보가 이미 둔화하고 있음을 보여준다. 경제학자들이 '총요소 생산성TFP: Total Factor Productivity'이라고 부르는 것을 보면 기술 진보의 속도를 가늠할 수 있다. 복잡해 보이지만 아이디어는 단순하다. 경제 생산을 늘릴 수 있는 방법은 두 가지다. 첫째, 투입을 확대하는 것이다. 일꾼을 더 고용할 수도 있고, 사람이 더 많은 기계를 구입해 사용할 수도 있고, 더 많은 자연자원을 사용할 수도 있다. 둘째, 같은 투입량으로 더 많이 생산하는 능력을 키우는 것이다. 총요소 생산성은 이런 능력을 측정해 기술적 진보를 나타낸다. 이를 확인하기 위해 1에이커의 토지(투입량 고정)에서 생산할 수 있는 식량의 칼로리를 생각해보자. 비료와 현대적 농경 기법 때문에 우리는 현재 역사 속 어떤 농부보다 많은 식량을 생산한다. 그리고 농부

그림 7.1 | 미국의 총요소 생산 증가율

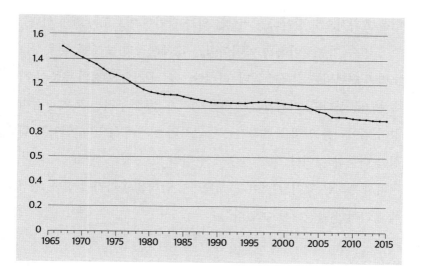

들은 수렵·채집인보다 훨씬 많은 식량을 생산했다.

경제학자들은 미국의 총요소 생산 증가율이 지난 50년 동안 전반적으로 감소해왔다는 것을 발견했다.[10]

정성적으로도 기술 진보 속도는 둔화하고 있는 것으로 보인다. 이를 확인하기 위해 경제사학자 로버트 고든의 사고실험을 살펴보자.

당신이 1870년 미국에 사는 평범한 사람이라고 상상해보라.[11] 당신은 시골의 농장에서 산다. 당신은 대부분의 음식과 옷을 직접 생산한다. 고래기름으로, 운이 좋아야 가스램프로 겨우 빛을 밝힐 수 있다. 남자라면 열두 살 즈음부터 혹독한 육체노동에 직면한다. 여자라면 가정주부로서 끊이지 않는 노역에 직면한다. 한 추산에 따르면 1886년 "전형적인 노스캐롤라이나 가정주부는 하루 8~20회 물을 길어야 했다. 1년 동안 물을 들고 걸어야 하는 거리는 148마일(약 238킬로미터)이었다.[12] 운송 수단은 말이다. 삶의 대부분은 고립되어 있다. 전화는 존재하지 않고, 우편 서비스는 농장까지 닿지 않는다. 출생 시 기대수명은 39세다.[13] 현대적인 형태의 여가는 알지 못한다. 뉴욕에서 가장 높은 건물은 교회 첨탑이다.

이제 어느 날 아침 문득 일어나 보니 50년 후인 1920년이라고 가정해보자. 급속하고 극적으로 삶의 수준이 개선되는 와중에 있다. 미국의 전력화가 순조롭게 진행 중이다. 전기를 공급받는 가정이 미국 가구의 절반에 근접한다. 전기를 사용할 만큼 운이 좋다면, 전기 조명은 그 이전의 등유 램프보다 10배, 그 이전의 양초보다 100배 밝다. 사람들은 전화를 사용하기 시작하고, 그 덕분에 장거리 커뮤니케이션이 가능하다. 대량생산한 자동차가 말을 대체하기 시작해 인구의 거의 3분의 1이 자동차를 소유하고 있다. 기대수명은 이제 16년이 늘어난 55세. 식수를 정기적으로 소독해 콜레라나 장티푸스에 걸릴 가능성이 낮아졌다. 뉴욕시에는 고층 빌딩이 들어서기 시작한다.

다음으로, 다시 50년 뒤인 1970년에 깨어난다고 생각해보자. 평범한 미국 시민인 당신은 또다시 삶의 엄청난 변화를 경험한다. 대부분의 가구에 실내 수세식 화장실이 있다. 당신은 가스스토브, 냉장고가 있는 교외의 넓은 중앙난방식 주택에서 산다. 집에는 두 대의 차가 있고, 원한다면 비행기로 세계를 일주할 수 있다. 텔레비전이 있고, 이를 통해 달에 발을 디딘 남자를 본다. 페니실린과 소아마비 등을 예방하는 새로운 백신이 있다. 기대수명은 또다시 16년 길어져 71세. 아마도 훨씬 덜 피로한 일을 할 테고, 주 40시간 근무와 휴가를 보장받는다. 나이가 들면 은퇴하기 때문에 충분한 여가 시간이 주어진다.

다시 50년 후인 2020년에 깨어난다고 상상해보라. 상대적으로 보면 이번에는 삶이 크게 달라지지 않는다. 가전제품 중 다른 것은 전자레인지뿐이다. 텔레비전은 더 크고 해상도가 높아지고 다양한 프로그램을 볼 수 있다. 이동할 때는 여전히 차를 사용한다. 단 지금은 더 안전하고 운전하기가 쉽다. 기대수명은 증가했으나 8년이 늘어난 79세로 그리 극적인 수치는 아니다. 물론 정보·통신 기술의 혁명이 있었다. 이제는 컴퓨터와 인터넷, 태블릿과 휴대전화가 있다. 하지만 삶에 의미 있는 영향을 미치는 기술 진보는 거의 전적으로 그 분야에만 국한되었다.

1870년부터 1970년까지는 다양한 산업에서 이례적인 발전이 있었다. 여기에는 전화, 라디오, 텔레비전 같은 정보·통신 기술 외에도 운송, 에너지, 주택, 의학 같은 다른 많은 산업의 발전이 포함됐다. 정보·통신 기술에서는 1970년 이래 상당한 진보가 있었지만, 다른 모든 산업에서는 진전이 상대적으로 느렸다. 1970년 이후 진보의 속도는 둔화한 것으로 보인다.

경제학자 타일러 코웬은 장기적 관점에서 성장 둔화가 극히 나쁘다고 주장한다.[14] 경제성장률 하락은 미래 세대에 엄청난 피해를 준다는 것이 그의 주장이다. 장기 성장률이 연 2%에서 연 1.5%로 둔화한다고 생각해보자. 이런 차이가 100년 뒤의 사람들에게 만드는 차이는 엄청날 것이다. 성장률이 1.5%라면 성장률이 2%일 때보다 40% 가까이 가난해진다는 뜻이다.

수천수백만 년의 측면에서 생각하는 정말 장기적인 관점에서라면 이런 주장은 의미를 잃는다. 기하급수적 경제성장이 영원히 계속될 수는 없다는 간단한 이유 때문이다. 1장에서 언급했듯 기존의 성

표 7.1 | 미국 생활수준의 여러 가지 변화

	1870년	1920년	1970년	2020년
1인당 소득 (2011년 달러 기준)	4,800	10,200	24,000	55,300
기대 수명(세)	39	55	71	79
뉴욕시에서 가장 높은 건물 높이 (피트)	281	792	1,472	1,776
대륙 횡단 여행 시간	마차: 5개월 이상 역마차: 25일 이상 대륙횡단철도: 6일 (1869년 완공)	철도: 3일	제트기: 반일	제트기: 반일
수도를 갖춘 가구 비율	20% 미만	55%	98%	99% 이상
전기 조명을 갖춘 가구 비율	0%	35%	99%	99% 이상
통신	우편 서비스, 전신 (마을의 5%)	전화 (가구의 35%)	전화(가구의 90%, 훨씬 저렴)	휴대전화, 인터넷
오락과 정보	신문	영화(무성)와 라디오(1920년대 후반)	TV	인터넷
노동자당 연간 노동시간	3,100 (주당 60시간)	2,500	1,900 (주당 40시간)	1,750

whatweowethefuture.com/notes

그림 7.2 │ 미래 발전의 세 가지 방식

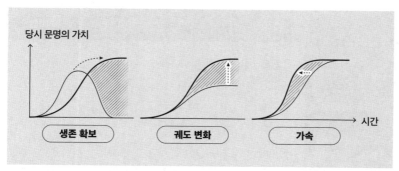

진보의 가속이 우리가 결국 처하게 될 장기적 상태를 바꾸지 않는다고 가정하면, 장기적으로는 진보의 가속보다는 생존을 확보하고 궤도를 개선하는 것이 훨씬 중요하다.

장률이 1,000년만 지속된다 해도 도달 범위에 있는 모든 원자에 대해 현재 문명 산출 가치의 1조 배를 생산해야 할 것이다. 하지만 이것은 불가능해 보인다. 어느 시점엔가는 경제성장이 반드시 정체된다.

그렇다면 세계 경제성장률의 가속이나 둔화는 문명의 장기적인 궤도에 우발적 변화를 일으키지 않는다. 장기 성장률이 약 2%일 때 1,000년 후 경제성장 정체기에 이른다고 가정해보자. 1세기 동안의 성장률이 그보다 낮은 연 1.5%라면 경제성장의 정체기에 이르는 시점은 1,025년 후가 될 것이다.[15] 세상은 1,025년 동안 2%의 성장률에서보다 더 가난하겠지만 도착지는 동일할 테고, 그 이후 내내 경제생산에는 별 차이가 없을 것이다.

단순히 기술 진보의 둔화만으로는 문명의 장기적인 궤도에 큰 차이가 생기지 않을 것이다. 하지만 침체의 시기에 수백 년 혹은 수천 년 동안 거의 아무런 진전이 없다면 그것은 큰 문제가 될 수 있다.

침체의 가능성은 얼마나 될까?

경제학자들은 경제성장에 대해 논의할 때 기껏해야 몇십 년의 시간 척도를 고려하는 것이 보통이다. 우리는 더 긴 시간 척도에 관심을 두며 거기에서 방대한 가능성에 직면한다. 단순히 지난 100년의 추세를 추론하는 것은 그다지 합리적인 일이 아닐 수도 있다. 2000년의 성장이 1700년의 성장과 크게 다르듯이, 2300년의 성장은 오늘날의 성장과 매우 다른 모습일 수 있다. 스탠퍼드대학교의 채드 존스 교수 같은 몇몇 성장경제학자들은 더 긴 시간 척도를 고려하는 선도적인 연구를 수행했다.[16] 그들의 모델에서는 지수보다 빠른 성장과 0에 가까운 성장 모두가 상당히 자연적으로 발생하며, 이를 하나의 가능성으로 진지하게 받아들인다.[17]

성장이 0에 가깝게 하락하는 이유는 무엇일까? 이 주장을 간단히 요약하면 다음과 같다. 경제학자들은 장기적으로는 기술 진보가 경제성장을 주도한다는 데 거의 보편적으로 동의한다.[18] 하지만 기술 진보를 이루는 과정에서 우리는 손이 닿는 가지의 과실을 먼저 딴다. 따라서 이후의 진보는 당연히 점점 어려워진다. 지금까지 우리는 문제에 점점 많은 사람을 투여하는 대응을 해왔다. 몇 세기 전과 비교하면 훨씬 훨씬 훨씬 더 많은 연구자, 엔지니어, 발명가가 있다. 하지만 이런 추세에는 끝이 있다. 연구·개발에 투여하는 노동력 비율을 계속 늘릴 수는 없다. 그리고 세계 노동력의 규모는 이번 세기 말 절정에 도달했다가 이후 기하급수적으로 감소하기 시작할 것이다.[19] 우리의 경제성장 모델은 이런 상황에서 혁신의 속도가 0으로 떨어지고 기술 발전 수준이 정체기에 도달할 것을 예측하고 있다.[20]

이 주장의 다른 부분을 좀 더 자세히 살펴보자. 첫째, 일정량의 과학적·기술적 진보를 이루고 나면, 이후의 진보가 더 쉬워질까 아니면 더 어려워질까? 상충하는 두 가지 효과가 존재하기 때문에 어디로든 갈 수 있을 것 같다. 한편으로, 우리는 "거인의 어깨 위에 올라서 있다." 이전의 발견이 미래의 진보를 더 쉽게 만들 수 있는 것이다. 예를 들어, 인터넷의 발명은 이 책을 위한 조사 작업을 과거보다 훨씬 쉽게 만들어주었다. 다른 한편으로 우리는 "낮은 가지의 열매를 먼저 딴다." 쉬운 발견을 먼저 하기 때문에 남은 발견은 더 어렵다. 바퀴는 한 번만 발명할 수 있다. 일단 발명하고 나면 비슷하게 중요한 발명을 찾기는 더 어렵다.

두 가지 효과가 모두 중요하지만, 데이터를 보면 후자의 효과, 즉 "낮은 가지의 열매를 따는" 효과가 두드러진다. 전반적으로 과거의 진보는 미래의 진보를 더 어렵게 만든다.

혁신의 역사를 살펴보면 이를 정성적으로 쉽게 알 수 있다. 물리학에 대해 생각해보자. 1905년은 알베르트 아인슈타인에게 '기적의 한 해'였다. 그는 광전효과, 브라운운동, 특수상대성이론, 그 유명한 방정식 $E = mc^2$을 만들어 물리학에 혁명을 일으켰다. 당시 그는 26세였고, 더구나 이 모든 일을 특허 사무원으로 일하면서 해냈다. 현시대 물리학의 진보는 아인슈타인의 시대에 비해 훨씬 더 어렵다. '대형강입자충돌기LHC: Large Hadron Collider'는 50억 달러이고 수천 명이 그 설계, 건조, 작동에 참여한다.[21] 이 기계는 힉스 입자를 발견할 수 있게 해주었다. 물론 가치 있는 발견이지만 아인슈타인의 기여에 비교하면 작고 점진적인 발견이다.[22]

스탠퍼드대학교와 런던정치경제대학교의 경제학자들은 최근

〈아이디어의 발견은 점점 어려워지고 있나?Are Idea Getting Harder to Find〉라는 논문을 통해 이 현상을 정량적으로 분석했다.[23] 그들은 여러 기업을 망라하는 다양한 산업과 종합 경제 데이터 속에서 같은 것을 발견했다. 진보는 점점 어려워지고 있다. 수치로 표현하면, 기술 발전의 전반적인 수준을 두 배로 높이기 위해서는 (보수적으로 계산해서) 이전 노력의 네 배 많은 연구가 필요하다.[24] 세계의 기술 발전 수준을 두 배로 높이기 위해(돌도끼 만드는 방법을 아는 것에서 도끼와 창 모두를 만드는 방법을 아는 것으로) 10인년人年(1인년은 한 사람의 1년간 작업량)의 '연구'가 필요했다고 가정하자.[25] 기술 진보 수준을 다시 두 배로 높이기 위해서는 40인년의 연구가 필요할 것이다. 다음 두 배에는 160인년, 다음 두 배에는 640인년, 또 그다음에는 2,560년….

이렇게 점점 어려워진다는 아이디어에 대한 데이터가 과학 기관의 관료화와 비효율 때문이라고 주장하는 사람들이 있다. 하지만 그 규모가 너무 크다. 그런 식으로 데이터를 설명하려면 과학기관의 효율이 1930년대보다 40배나 떨어졌다고, 혹은 1800년보다 500배나 떨어졌다고 생각해야 한다. 타당해 보이지 않는 이야기다.[26] 이미 이룬 진보가 많을수록 추가 진보는 자연히 어려울 가능성이 높다고 생각하는 것이 더 타당하다.

지난 세기 동안 우리는 느리지만 비교적 꾸준한 기술적 진보를 이뤘다. 이런 진보를 유지하는 것은 균형 유지의 결과다. 매년 더 이상의 진보가 점점 어려워지기는 하지만 매년 연구자와 엔지니어의 수가 기하급수적으로 늘어나고 있다. 미국의 경우 오늘날의 연구는 1930년대보다 20배 이상 증가했다.[27] 전 세계 과학자의 수는 20년마다 두 배씩 증가하고, 따라서 현재까지 존재했던 모든 과학자 중 최소 4분의 3이 현재 살아 있다.[28] 지금까지는 연구자 수의 기하급수적 성장이, 진보가 시간에 따라 점점 어려워지는 상황을 벌충해왔다.

그렇다면 기술 진보를 유지할 수 있을지 생각하려면 연구자 수를 계속 기하급수적으로 늘릴 수 있는지를 고려해야 한다. 여기에는 두 가지 방법이 있다.

첫 번째, 연구에 헌신하는 인구의 비율을 늘릴 수 있다. 실제로 우리는 그런 일을 많이 해왔다. 지난 몇십 년간 미국이 이룬 기술적 진보의 대부분은 거기에 기인한다. 기술이 주도한 미국 1인당 소득의 증가는 연평균 1.3% 정도였다. 그 전체가 연구·개발 인구의 비율을 늘리고, 성차별이나 인종차별을 줄이는 것과 같이 인재 배치를 개선하는 데에서 비롯되었다.[29]

연구자의 수를 확대하는 두 번째 방법은 노동력의 총규모를 늘리는 것, 즉 인구를 늘리는 것이다. 지난 몇십 년 동안 인구 증가는 미국의 기술 주도 1인당 성장률 증가에 약 0.3%의 기여를 했다.[30]

역사적으로 인구 규모의 증가는 기술 진보율의 주요인이었다. 노벨상을 수상한 경제학자 마이클 크레이머가 언급했듯이 순수한 인구 규모는 다른 지리적 지역의 초창기 상대적 발전에서 큰 부분을 설명하는 것 같다. 기원전 1만 년에 가장 최근의 빙하기가 끝나면서 세계의 다섯 개 지역, 즉 유라시아와 아프리카 대륙, 아메리카, 호주, 태즈메이니아, 플린더스섬이 고립되었다.[31] 서기 1500년까지, 기술적인 면에서 그것들은 서로 극적인 차이를 보였다. 기원전 1만 년에 인구가 많은 지역일수록 서기 1500년의 기술은 더 복잡했다. 유라시아는 가장 복잡한 기술을 가지고 있었다. 도시, 농업, 아즈텍문명과 마야문명이 있는 아메리카가 그 뒤를 따랐다. 호주는 중간 위치에 있었다. 태즈메이니아는 기술적 발전이 거의 없었고, 플린더스섬의 인구는 완전히 사라졌다.[32] 인구가 많을수록 사람들이 새로운 도구와 기술을 발명할 기회가 더 많았다. 더 많은 사람은 더 많은 발명품을 의미했다. 그리고 일단 도구가 발명되면, 그 혁신은 널리 퍼져나간다.

새로운 기술의 한 가지 효과는 사람들이 1에이커의 땅에서 생산할 수 있는 열량이 더 많아진다는 것이었다. 이로써 한정된 지역에서 더 많은 사람이 살 수 있었다. 이것은 새로운 도구와 기술을 발명할 기회가 더 많다는 것을 의미했고, 다시 또 인구수가 더 많아질 수 있었다. 피드백 루프인 것이다. 시간이 흐르면서 이것이 세계 인구의 폭발적 성장이라는 결과를 가져왔다. 기원전 1만 년 몇백만 명에서 서기 1년 몇억 명, 1800년 10억 명으로, 오늘날 거의 80억 명으로.[33]

오랜 시간에 걸쳐 이런 피드백 루프를 통해 기술과 인구가 점진적으로 늘어났다. 기술 진보는 산업혁명 동안과 그 이후에 특히 폭발적으로 발전했다. 사회적 노력의 훨씬 더 많은 부분을 과학과 기술에 할애하기 시작한 덕분이다.[34]

하지만 앞서 언급한 두 가지 추세(인구가 계속 증가하는 추세와 연구에 전념하는 인구가 계속 증가하는 추세) 중 어느 것도 지속되리라고 기대해서는 안 된다. 후자의 추세는 무한히 지속될 수 없다. 연구 분야에서 일할 수 있는 인구 비율은 최대 100%에 불과하다는 단순한 이유 때문이다. 현재 미국은 GDP의 약 5%를 연구·개발에 투입하고 있다.[35] 어쩌면 20%까지, 어쩌면 더 높이 갈 수도 있다. 하지만 이론적 최대치인 100% 훨씬 전에 실질적인 한계에 도달할 것이다.

계속 증가하는 인구 추세도 곧 정체될 것으로 보인다. UN은 세계 인구가 2100년 정체기에 이를 것이라고 했고, 워싱턴대학교의 연

그림 7.3 | 나라별 여성 1인당 출산율 변화

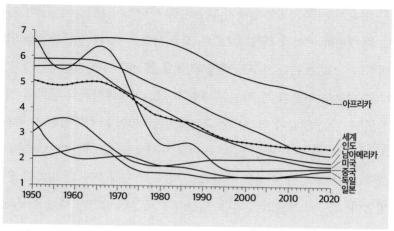

전 세계적으로 사람들이 자녀를 점점 덜 낳고 있다.

그림 7.4 | 2017년 1인당 GDP와 여성 1인당 출산율 비교

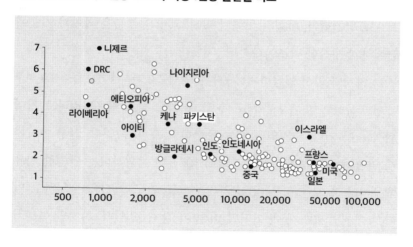

구원들은 훨씬 더 이른 정점과 그 후의 감소를 예측했다.[36] 전 세계적으로 출산율이 급격히 떨어지고 있기 때문이다(그림 7.3). 사람들은 부유해지면서, 아이를 적게 낳고 있다(그림 7.4).[37] 부유한 나라에서는 이미 상당 기간 이어진 현상이다. 현재 출산율은 여성 1인당 독일 1.5명, 일본 1.4명, 미국과 중국 그리고 고소득국은 평균 1.7명이다.[38] 그 결과, 이런 나라의 생산 가능 인구는 이미 절정에 이르렀다가 감소하기 시작했다.[39] 가난한 나라들도 마찬가지다. 남아메리카의 출산율은 현재 2명에 조금 못 미치며, 인도는 2.2명이다.[40] 주요 대륙 중에서 이번 세기 동안 상당한 인구 증가가 있으리라고 예상하는 곳은 아프리카가 유일하다. 하지만 아프리카 여러 나라도 부유해지면서 다른 곳과 마찬가지로 출산율이 떨어질 가능성이 있다.[41]

세계 인구 증가는 멈추기만 하는 것이 아니다. 세계 인구는 기하급수적으로 감소하는 방향으로 가고 있는지도 모른다.[42] 어느 곳에서나 출산율이 떨어지고 있다. 이런 추세라면 인구 대체 수준(여성 한 명당 두 명의 자녀를 약간 넘는)에 멈추지 않고 훨씬 더 낮아질 것이다.[43] 태국·스페인·일본을 비롯한 23개국의 경우 2100년까지 인구가 절반 이상 감소하고 중국은 현재 14억 명 이상에서 7억 3,000만 명으로 줄어들 것으로 예상한다.[44] 역사 속에서 우리가 경험했던 것처럼 사람이 계속 더 많아지는 것이 아니라, 점점 줄어드는 것이다.

혁신이 하나의 작은 나라, 예를 들어 스위스에서 일어나고 있다고 생각해보자. 새로운 기술이 스위스에서만 나오는 상황이라면 우리는 빙하의 속도처럼 느리게 움직이고 있는 것이다. 인구가 줄어들면 (그리고 낮은 가지의 과일을 더 많이 따냈기 때문에 진보가 지금보다 더 어려워지면) 미래에는 전 세계가 스위스가 되는 셈이다. 아무리 훌륭한 과학기관을 보유하고 많은 인구가 연구에 종사한다고 해도, 우리는 많은 진보를 주도할 수 없을 것이다.

저소득 고성장 국가의 연구자와 엔지니어 수가 증가하고 고소득 국가에서 연구·개발에 헌신하는 인구 비율이 증가하면, 잠재적으로 연구자와 엔지니어 수가 열두 배 정도 늘어날 수 있다.[45] 그렇다면 다음 한 세기의 기술 진보는 충분히 감당할 수 있을 것이다. 그러나 그 후, 기술진보와 경제성장은 거의 정지 상태에 이를 것이다.

기술 진보가 정체하면 정부가 나서서 문제를 해결할 것이라고 생각하고 있지는 않은가? 하지만 어려워 보인다. 예를 들어, 대학 지원 자금을 늘림으로써 더 많은 사람이 연구·개발에 종사하도록 시도해볼 수 있다. 국가 보조금 지급을 담당하는 기구와 다른 과학 기관의 효율성 향상으로도 얼마간 혜택을 볼 수 있을 것이다. 그러나 기술이 두 배로 발전할 때마다 약 네 배 많은 연구가 필요하기 때문에 단순히 관료주의 문제를 줄이는 것만으로는 거의 인구 전체가 연구에 종사할 때까지만 버틸 수 있다는 것을 기억해야 한다.

정부가 아이 갖는 일을 더 매력적으로 만들어서 노동력의 규모를 늘려볼 수도 있을 것이다. 하지만 데이터에 따르면 대단히 어려운 일이다. 많은 유럽 국가들이 광범위한 양육수당 지급 정책을 펴고 있지만, 출산율은 미국보다 훨씬 낮다. 헝가리 정부는 GDP의 최대 5%를 출산 보조금으로 지출해왔다. 예를 들어, 네 명 이상의 자녀를 둔 어머니는 평생 소득세를 면제받는다.[46] 이렇게 해서 출산율이 약 1.3명에서 1.5명으로 상승했다.[47] 높은 수치이지만 대체 수준에도 훨씬 못 미친다. 헝가리 수준의 출산 보조금도 침체를 막기에는 충분치 않다는 뜻이다.

마지막으로, 늦지 않게 획기적인 기술을 개발한다면 침체를 피할 수 있을 것이다. 연구원을 비롯한 인간 노동자를 대체할 범용 인공지능을 개발할 수 있을 것이다.[48] 범용 인공지능이 있다면 현재 최신 아이폰의 생산 규모를 늘리는 것처럼 연구·개발에 종사하는 '머리'의 수를 쉽게 늘릴 수 있다. 침체 이전에 범용 인공지능에 이를 수 있다면 장기 침체를 걱정할 필요가 없다. 그보다는 4장에서 주장했듯이, 우리는 기술 진보가 훨씬 더 빠르게 진행되리라고 예상해야 하고, 가치관 고착의 가능성에 대해 걱정해야 한다. 나는 금세기 안에 범용 인공지능의 개발 가능성이 크다고 생각하지만, 확신을 가져서는 안 된다. 범용 인공지능 개발은 대단히 어려운 일일 수 있다.[49]

생명공학의 발전은 성장의 시동을 다시 걸 또 다른 길을 제공할 수 있다. 아인슈타인 수준의 연구 역량을 가진 과학자를 복제해서 훈련시키거나, 더 큰 연구 능력을 갖도록 인간의 유전자를 조작한다면, 인구 감소를 만회하고 기술은 진보할 수 있을 것이다. 그러나 기술적 실행 가능성의 문제 외에도 이런 기술의 사용을 막는 규제와 강력한 사회규범이 존재할 것이다. 효과적인 연구를 여러 배 늘리는 데 필요한 가장 급진적인 형태의 기술에 대해서는 특히 더 그렇다. 인간 복제는 이미 기술적으로 가능한 범위 내에 있지만, 세계 사회는 그런 기술을 진행시키지 않기로 결정했다. 아마 그게 최선의 방법일 것이다. 인간 복제는 나쁜 가치관 고착의 위험을 높일 가능성이 있기 때문이다.[50]

요약하면, 혁신적인 기술을 제때 개발해서 적용하지 못하거나 인구 붐이 재개되지 않는다면, 우리는 계속해서 연구 역량을 네 배로 늘려갈 수는 없을 것이다. 그런 경우 침체의 가능성이 높아 보인다.

침체는 얼마나 지속될까?

침체기에 들어선다면, 그 기간은 얼마나 지속될까? 성장을 재개하는 게 매우 어려울 수 있다는 것은 이미 확인했다. 우리가 할 수 있는 일은 과학적 관료주의를 줄이고 연구에 전념하는 인구의 비율을 늘리기 위한 정책을 취하는 것뿐이다. 정부가 출산을 장려하는 것은 어렵다는 게 밝혀졌다. 그렇다면 기술 정체는 미래에 무한정 지속되는 것일까?

가능은 하지만 확률은 낮다는 것이 내 생각이다. 핵심은 침체에서 벗어나기 위해서는 한 시점에 한 국가만이 지속적인 기술 발전을 재개할 수 있으면 된다는 데 있다. 또한 시간이 지남에 따라 문화와 제도적 장치가 진화하는 다양한 사회가 있다면, 한 사회 정도는 성장을 재개할 가능성이 높아 보인다.

우리는 경제 역사에서 이런 역학이 펼쳐지는 것을 목격했다. 유럽의 경우, 중세는 긴 침체의 시기였다. (가장 좋은 데이터를 가지고 있는) 영국에 대한 연구는 기술 진보의 척도인 생산성 증가가 1250년(데이터가 시작되는 시점)부터 1600년까지 말 그대로 0이었다는 것을 보여준다.[51] 그러나 이런 침체는 지속되지 않았다.

마찬가지로, 세계가 침체기에 접어들더라도 단 하나의 사회에서만이라도 지속 가능한 고도성장 문화가 진행된다면, 전체 세계가 기술적 진보를 다시 시작할 것이다. 침체를 예상하는 주요 근거 중 하나가 출산율 감소라는 것을 확인했지만, 이 문제는 미래에 쉽게 바뀔 수 있다. 일부 문화가 특히 대가족에 가치를 두고 이러한 특성이 지속된다면, 시간이 지나면서 그 문화가 세계 인구에서 차지하는 비중이 점점 더 커질 것이다.

그런 경우, 높은 출산율이 지속된 단일 문화가 결국에는 세계 인구 성장을 주도할 것이다. 이를 입증하기 위해, 세계 인구는 정체기이지만 인구의 0.1%에 불과한 한 하위문화가 계속 연 2%의 인구 성장을 지속한다고 가정해보자. 350년 후, 그 하위문화는 전 세계 인구의 절반 이상을 차지할 테고, 전 세계 인구 증가율은 매년 1%에 달할 것이다. 450년 후, 인구 대부분이 그 하위문화에 속할 테고, 세계 인구 증가율은 매년 2%에 육박할 것이다. 출산율이 높은 이 하위문화가 과학 연구까지 장려할 경우 기술 진보가 다시 일어날 수 있다.[52]

침체가 영구적일 가능성은 낮지만, 수 세기 심하게는 수천 년까지 지속될 수 있다고 예상할 만한 근거는 많다. 첫째, 4장에서 주장했듯 우리는 이미 상당히 통합된 세계 문화 속에서 살고 있다. 만약 그 문화가 기술 진보에 도움이 되지 않는 문화로 발전한다면 침체는 더 이어질 수 있다. 이는 내가 방금 제기한 '문화적 다양성'이란 주장의 기반을 약화시킨다.

우리는 이미 현대 세속 문화가 지닌 균질화의 힘이 출산율 높은 일부 종교 집단에 영향을 미친 것을 목격했다. 미국의 모르몬교도를 생각해보자. 그들은 대가족을 꾸리는 것으로 유명하며, 최근까지 논평가들은 그들이 미국 인구에서 차지하는 비율이 빠르게 증가할 것으로 예측했다.[53] 그러나 시간이 지나면서 모르몬교도의 출산율은 미국 전체 출산율과 동반 하락했다. 현재 그들의 출산율은 대체 수준을 간신히 넘기고 있다.[54] 이것은 좀 더 일반적이고 구조적인 패턴의 일부로 보인다. 많은 국가, 하위 인구, 종교 단체에 걸쳐 지난 수십 년 동안 출산율이 동시에 하락했다.[55] 일부 그룹은 더 높은 수준의 출산율을 유지하고 있지만, 하락 추세가 지속된다면 그들의 출산율 역시 대체 수준 이하로 떨어질 수 있고, 우리는 세계 인구 감소를 지켜보게 될 것이다.

세계 정부가 존재하는 경우, 과학과 기술에 반대하는 단일한 세계 문화가 존재할 수 있다. 이 경우 더 이상 국가 간 경쟁이 없기 때문에 기술 혁신의 가장 큰 동기(경쟁국보다 더 큰 경제력 및 군사력을 갖추는 것)가 사라질 것이다. 기술 변화는 파괴적인 경우가 많기 때문에 혁신을 위한 다른 동기도 나타나지 않을 수 있다. 이런 상황은 실직을 유발한다. 러다이트운동Luddite Movement〔산업혁명으로 일자리를 잃은 영국 노동자들이 그 원인을 기계 때문이라 여기고 기계를 파괴한 운동〕을 생각해보라. 사회 엘리트들에게도 위협이 될 수 있다. 이슬람 황금시대가 종말을 맞은 원인에 대한 한 가지 가설은 과학에 반대하는 종교적 이념이 부상해서 정치 엘리트들이 권력을 강화하는 데 도움을 주었다는 것이다.[56] 이런 힘은 기술 혁신에 반대하는 사회를 낳을 수 있다.

침체가 길게 지속될 수 있는 두 번째 이유는 인구 감소다. 우리가 이미 확인했듯이, 세계 인구는 정체에 그치지 않고 감소할 것이다. 출산율은 거의 모든 곳에서 두 명에 크게 못 미치는 수준으로 떨어지고 있다. 여성 한 명당 1.5명의 자녀(대략적인 유럽 평균) 수준이라면 세계 인구는 500년 내에 100억 명에서 1억 명 이하로 떨어질 테고, 여성 한 명당 한 명의 자녀(한국의 출산율) 수준이라면 200년 안에 1억 명으로 떨어질 것이다.[57]

이런 상황에서는 이상치outlier〔다른 값들과 확연한 차이가 나는 값〕문화가 기술 진보를 재개하기 위한 기준이 훨씬 높아진다. 예를 들어, 세계 인구를 100억 이상(새로운 기술 발전을 다시 추진하기에 충분한 연구자가 있는 충분한 인구)으로 되돌리기 위해서는 높은 출산율을 오랜 시간 유지해야만 한다. 어려운 일이다. 게다가 그 시간 동안 많은 일이 일어날 수 있다.[58] 다른 일회적인 혜택도 감소한다. 한 국가가 연구자를 열 배 더 효과적으로 만들기 위해 정책을 시행한다고 해도, 세계 인구가 1억 명으로 떨어진 상황에서는 성장을 재개하기에 충분하지 않을 것이다. 인구 감소폭이 클수록 침체에서 빠져나오기 힘들고, 예상되는 침체 기간이 더 길어질 것이다.

앞의 두 장에서 논의한 대로 세계 인구는 세계적 재앙의 결과로도 극적인 감소를 경험할 수 있다. 핵전쟁이나 팬데믹이 세계 인구의 99%를 없앤다고 해도, 앞 장에서 논의했듯 산업문명을 회복시킬 수 있을 것이다. 그러나 극적인 인구 감소는 더 이상의 기술 진보를 매우 어렵게 만들 것이며, 기술 진보를 다시 시작할 수 있는 이상치 문화의 기준은 훨씬 더 높아져야 할 것이다.

모든 것을 종합할 때 침체가 얼마나 지속될지는 알 수 없다. 침체는 1~2세기에 걸친 짧은 기간일 수도 있고, 대단히 길어질 수도 있다. 아마도 침체된 미래는 세계적 재앙이 반복되면서 침체로부터의 탈출 억제가 되풀이되는 반복적 특징을 갖게 될 것이다. 진보에 도움을 주지 않는 문화 규범이 세계적으로 만연하고 대단히 오래 이어질 것이다. 침체된 미래에는 땅에서 얻을 수 있는 모든 화석연료를 소진할 테고, 그 결과 극단적인 기후변화가 성장을 더욱 방해할 것이다. 이런 일들이 발생하면, 침체는 수만 년 동안 지속될 수 있다.

이런 불확실성을 충분히 고려한다는 것은 예상되는 경기 침체의 기간이 엄청나게 길 수 있다는 걸 의미한다. 침체가 몇 세기 동안만 지속될 가능성이 90%, 1만 년 동안 지속될 가능성이 10%뿐이라고 가정한다 해도, 예상되는 침체 기간은 여전히 1,000년이 넘는다.

장기주의적 관점에서 본 침체

수백 년 또는 수천 년 동안 지속되는 침체는 얼마나 심각할까? 침체가 이어진다면 사람들이 기술 발전이 계속된 경우보다 훨씬 더 가난할 것은 분명하다. 그럼에도 불구하고 성장이 어느 시점에 재개되는 한 침체기는 인류 멸종이나 나쁜 가치관 고착에 이를 정도의 중요성을 갖지 않는다고 주장할 수 있다. 성장 둔화가 우리를 10년 지연시킬 수 있는 것처럼 침체기는 우리를 1,000년 지연시킬 수 있지만, 그러한 지연이 10년이든 1,000년이든 우리 앞에 있는 수백만 년, 수십억 년, 또는 수조 년과 비교하면 매우 작다고 말이다.[59]

하지만 이런 주장이 놓치고 있는 것이 있다. 수 세기 동안의 침체는 미래의 가치관과 문명의 생존 확률에 큰 영향을 미칠 수 있다. 첫째, 1,000년의 침체 후에 미래를 인도할 가치관은 오늘날의 지배적인 가치관과 매우 다를 것이다. 1,000년에 걸친 도덕적 변화가 있었을 테니 말이다. 이것이 좋은 일일까, 나쁜 일일까? 여기에는 몇 가지 고려해야 할 점이 있다.

침체기의 도덕적 진보를 예상하는 주장이 있다. 그들은 시간이 흐르는 과정에서 사람들이 새로운 도덕적 아이디어를 만들어내고, 도덕적 주장을 하고, 운동을 펼치고, 다른 사람들을 설득한다고 말한다. 이 과정은 기술적 변화의 존재 여부와 관계없이 지속된다. 만약 그렇다면 1,000년에 걸친 기술 진보의 지연으로 도덕 진보가 이어질

230

시간이 마련된다. 따라서 지금부터 1,000년 후에 세계를 인도할 가치관은 오늘날 세계를 인도하는 가치관보다 더 나을 것이다.

이와는 대조적으로 오늘날 세상을 이끄는 가치관이 대단히 좋다고 생각한다면 도덕적 퇴행을 예상할 것이다. 우리는 역사에 비교해 이것이 사실이라는 몇 가지 근거에 대해 이미 이야기했다. 노예제의 세계적 폐지는 전례가 없는 일이며, 앞서 확인했듯이 불가피해 보이지도 않았다. 마찬가지로, 오늘날은 민주주의국가에 살고 있는 사람들이 역사의 어느 시점보다 훨씬 많으며, 세계적으로 현재의 여성은 그 어느 때보다 더 큰 자율성과 정치적 힘을 가지고 있다. 침체기를 거치면서 이런 도덕적 발전은 사라질 것이다.

이런 일이 일어날 수 있다고 생각하는 데에는 두 가지 이유가 있다. 첫 번째, 정치경제학자 벤저민 프리드먼이 주장하듯 사람들은 경제성장 시기에 도덕적 측면에서 더 의욕적이 된다.[60] 경제가 성장하면 모든 사람이 과거보다 더 잘살 수 있다. 프리드먼은 이것을 주위 사람들의 삶과 비교해 자신의 삶이 어떤 모습인지에 대한 걱정이 줄어들고, 유연하고 개방적이며 관대한 사회 정책을 더 지지하게 된다는 의미라고 해석한다. 그는 역사적 기록을 근거로, 국가들은 고성장기에 도덕적으로 진보하고(더 공정하고, 개방적이고, 평등한 방향으로), 침체기에는 도덕적으로 퇴보하는 경향이 있다는 주장도 덧붙인다.

두 번째 이유는 문화적 진화에 대한 앞서의 논의와 관련이 있다. 기술 혁신이 가능할 때는 비판적 사고와 과학적 탐구로부터 큰 경제적 이득을 얻을 수 있다. 그리고 경제적으로 성공한 문화는 더 많은 구성원을 얻기 때문에, 문화적 진화는 과학에 도움이 되는 특성을 선택한다. 거기에서 더 나아가 우리는 비판적 역량을 도덕적 사안에도 적용할 것이고, 자연히 도덕적 진보가 뒤따른다. 정체된 세계의 경우, 비판적 사고와 과학적 탐구에 참여해야 하는 경제적 이유가 크게 줄어든다. 이에 과거 많은 사회를 이끌었던, 계층과 순응을 선호하는 등의 가치관을 선택할 것이다.

침체기의 가치관보다 훨씬 더 중요한 것이 세계를 침체로부터 끌어낼 가치관이다. 그런 가치관이 장기적으로 지배적인 가치관이 될 것이기 때문이다. 비판적 사고와 탐구심을 소중히 여기는 가치관이 세계를 침체에서 끌어낸다는 보장은 없다. 예를 들어, 매우 높은 출산율을 옹호하는 가치관이 지배적인 도덕적 세계관이 될 수도 있다. 아마 이것은 매우 불평등한 성 규범을 가진 세계관일 것이다. 경제적 이익을 추구하면서 사회적 금기를 깨뜨리고자 하는 세계관일 수도 있다. 인간을 복제하고 유전자를 조작하려고 앞장서는 어떤 나라의 세계관이 지배할 수도 있다. 지배적인 세계관이 파시스트나 권위주의 정권이 아닌 평등주의적이고 민주적인 사회라고 예상할 근거는 어디에도 없다.

이 모두가 추측일 뿐이다. 미래의 도덕적 진보에 대한 어떤 관점이 옳은지는 확신할 수 없다. 나는 가치관이 미래에 나아질지 나빠질지, 어떤 조건하에 있을지는 매우 중요한 문제이자 아직 확정되지 않은 문제라고 생각한다. 현재로서는 이 문제에 대한 연구가 극히 부족하며, 따라서 나는 어떤 명확한 결론을 내리지는 않을 것이다.[61]

좀 더 분명한 사항들도 있다. 장기간의 침체는 멸종이나 문명 붕괴의 가능성을 크게 높일 수 있다. 이번 장 도입부에서 언급했듯 기술 발전의 수준이 **지속 가능**한지가 중요하다. 우리가 1920년대의 기술에 머물렀다면 차를 덜 타고 자전거를 더 탄다고 해도, 소고기를 먹지 않는다고 해도, 우리는 엄청난 양의 이산화탄소를 배출했을 테고, 결국은 우리가 개발할 수 있는 모든 화석연료를 태웠을 것이다. 극단적 기후변화를 피할 수 없었을 테고, 태울 수 있는 탄소가 고갈되어 생활수준이 낮아졌을 것이다.

우리가 지속 불가능한 상태에서 벗어날 수 있는 유일한 방법은 청정에너지 생산 방법을 발명하는 것이다. 일단 화석연료를 태우기 시작하면, 추가적인 기술 진보는 산업화 이전의 물질 부족 상태로 후퇴하지 않고 기후 재앙을 피할 수 있는 기회를 선사하는 유일한 희망이 된다. 그리고 청정에너지 비용이 현실적인 수준에 이르게 된 오늘날에도, 추가적인 진전은 탈탄소 비용을 줄이고 더 많은 경제 부문의 탈탄소화를 가능하게 한다. 간단히 말해서, 혁신은 국가들로 하여금 우리에게 필요한 엄격한 기후변화 완화 정책을 채택하게끔 하는 중요한 장려책이다.

비슷한 사항을 멸종 위험에도 적용할 수 있다. 우리는 지속 불가능한 상태에 진입하려는 시점에 이제 막 와 있는 것일 수 있다. 우리는 병원체의 유전자조작 능력을 발전시키고 있으며, 최악의 경우 유전자조작 병원체의 팬데믹으로 인류가 모두 사라질 수도 있다. 다음 세기 동안 기술적 진보가 계속된다면 극히 강력한 파괴 수단을 개발할 가능성이 높다.

발전이 정체하고 기술 발전이 지속 불가능한 수준에 갇히면, 우리는 위험한 시기에 머물게 될 것이다. 우리는 유전자조작 병원체로 인한 전염병이나 그 밖의 다른 격변이 일어나 재앙이나 멸종을 유발할 위험을 안고 살아야 할 것이다. 그리고 조만간 그런 일이 일어날 것이다. 문명을 지키기 위해서는 이런 지속 불가능한 상태에서 벗어나 이러한 위험을 방어할 수 있는 기술을 개발해야 한다.

결과적으로 침체는 우리가 직면한 멸종이나 영구적 붕괴 위험의 가장 큰 원인일 수 있다. 일례로, 내 동료 토비 오드는 유전자조작 팬데믹으로 인류가 금세기에 멸종할 확률을 3%로 보고 있다.[62] 우리가 생물학 연구소에 대한 더 나은 정부 규제와 같은 정책을 채택한다면, 침체 기간 1세기 동안의 멸종 위험은 낮아질 것이다. 반면에 우리가 더 파괴적인 기술을 발명할 경우, 제로섬 사회에서의 충돌 가능성이 더 높기 때문에 멸종 위험이 더 커질 수도 있다. 이번에는 침체기 1세기 동안의 위험률이 1%로 감소하고 침체 기간이 1,000년간 지속된다고 가정해보자. 그렇다면 침체로 인해 가중되는 멸종의 총위험은 약 10%일 것이다. 침체의 발생 가능성이 3분의 1뿐이라고 해도 침체로 인한 위험은 금세기 동안 유전자조작 팬데믹으로 인한 3%의 위험에 맞먹을 것이다.[63]

앞서 나는 문명의 기술적 진보를 깎아지른 암벽을 오르는 등반가에 비유했다. 폭발적인 에너지로 밀어붙이면 정상에 안전하게 이를 수 있다. 하지만 이미 살펴보았듯 이 등반가는 점점 지쳐가고 있다. 만약 완전히 멈춘다면, 추락하는 것은 시간문제일 것이다.

지금쯤이면 아주 먼 미래에 영향을 미치는 일을 우리가 할 수 있다는 것을 독자들이 납득했기를 바란다. 우리는 가치관 고착의 시점을 미루거나, 미래를 인도하는 가치관을 더 좋게 만듦으로써 문명이 더 나은 궤도로 향하게 할 수 있다. 그리고 우리는 멸종, 붕괴, 기술적 침체의 위험을 줄임으로써 미래의 존재를 보장할 수 있다.

이 책 4부에서는 장기 영향을 미치는 이 두 가지 방법의 우선순위를 정하는 것과 관련한 두 가지 문제를 다룰 것이다. 문명의 수명이 단축되고 있는지가 왜 중요할까? 모든 것을 감안할 때 미래 문명은 나쁘기보다는 좋을까? 이 질문에 대한 답은 우리가 궤도 변화에 집중해야 할지, 아니면 생존 확보에 집중해야 할지, 아니면 둘 다가 필요한지 판단하게끔 해줄 것이다. 이제 이 문제들로 들어가보자.

A MILLION

4부

우리가
상상할 수 있는
미래

YEAR VIEW

8 장

사람들을
행복하게 만드는 것이 선인가

데릭 파핏

데릭 파핏은 지난 세기의 가장 창의적이고 가장 영향력 있는 도덕철
학자로, 이른바 커피를 철학적 식견으로 바꾸는 기계 같은 사람이다.[1]
그는 거의 평생을 교육 기관에서 보냈다. 이튼대학교에서 장학금을
받았고, 옥스퍼드대학교에서 역사를 공부했으며, 올솔스칼리지에
서 우등 장학금을 받았다. 올솔스는 세계에서 가장 배타적인 연구기
관일 것이다. 학부 학생이 없고 대학원생도 한 번에 열 명을 넘지 않
는다.[2] 펠로십 자격시험은 "세계에서 가장 어려운 시험"이라고 불린
다.[3] 열두 시간 동안 특정 영역에 대한 문제, 일반 문제, '숫자란 무엇
인가?' '강요에 의해 자유로워질 수 있을까?' '트윗에 대해 옹호하라'
와 같은 즉석 문제를 푼다. 최근까지는 추가로 세 시간에 걸친 시험

이 있었다. '물' '참신함' '번식' 같은 한 단어를 제시하고 해당 주제에 대한 에세이를 쓰도록 하는 것이다.[4] 25세에 펠로십 자격을 얻은 파핏은 이후 45년을 올솔스에서 보냈는데, 철학 학위는 단 하나도 따지 않았다.

그는 오로지 도덕적 이해를 발전시키는 데에만 마음을 쏟았다. 인생의 절반 동안은 철학 이외의 일에는 어떻게든 시간을 아끼려 했다. 세미나와 세미나 사이에 말 그대로 뛰어다녔고, 매일 똑같은 옷을 입었으며(검은색 바지와 흰색 셔츠), 준비하기 쉬운 채식 식단(아침은 요구르트와 블루베리를 곁들인 시리얼, 저녁은 생 당근과 상추·샐러드를 땅콩버터나 후무스에 찍어 먹은 뒤 귤이나 사과를 후식으로 먹었다)을 동일하게 유지했다. 이를 닦을 때도 철학 서적을 읽었다. 그가 마시는 커피는 수도에서 나오는 더운물에 탄 인스턴트였다. 주전자가 끓을 때까지 기다릴 필요가 없기 때문이다. 〈뉴요커〉의 기자 라리사 맥라쿠하는 파핏을 소개하는 글에 이렇게 적었다. "파핏이 가진 도덕적 관심의 원동력은 고통이었다. 그는 누군가가 고통받는 것을 보지 못했다. 추상적으로 고통을 생각하는 것만으로도 그는 눈물을 흘렸다."[5]

그의 철학적 역량과 관대함에는 끝이 없었다. 대학원생일 때 나는 그의 논문 초안을 보고 내 견해를 적어 제출한 적이 있었다. 나는 3,000단어 정도의 그 글이 다소 길다고 생각했다. 그렇더라도 선임 교수들의 반응은 "고맙군" 정도가 고작이었다. 그러나 파핏은 일반적인 학술지 논문 길이에 달하는 9,000단어의 답장을 바로 보내주었다. 그러면서 길이에 대해 사과를 했다. 줄이는 데 시간이 좀 걸렸다고 말이다. 안타깝게도 그는 2017년 초 세상을 떠났다.

파핏은 도덕철학의 몇 가지 새로운 분야를 창시했다. 그중 내 세계관에 가장 큰 영향을 주었으며 이번 장에서 다룰 것이 **인구윤리학** population ethics, 즉 누가 태어나고, 얼마나 많은 사람이 태어나고, 그들의 삶의 질이 어떻게 될지 변화시키는 행동들에 대한 평가다. 이 주제에 대한 세속적 논의는 찾아보기가 대단히 힘들다. 윤리적 사고의 수천 년 역사에도 불구하고, 이 문제는 18세기 후반과 19세기 초에 초기 공리주의자와 그 비평가들에 의해 잠깐 논의되었을 뿐이며, 그 후 긴 시간 동안 이따금 관심을 받는 데 그쳤다.[6] 분수령이 된 시점은 1984년 파핏이《이성과 인격Reasons and Persons》을 출간한 때다.

인구윤리학은 장기주의에서 대단히 중요하다. 문명의 종말을 어떻게 평가해야 할지에 큰 영향을 미치기 때문이다. 파핏 자신도 이를 인지하고《이성과 인격》의 마지막에 이렇게 적었다.

> 나는 우리가 (지금 충분히 가능한 것처럼) 인류를 파괴하면, 그 결과는 대부분 사람들이 생각하는 것보다 훨씬 더 나쁠 것이라고 생각한다. 세 가지 결과를 비교해보자.
> ① 평화
> ② 기존 세계 인구의 99%를 죽이는 핵전쟁
> ③ 100%를 죽이는 핵전쟁
> 결과 ②는 ①보다 나쁘고, ③은 ②보다 나쁠 것이다. 이 두 가지 중 어느 쪽의 차이가 더 클까? 대부분 사람들은 ①과 ② 사이에 더 큰 차이가 있다고 믿는다. 그러나 나는 ②와 ③의 차이가 훨씬 크다고 믿는다.[7]

파핏이 멸종을 세계 인구의 99%가 죽는 재앙보다 훨씬 나쁘다고 여긴 이유는 멸종이 현재 살아 있는 80억 명의 죽음을 포함하기 때문이 아니라, 그렇지 않았다면 앞으로도 살아 있을 모든 세대의 존재까지 막기 때문이다. 문명의 종말은 그렇지 않았다면 태어났을 수조의 수조 배 사람들의 부재를 의미한다. 파핏은 행복하고 번영하는 삶의 존재를 막는 것이 도덕적 손실이라고 판단했다. 따라서 인간 멸종으로 인한 손실은 엄청나게 크다. 이후의 저술에서 그는 "지금 가장 중요한 것은 인간 역사의 종말을 막는 것이다"라고 결론지었다.[8]

행복한 삶의 존재를 막는 것을 도덕적 손실로 여기는 아이디어를 처음 접했을 때는 이상하게 반직관적으로 느껴졌다. 하지만 시간이 지나면서 이 견해를 지지하는 논거의 힘이 내 생각을 변화시켰다. 실제로 이것은 도덕철학이 내 윤리적 견해를 바꾼 가장 의미 있는 방식이다. 나는 파핏의 주장, 그리고 인구윤리학 분야에 있는 다른 사람들의 주장이 지난 세기 도덕철학에 가장 중요한 기여를 했다고 생각한다.

이 장에서 나는 이런 주장들에 대해 설명하고, 사람이 충분히 좋은 삶을 산다면 세상은 그 사람이 태어나고 그 삶을 산 덕분에 더 나은 장소가 될 것이란 파핏의 견해를 옹호할 것이다. 결정적으로, 이것은 한 사람이 더 있음으로 해서 다른 사람들의 삶이 풍요로워지고, 그로 인해 세상이 더 나은 곳이 된다는 주장이 아니다. 이것은 한 사람이 충분히 행복하다면 세상에 한 사람이 더 있다는 게 그 자체로 좋다는 주장이다. 따라서 이 장의 대부분에 걸쳐 사람들이 자원을 이용하거나 오염을 일으킴으로써 끼치는 피해, 혹은 사람들이 생명을 지키는 발명을 통해 만들 수 있는 혜택을 비롯한 의문들을 함께 다룰 것이다. 이런 것들도 중요한 요소이지만, 나는 추가되는 사람들의 도구적 영향이 아니라 충분히 행복한 사람들을 추가하는 것이 본질적으로 선인가 하는 문제에 관심이 있다. 또한 나는 우리에게 행복한 사람이 더 많이 존재하도록 해야 하거나, 그렇게 하지 못했다고 책임을 져야 할 도덕적 의무가 있다고 주장하지 않는다. 다른 모든 것이 동일하다면 더 많은 행복한 사람이 세상을 더 나은 곳으로 만든다고 주장할 뿐이다.

시작하기에 앞서, 몇 가지 경고할 것이 있다. 첫째, 이 부분이 이 책에서 가장 이론적일 것이란 점이다. 인구윤리는 도덕철학에서도 가장 복잡한 영역으로 알려져 있고, 대학에서는 보통 대학원 수준에서 연구한다. 내가 아는 한 이 아이디어들은 이전에는 일반 대중에게 소개된 적이 없었다. 하지만 이것들이 장기적 미래에 대한 사고에 대단히 중요하기 때문에 여기에서 다룰 수밖에 없었다. 쉽게 설명하기 위해 최선을 다하겠지만 주제 자체가 복잡하고 혼란스러운 경우가 많다. 이어지는 글에서 분명해지겠지만, 인구윤리학의 모든 이론은 반직관적이거나 유쾌하지 못한 함의를 품고 있다. 우리의 과제는 유쾌하지 못한 함의 중에 우리가 받아들여야만 하는 것이 무엇인지 판단하는 것이다.

둘째, 나는 사람들의 웰빙이나 행복에 대해(나는 이런 용어를 구분하지 않고 사용한다) 많은 이야기를 할 것이다. 내가 의미하는 것은 어떤 사람이 특정한 순간에 잘사는지가 아니라 인생 전체가 유복한지 여부다. 나는 때로 어떤 사람이 얼마나 잘사는지를 표현하는 데 숫자를 사용할 것이다. '100'은 행복하고 충만한, 이례적으로 좋은 삶을 말한다. '-100'은 불행과 고통으로 가득한 이례적으로 좋지 못한 삶을 말한다. '0'은 해당 삶을 사는 사람의 관점에서 좋지도 나쁘지도 않은 삶을 말한다. 결정적으로, 나는 웰빙의 본질에 대해서 어떤 가정도 하지 않는다. 좋은 삶은 즐거운 경험이나 의미 있는 성취, 지식과 미의 추구, 선호에 대한 만족, 혹은 이 모든 걸 합친 것으로 이루어질 수 있다. 이런 것 중 어떤 견해를 갖고 있든, 우리는 인구윤리학에 대해 생각해볼 필요가 있다.

셋째, 이 장에서 나는 중립에 못 미치는 삶, 그 삶을 사는 사람에게 태어나지 않았다면 더 나았을 삶에 대해 이야기할 것이다. 이것은 충격적인 아이디어일 수 있다. 나는 삶이 중립에 못 미친다는 것은 불가능하다고 주장하는 사람들을 만나보았다. 하지만 그것은 옳은 말일 수 없다. 당신이 경험한 가장 극심한 고통을 떠올리고, 오로지 그런 고통으로만 이루어진 삶을 상상해보라. 다른 대안이 없다면 그 삶을 선택하겠는가? 당신이 부정의 답을 한다면, 그것은 당신도 이론적으로 삶이 중립 이하일 수 있다는 데 동의한다는 의미다.

중요한 것은 어떤 사람이 중립 이하의 삶을 산다는 게 그 삶이 살 가치가 없다는 의미는 아니라는 점이다. 어떤 사람이 지속적으로 우울증에 시달린다 해도, 그 사람은 인간의 목숨을 살리는 연구를 하는 의사나 과학자가 됨으로써 혹은 좋은 친구나 가족이 됨으로써 세상에 큰 기여를 할 수 있다. 거의 모든 사람이 슬프고 우울한 시기를 겪지만 그것이 그들의 삶 전체가 그들에게 부정적이었다는 의미는 아니다.

넷째, 인구에 대해 이야기할 때 내가 의미하는 것은 전체 인구, 즉 특정한 시점에 살아 있는 사람들이 아닌 모든 시간에 걸친 모든 사람이다.

마지막으로, 나는 인구윤리학의 다른 이론을 시험해보기 위해 그 이론들이 우리가 다른 인구를 어떻게 비교해야 하는지에 대해 무슨 이야기를 하고 있는지 평가할 것이다. 실제로는, 그런 인구들 사이에서 선택을 하는 일은 벌어지지 않을 것이다. 하지만 이런 이론적 사례를 고려하는 것은 이론이 참인지 평가하는 가장 좋은 방법이다. (바라건대) 이 장의 마지막쯤에는 분명해지겠지만 이것은 한가한 철학적 사유에 그치지 않는다. 인구윤리학의 어떤 이론이 참인지는 평범한 국민과 정부에 정말로 중요한 문제다.

이런 것들이 명확해지면, 우리는 인구윤리학의 몇 가지 다른 관점을 살펴볼 수 있을 것이다.

중립의 직관

충분히 좋은 삶을 누리는 사람이 많으면 세상이 더 나아진다는 견해는 직관에 반하는 것으로 여겨지는 때가 많다. 철학자 잰 나버슨은 이를 마치 구호와 같은 형태로 표현했다. "우리는 사람들을 행복하게 만드는 것에 찬성하지만, 행복한 사람을 만드는 것에는 중립적이다."[9] 박사 과정 때의 내 지도교수 중 한 분으로 경제학자였다가 철학자로 전향한 존 브룸은 이것을 '중립의 직관intuition of neutrality'이라고 부른다. 좋은 삶을 누리는 사람을 존재하게끔 하는 것이 중립적인 문제라는 아이디어다.[10] 브룸은 인구윤리학에 대한 책을 쓰는 동안 10년에 걸쳐 이것을 정당화하기 위해 애쓰다가 마지못해 포기해야 한다는 것을 받아들였다.[11] 나 역시 이런 직관을 갖고 있었고, 그것을 거부하는 걸 주저했다.

아이를 가져야 할지 결정할 때 어떻게 생각했는지를 돌이켜보면 이런 직관을 느낄 수 있을 것이다. 이런 결정 앞에서는 찬성과 반대의 여러 가지 이유를 철저히 따져본다. 아이를 갖는 것이 당신의 삶과 가족 구성원의 삶을 더 행복하고 더 의미 있게 만들까? 아이가 선행을 통해 사회를 발전시킬까? 아이의 탄소 발자국에 대해서 생각할지도 모르겠다. 하지만 아이가 좋은 삶을 살 것이란 사실 자체가 아이를 갖는 이유라고 주장하는 것은 이상하다고 생각할 것이다.

당신이 중립의 직관을 지지한다면, 문명이 지속되는 동안 우리의 미래가 좋게끔 보장하는 것이 미래가 길게끔 보장하는 것보다 훨씬 더 중요해 보일 것이다. 여전히 당신은 문명을 보호하는 것이 좋다고 생각할 테니 말이다. 그래야지만 현재 살아 있는 사람들의 사망 위험이 감소하기 때문이다. 문명의 종말에 수반되는 예술적·과학적 손실에도 큰 비중을 둘 것이다. 그러나 당신은 미래 세대의 부재 자체를 도덕적 손실로 여기지는 않을 것이다.

그렇지만 오히려 중립의 직관이 대단히 반직관적인 상황이 많이 존재한다. 이는 불행과 고통으로만 이루어진 삶을 상상할 때 가장 명확해진다. 태어나서부터 죽을 때까지 오로지 극도의 괴로움과 고뇌로만 점철된 삶을 상상해보라. 끊임없이 산 채로 불타고 있는 느낌을 받는 사람을 생각해보라. 나로서는 이런 자녀를 갖는 것이 나쁜 일이라는 게 너무나 확실해 보인다.

이런 이유로 중립의 직관을 지지하는 대부분의 철학자는 비대칭성을 지지한다. 그들은 행복한 삶을 지닌 새로운 사람을 존재하게끔 하는 것이 좋지 않다고 하더라도, 불행한 삶을 지닌 새로운 사람을 존재하게끔 하는 것은 나쁘다고 믿는다. 하지만 이런 비대칭성을 정당화할 방법은 명확치 않다. 고통스러운 삶을 존재하게끔 하는 것이 나쁘다고 생각한다면, 번영하는 삶을 존재하게끔 하는 것을 좋다고 생각하면 안 되는 이유는 무엇일까? 나는 첫 번째 주장에 대한 모든 논거가 두 번째 주장에 대해서도 좋은 논거가 될 것이라고 생각한다.

이 아이디어는 충분히 좋은 삶에 대해 생각할 때 더 타당성이 높아진다. 예를 들어, 나는 남자 조카가 한 명, 여자 조카가 두 명 있다. 모두 아직 어리다. 행복한 아이들이다. 이런 행복이 미래에도 이어진다고 상상한다면, 그들 각각이 보람 있고, 사랑과 성취로 가득한 삶을 산다고 상상하고 나 자신에게 "그들이 다른 사람에게 미치는 영향을 무시하고도 세상은 그들의 존재 때문에 조금 더 나아졌을까?"라고 질문한다면 어떨까? 그 답이 긍정이라는 것이 내게는 대단히 직관적이다. 그렇다면 중립의 직관은 틀렸다.[12]

철학자들은 중립의 직관이 '상식적인' 도덕적 관점의 일부라고 주장하곤 한다. 하지만 사실, 그것이 참인지는 명확치 않다. 이 주제에 대한 유일한 심리학 연구가 있다. 참가자들에게 새로운 사람 하나가 세상에 더해진다면 세상이 얼마나 더 좋아질지 혹은 나빠질지 질문했다.[13] 이를 변형한 질문에서는 새로운 사람이 "극히 행복하고 더 없는 만족과 기쁨으로 가득한 삶을 살 것"이라는 조건이 붙었다. 변형된 다른 질문에는 새로운 사람이 "극히 불행하고 고통과 고난으로 가득한 삶을 살 것"이라는 조건이 붙었다. 또한 이 사람의 존재로 인해 다른 사람에게는 다른 부정적·긍정적 영향이 없다고 강조했다.

이 연구의 저자들은 사람들이 평균적으로 새로운 행복한 사람을 존재하게끔 하는 것은 좋은 일로, 새로운 불행한 사람을 존재하게끔 하는 것은 나쁜 일로 생각한다는 것을 발견했다. 더구나 이런 판단은 대칭적이었다. 실험 대상자는 새로운 불행한 사람을 존재하게끔 한다는 아이디어에 부정적인 꼭 그만큼 새로운 행복한 사람을 존재하게끔 한다는 아이디어에 긍정적이었다. 즉, 설문 대상자에게는 중립의 직관이 없었다.

서투른 신들: 정체성의 취약성

중립의 직관에 대한 두 번째 주장은 파핏의 것이다.[14] 그는 세상 속 우리의 존재는 이례적으로 가능성이 낮으며, 미래 사람들의 정체성은 이례적으로 취약하고, 이로 인해 중요한 윤리적 함의가 뒤따른다고 말했다.

시간 여행 스토리는 현재가 과거의 작은 결정에 크게 좌우될 수 있다는 것을 보여준다. 영화 〈백 투 더 퓨처〉에서 마티 맥플라이는 시간을 거슬러 가서, 어머니를 고등학교 졸업 파티에 데려가 아버지와 맺어주고, 아버지가 학교의 악당 비프를 물리치게 도와준다. 부모는 결국 결혼해서 마티의 존재는 지켜진다. 하지만 현재에 돌아와 보니 삶에 큰 변화가 일어나 있다. 아버지는 성공한 작가이고 마티가 시간 여행을 하기 전에 아버지를 괴롭히던 비프는 마티네 집의 차를 닦고 있다. 하지만 나는 마티가 과거에 준 변화를 고려하면, 현재에 일어난 변화는 영화가 묘사한 것보다 **훨씬** 더 컸을 것이라고 생각한다.

보통의 사정 한 번에 2억 마리가량의 정자가 들어 있다는 것을 고려해보라. 당신이 잉태된 난자를 수정시킨 것이 그 2억 마리 정자 중 다른 것이었다면 당신은 태어나지 않았을 것이다. 당신 대신 다른 누군가(당신과 유전자가 75% 일치하는)가 태어났을 것이다. 2억분의 1의 사건에는 엄청난 행운이 필요하다. 따라서 그런 일까지 생각하고 싶지는 않겠지만 당신 아버지의 사정이 단 100만분의 1초만 일찍 일어나거나 늦게 일어났어도 당신 어머니의 난자를 수정시킨 것은 다른 정자였을 것이 분명하다. 당신이 잉태된 날에 당신의 생물학적 어머니와 아버지의 일정에 영향을 미친 모든 사건은, 슈퍼마켓의 줄이 길거나 퇴근길에 그분들 앞에 다른 차가 한 대 더 서 있는 것과 같은 아무리 작은 일이었어도 당신이 태어나는 걸 막았을 것이다.[15] 마티 맥플라이가 현재로 돌아왔을 때 형제자매는 그가 시간 여행을 하기 전과 같은 (조금 더 성공한) 사람들이었다. 하지만 그가 정말 시간을 거슬러 가서 부모의 삶에 조금이라도 변화를 일으켰다면 형제자매의 정체성 그리고 역설적이게도, 그 자신의 정체성까지 바뀌었을 것이다!

누군가 당신 대신 태어났다면, 수없이 많은 연쇄 반응이 일어났을 것이다. 형제자매의 정체성과 마찬가지로 출생 시기도 달라졌을 것이다. 그들은 당신 부모, 그리고 당신 부모와 상호작용하는 사람들의 수십 년에 걸친 행동을 바꾸었을 것이다. 그리고 그 모든 상호작용은 수많은 다른 생식 상황의 시점을 바꾸어 어떤 정자가 난자와 만나는지를 변화시키고, 그 후에 태어난 아기들의 정체성을 바꾸었을 것이다. 이런 변화는 더 많은 생식 상황의 시점도 바꾸었을 테고, 미래의 어느 시점이 되면 태어난 모든 사람의 정체성이 이전에 태어났을 모든 사람과 달라질 것이다. 그리고 이 모두는 어느 날 당신 부모가 집으로 가는 어떤 길을 택했는가와 같은 사소한 결정에서 비롯된다. 나는 내 첫 책《냉정한 이타주의자》를 피터 싱어, 토비 오드, 스타니슬라프 페트로프에게 헌정하면서 "그들이 없었다면 이 책은 존재하지 못했을 것입니다"라고 적었다. 하지만 그 책은 예수, 히틀러, 15세기 영국의 어느 농부가 없었더라도 존재하지 못했을 것이다.

시간 여행 이야기에서 과거의 작은 행동은 현재의 급격한 변화를 낳을 때가 많다. 하지만 우리는 오늘의 작은 행동이 미래에 극적인 영향을 미칠 수 있다는 사실에 대해서는 좀처럼 생각하지 않는다.[16] 우리 행동의 매우 장기적인 결과는 연못의 잔물결처럼 시간이 흐르면서 흐려질까? 그렇지 않다. 오히려 매년, 서투른 신들처럼, 우리는 역사의 흐름을 철저하게 바꾸고 있다.

예를 들어, 도시에 사는 어떤 사람이 1년 동안 운전을 하지 않고 대중교통을 이용해 출퇴근한다면 수백 일 동안 수만 명의 일정에 아주 약간의 영향을 줄 것이다. 통계적으로 수만 인일人日/person-days 중 하루에 당신이 영향을 미친 한 사람쯤은 그날 밤 섹스를 하고 아이를 잉태했을 것이다.[17] 당신은 그 수정의 시점에 아주 약간의 영향을 주어서 어떤 정자가 난자와 만나는지를 변화시키고, 따라서 어떤 아기가 태어나는지를 바꾸었을 것이다. 이후 다른 사람은 다른 수백만 명의 일정에 영향을 주어 **그들**이 낳는 자녀를 바꾸었을 테고… 정체성이 단계적으로 바뀌었을 것이다. 특정한 날짜가 지나면 태어난 모든 사람이 당신이 운전하기로 선택했을 때 태어났을 사람과 달라질 것이고, 미래 역사의 흐름 전체가 달라질 것이다. 결코 일어나지 않았을 전쟁이 일어날 것이다. 절대 세워지지 않았을 기념비가 세워질 것이다. 결코 쓰이지 않았을 문학작품이 쓰일 것이다. 이 모두가 당신이 자가용이 아닌 버스를 선택했기 때문에 일어난 일이다.

정체성의 취약성은 중요한 철학적 함의를 갖고 있다. 세계의 정부들이 화석연료 보조금을 중단하기로 결정한다고 가정해보라. 직관적으로 우리는 기후변화를 줄임으로써 이 결정이 어느 쪽이든 미래에 존재할 특정 사람들의 삶을 개선할 것이라고 생각할 것이다. 하지만 이것은 틀린 생각이다. 이와 같은 대규모 정책 변화는 세계의 모든 사람에게 영향을 미칠 것이다. 석유는 더 비싸질 테고, 따라서 세계적으로 교통에 영향을 미칠 것이다. 모두의 일정을 변화시키고 수정의 시점에 영향을 미침으로써, 몇 년 내에 태어난 거의 모든 사람의 정체성을 바꿀 것이다. 몇 년 후부터 인구는 그렇지 않았다면 존재했을 사람들과 완전히 다른 사람들로 이루어질 것이다.

이들은 우리가 화석연료 보조금 지급을 계속했더라면 존재했을 사람들보다 더 잘살겠지만 그들과는 전혀 **다른** 사람일 것이다. 중립의 직관에 따르면, 우리는 새로운 사람을 추가함으로써 세상을 더 낫게 만들 수 없다. 따라서 우리는 화석연료 보조금의 중단이 좋다고 말할 수 없다. 그것은 미래 세대에 혜택을 주기 때문이다.

두 사람, 앨리스와 밥을 생각해보자. 우리가 화석연료 보조금을 계속 유지한다면, 앨리스는 2070년에 태어날 것이다. 우리가 화석연료 보조금을 중단한다면, 앨리스는 태어나지 않고, 대신에 밥이 태어날 것이다. 두 사람은 행복한 삶을 살겠지만 화석연료 보조금이 없다면 기후변화의 정도가 약할 것이기 때문에 밥은 앨리스가 살았던 것보다 행복할 것이다. 중립의 직관에 따르면, 우리는 앨리스가 아닌 밥의 존재를 보장할 아무런 이유가 없다. 중립의 직관에 따르면, 앨리스의 존재를 막는 것은 좋지도 나쁘지도 않고 밥을 존재하게끔 하는 것 역시 좋지도 나쁘지도 않다. 따라서 두 가지를 동시에 하는 것 역시 좋지도 나쁘지도 않다.

중립의 직관이 담은 함의는 틀린 것처럼 보인다. 직관적으로 보면, 화석연료 보조금의 중단이 미래 사람들의 정체성을 바꾼다는 사실은 도덕적으로 중요치 않다. 세계의 정부들이 화석연료 보조금을 중단해야 하는 이유는 미래에 존재할 사람을 바꾸는지 아닌지와 관계없이 강력하다. 보조금의 중단은 미래를 더 낫게 만든다. 하지만 그렇지 않았다면 존재할 인구와는 **전혀 다른 사람들로 이루어진** 인구를 **만듦**으로써 그렇게 한다. 그렇다면 새로운 사람을 추가하는 것은 중립적인 문제가 될 수 없다.

중립의 직관이 틀린 이유

지금까지 우리는 중립의 직관이 첫눈에 보이는 것보다 훨씬 덜 직관적이라는 생각에 대한 주장을 살펴보았다. 하지만 놀랍도록 단순한 논리에 근거해 그 견해를 지지하는 강력한 주장도 있다.[18]

한 부부가 아이를 가질지 결정하고 있다고 가정해보자. 어머니가 현재 겪고 있는 비타민결핍증 때문에 그들이 임신하는 아이는 분명 편두통을 겪을 것이다. 평생 동안 몇 개월에 한 번씩 심신을 괴롭히는 두통을 경험하고, 이후 며칠 동안은 피로와 브레인포그brain fog〔머리에 안개가 낀 것처럼 멍한 느낌이 지속돼 생각과 표현을 분명하게 하지 못하는 상태〕를 겪을 것이다. 하지만 그 외에 그 아이는 만족스럽고 충만한 삶을 살 것이다. 중립의 직관에 따르면, 이 부모가 아이를 가질지 말지는 중립적인 문제다. 세상은 어느 쪽이든 똑같이 좋다.

이제 부모에게 몇 개월 후 아이를 가질 수 있는 옵션이 있다고 가정해보자. 그 시점이면 어머니는 더 이상 비타민 결핍을 겪지 않을 테고, 그 결과 임신하는 아이는 편두통을 경험하지 않을 것이다. 아이를 갖지 않는 옵션을 '아이 없음'이라고 부르자. '편두통'은 편두통 있는 아이를 갖는 옵션이며, '편두통 없음'은 편두통 없는 아이를 갖는 옵션이다(그림 8.1).

다른 고려 사항이 작용하지 않는 한 부모가 선택권이 있다면 편두통 있는 아이보다는 편두통 없는 아이를 갖기로 선택해야 하는 것이 당연해 보인다. 즉, 편두통 없는 것이 편두통 있는 것보다 낫다. 하지만 그렇다면 중립의 직관은 틀릴 수밖에 없다. 아이를 갖는 것은 중립적 문제일 수 없다.

이를 확인하기 위해 우선 '아이 없음'과 '편두통'을 비교하자. 중립의 직관에 따르면, 아이를 갖지 않든 편두통 있는 아이를 갖든 세상은 똑같이 좋다. 즉, '아이 없음'은 '편두통'과 똑같이 좋다.

그림 8.1 | 중립의 직관 문제

옵션 A, B, C 중의 선택을 고려해보자. A는 아이를 갖지 않는 옵션이고, B는 편두통 있는 아이를 갖는 옵션이며, C는 편두통 없는 아이를 갖는 옵션이다. 이 선택은 중립의 직관 문제를 제기한다.

두 번째로 '아이 없음'과 '편두통 없음'을 비교하자. 중립의 직관에 따르면, 부모가 아이를 갖지 않기로 결정하든 편두통 없는 아이를 갖든 세상은 똑같이 좋다. 즉, '아이 없음'은 '편두통 없음'과 똑같이 좋다.

하지만 '아이 없음'과 '편두통'이 똑같이 좋고, '아이 없음'과 '편두통 없음'이 똑같이 좋다면, '편두통'과 '편두통 없음'이 똑같이 좋아야 한다. 하지만 우리는 편두통 있는 아이를 갖는 것이 편두통 없는 아이를 갖는 것보다 더 나쁘다는 것을 알고 있다. 두 결과는 한 결과에서 한 사람이 인생에서 더 많은 고통을 겪는다는 것 이외에는 모든 게 정확히 똑같다. 중립의 직관이 우리를 모순으로 이끈 것이다.

여러 철학자들은 지금까지 수십 년 동안 중립의 직관에 따르는 문제를 피하기 위해 논쟁의 두더지 게임whack-a-mole〔하나의 문제를 해결하면 다시 또 다른 문제가 나타나는 상황〕을 해왔다.[19] 이런 모든 잠재적 반응을 제대로 다루는 것은 불가능하다. 뒤따르는 논의가 바로 대단히 기술적이 될 때는 특히 더 그렇다. 하지만 내가 보기에 중립의 직관에 대해 제기된 모든 방어는 엄청난 반대에 시달린다.

중립의 직관을 포기한다면, 무엇이 그것을 대신해야 할까? 그것은 파핏 자신도 알지 못했다. 그는 인구윤리학의 올바른 이론에 대한 탐색을 'X이론Theroy X'의 탐색이라고 불렀다.[20] 그 이론의 몇 가지 후보를 살펴보자.

평균 이론

당신은 중요한 것은 인구의 **평균적** 행복을 향상시키기 위해 노력하는 것이라고 말하고 싶은 유혹을 느낄 것이다. 이 이론에서는 +60의 행복을 가진 5만 명이 있는 게 +40의 행복을 가진 40만 명이 있는 것보다 낫다. 이것은 경제학자들이 명시적 혹은 묵시적으로 종종 가정하는 이론이며, 설문 조사에 따르면 상식적인 근거가 있다.[21]

철학자들 사이에서 합의가 이루어진 사항은 얼마 되지 않는다. 그 가운데 하나가 평균 이론이 틀렸다는 것이다. 거기에는 정말로 많은 문제가 있다. 그중 두 가지만 이야기해보기로 하자. 첫째, 세상이 극심한 고통으로 가득한 수백만 명으로 이루어져 있는 경우, 역시 극심한 고통으로 가득한 수백만 명을 추가함으로써 세상을 더 낫게 만들 수 있다. 이 새로운 사람들의 고통이 원래의 사람들이 받는 고통보다 아주 조금이라도 적기만 하다면 말이다. (이것은 파핏이 제시한 사고실험으로, '헬 쓰리Hell Three'라고 부른다.) 원래의 100만 명이 -100의 행복을 가졌다면, 평균 이론에서는 -99.9의 행복을 가진 100만 명을 추가하는 것은 좋은 일이다. 평균을 높이기 때문이다. 하지만 이것은 불합리하다.

우리는 다른 인구를 비교하는 방법인 막대그래프를 통해 이를 확실히 설명할 수 있다(그림 8.2). 막대는 인구를 나타낸다. 각 막대의 너비는 전체 시간에 해당 인구에 속한 사람들의 수를 나타내고, 높이는 그들 평생의 행복도를 보여준다. 수평선 위의 행복도가 양이다. 그 아래는 행복도가 음이다.

두 번째 문제는 평균 이론에서 고통으로 가득한 새로운 삶을 만

그림 8.2 | 평균 이론에 반대하는 '헬 쓰리' 주장을 보여주는 막대그래프

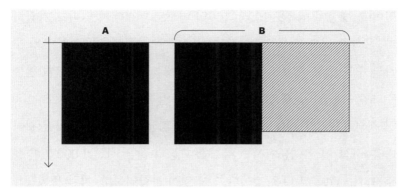

인구 A와 B는 모두 태어나지 않는 게 더 나을 정도로 끔찍한 삶을 사는 사람들로만 이루어져 있다. B가 A와 다른 점은 끔찍한 고통을 당하는 사람의 수가 더 많다는 것뿐이다. 하지만 평균 이론은 평균적인 행복도가 더 높기 때문에 B가 A보다 낫다고 말한다.

그림 8.3 | 평균 이론에 따라 행복도가 음인 삶을 만드는 것이 행복도가 양인 삶을 만드는 것보다 나을 수 있다는 걸 보여주는 막대그래프

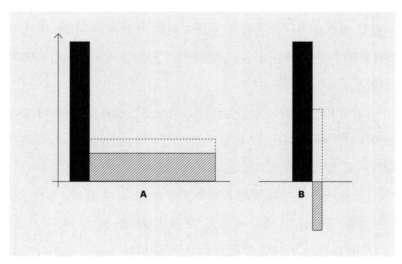

행복도가 낮기는 하지만 여전히 양인 많은 사람을 추가하는 것(인구 A)이 너무 끔찍해서, 그들 입장에서는 태어나지 않는 게 나은 삶을 사는 소수의 사람을 추가하는 것(인구 B)보다 평균적인 행복도를 더 많이 낮춘다.

드는 것이 새로운 대단히 행복한 삶을 만드는 것보다 나을 수 있다는 점이다. 세상이 행복도 100인 100억 명으로 이루어져 있다고 가정하자. 극심한 고통 속에 있는, 행복도 -100인 사람들 1,000만 명을 추가할 수도 있고, 행복도 90의 번영하는 행복한 삶을 누리는 3억 명을 추가할 수도 있다. 행복도 90의 사람들 3억 명을 더하면 행복도 -100인 사람 1,000만 명을 추가하는 것보다 평균이 더 많이 떨어질 것이다. 따라서 평균 이론에서는 극심한 고통의 삶을 사는 1,000만 명을 추가하는 편이 더 나을 것이다.[22] 이 역시 불합리하다. 이런 문제들을 고려할 때 평균 이론을 지지하는 데 이끌려서는 안 된다(그림 8.3).

전체 이론

중립의 직관과 평균 이론을 모두 거부하면 가장 자연스러운 대안은 **전체 이론**이다. 이 이론에서는 높은 총행복도의 인구가 다른 인구보다 낫다.

전체 이론의 기본적 동인은 단순하게 **좋은 것이 많을수록 더 좋다는 것이다**.[23] 좋은 삶은 좋다. 좋은 것이 많으면 더 좋다. 따라서 좋은 삶의 수를 늘리는 것이 세상을 더 낫게 만든다.

전체 이론에 대한 주된 반대는 다음과 같다. 두 개의 세상을 생각해보자. 우리는 첫 번째 세상을 '크고 번영하는 세상'이라 부르고, 두 번째 세상을 '거대하고 활기 없는 세상'이라고 부를 것이다. '크고 번영하는 세상'은 100억 명으로 이루어져 있고 모두의 행복도가 극히 높다. '거대하고 활기 없는 세상'은 극히 많은 사람들로 이루어져 있고, 모두 행복도가 0을 겨우 넘는 삶을 산다. 전체 이론이 맞다면 두 번째 세상의 사람들이 충분히 많은 한 그 세상이 첫 번째 세상보다 더 낫다는 결론을 내려야 한다. 행복도가 0을 겨우 넘는, 충분히 많은 사람들의 행복이 더해지면 극히 행복한 100억 명의 행복보다 더 커질 수 있기 때문이다.

파핏은 이것을 정말 받아들이기 힘든 결과라고 생각했다. 어찌나 받아들이기 힘들었는지 '당혹스러운 결론Repugnant Conclusion'이라고 명명했고, 그 이름이 그대로 자리를 잡았다(그림 8.4).[24] 처음 그는 행복도가 간신히 양인 삶을 "무자크Muzak〔상점·식당·공항 등에서 내보내는 녹음된 배경음악〕를 들으며 감자를 먹는" 일로 이루어져 있다고 묘사했다.[25] 이후에는 이런 삶을 태양빛을 쪼이는 도마뱀으로 상상하는 표현을 선호했다.[26]

그림 8.4 | 당혹스러운 결론을 보여주는 막대그래프

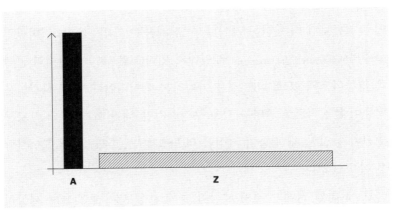

모든 행복한(얼마나 행복한지에 상관없이) 인구(인구 A)에 대해 모든 구성원이 그보다 훨씬 못하지만(행복도는 여전히 양이지만) 충분히 많은 사람들로 이루어져 있기 때문에 전체 이론에 따르면 더 나은 인구(예를 들어 인구 Z)가 존재한다.

당혹스러운 결론은 확실히 반직관적이다. 그렇다면 이것이 우리가 전체 이론을 자동으로 거부해야 하는 이유일까? 나는 그렇게 생각지 않는다. 사실 최근 철학계에는 눈에 띄는 움직임이 있었다. 29명의 철학자가 공동으로 공개 성명을 발표한 것이다. 이 성명은 인구윤리 이론이 당혹스러운 결론을 수반한다는 사실이 그 이론을 거부하는 결정적 이유여서는 안 된다는 내용을 담고 있다.[27] 나는 거기에 서명한 철학자 중 한 명이었다.

당혹스러운 결론은 반직관적이긴 하지만 내가 거의 논쟁의 여지가 없는 것으로 간주하는 세 가지 다른 전제에서 비롯되었다. 첫 번째 전제는 주어진 인구의 모든 사람을 더 잘살게 하는 동시에 행복도가 양인 사람들을 추가하면 세상을 더 좋게 만들 수 있다는 것이다. 이 전제를 '우세 추가Dominance Addition'라고 한다(그림 8.5).[28]

두 번째 전제는 만약 우리가 같은 사람 수의 두 개 인구 집단을 비교하되, 둘째 인구 집단이 총행복도와 평균 행복도가 더 높고 행복이 완벽히 균등하게 분포되어 있다면, 이 두 번째 인구 집단은 첫째 인구 집단보다 더 낫다는 것이다. 이 전제는 (기억하기 쉽게도!) '비반평등주의Non-Anti-Egalitarianism'로 알려져 있다(그림 8.6). 이 전제의 근간은 평등이 **적극적으로 나쁜** 것은 아니라는 아이디어다. 어떤 사람들은 평등이 본질적으로 좋다는 것을 부정하지만, 내가 아는 한 다른 모든 조건이 동일할 때 평등이 세상을 **더 나쁘게** 만든다고 생각하는 사람은 아무도 없다.

세 번째 전제는 첫째 세상이 둘째 세상보다 낫고 둘째 세상이 셋째 세상보다 낫다면, 첫째 세상은 셋째 세상보다 낫다. 즉 A 〉 B이고 B 〉 C이면, A 〉 C다. 이를 이행성Transitivity이라고 부른다.

그림 8.5 | 첫 번째 전제: 우세 추가

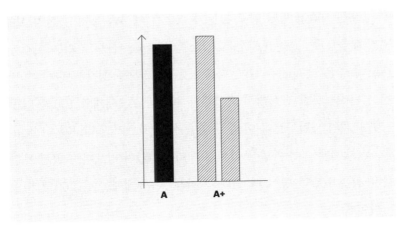

우세 추가에 따르면 A+는 A보다 낫다.

그림 8.6 | 두 번째 전제: 비반평등주의

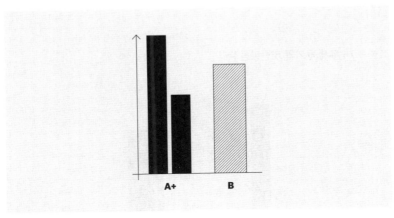

비반평등주의에 따르면, B는 A+보다 낫다.

우리가 이 세 가지 전제를 지지한다면 우리는 당혹스러운 결론을 지지해야만 한다. 이를 확인하기 위해 앞의 두 그래프를 결합시켜보자(그림 8.7).

　　우선 100억 명의 인구 모두가 더없는 행복을 누리고 번영하는 멋진 삶을 사는 곳을 A세계라고 부르기로 하자. 물론 우리는 이것을 대단히 좋은 세계로 여긴다. 다음으로 A+세계를 생각해보자. 이 세계는 단 두 가지 방식에서 A세계와 다르다. A+세계의 100억 인구는 A세계의 사람들보다 더 좋은 삶을 살고 있으며 총인구가 더 많다. 즉, A+세계에는 아주 좋은 삶이지만 다른 100억 명보다는 훨씬 못한 삶을 사는 100억 명이 더 있다. 따라서 A+세계에는 총 200억 명의 사람이 있다.

　　어느 쪽 세계에 존재하는 사람에게든 A+세계는 A세계보다 낫다. A+세계에서 살게 될 추가 100억 명은 좋은 삶을 누린다. 따라서 우리는 A+가 A보다 나은 세상이라고 생각해야 한다. 그것이 우세

그림 8.7 | 우세 추가와 비반평등주의 1

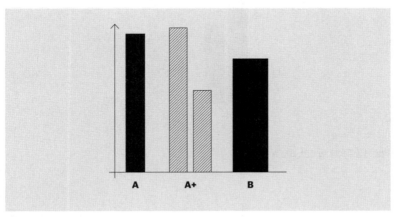

우세 추가와 비반평등주의는 '더 낫다'가 이행 관계라고 가정할 때 B인구가 A인구보다 낫다는 것을 암시한다.

추가의 전제다.

다음으로 B세계를 생각해보자. 이 세계에는 A+세계와 동일한 수의 사람들이 있다. 하지만 더 이상 불평등은 없다. 모두의 행복도가 같다. 더구나 B세계에서는 총행복도와 평균 행복도가 A+세계보다 높다. 모두가 동일하게 좋은 삶을 누리고, 그들의 삶이 대단히 좋다. 다만 A세계 주민들의 삶보다 약간 못하다.

평균 행복도나 총행복도에서 B세계 사람들은 A+세계 사람들보다 훨씬 낫다. 또한 행복의 분포는 완벽하게 평등하다(대단히 불평등한 A+와 달리). 따라서 우리는 B세계가 A+세계보다 낫다고 생각해야 한다. 그것이 비반평등주의의 전제다.

마지막으로, 우리는 B가 A+보다 낫다고 생각하고 A+가 A보다 낫다고 생각하기 때문에 B가 A보다 낫다는 결론을 내려야 한다. 그것이 이행성의 전제다. 그리고 B가 A보다 낫다는 결론을 내리면, 우리는 낮은 행복도의 많은 인구가 훨씬 높은 평균 행복도의 작은 인구보다 낫다는 결론을 내리게 된다.

하지만 이제 우리가 방금 거쳐온 과정이 반복될 수 있다는 것에 주목하라(그림 8.8).

우리는 B+세계를 생각해볼 수 있다. B세계의 사람들을 조금 더 낮게 만들고, 원래의 200억 명의 삶만큼 좋지는 않지만 꽤 좋은 삶을 사는 200억 명을 추가해서 말이다. 그리고 C세계도 생각할 수 있다. B+세계와 아주 비슷하지만 B+의 모든 사람이 B+에서 가장 잘사는 사람보다 아주 조금 낮은 행복도의 수준으로 동등하게 잘산다는 점만이 다른 C세계를 말이다. 이 과정을 계속해나가면 사람들의 평균 행복도는 조금씩 낮아지고 인구는 많아진다(그림 8.9).

그림 8.8 | 우세 추가와 비반평등주의 2

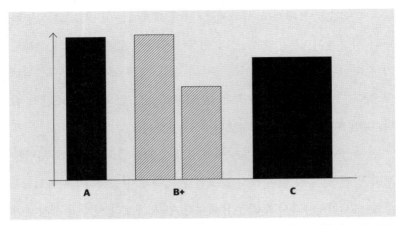

<그림 8.5~8.7>같이 우세 추가와 비반평등주의는 '더 낫다'가 이행 관계라고 가정할 때 C인구가 B인구보다 낫다는 것을 암시한다.

그림 8.9 | 우세 추가와 비반평등주의 3

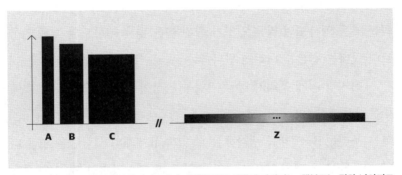

<그림 8.7~8.8>에서처럼 행복한 A인구에서 시작해 점점 사람이 많아지는, 행복도는 점차 낮아지고 각각은 이전보다 '나은' 일련의 B, C 인구 등을 만들 수 있다. 이렇게 해서 결국 0을 간신히 넘는 행복도에 사람이 대단히 많은 Z인구에 이른다. 그리고 Z인구는 처음의 A인구보다 낫다. 달리 말해, 논란의 여지가 없어 보이는 우세 추가(그림 8.5)와 비반평등주의(그림 8.6) 전제들이, '더 나은' 관계가 이행성이 있다고 가정할 경우, <그림 8.4>의 당혹스러운 결론을 암시한다.

우리는 결국 0을 간신히 넘는 행복도로 사는 수많은 사람에 이른다. 그리고 우리는 이 세계가 처음 시작했던 세계, 행복한 삶을 사는 100억 명이 있던 세계보다 더 나아졌다는 결론을 내려야 한다. 즉, 우리는 당혹스러운 결론에 도달한다.

당혹스러운 결론을 거부하고 싶다면, 이 주장의 근거가 된 전제 중 하나는 거부해야만 한다. 하지만 이들 각각의 전제는 이론의 여지가 없어 보인다. 우리에게는 역설이 남아 있다.

한 가지 옵션은 당혹스러운 결론을 받아들이는 것이다. 그리고 보기보다 그렇게 당혹스럽지 않다고 주장하는 것이다. 이것이 내가 지향하는 이론이다. 다른 많은 철학자들은 다른 전제 중 하나를 거부해야 한다고 믿는다. 사실 파핏도 그랬다. 그뿐만이 아니었다. 많은 철학자가 당혹스러운 결론을 피하기 위한 이론을 세웠다. 유명한 지지자들을 거느린 대안 중 하나는 임계 수준 이론이다.

임계 수준 이론

임계 수준 이론에서는 좋은 삶을 존재하게 하는 것이 좋은 일이다. 단, 그 삶이 행복의 특정한 '임계 수준'을 넘는, **충분히 좋은** 삶일 때에만 그렇다.[29] 임계 수준 이론은 여기에 행복도가 0을 넘지만 그다지 좋지 않은 삶을 존재하게끔 하는 것은 나쁘다는 아이디어를 추가한다. 이것은 행복도가 0을 넘는 삶을 존재하게끔 하는 것이 항상 좋은 일이라는 전체 이론과 대조된다.

임계 수준 이론에서는, 행복도가 0을 넘더라도 어느 수준을 넘지 않으면 그런 삶을 추가하는 것을 나쁜 일로 본다.[30] 따라서 임계 수준 이론은 우세 추가 전제를 부정한다. 이 이론은 당혹스러운 결론에서 벗어난다(그림 8.10).

그렇지만 임계 수준 이론에는 그것만의 반직관적 함의가 있다.[31] 예를 들어, 임계 수준 이론은 평균 이론과 같이 '가학적인 결론 Sadistic Conclusion'에 이른다. 고통으로 가득한 삶을 세상에 추가하는 것이 좋은 삶을 추가하는 것보다 나을 수 있다는 것이다(그림 8.11).

이를 확인하기 위해 10이 행복도의 임계 수준이라고 가정해보자. 임계 수준 이론에서는, 인구에 행복도 5인 100명을 추가하는 것보다 행복도 -30인 10명을 추가하는 것이 낫다. 임계 수준 이론은 행복도가 0을 간신히 넘는 삶을 추가하는 것을 나쁜 일로 여긴다. 따라서 그런 삶을 많이 추가하는 것은 고통으로 가득한 삶을 소수 추가하

그림 8.10 | 임계 수준 이론이 우세 추가를 만족시키지 못한다는 것을 보여주는 막대그래프

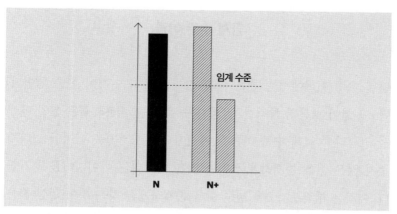

임계 수준 이론에서는 N+인구의 오른쪽 막대와 같이 행복도가 0을 넘지만 임계 수준 이하인 사람들을 추가하는 것은 세상을 더 나쁘게 만든다고 본다. N인구보다 행복도가 높은 N+인구의 왼쪽 막대는 이런 부정적 효과를 상쇄하지 못한다. 따라서 우세 추가와 달리 전체적으로 N+인구보다 N인구가 낫다.

그림 8.11 | 임계 수준 이론이 가학적인 결론을 암시한다는 것을 보여주는 막대그래프

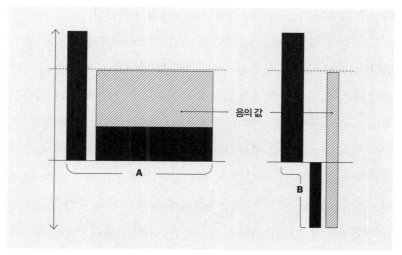

A인구의 오른쪽 막대처럼 행복도가 0보다 크지만 임계 수준에 못 미치는 인구를 생각해보라. 임계 수준 이론에서는 행복한 사람들로 이루어진 이 인구를 추가하는 것보다 인구의 크기가 충분히 작다면 행복도가 0 이하로만 이루어진 인구(B인구의 오른쪽 막대처럼)를 추가하는 것이 낫다고 본다. 이것은 출발한 인구가 어떻든(A인구와 B인구의 왼쪽 막대처럼) 참이다.

는 것보다 전체적인 행복도에 나쁜 영향을 미칠 수 있다. 이것은 틀린 것처럼 보인다. 인구윤리학의 모든 이론이 그렇듯이, 임계 수준 이론은 설득력이 매우 떨어지는 몇 가지 단점을 갖고 있다.

어떻게 해야 할지 모를 때 해야 하는 것

인구윤리학에서 어떤 것이 옳은 이론인가에 대해서는 철학계에서도 아직 의견이 크게 엇갈리고 있다. 나는 주장의 균형이 전체 이론 쪽으로 기울고 있다고 생각하지만, 주제가 얼마나 어려운지를 고려하

면 전혀 확신을 가질 수가 없다. 사실 나는 인구윤리학에는 모두가 확신을 가져야 하는 이론이 존재한다고 생각지 않는다.

이런 불확실성에도 불구하고 여전히 우리에게는 행동이 요구된다. 따라서 우리는 불확실함에도 행동할 방법을 알아야 한다. 2장에서 나는 불확실성 앞에서 옵션을 평가하는 적절한 방법은 기댓값이라는 아이디어를 소개했다. 그 부분에서 나는 경험적 불확실성, 무엇이 일어날지에 대한 불확실성을 이야기했다. 이런 배경에서 우리에게 필요한 것은 가치 있는 게 무엇인지 불확실할 때의 의사 결정에 대한 설명이다. 나는 기댓값 이론을 확장해 가치에 대한 불확실성을 통합시킬 수 있다고 (최소한 많은 경우에) 주장해왔다.[32] 인구윤리학의 경우, 우리가 해야 하는 일은 인구윤리학의 각 이론에 어느 정도의 믿음을 가져야 하는지 파악하고, 그 이론들 간 최선의 절충인 행동, 즉 기댓값이 가장 높은 행동을 취하는 것이다.

이를 예시하기 위해, 전체 이론과 임계 수준 각각에 대한 확률을 정하고, 단순화를 위해서 다른 모든 이론은 일단 치워둔다고 생각해보자. 기댓값을 극대화하려면 당신은 결국 임계 수준 이론을 따르게 된다. '충분히 좋은' 삶의 수준은 당신이 임계 수준 이론에 대해 확신하는 경우보다 낮지만 말이다. 예를 들어, 충분히 좋은 삶의 수준을 행복도 10으로 하고 전체 이론과 임계 수준 이론의 확률을 50:50으로 정한다면, 유효 임계 수준은 전체 이론 수준(즉 0)과 임계 수준 이론의 수준(즉 10)의 중간이 될 것이다. 이런 도덕적 불확실성하에서는 행복도가 5보다 클 경우 그 사람을 존재하게끔 하는 것이 좋지만 행복도가 5보다 낮을 경우 그 사람을 존재하게끔 하는 것은 좋지 못하다.

내 동료 힐러리 그리브스는 도덕적 불확실성하에서의 추론에 대한 이런 접근법이 중립의 직관을 포착하려 노력하는 것을 포함한 인구윤리학의 다양한 이론까지 확장될 수 있다는 것을 발견했다. 이 모든 이론에 대해 불확실할 때도 결국 높지는 않지만 양인 임계 수준에 도달하게 되는 것이다.[33]

아이를 갖는 것의 혜택

부유한 국가에서는 원하는 수보다 적은 아이를 낳는 것이 보통이다. 예를 들어, 미국인은 평균 2.6명의 자녀를 두길 원하지만 1.8명을 낳는다.[34] 일을 비롯한 여러 책무가 방해를 한다는 것이 큰 이유다. 하지만 점차 사람들이 아이를 갖는 선택을 비윤리적인 것으로 보기 시작하고 있다. 자녀를 갖는 것이 이산화탄소를 더 많이 배출하고 기후 변화를 더 앞당기기 때문이다.[35]

나는 이것이 실수라고 생각한다. 아이는 부정적 효과도 내지만 긍정적 효과도 낸다. 그들이 직접적으로 가족이나 친구에게 미치는 긍정적 영향 외에도, 아이들은 자라서 세금을 통해 공익에 기여하고, 인프라를 건설하고, 어떻게 살고 사회를 어떻게 구축할 것인가에 대한 새로운 아이디어를 개발하고 옹호한다. 앞 장에서 우리는 최근의 출산율 감소가 긴 침체기로 이어져 위태로운 시간을 연장할 수 있다는 것을 살펴보았다. 아이를 갖는 것은 이런 위험을 완화하는 데 도움을 줄 수 있다.

지금까지 인구 증가의 연쇄 반응은 명백하게 긍정적이었다. 최소한 인류에게는 말이다. 그렇지 않았다면 최근 인구 규모의 극적인 증가가 계속 늘어나는 인류의 고통과 연관되었겠지만 사실은 그 반대였다. 벤저민 레이, 프레더릭 더글러스, 해리엇 터브먼이 존재하지 않았더라면, 혹은 마리 퀴리, 에이다 러브레이스(세계 최초의 프로그래머, 영국 시인 바이런의 딸), 아이작 뉴턴이 태어나지 않았더라면 세상이 얼마나 더 나빠졌을지 생각해보라. 당신도 인구의 한 명이라는 것을 기억하라![36] 당신이 세상을 더 나은 곳으로 만들었다고 생각한다면, 새로운 사람도 그렇게 할 수 있다고 생각해야 한다.

아이를 갖는 일의 긍정적 연쇄 반응 외에도, 아이가 충분히 좋은 삶을 산다면, 아이를 갖기로 한 당신의 결정은 **그들에게 좋은 것이** 된다. 충분히 좋은 양육을 받으면서 이 세상을 경험할 기회를 갖는 것은 혜택이다. 같은 이유에서 당신이 손자를 보게 된다면 당신은 그들에게도 혜택을 주는 것이다.

물론 아이를 가질지 여부는 대단히 사적인 선택이다. 나는 아이를 갖지 않기로 선택하는 사람을 꾸짖어서는 안 된다고 생각한다. 그리고 정부가 피임에 대한 접근권을 제한하거나 낙태를 금지함으로써 사람들의 생식권을 제한해서도 안 된다고 생각한다.

하지만 아이를 갖고 잘 키우는 일의 혜택을 고려하면, 나는 우리가 아이를 갖는 일을 세상에 대한 긍정적 기여의 방식으로 다시 볼 수 있지 않을까 생각한다. 주위 사람들에게 도움을 주는 사람이 되거나 사회적으로 가치 있는 일을 함으로써 좋은 삶을 살 수 있는 것과 마찬가지로 가족을 꾸리고 애정 가득한 부모가 됨으로써도 좋은 삶을 살 수 있다.

더 큰 것이 더 나은 것

인구윤리학은 가족을 꾸리는 데 따른 혜택을 바라보는 관점을 변화시킬 수 있다. 하지만 그것이 주된 의미는 아니다. 인구윤리학의 가장 중요한 결과는 "문명의 종말은 얼마나 나쁜가?"라는 질문과 관련이 있다. 인류가 다음 몇 세기 안에 멸종한다면 결코 태어나지 못할 미래 사람들의 상실을 우리가 걱정해야 하는 것일까? 이제 우리는 잠정적인 답을 갖고 있다. 그 답은 긍정이다. 미래의 사람들이 존재하지 못하는 것은 손실이다. 그들의 삶이 충분히 좋은 한 그렇다. 따라서 인류의 때 이른 멸종은 진정으로 큰 비극이 될 것이다.

사실, 다음 결론은 이보다 더 일반적이다. 미래 문명이 충분히 좋다면, 우리는 단순히 가까운 미래에 인류가 멸종하는 것을 막는 데 그쳐서는 안 된다. 우리는 미래 문명이 **커지기**를 바라야 한다. 미래의 사람들이 충분히 잘 한다면, 문명은 두 배 더 길고 두 배 더 클 때, 두 배 더 좋을 것이다.

이것의 실질적인 결과는 우주 정착에 대한 도덕적 논거다. 지구 기반의 문명은 수억 년 지속되겠지만 별들은 수조 년 동안 빛날 것이다. 여러 태양계로 퍼진 문명은 그만큼 오래 지속될 수 있다. 문명은 길 뿐 아니라 넓게 퍼질 수 있다. 우리 태양은 우리 은하에 있는 수천억 개 별 중 하나일 뿐이며, 우리 은하는 영향력 범위 내에 있는 우주 속 200억 개의 은하 중 하나일 뿐이다.[37] 문명의 미래는 그 규모가 말 그대로 천문학적일 수 있다. 우리가 번영하는 사회를 달성할 수 있다면 그것은 그런 미래를 만드는 데 엄청나게 중요할 것이다.

우리가 **지금 당장** 우주 정착에 나서야 한다는 의미는 아니다. 우주 정착은 고착의 지점이 될 수 있다. 최초 정착 당시의 규범, 법규, 힘의 분배가 누가 어떤 천체에 접근해야 하고 그 천체를 어떻게 사용해야 할지 결정할 수 있기 때문이다.[38] 우주 정착에 성급하게 뛰어들지 않음으로써 우리는 오늘날의 부당함을 먼 미래까지 복제하는 상황을 만들지 않을 거버넌스 시스템을 고안해 옵션의 가치를 지킬 수 있다.

더 긴급한 우선 사항들도 있다. 큐리오시티Curiosity, 퍼서비어런스Perseverance, 주롱Zhurong 같은 태양계 탐사는 과학을 발전시키고 인류의 영감을 고취시키는 데 중요할 수 있다. 하지만 이번 장의 핵심이 되는 실질적 의미는 우리가 이 세기에 직면한 재앙의 위협을 막는 데 초점을 맞춰서 앞으로 수 세기 후에 번영하는 성간星間/interstellar 사회를 건설할 기회를 놓치지 말아야 한다는 것이다.

더구나 이 모든 논의는 더 큰 '전제'에 기반을 두고 있다. 미래가 충분히 좋을 것이라는 전제에 말이다. 혹 그렇지 않다면? 다음 장에서 이 문제에 대해 살펴보자.

9 장
미래는 좋을 것인가, 나쁠 것인가

단일한 삶으로서의 지각

이 책 서두에서 당신에게 인류를 하나의 삶으로, 계속 환생해서 당신이 여태 살았던 모든 인간의 삶을 사는 단일한 삶으로 생각해보자고 청했다. 이 사고실험으로 돌아가서 몇 가지 질문을 더 해보고 싶다.

첫째, 그 전체를 가치 있다고 보는가? 지금까지의 모든 삶을 살아냈다면, 모든 것을 감안할 때 당신의 삶이 좋았다고 생각하는가? 당신은 수천억 년의 삶을 산 것에 만족하는가? 둘째, 미래를 내다볼 때 낙관적인가, 아니면 두려움을 느끼는가? 인류가 다음 몇 세기 안에 사라질 것이 확실하다는 걸 알게 된다면 당신은 당신이 잃게 될 모든 즐거움 때문에 그 소식을 슬프게 받아들일까, 당신이 피하게 될 공포 때문에 안도감을 느낄까?

이번에는 사고실험에 변화를 줄 경우 이런 질문들에 대한 답이 어떻게 변할지 생각해보자. 지금까지 존재했던 1,000억 명의 삶을 사는 대신, 모든 지각 있는 생물의 삶을 산다고 상상해보라.[1] 무척추동물의 뇌가 처음으로 진화한 것은 5억 년 전이다.[2] 우리는 의식의 첫 불꽃이 언제 시작되었는지, 즉 최초의 **경험**이 언제 일어났는지 알지 못한다. 하지만 그 후 오래지 않은 때였을 것이다. 단, 이 사고실험에서는 척추동물에게만 지각이 있었다는 보수적인 가정을 하기로 하자. 모든 의식 있는 존재의 삶을 산다면, 당신은 1,000억조 년의 지각을 경험할 것이다. 그 시간의 거의 80%는 물고기로 보낼 것이다. 그 시간의 20%(300억조 년)는 양서류나 파충류로 보낼 것이다. 소행성 충돌로 인한 마지막 대멸종에 이르기까지 여러 종류의 공룡으로 1,000조 년을 보낼 것이다. 포유류로서 시간은 존재의 1,000분의 1에 불과할 것이다.[3]

인간으로서 당신 삶은 지구상에서 당신의 시간 중에 1,000억분의 1에 불과할 것이다. 이것이 당신의 삶이라면, 호모 사피엔스의 진화는 조화롭지 않은 사건이 될 것이다. 처음으로 당신은 경험하는 것에서 더 나아가 그 경험을 이해하고 개념화할 수 있을 것이다. 이 시간 동안 당신이 사는 자연환경은 점진적으로 파괴되고, 당신은 처음으로 인간의 소비를 위해 사육 및 도살되는 많은 동물의 삶을 경험할 것이다. 모든 지각 있는 존재의 삶을 살게 된다면 호모 사피엔스의 진화를 좋은 일로 여길까? 미래에 언젠가 만들어질 지각 있는 인공적 존재의 삶을 포함한 모든 미래의 지각 있는 삶을 경험하리라는 것을 안다면, 당신은 낙관적인 느낌을 갖게 될까?

이런 사고실험은 이 장에서 다룰 문제를 위한 무대를 마련한다. 먼 미래까지 문명이 지속되는 것을 도덕적으로 좋은 일이라고 생각해야 할까? 다음 몇 세기 안에 문명이 끝난다면, 세상이 그로 인해 더 나아질 것이라고 생각해야 할까? 이것은 장기주의자들에게 정말 중요한 질문이다. 어떤 노력을 우선시해야 할지에 영향을 미치기 때문이다. 미래의 전망을 좋게 생각하는 사람들을 **낙관주의자**라고, 미래의 전망을 나쁘게 생각하는 사람을 **비관주의자**라고 부르기로 하자. 미래에 대해 낙관적일수록, 영구적인 붕괴나 멸종을 막는 일이 중요해진다. 미래에 대해 비관적일수록, 가치관 개선이나 다른 궤도 변화에 집중하는 일이 중요해진다.

미래에 대해 낙관적이어야 하는지, 비관적이어야 하는지의 문제에 대해서 철학자들의 의견은 엇갈린다. 가혹하기로 악명 높았던 쇼펜하우어는 "태양이 달에서처럼 지구에서도 적은 생명 현상을 일으킬 수 있었다면, 그리고 지구도 달처럼 표면이 여전히 수정같이 맑은 상태였다면 훨씬 나았을 것"이라고 말했다.[4] 이보다는 온건하지만, 데이비드 베나타는 최근 "인간 멸종의 전망이 우리에게는 여러 면에서 나쁠지라도, 모든 것을 고려할 때 더 이상의 사람(그리고 더 이상의 의식 있는 생명체)이 존재하지 않는 게 더 나을 것이다"라고 주장했다.[5] 반면에 파핏은 그의 마지막 작품 《중요한 것에 대하여On What Matters》에서 낙관적인 입장을 취한다.

> 우리에게 인간이 아닌 조상이 있는 것과 마찬가지로 인간이 아닌 후손이 생길 수도 있다. 우리는 그런 사람들을 **초인간** supra-human이라고 부를 수 있을 것이다. 나는 우리 후손들이 먼 미래를 매우 좋게 만들 수 있다고 생각한다. 삶은 끔찍할

뿐 아니라 멋질 수도 있으며, 우리는 삶을 좋게 만드는 점점 많은 힘을 갖게 될 것이다. 인간의 역사는 시작에 불과할 수도 있기 때문에 우리는 미래의 인간, 즉 초인간이 지금의 우리로서는 상상도 하지 못하는 엄청난 선善을 달성할 수 있으리라고 기대할 수 있다. 니체의 말처럼 이런 새로운 여명과 명료한 지평선 그리고 이렇게 넓게 펼쳐진 바다는 없었다.[6]

미래의 가치는 까다로운 문제지만 나는 모든 것을 고려했을 때 미래를 긍정적이라고 기대한다. 우선, 모든 것을 감안할 때 세상이 살아 있는 사람들에게 좋은지, 그리고 세상이 나아지고 있는지 나빠지고 있는지 논의할 것이다. 다음으로 인간이 아닌 동물 그리고 철학자들이 '비복리주의적 선non-welfarist good'이라고 부르는 것에 대해서도 논의할 것이다. 마지막으로, 선과 악을 어떻게 저울질해야 하는지 논의하고 장기적 미래에 대한 낙관주의의 논거를 제시할 것이다.

행복도가 양인 사람은 얼마나 될까?

지금의 세상이 현재 살아 있는 인간들에게 없는 것보다 나은지 질문함으로써 미래의 가치에 대한 조사를 시작해보자. 모든 것을 감안할 때 대부분의 삶은 긍정적인가? 이것은 민감하고 어려운 주제이지만, 사람들이 행복도가 음인 삶을 사는 것은 가능한 일로 보인다. 누군가의 삶이 오로지 극심한 고통과 고난으로만 이루어져 있다면, 그들에게 삶이 나쁘다는 것은 명백하게 타당하다. 내가 앞 장에서 강조했듯

이것은 그들의 삶이 "살 가치가 없다"는 말이 아니다. 누군가는 태어나지 않았다면 좋았을 거라고 생각하면서도 자신의 일이나 관계를 통해 사회에 엄청나게 기여하는 삶을 살 수도 있다. 이것은 다른 사람에 대한 영향은 제외한 그 사람만의 관점에서, 그의 삶이 존재하지 않는 것보다 못한 너무나 많은 고통을 수반한다는 이야기다.

당신은 "중립적인 것보다 나은지 못한지 판단하는 나는 누구인가?"라는 의문을 가질지도 모르겠다. 여기에서의 지각은 좋은 것이다. 우리는 다른 사람의 삶이 어떤지 파악하기 위해 노력할 때 극히 신중해야 한다. 자신과 다른 삶을 사는 사람의 경험을 이해하는 것은 대단히 어렵기 때문이다. 그에 대한 해법은 사람들의 자기 보고self-report에 의존하는 것이다. 앞으로 살펴보겠지만, 지금 세상에서 얼마나 많은 사람이 중립 이하의 삶을 살고 있는지에 관한 최선의 증거는 사람들에게서 얻을 수 있다. 그들의 관점에서 자신의 삶에 행복보다 고통이 많은지, 자신은 태어나지 않는 편이 나았다고 생각하는지 물어보는 것이다.

행복도가 0 이상인 사람이 얼마나 많은지, 그리고 그들의 삶을 좋게 만드는 것이 무엇인지에 대한 의문은 장기주의자들에게만 중요한 것이 아니다. 그것은 예를 들어, 의료 자원의 우선순위를 결정하는 정부와도 관련이 있는 문제다. 대부분 사람들의 행복도가 간신히 0을 넘는다고 생각하는 관료라면, 말라리아 예방같이 목숨을 구하는 정책보다 만성 통증을 치료하는 것과 같이 삶을 개선하는 개입에 자금을 조달하는 쪽으로 기울 것이다. 대부분 사람들이 멋진 삶을 살고 있다고 생각하는 관료라면, 목숨을 구하는 게 상대적으로 더 중요해질 것이다. 놀랍게도 질병 부담을 측정하는 선도적인 접근법, 정부와 자선가들이 의료 정책을 수립할 때 널리 사용하는 접근법에서는 죽음을 사람이 처할 수 있는 최악의 상태라고 가정한다. 이것이 명백히 거짓인데도 말이다.[7] 이런 접근법은 목숨을 구하는 것을 삶의 질을 높이는 것보다 우선하는 방향으로 정책을 편향시킨다.

당신은 대다수 사람들이 행복도가 0보다 큰 삶을 사는 게 분명하다고 생각할지도 모르겠다. 나는 내가 분명히 그런 삶을 살고 있다고 생각하며, 아마 당신도 그러리라고 생각한다. 하지만 나는 세상 전체로 볼 때 지극히 비전형적인 경우이며, 이 책을 읽고 있다면 당신도 아마 그럴 것이다. 세계 인구의 절반 이상이 하루 7달러 미만으로 생활한다. 가난한 나라에서는 7달러로 미국에서 구매할 수 있는 것보다 훨씬 많은 일을 할 수 있다는 얘기다.[8] 나는, 직관적으로, 나 자신이 극히 부유하다고 생각지 않는다. 나는 영국 중위 소득보다 약간 높은 소득으로 살아간다. 하지만 이를 감안해도 나는 세계의 대다수 사람보다 15배 부유하다.[9] 따라서 내가 현재 살아 있는 평균적인 사람의 삶과 행복을 상상할 수 있다고 생각해서는 안 된다. 살아 있는 10억 명 극빈층의 삶에 대해서는 말할 것도 없다.

대부분 사람들의 행복도가 0이 넘는지 평가하기 위해서 첫 번째로 명확히 해야 할 일은 행복이 **무엇인가** 하는 것이다. 도덕철학에는 행복에 대한 주된 이론 세 가지가 있다.[10]

첫 번째는 선호 충족 이론이다. 이 이론은 신중하게 고려한 선호를 어느 정도 충족하느냐에 따라 당신 삶이 좋은지를 판단한다. 여기서는 삶을 잘 살아가는 것이 원하는 걸 얻는가에 대한 문제다. 그것이 당신의 의식적 경험에는 전혀 영향을 미치지 않더라도 말이다. 예를 들어, 당신은 배우자가 당신에 대한 신의를 지키는 것을 선호할 수 있다. 신의를 지키는지 여부를 당신은 전혀 모르는 상황에서도 말이다.

두 번째 이론은 쾌락주의다. 쾌락주의에 따르면 당신의 행복은 전적으로 의식적인 경험에 의해 결정된다. 향락이나 평정 같은 긍정적 경험은 삶을 더 낫게 만드는 반면, 고통이나 슬픔 같은 부정적 경험은 삶을 더 나쁘게 만든다. 이 이론에서는 당신이 원하는 것을 얻는다 해도 그것이 긍정적인 의식적 경험과 부정적인 의식적 경험의 균형을 향상시키지 않는 한 당신 삶을 더 낫게 만들지 않는다. 누군가가 부자 되기를 원하고 성공한다 해도 부정적 경험과 긍정적 경험의 균형이 동일하다면, 쾌락주의자들은 이 사람의 삶이 원하는 것을 얻은 덕분에 행복해졌다고 보지 않는다.

세 번째는 '객관적 목록' 이론이다. 이 이론에서는 의식적 경험을 향상시키지 않고, 심지어는 그런 것을 욕망하지 않더라도 행복을 증진할 수 있는 많은 것이 존재한다고 본다. 그것들을 '객관적' 선이라고 부르는 이유가 여기에 있다. 거기엔 우정, 미美에 대한 인식, 지식 같은 것이 포함될 수 있다. 내가 이 장에서 다루는 질문은 객관적 목록 이론에서는 평가하기가 특히 어렵다(특히 객관적 선의 다양성 때문에). 따라서 그것들은 논의에서 배제해야 한다. 하지만 나는 이 사안을 이해하는 데 도움을 줄 '행복과 관련 없는 선non-wellbeing good'에 대해서도 다룰 것이다.

얼마나 많은 사람의 행복도가 0 이상이냐의 문제는 대단히 중요하지만, 안타깝게도 그것에 대해 우리가 갖고 있는 심리학 데이터는 극히 제한적이다. 주관적 행복에 관해 출간된 17만 권의 책과 논문 중에[11] 행복도가 0 이상인 사람에 대한 질문을 직접적으로 다루는

것은 얼마 되지 않는다. 이 사안과 관련한 주된 심리학 접근법은 세 가지다.[12]

첫 번째는 사람들의 삶의 만족도를 측정하는 설문이다. 삶의 만족도 조사에서는 응답자들에게 자신의 삶 전체를 0에서 10까지의 척도로 평가하도록 한다. 10은 그들로서 가능한 최고의 삶을, 0은 그들에게 가능한 최악의 삶을 나타낸다.[13] 166개국 150만 명 이상을 대상으로 한 설문 조사 데이터는 2005년부터 2015년까지 응답자의 47%만이 평균 점수 5점 이상이라는 것을 밝혀냈다.[14]

하지만 우리의 목적에서 볼 때, 우리에게 필요한 것은 설문 응답자들이 그 척도를 어떻게 이해하는지, 특히 중립점(그 이하라면 삶이 너무나 나빠서 개인적으로는 죽는 것이 나은 지점)을 어디로 보는지 아는 것이다. 우리는 그 지점을 척도의 중간이라고 가정해서는 안 된다. 사실 응답자들은 문제를 문자 그대로 해석하지 않을 게 분명하다. 내게 가능한 가장 좋은 삶(10)은 지속적이고 완벽한 지복일 것이고, 내게 가능한 최악의 삶(0)은 가장 끔찍한 고통 중 하나일 것이다. 이 두 극단과 비교하면 아마 나의 삶, 그리고 오늘날 대부분 사람들의 삶은 아마 4.9~5.1일 것이다.[15]

하지만 질문을 받으면 사람들은 점수를 전체 범위로 넓혀 종종 10과 0이라는 점수를 매기는 경향이 있다. 이는 사람들이 현재의 국가나 세계에서 현실적으로 이룰 수 있는 것과 비교해 자신의 답을 상대화시킨다는 것을 시사한다.[16] 2016년의 한 연구는 자신의 삶에 10점 만점에 10점이란 점수를 준 응답자들이 심각한 삶의 문제를 보고하는 경우가 많다는 것을 발견했다. 10점 만점을 준 응답자 중 한 사람은 대동맥류가 있었고, 아버지가 출감한 이후 그와 전혀 왕래를 하지

않았으며, 어머니가 돌아가실 때까지 돌봐야 했고, 17년 동안 끔찍한 결혼 생활을 했었다고 말했다.[17]

척도의 상대적 성격은 중립점이 어디에 있어야 하는지 해석하기 어렵다는 것을 의미하며, 안타깝게도 이 질문을 직접적으로 다룬 연구는 규모가 작은 두 가지 사례밖에 없다. 가나와 케냐의 응답자들은 중립점을 0.6에 둔 반면, 영국의 한 연구는 중립점을 1~2에 두었다.[18] 다른 응답자들이 중립점을 어떻게 해석했는지는 알기 힘들다. 중립점에 대한 영국의 조사를 액면 그대로 받아들인다면, 세계 인구의 5~10%는 중립점 이하의 삶을 살고 있는 셈이다.[19]

삶의 만족도 설문 조사는 전반적으로 삶의 만족도에 대한 가장 포괄적인 데이터를 제공하기는 하지만 주로 다양한 민족, 국가, 인구에 걸친 상대적 행복도의 수준에 대한 식견을 제공할 뿐 사람들의 절대적 행복 수준에 대해서는 많은 정보를 주지 않는다.

두 번째 증거는 단순히 사람들에게 행복한지를 묻는 설문 조사에서 나온다. 세계가치관조사World Values Survey는 응답자들에게 '매우 행복하다' '상당히 행복하다' '그리 행복하지 않다' '전혀 행복하지 않다'라는 선택지를 제시했다. 마지막 조사는 2014년이었고, 60개국의 참가자는 세계 인구의 67%에 달했다. 이 조사에서는 이집트(당시 정치적 위기가 장기간 지속되고 있었다)를 제외한 모든 국가에서 절반 이상의 국민이 자신을 매우 행복하거나 상당히 행복하다고 평가했으며, 거의 모든 국가에서 70% 이상의 사람들이 자신이 행복하다고 말한 것으로 드러났다.[20] 행복도가 극히 높게 나온 나라도 여럿 있었다. 카타르의 경우 98%의 국민이 행복하다고 말했고, 스웨덴의 경우 그 비율은 95%, 미국의 경우 91%였다. 르완다같이 가난한 나라에서도 국민의 90%가 행복하다고 말했다.

이는 지나치게 낙관적인 평가일 것이다.[21] 예를 들어, 2014년의 한 설문 조사는 스웨덴 성인의 11%가 삶의 특정 시점에 임상적 우울증clinical depression을 경험했다는 것을 발견했지만, 세계가치관조사에서 불행하다고 평가한 스웨덴인은 전체의 5%에 불과했다.[22]

사람들의 행복도가 0 이상인지에 대한 세 번째 증거는 행복 측정에 실험적인 접근법을 사용한 초기의 흥미로운 연구에서 나온다. 이 연구는 임의의 시점에 사람들에게 그 순간의 기분이 어떤지 질문했다. 이를 '경험 표집experience sampling'이라고 한다. 행복을 측정하는 데 이 방법을 선호하는 이들은 이러한 접근법이, 사람들이 선택적 기억을 하거나 삶의 만족도에 대한 질문이 사람들의 행복이 아닌 자신의 사회적 지위에 대한 인식을 측정하는 등 삶의 만족도 접근법에 내재된 편향을 일부 피할 수 있게 해준다고 주장한다.

아직 발표되지 않은 8,500명 대상의 대규모 설문 조사에서 심리학자 맷 킬링스워스, 리사 스튜어트, 조슈아 그린은 변형된 표집 접근법을 사용했다.[23] 임의적인 시간에 참가자들에게 어떤 활동을 하고 있는지, 그 활동이 얼마나 지속될지 적게 한 후 "가능하다면 그리고 부정적인 결과가 따르지 않는다면, 현재 하고 있는 일의 끝으로 시간을 빨리 돌리겠는가?"라는 질문에 답하도록 했다. 즉, 참가자들에게 그 순간에 참여하고 있는 활동을 경험하지 않는(완수는 하되) 옵션이 있다는 상상을 하도록 한 것이다. 가령 차를 만들고 있다면, 눈만 한 번 깜빡이면 그 차를 마시는 경험을 할 수 있다. 연구자들은 이를 경험 '건너뛰기skipping'라고 불렀다. 이 질문에는 누군가가 경험을 건너뛰기로 선택한다면, 그 경험이 없는 편이 낫다고 판단했을 거라는 전제가 있다. 경험을 유지하기로 선택한다면 그 경험이 없는 것보다 낫다고 판단한 것이다.

설문 대상자들은 가능하다면 평균적으로 일과의 40%를 건너뛰는 것으로 밝혀졌다. 두 번째 좀 더 규모가 작은 연구에서, 같은 연구자들은 사람들에게 전날을 되돌아보고 가능하다면 건너뛰었을 경험을 찾으라고 요청한 뒤, 경험의 쌍들을 서로 비교해서 그들이 유지하고자 한 경험이 얼마나 좋았고, 그들이 건너뛰고자 한 경험이 얼마나 나빴는지 계산하도록 했다.

예를 들어, 연구 대상자는 건너뛰고자 한 30분 동안의 활동(예를 들어 집안일)이 15분의 즐거운 활동(친구들과의 저녁 식사)만큼의 가치가 있다고 말할 수 있다. 이는 이 연구 대상자에게 집안일이 나쁜 것의 두 배만큼 친구와의 저녁 식사가 좋다는 뜻이다. 다시 말하면 사람들은 일과의 약 40%를 건너뛰었으며, 유지하고자 한 경험의 시간 동안은 건너뛰고자 한 경험의 시간 동안 불행한 것보다 더 행복했다. 지속 시간과 강도를 고려하면 부정적 경험은 사람들의 긍정적 경험의 58%를 상쇄할 정도로 나빴다.

사람들이 유지하거나 건너뛰는 경험의 종류는 우리가 충분히 예상할 수 있을 만한 것이었다. 사람들은 일하는 시간의 69%를 건너뛰기로 선택했고, 대상자들이 완곡하게 '친밀한 활동'이라고 부른 것에 참여하는 시간은 단 2%만 건너뛰고 싶어 했다. 두 연구 중 경험의 강도를 측정한 규모가 작은 연구에서는 12%의 사람들이 질문의 대상이 된 날에 부정적 경험이 긍정적 경험보다 큰 삶을 살았다. 이것이 반드시 그 12%의 사람이 행복도가 음인 삶을 살고 있다는 의미는 아니다. 그날이 응답자들에게 운이 좋지 않은 날이었을 수도 있다.[24]

이러한 연구 결과는 실험 참가자들이 평균적으로 좋은 삶을 살았다고 간주해 긍정적인 뉴스로 여길 수도 있다. 하지만 나는 올바른 결론은 그보다 비관적이라고 생각한다.[25] 이 연구의 참가자들은 주로 미국이나 상대적으로 소득과 행복 수준이 높은 나라에서 살고, 대규모 실험의 참가자들은 모두 아이폰을 갖고 있었다. 2016년 애플은 구매자들이 부유하고 교육 수준이 높다는 것을 가장 잘 예측할 수 있는 소비자 브랜드였다(1992년 이를 가장 잘 예측할 수 있는 브랜드는 그레이 푸폰Grey Poupon 겨자였다).[26] 따라서 건너뛰기 연구는 부유하고 교육 수준이 높은 사람들 쪽으로 상당히 왜곡되어 있고, 그 결과는 미국 인구의 0.7%를 차지하는 수감자나 0.17%에 이르는 노숙자의 삶을 대표하지는 못한다. 하지만 그런 선택적인 표본 안에서도 참가자들은 인생의 40%를 건너뛰기로 선택했고, 나쁜 경험이 좋은 경험의 거의 60%를 무효화시켰으며, 10분의 1 이상의 사람들은 부정적 경험이 긍정적 경험을 넘어섰다. 이 실험은 대단히 흥미롭고 잘 수행되었지만, 전체적으로 볼 때 세계의 행복에 대해 말해주기에는 한계가 있다.

지금까지 발표된 증거들이 너무 제한적이기 때문에 나는 세 명의 심리학자(루시우스 카비올라, 아비게일 노빅 호스킨, 조슈아 루이스)에게 이 주제에 대한 설문 조사를 의뢰했다.[27] 그들은 미국인 240명과 인도인 240명에게 지금까지의 삶의 질에 대해 다음과 같은 다양한 질문을 했다.

당신 삶에 고통보다 행복이 많았다고 생각합니까?
당신의 삶이 다른 사람에게 주는 영향을 무시했을 때, 당신은 살아 있는 편이 좋습니까, 아니면 태어나지 않았던 편이 좋습니까?

똑같은 삶을 처음부터 다시 살 수 있다면(전생을 전혀 기억하지 못하고, 따라서 모든 경험을 처음인 것처럼 하게 된다면) 당신은 그 경험을 하겠습니까? 이 결정은 다른 누구에게도 영향을 미치지 않으며, 당신은 오로지 자신의 이익을 위해 결정한다고 가정합니다.

논평도 요청했다. 한 응답자는 간단히 이렇게 말했다. "정말 깊이 있는 문제다." 긍정적인 답변을 한 사람들은 상당히 아름다운 글을 남겼다. "나는 태어나서 내 조카들의 탄생과 같은 많은 일을 경험하고 많은 아이들이 자라는 것을 지켜볼 수 있어서 행복하다. 나는 그 모든 것의 경이로움을 사랑한다. 새, 나비, 나무, 강은 모두 대단히 아름답다."

부정적인 답을 한 사람들의 논평은 예상대로 암울했다. "내 삶은 끔찍함 그 자체다. 나는 그런 삶을 다시 살고 싶지 않다" "지난 20년 동안 내 인생은 진짜 지옥이었다. 나는 누구도 그런 인생을 살길 바라지 않는다."

긍정적인 답은 부정적인 답보다 훨씬 더 흔했다. 미국의 경우 16%가 자신의 삶에 행복보다 고통이 많다고 말했으며, 40%는 고통보다 행복이 많다고 말했다. 9%가 절대 다시 태어나지 않는 편을 택했고, 79%는 다시 태어나는 것을 선호했다. 30%는 똑같은 삶을 다시 살고 싶지 않다고, 44%는 다시 살겠다고 답했다.

결과는 인도에서도 비슷했다. 다만, 놀랍게도 인도 응답자는 미국 응답자보다 더 긍정적이었다. 삶에 행복보다 고통이 많다고 생각

표 9.1 | 행복도가 양인 삶을 사는 사람은 얼마나 될까?
인도와 미국 내 설문 조사를 통한 증거

	인도			미국		
	부정	중립	긍정	부정	중립	긍정
당신 삶에 고통보다 행복이 많았다고 생각합니까?	11	52	37	16	44	40
당신의 삶이 다른 사람에게 주는 영향을 무시했을 때, 당신은 살아 있는 편이 좋습니까, 아니면 태어나지 않았던 편이 좋습니까?	6.3	8.4	85	9.1	13	79
똑같은 삶을 처음부터 다시 살 수 있다면(전생을 전혀 기억하지 못하고, 따라서 모든 경험을 처음인 것처럼 하게 된다면) 당신은 그 경험을 하겠습니까? 이 결정이 다른 누구에게도 영향을 미치지 않으며, 당신은 오로지 자신의 이익을 위해 결정한다고 가정합니다.	19	12	69	31	25	44

Caviola et al. 2021. 반올림 때문에 백분율의 합은 100이 아닐 수 있다.

하는 응답자는 11%뿐이었고, 단 6%만이 태어나지 않는 쪽을, 19%가 같은 삶을 다시 살지 않겠다고 선택했다. 이는 단순히 표본이 전체 인구를 대표하지 못하기 때문일 수도 있다. 응답자들은 비교적 부유한 인도인과 상대적으로 부유하지 못한 미국인이었다.

이 모든 결과를 어떻게 종합해야 할까? 우리의 결론은 우리가 적용하는 행복 이론에 따라 달라질 것이다. 사람들이 자신의 행복을 평가하는 삶의 만족도 점수는 선호 충족 이론과 좀 더 가까워 보인다. 삶에 만족하고 있다고 말하는 사람들은 자신의 선호를 충족하고 있다는 증거이기 때문이다. 건너뛰기 연구는 복리에 대한 쾌락주의적 이론과 더 가까워 보인다. 예를 들어, 사람들은 직업을 갖길 바라지만, 증거는 많은 사람이 일을 그다지 즐기지 않는다는 것을 시사하며, 건너뛰기 연구는 그 사실을 포착한다. 사람들에게 행복한지를 직접적으로 묻는 세계가치관조사는 아마도 선호 충족적 방식에서 가장 자연스럽게 해석되었겠지만, 일부 응답자는 그것을 쾌락주의적 방식으로 해석하기도 했으리라고 상상할 수 있다.

나는 잠정적으로 세계 인구의 약 10%가 0 이하의 행복도에서 살고 있다고 말하고 싶다. 소규모 영국 설문 조사에 따라 삶의 만족도 척도의 중립점이 1~2라고 가정하면, 세계 인구의 5~10%는 행복도 0 이하의 삶을 산다. 세계가치관조사에서 응답자의 17%가 자신을 행복하지 않다고 분류했다. 부유한 나라의 소규모 건너뛰기 연구에서는 12%의 사람이 나쁜 경험이 좋은 경험보다 많은 하루를 보냈다. 내가 의뢰한 연구에서는 미국과 인도 모두 태어나지 않았더라면 좋았겠다고 말한 사람이 10% 미만이었고, 삶에 행복보다 고통이 많다고 말한 사람은 10%가 조금 넘었다.

따라서 나는 선호충족주의나 쾌락주의 중 어느 쪽이어도 대부분의 사람들은 행복도가 양인 삶을 살고 있다고 추측한다. 죽기 전에 오늘 살아 있는 사람 중 무작위로 정해진 사람으로 환생할 수 있는 선택권이 주어진다면, 나는 그렇게 하기로 선택할 것이다. 오늘 살아 있는 모든 사람의 삶을 산다면 나는 삶을 산 것에 기뻐할 것이다.

다음으로는 인간의 행복이 시간에 따라 어떻게 변하는지 생각해보자. 사람들은 더 행복해질까, 아니면 큰 차이가 없을까?

사람들은 더 행복해질까?

세상이 점점 부유해지는데도 불구하고 사람들은 더 행복해지지 않거나 심지어 행복도가 떨어진다는 것이 일반적인 이론이다. 이런 이론을 뒷받침하기 위해 '이스털린의 역설Easterlin paradox'을 지적할 수 있을 것이다. 국가 내에서나 여러 국가에 걸쳐서나 일정 시점까지는 소득이 높을수록 행복도가 높아지는 상관관계가 있지만, 시간이 지나면 사람과 국가는 부유하더라도 더 행복해지지 않는다.[28] 이 이론에서는 한 국가 내에서의 상대적 소득이 한 사람의 행복을 결정한다. 소득의 절대적 수준은 관련이 없다. 우리는 소득 수준이 어떻든 거기에 익숙해지기 때문이다. 이런 관점에서는 일반적으로 국가 내에서의 소득 불평등이 심화하는 한 사람들의 행복감은 시간이 지날수록 줄어들 것이라고 예상할 수 있다.

이스털린의 역설은 계속 영향을 미치기는 하나 실제로 존재하지는 않는다. 이스털린이 처음 자신의 발견을 발표한 것은 1974년이고, 그때 우리가 세계의 행복 수준에 관해 갖고 있던 데이터는 지금보다 훨씬 적었다.[29] 당시 국가가 부유할수록 행복해지는 것을 보여주지 못했다는 사실에서 그는 절대적인 소득 수준과 행동 사이에 관계가 없으며, 행복은 주변인들에 비교한 그 사람의 소득에 의해 결정된다고 결론지었다.[30] 하지만 더 나은 데이터를 바탕으로 한 최근의 연구는 국가가 부유할수록 행복해진다는 이론을 강력하게 지지한다.[31] 한 사람의 국가 내 상대적 소득 수준이 그 사람의 행복에 영향을 미치는 것은 확실하지만, 절대적인 소득 수준이 높아짐에 따라 행복도가 상승하는 것 역시 참이다.

〈그림 9.1〉은 한 국가의 1인당 GDP에 비교한 평균 행복도를 보여준다.[32] 〈그림 9.2〉는 시간이 지나면서 부유해진 여러 국가의 행복도 그래프다.

부유한 사람이 더 행복한 경향이 있지만 이 효과에 인과관계가 있는지는 확실치 않다. 아마도 더 행복한 사람은 함께 일하기가 더 쉽고, 따라서 더 많은 돈을 버는 경향이 있을 것이다. 돈이 행복에 미치는 인과적 효과를 탐구하는 한 가지 방법은 복권 당첨자를 조사하는 것이다. 신문과 잡지에는 이른바 '복권의 저주'에 대한 기사가 종종 실린다. 비참해진 벼락부자에 대한 내용이다. 2016년 〈타임〉은 엄청난 재산 때문에 인생을 망친 여러 사람의 일화가 담긴 "복권 당첨은 사람을 이렇게 비참하게 만든다"라는 기사를 실었다.[33] 기사에서 언급한 유일한 예외는 일곱 번 넘게 상당한 금액의 복권에 당첨된 리처드 러스티그다. 그는 《복권 당첨 확률을 높이는 방법을 배우자Learn How to Increase Your Chances of Winning the Lottery》라는 책을 썼다.[34] 러스

그림 9.1 | 2019년 1인당 GDP와 삶의 만족도 관계

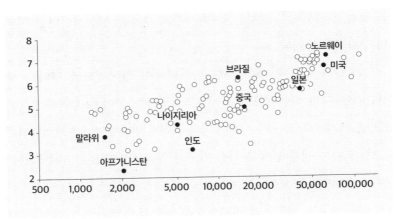

그림 9.2 | 소득(GDP)과 행복도의 관계

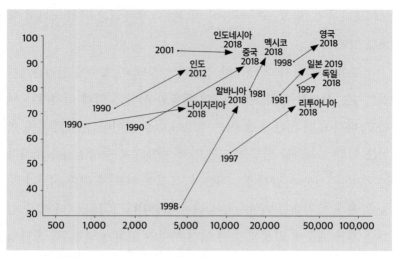

Y축은 '매우 행복' 혹은 '상당히 행복'이라고 답한 사람들의 비율이다. 대부분의 화살표가 오른쪽 위를 향한다는 사실에서 알 수 있듯 국가가 부유해짐에 따라 인구는 더 행복해지는 경향이 있다. 전체 데이터에 따르면 이것은 세계적으로 참이다.

티그는 말했다. "부자인 적도 있었고 가난한 적도 있었다. 나는 부자인 편을 훨씬 좋아한다." 러스티그의 경험은 전체 복권 당첨자의 전형으로 좀 더 적절하다. 최근의 연구는 복권 당첨자들이 더 행복하다는 것을 발견했다.[35] 이것은 돈이 사람의 행복을 향상시킨다는 이론의 추가적인 증거다.

주관적 행복에 대한 문헌은 사람들이 평균적으로 얼마나 잘 사는가에 대한 다른 척도를 증거로 이용하는 것이 보통이다. 〈그림 9.3〉은 세계 소득 분포가 시간에 따라 어떻게 변화했는지를 보여준다.[36] 〈그림 9.4〉는 세계 전체와 가장 인구가 많은 중·저 소득 6개국의 출생 시 기대수명을 보여준다.

한 연구는 지속적인 경제성장을 경험하고 있는 국가에서는 시간이 흐르면서 행복의 불평등이 감소하고 있다는 것을 발견했다. 소득 불평등의 심화를 경험했던 나라들에서도 마찬가지였다.[37] 이것은 사회경제적 계층과 다른 인종들에도 똑같이 적용됐다. 이 연구자들은 국가들이 부유해짐에 따라 정부가 의료·인프라·사회보장에 더 많은

그림 9.3 | 세계 1일 소득 분포

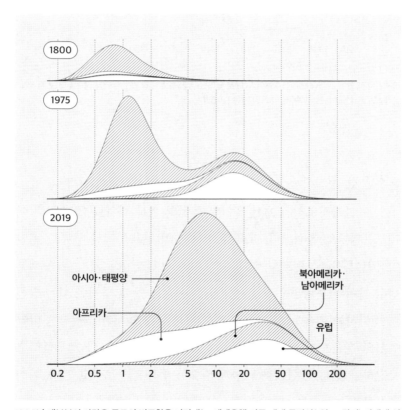

1800년 대부분의 사람은 극도의 빈곤함을 나타내는, 세계은행 기준 세계 극빈선(1일 1.9달러) 아래에 있었다. 1975년 일단의 부유한 국가들(주로 유럽과 아메리카)이 거기에서 벗어나 역사상 유례없이 높은 1인당 소득을 얻었다. 40년 후 냉엄한 세계적 불평등이 지속되는 가운데에서도 전체적인 소득 분배로 부유한 사람과 가난한 사람 사이의 양극화가 감소했으며, 점점 더 많은 인구(특히 아시아)가 극빈에서 벗어나고 있음을 보여준다. 모든 소득 수치는 국가 간 가격 격차와 인플레이션을 감안해 조정했다.

그림 9.4 | 기대수명의 변화

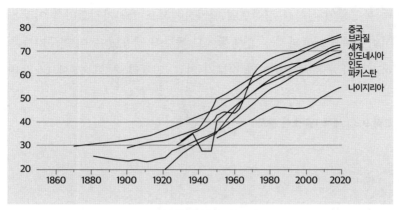

19세기 이래 많은 국가에서 기대수명이 두 배로 늘어났다. 세계 전체와 인구가 가장 많은 6개 중·저 소득 국가 모두 수십 년 동안 기대수명이 거의 매년 늘어났다.

돈을 쓰고, 그것이 소득과 행복에 다른 영향을 준다고 말한다.

　마찬가지로 미국에서 흑인과 백인의 행복 격차도 1970년대 이래 3분의 2로 좁혀졌다. 교육과 소득의 차이를 통제한 후에도 백인 미국인이 평균적으로 더 행복하기는 하지만 말이다. 자기 보고 행복 점수 사이의 불평등은 성별 간에도 줄어들고 있다. 하지만 이는 당신이 생각하는 이유 때문은 아닐 것이다. 놀랍게도 시간이 지남에 따라 여성의 행복도가 낮아졌기 때문이다. 여성은 남성보다 행복하다고 보고하곤 했지만, 현재는 남성과 비슷한 행복도를 보이고 있다. 이런 추세를 보이는 이유에 대해서는 아직 알려진 바 없다.[38]

　인간 행복도의 이런 광범위한 향상은 세상이 점점 나빠지고 있으며 계속 그럴 것이라는 널리 퍼진 믿음을 바로잡는 데 큰 역할을 한다. 확고한 낙관주의자도 있겠지만 우리 중 많은 사람이 나머지 세계에 대해 비관적이라는, 거의 틀림없이 대단히 비관적이라는 많은 증거가 있다.[39] 2015년 1만 8,000명의 성인을 대상으로 한 설문 조사는 많은 부유한 국가에서 세상이 더 나아지고 있다고 생각하는 응답자가 10%에 못 미친다는 것을 밝혀냈다.[40] 이런 비관주의에는 뉴스의 비관적인 왜곡이 큰 몫을 한다. 대규모 비행기 사고는 주목을 끄는 뉴스지만 아동 사망률의 지속적인 감소는 언급할 가치가 없는 소식으로 취급한다. 폭력과 자극이 대세를 이루는 것이다. 이로써 우리는 좋은 것은 무시하고 나쁜 것에 집중하면서 우리 주위에서 일어나고 있는 엄청난 개선은 지나치고 만다.

하지만 이런 추세가 오늘날 세상의 문제들이 결국은 그렇게 나쁘지 않다고 생각할 만한 이유가 되지는 않는다. 나는 앞서 대부분의 사람이 여전히 하루 7달러 미만의 돈으로 생활한다고 언급했다. 그 외에 매년 수백만 명이 쉽게 예방할 수 있는 질병으로 사망하고, 또 다른 수백만 명은 압제와 학대 속에서 살며, 수억 명은 배고픔에 시달린다. 이것은 우리가 만족감을 느낄 만한 세상이 아니다.

더구나 평균적인 인간의 행복은 인류 역사 내내 거침없이 위로만 향해온 것이 아니다. 오늘날의 생활수준이 산업화 이전의 농경 사회보다 훨씬 높아진 데에는 의심의 여지가 없지만, 호모 사피엔스의 여명에서부터 약 1만 년 전의 농업혁명까지 유목을 하던 수렵·채집인 선조들은 아마도 초기 농경인보다 평균 행복도가 높았을 것이다. 농경에 대한 의존도가 높아짐에 따라 사람들의 키(영양과 건강을 잘 나타내는 지표)는 수렵·채집인 조상들에 비해 줄어들었다.[41]

심지어 어떤 면에서는 농경 이전 수렵·채집인의 삶이 현재 살아 있는 평균적인 사람의 삶에 비해 상당히 매력적이었다는 증거도 있다.[42] 측정하긴 어렵지만 평균적으로 현대 수렵·채집인의 노동시간은 현재 산업사회의 사람들과 크게 다르지 않으며, 일부 수렵·채집인의 경우는 훨씬 짧다.[43] 더구나 많은 수렵·채집인이 일을 즐긴다. 사냥이란 현재 많은 사람에게 인기 있는 여가 활동이 아닌가! 보통 수렵·채집인은 강력한 평등주의적 기풍과 높은 수준의 공동체 정신을 갖고 있었으며[44] 정기적으로 춤을 추고 노래를 불렀다. 얼마 남지 않은 수렵·채집인 사회 중 하나인 탄자니아 하드자족Hadza에 대한 연구에서 인류학자 프랭크 말로는 이렇게 말했다.

> 하드자족은 노래를 자주하고, 모두가 노래를 대단히 잘 부른다. 여러 명이 내 랜드로버를 타고 어딘가로 갈 때면, 그들은 거의 언제나 노래를 시작한다. 모두가 알고 있는 멜로디를 이용하되 가사는 즉석에서 만든다. 가사는 이런 식이다. "우리는 프랭키의 차를 타고 있다. 여기에서 저기로 차를 타고 간다. 프랭키가 오면 우리는 차를 타고 간다." 그들은 각자 다른 파트를 맡아 3부로 화음을 만들며, 절대 박자를 놓치는 법이 없다. 마치 모두가 즉흥 가사를 텔레파시로 받는 것 같다.
> 또한 그들은 춤추는 것을 좋아한다. 뚜렷이 구별되는 여러 가지 스타일로 춤을 춘다. 이 춤은 독특하며 감정이 풍부하다. 내가 본 것 중에 가장 감각적인 춤이다.[45]

하드자족은 우리의 먼 조상과 비슷한 삶을 사는 수렵·채집인 집단의 행복을 산업화한 국가의 행복과 비교해본 유일한 연구 대상이었다. 하드자족의 식단은 전반적으로 대단히 좋지만, 그 외에는 물질적으로 빈곤한 상황이다. 그들은 소유물이 거의 없고 마른풀과 나뭇가지로 만든 임시 주거지에서 산다.[46] 그럼에도 불구하고 하드자족은 산업화한 열두 개 인구 집단보다 행복하다.[47] 산업화 이전의 수렵·채집인에 대한 결론을 현대의 수렵·채집인으로부터 이끌어내는 데에는 주의를 기울여야 할 것이다. 현대의 수렵·채집인은 극단적 환경에서 살고 있으며, 현대 사회와 갈등을 빚고 교역도 하는 등 여러 가지 중요한 측면에서 다른 점이 있을 것이기 때문이다.[48] 더구나 수렵·채집인의 라이프스타일은 대단히 다양하고, 하드자족은 서로 사이가 무척 좋기 때문에[49] 대표성이 약할 수도 있다. 그럼에도 불구하고 이 증거는 상당히 흥미롭다. 수렵·채집인의 행동에 대한 가장 강력한 증거는 정성적인 것이다. 민족지학자들은 수렵·채집인의 뚜렷한 융화와 만족도에 대해 자주 언급한다.[50]

산업화 이전의 수렵·채집인으로 돌아가는 데 따르는 가장 큰 결점은 질병과 이따금 찾아오는 배고픔, 현대 의학의 도움을 받지 못해 오늘날에 비해 기대수명이 훨씬 짧다는 것이다(초기 농경사회보다는 길지만). 농경 이전 수렵·채집인 사회에서 태어난 아이들의 절반 정도가 15세 전에 사망했다. 현재 유럽의 아동 사망률은 200명 중 1명이다.[51] 15세까지 살아남은 수렵·채집인은 53세까지 살 것으로 예상할 수 있었다. 반면 15세까지 살아남은 평균적인 영국인은 89세까지 살 수 있다.[52] 일부 학자들은 농경 이전 수렵·채집인 사이에서 폭력 발생률이 훨씬 높다고 주장하지만 이에 대해서는 논란이 치열하다.[53]

산업혁명 이후 행복에는 명확한 상향 추세가 있었고, 이는 최소한 다음 세기까지는 사람들에게 세상이 더 좋아질 것이란 믿음을 주기에 충분한 이유가 된다. 대부분의 경제 전망은 앞으로 수십 년 동안 세계가 계속해서 부유해질 것이라고 본다. 지난 50년간 세계 1인당 GDP는 매년 2%씩 상승했고, 지리적으로 주요한 모든 지역이 상당한 경제성장을 경험하고 있다.[54] 성장경제학자들을 대상으로 한 최근의 설문 조사에 따르면, 응답자들은 이 추세가 연 2.1%로 거의 비슷하게 유지될 것이라고 생각했다.[55] 이를 고려하면 2100년까지 평균적인 사람은 지금보다 다섯 배 부유하고, 아마도 더 행복해질 것이다. 최소한 다음 세기 동안은 낙관할 만한 충분한 근거가 있다.

인간이 아닌 동물

지금까지는 평범한 인간의 삶이 존재하지 않는 것보다 나은지를 살펴봤다. 하지만 모든 것을 감안해 전체로서 세상이 좋은지, 더 나아질지 평가하기 위해서는 이보다 더 넓게 봐야 할 필요가 있다. 특히 우리는 아직 지구상의 지각 있는 존재 중 대다수를 차지하는 것들, 즉 인간이 아닌 동물에 대해서는 논의하지 못했다. 우선 사육동물부터 시작해보자.[56]

2018년 현재, 매년 790억 마리 이상의 육지 척추동물이 식용으로 도살되고 있다. 그중 690억 마리가 다 자란 닭이고, 30억 마리가 어린 수탉, 3억 마리가 오리, 15억 마리가 꿩, 15억 마리가 돼지, 9억 2,200만 마리가 토끼, 6억 5,600만 마리가 칠면조, 5억 7,400만 마리가 양, 4억 7,900만 마리가 염소, 3억 200만 마리가 소다. 그 외에도 약 1,000억 마리의 물고기가 매년 양식장에서 도살된다.[57]

우리가 이 동물들에게 가하는 고통은 더 이상의 과장이 어려운 정도다.[58] 아마 가장 많은 고통을 겪는 것은 식용으로 도살되는 육지 동물의 거의 대부분을 차지하는 닭일 것이다. 식육으로 키우는 닭, 즉 육용계는 너무 빨리 자라도록 키운 나머지 30%는 수명이 다할 때쯤 중상中上 정도에 이르는 보행 장애를 겪는다. 도살할 만큼 자라면 대부분의 육용계는 거꾸로 매달린 채 전기가 흐르는 물을 지나 마지막으로 목이 잘린다. 수백만 마리의 닭이 오로지 죽기 위해서 산다. 그리고 깃털을 잘 뽑기 위한 과정의 한 단계로 뜨거운 물에 잠긴다.[59]

알을 낳는 닭은 부화하는 순간부터 더 심한 고통을 겪을 가능성이 높다. 수평아리는 달걀 산업에서 쓸모가 없어 태어나자마자 '폐기'된다. 이산화탄소 가스실에서 죽거나, 땅에 묻히거나, 쓰레기통에 버려진다. 하지만 암평아리를 기다리고 있는 고통에 비하면 폐기되는 수평아리는 행운아일 수도 있다. 일단 성체가 되면 많은 암탉이 편지지보다 작은 배터리 케이지에 갇힌다. 알을 낳는 암탉은 다른 암탉을 쪼는 습성이 있고, 이는 종종 동종 포식으로 이어진다. 이를 막기 위해, 뜨거운 칼날이나 적외선으로 암컷 병아리의 극히 민감한 부리 끝을 잘라낸다. 병아리 때는 신체 훼손을, 성체가 되어서는 극심한 감금을 견딘 후, 산란 시기 끝에 가까워진 암탉 대부분은 강제 털갈이를 거친다. 체중의 25%가 빠질 때까지 2주 동안 굶긴다. 그 시점에 다시 산란 주기가 시작된다. 수익성이 없을 정도로 생산력이 떨어지면 가스로 죽이거나 도살장에 보낸다.

사육되는 소와 돼지는 이보다는 나은 삶을 산다. 하지만 그들도 불필요한 고통을 많이 겪기는 마찬가지다. 돼지는 거세하고 꼬리를 절단한다. 소는 거세하고, 뿔을 제거하고, 뜨거운 쇠로 낙인을 찍는다. 모두가 마취 없이 이루어진다. 암돼지와 젖소는 최소 1년에 한 번 고통스럽고 침습적인 인공수정을 견뎌야 한다. 이후에도 상황은 나빠지기만 한다. 새끼를 밴 동안 암퇘지 절대 다수가 임신 상자에 갇힌다. 임신 상자는 너무 작아서 몸을 돌릴 수조차 없다. 산업형 농장의 암소들은 1년 12개월 중 10개월 동안 기계화 착유를 받아야 하고, 5세 무렵 이용 가치가 없어지면 도살된다. 낙농업계에서 쓸모없는 수송아지는 송아지 고기 공장에 팔린다. 이 공장은 송아지를 작은 외양간에 넣어두며, 대부분 나라에서는 송아지를 짧은 인생 내내 벽에 묶어 키운다.[60]

양식 어류도 끔찍한 고통을 겪는다. 양식장은 대단히 과밀하다. 약 75센티미터인 연어에게는 한 마리당 욕조 크기 정도의 공간이 주어진다.[61] 이런 과밀한 환경에서는 자연스럽게 움직일 수 없고 결국 상처를 입거나 조기 사망한다. 양식장의 사망률은 15~80%에 이른다.[62] 대서양연어와 무지개송어는 도살 전에 내장을 비우기 위해 며칠, 때로는 2주 이상 굶긴다.[63] 대부분의 양식 어류는 천천히 질식해 죽도록 방치된다. 이 과정은 한 시간 이상이 걸릴 수도 있다.[64] 이산화탄소로 죽이기도 하고 산 채로 아가미를 자르기도 한다.[65]

이 모든 것을 종합하면, 공장식 축산 농장의 닭·돼지·물고기에게는 죽는 것이 그들에게 일어난 가장 좋은 일이라는 결론에 저항하기 어려워 보인다. 나는 이 문제를 집중적으로 연구하는 사람 중 이 의견에 반대하는 사람을 거의 알지 못한다.[66] 전체적으로, 산업형 농장은 말도 안 되게 엄청난 고통을 효율적으로 생산하는 일로 이루진다.

인간의 이익과 인간이 아닌 동물의 이익에 각기 어느 만큼의 비중을 두어야 하는지는 쉽지 않은 문제다.[67] 사육동물은 인간보다 더 무겁다. 즉, 사육 육지 동물의 생물중량biomass(단위 면적당 생물체의 중량)은 인간 전체보다 70% 더 무겁다.[68] 사육 육지 동물의 수도 인간보다 훨씬 많다. 임의의 시간에 살아 있는 닭은 250억 마리, 소는 15억 마리, 양은 10억 마리, 돼지는 10억 마리로 인간보다 세 배 많다. 임의의 시간에 살아 있는 양식 어류는 약 1,000억 마리로 인간보다 대략 열 배 많다. 이런 종들의 행복에 대한 수용력이 모두 동등한 것은 아니다. 그러나 다른 종의 이익에 비해 이들의 행복에 대한 수용력이 중요치 않다고 생각하기는 어렵다. 행복에 대한 수용력의 차이가 다른 종들이 인간보다 낮은 도덕적 지위를 가질 이유는 아니다. 그 차이를 확인하는 것은 그들의 행복에 동등한 비중을 두되 일부 종이 다른 종보다 행복에 대한 수용력이 낮다는 점을 인정하는 것이다.

행복에 대한 수용력 차이의 중요성을 포착하기 위한 아주 개략적인 발견적 접근법으로 동물의 이익을 그들이 가진 뉴런의 수로 가늠해볼 수 있다. 이런 접근법의 기반이 되는 사고는, 고통에 대한 의식적 경험이 두뇌 속 특정 뉴런의 활성화 결과임을 우리가 알기 때문에, 한 인간보다 400마리의 닭에게 나뉘어 있는 뉴런이 더 중요해서는 안 된다는 점이다. 이런 접근법을 취한다면 5만 개의 뉴런을 가진 딱정벌레는 행복의 수용력이 대단히 작을 것이고, 96만 개를 가진 꿀벌은 조금 더 강할 것이며, 2억 개의 뉴런을 가진 닭은 훨씬 더 강할 것이고, 800억 개가 넘는 인간은 가장 강할 것이다.[69] 이는 단순히 동물의 수만을 생각하는 것과는 전혀 다른 그림을 보여준다.

뉴런의 수로 가늠하면 인간은 모든 사육동물(양식 어류 포함)보다 30배 더 중요하다. 내게는 무척 놀라운 일이었다. 이것을 주의 깊게 살피기 전에는 인간과 인간이 아닌 동물 사이의 두뇌 크기 차이가 얼마나 되는지 몰랐기 때문이다.

뉴런의 수를 대략적인 대용물로 인정한다면 우리는 사육동물 전체의 이익 비중이 인간과 비교해 상당히 작다는 결론에 이른다. 하지만 상당히 작은 것이 아니라 그들의 행복은 분명 0 이하다.

인간과 사육동물의 복리 총합이 음인지 아닌지는 아직 밝혀지지 않았다. 전체적으로 사육동물이 적은 뉴런을 갖고 있다고 해도 그중 절대 다수(닭과 물고기)는 극심한 고통으로 가득한 삶을 살며, 이는 전체 인간의 행복을 크게 웃돈다. 닭과 물고기가 겪는 고통의 강도가 평균적인 인간 행복의 강도보다 최소 40배 크다면, 인간과 사육동물의 행복 총합은 음이 된다.

다음으로 평가해야 할 것은 야생동물의 삶이다. 야생동물의 수나 뉴런 수로 그들의 행복을 가늠하면, 우리는 전체적인 관점을 물고기에 대한 관점에 거의 전적으로 따라야 한다는 결론에 이른다.[70] 인간의 생물중량은 모든 야생 조류, 파충류, 포유류를 합친 생물중량보다 다섯 배 크며[71] 인간은 세 배 많은 뉴런을 가지고 있다. 하지만 물

표 9.2 | 동물의 개체 수와 뉴런 수

종	총 개체 수	총 뉴런 수
인간	80억	7억조
사육동물	1,350억	2,000만조
야생 어류	600조	120억조

FAOSTAT와 Carlier & Treich(2020)의 개체 수 데이터. 뉴런 수는 Olkowicz et al.(2016, Table S1); Herculano-Houzel et al.(2015); Herculano-Houzel(2016, 75)에 근거한다. 상세한 내용과 서지학적 정보는 whatweowethefuture.com/notes를 참조하라.

고기의 생물중량은 인간보다 10배 크고[72] 물고기의 수는 인간보다 최소 1만 배 많다. 그 대부분은 무게가 몇 그램에 불과하며 대양 표면에서 200~1,000미터 아래에 사는 작은 물고기다.[73] 이 물고기들은 각각 약 2,000만 개의 뉴런을 갖고 있다.[74] 보수적으로 계산해도 뉴런 수로는 물고기가 인간보다 17배 이상 더 중요하다.

야생물고기의 삶은 얼마나 좋을까? 지상에 있는 야생동물들의 여유로운 모습을 상상하고 야생물고기의 삶도 그와 비슷하리라고 상상하기 쉽다. 하지만 실제는 "자연, 붉게 물든 이빨과 발톱"이라는 테니슨의 시구에 더 가깝다. 물고기 종의 일부 성체는 수십 년 살 수도 있지만 어류의 알 90%는 부화하고 며칠 만에 먹히거나, 굶주리거나, 질식해서 죽는다.[75] 성체가 될 때까지 자란 물고기는 사람과 마찬가지로 진균, 세균, 바이러스 감염 등의 질병을 겪을 수 있다. 성체 대부분은 나이가 들어서가 아니라 해조류 때문에 질식하거나, 기생충 때문에 죽거나, 둥지를 짓거나 알을 낳은 후 지쳐서 죽거나, 포식자에게 몸이 찢기거나 통째로 삼켜진 뒤 식도에서 으깨어진다.[76]

야생동물의 경험은 '삶의 순환'의 일부로, 좋으면 자연의 기적, 나쁜 때는 자연 질서의 일부로 생각하는 것이 보통이다. 하지만 많은 사람이 인간의 개입으로 동물이 다치거나 죽을 때는 연민을 느끼고 심지어는 분노하면서 야생에서 동물들이 겪는 고통에는 무심하다. 내가 보기에는 그럴 만한 타당한 이유가 없다. 거북이가 범고래한테 몸이 찢기면서 경험하는 고통은 음료 여섯 개를 묶는 플라스틱 고리에 목이 졸리는 고통보다 결코 작지 않다.[77]

전체적으로 야생동물의 삶에는 즐거움보다 고통이 많을까? 달리 표현해보자. 죽기 전 당신에게 야생에서 임의로 선택된 동물로 환생하는 옵션이 주어진다면 당신은 받아들이겠는가? 나는 그 옵션을 선택할지 결정하지 못했다. 야생동물의 생리와 삶이 우리와 크게 다르다는 것을 고려하면 그들의 행복을 명확하게 추론하기란 대단히 힘든 일이다. 전체적으로 현재 우리가 아는 것을 기반으로 해서는 야생동물의 행복도가 음인지 양인지 대단히 불확실하다.[78]

따라서 동물의 삶에 대한 우리의 전반적 평가는 상당히 비관적이다. 아마도 사육동물은 평균적으로 행복도가 0 이하인 삶을 살 것이다. 야생동물의 경우에는 확실치 않지만 아마도 평균적으로는 역시 0 이하일 것이다. 다음으로, 우리는 인간이 아닌 동물의 삶이 시간이 지나면서 나아질지, 악화될지 생각해보아야 한다.

사육동물의 경우 추세는 명백하게 부정적이다. 식용으로 키우는 동물의 수는 대단히 빠르게 증가하고 있다. 닭과 돼지의 소비가 빠르게 늘고 있으며, 이들은 앞서 살펴보았듯 최악의 삶을 산다.

먹이를 고기로 바꾸는 '효율적' 방법이 개발되면서 소비를 위해 사육되는 동물들의 행복 역시 시간이 지나면서 악화하고 있다. 특히, 선발 번식은 현대의 닭이 부자연스럽게 빨리 자라고 부자연스럽게 커진다는 것을 의미한다. 이는 그들이 다양한 골격 장애와 기형을 겪고, 생애 후반에 불구가 되는 경우가 많고, 음식 제한 때문에 만성적으로 굶주릴 수 있다는 것을 뜻한다.[79] 일부 국가는 동물복지법을 개선해왔지만 이런 다른 요소에 비해 영향력이 작다. 이 모든 것에도 불구하고 동물에 대한 우리의 **태도**는 지난 몇백 년 동안 확연히 개선되었다. 이것이 미래에 대해 약간의 희망을 갖게 한다.

야생동물의 추세는 명확하지 못하다. 인간의 확장은 주로 2장에서 이야기한 거대 동물군의 멸종으로 인해 야생 육지 포유류의 생

그림 9.5 | 전 세계적으로 도살되는 동물의 수

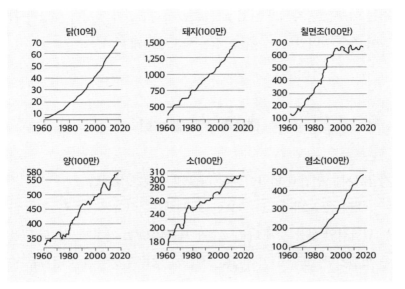

인간은 지난 60년 동안 그 어느 때보다 많은 수의 사육 육지 동물을 도살해왔다. 데이터에는 달걀과 유제품을 제외했다.

물중량이 인간 이전 시대에 비해 일곱 배 감소했다는 것을 의미한다.[80] 상업적으로 잡는 포식 어류의 생물중량은 극적으로 감소했지만, 이는 작은 피식자被食者 어류의 생물중량 증가를 통해 어느 정도 상쇄되었다.[81] 모든 것을 감안할 때 다양한 연구는 지난 40년 동안 인간의 활동이 척추동물과 무척추동물 개체 수를 감소시켰을 것이라고 이야기한다. 하지만 증거는 제한적이고 상충되는 부분이 있다.[82]

이것을 어떻게 평가하는가는 야생동물의 행복에 대해 어떤 이론을 갖고 있는가에 따라 달라진다. 인간이 야생동물의 삶에 미치는 영향을 심각한 도덕적 손실이라고 생각하는 것은 대단히 자연스럽고 직관적이다. 하지만 우리가 야생동물의 삶을 평균적으로 존재하지 않느니만 못하다고 평가한다면(확실치는 않지만 타당하다고 생각한다), 우리는 야생동물 자체의 관점에서 호모 사피엔스의 엄청난 성장과 확장이 좋은 일이었다는 아찔한 결론에 도달하게 된다.

행복과 관련 없는 선

지금까지는 인간과 인간이 아닌 동물의 추세를 살펴봤다.

당신은 도덕적으로 중요한 것은 행복뿐이라고 생각하는가? 나는 철학적인 성찰 후에 다른 것들도 **도구적으로는** 가치가 있거나 없을 수 있겠지만, 그들이 지각 있는 생물의 행복에 궁극적인 영향을 주는 한에서일 뿐이라는 것이 가장 타당한 이론이라는 생각을 갖게 되었다. 하지만 이 문제에 대한 철학자들의 의견은 엇갈리고 있다. 많은 사람이 행복만이 도덕적 가치가 있다는 아이디어를 거부하고, 지각 있는 생물에게 좋거나 나쁘지 않더라도 세상을 더 낫게 만들거나 악화시킬 수 있는 것들이 있다고 주장한다. 예를 들어, 철학자 조지 에드워드 무어는 자연의 아름다움이나 예술적 아름다움은 사람들이 그 진가를 인식하든 하지 못하든 선이라고 주장했다. 많은 환경운동가들은 자연 그대로의 흐름을 따르는 생태계 자체가, 살고 죽는 개별 동물의 안녕과 관계없이 선한 것이라고 생각한다.[83]

윤리학의 어려움과 내가 앞 장에서 언급한 도덕적 불확실성을 인정해야 할 필요를 고려한다면, 우리는 행복과 관련 없는 선의 추세를 고려해야 한다. 안타깝게도, 행동에 미치는 영향보다 가치 있는 것이 무엇인지를 확고히 하는 탄탄한 논거를 만드는 것은 쉽지 않은 일이다. 이것은 근본적 가치관에 대한 우리의 직관이 서로 정면 충돌할 수밖에 없는 윤리학의 영역이다. 위대한 예술 작품이나 자연환경 이외에 많은 사람이 설득력 있다고 생각할 가능성이 있는 것에는 민주주의, 평등, 지식의 확산, 인간의 위대한 성취 등이 있다.

행복과 관련 없는 선의 추세가 시간에 따라 증가하고 있는지 감소하고 있는지는 확실치 않다. 자연환경의 측면에서는 추세가 부정적으로 보인다. 우리는 세계 삼림의 3분의 1을 없앴다. 삼림 지역은 계속 감소하고 있다. 하지만 낙관할 이유도 존재한다. 삼림 손실은 1980년대에 절정에 달했고 그 이후에는 하락하고 있다.[84] 1500년부터 세계 척추동물 종의 0.5~1%가 손실되었다. 이런 종의 손실 속도는 배경 멸종률background extinction rate〔큰 환경적·생물학적 혼란이 전혀 없음에도 불구하고 멸종하는 비율〕보다 훨씬 크며, 지구가 다섯 번 겪은 대멸종 동안의 손실률에 준하거나 그것을 넘어선다.[85]

그러나 그 밖에 행복과 관련 없는 선의 추세는 긍정적이다. 우리는 일반상대성이론, 양자역학, 자연선택 이론 같은 전환적인 과학 발견을 해냈다. 그밖에도 놀라운 일들을 해냈다. 천연두를 종식시켰다. 세계에서 가장 높은 산에 올랐고, 동력 비행기 위에서 구름을 내려다보았으며, 우주에서 지구를 촬영했다. 1900년에 세계 인구의 90%가 독재 통치하에 살았으나 현재는 인구의 절반 이상이 민주국가에서 살고 있다.[86] 불평등 상황도 개선되고 있다. 1800년부터 1970년까지는 세계 불평등이 증가했으나 그 이후에는 아시아의 급격한 경제성장 덕분에 급격히 감소했다.[87]

예술은 대단히 주관적이기 때문에 예술적 성취의 추세를 평가한다는 것은 불가능에 가깝다. 하지만 자주 도외시하는 한 가지 요소는 우리의 절대적인 수 때문에 우리 종의 예술적 산물이 극적으로 늘어났다는 점이다. 인구가 많다는 것은 예술가가 많다는 걸 의미한다. 어떤 면에서 인구의 예술적 역량은 문맹률이 낮아지고 부가 늘어나기 때문에 크게 증가했다. 글을 읽고 쓰는 인구가 늘어나면 더 많은 작가가 나온다. 극빈자가 적을수록 예술가는 늘어난다. 이런 고려 사항에 비추어, 예술은 시간이 흐르면서 새로운 경지에 도달했고, 적어도 다음 100년 동안은 그런 추세가 이어질 것이다.

행복과 관련 없는 다른 선들 역시 마찬가지다. 사람이 많을수록, 생활수준이 높을수록 우사인 볼트, 마거릿 애트우드, 마리암 미르자카니 같은 사람들이 계속 위대한 업적을 이루어낼 것이다.

이런 추세를 어떻게 평가하는지는 당신이 환경 파괴 같은 행복과 관련 없는 '악'과 민주주의나 과학적 진보 같은 '선'에 얼마만큼의 비중을 두는가에 달려 있다. 이런 균형을 어떻게 이루어내느냐는 어려운 문제고, 도덕철학이 명확히 하기 어려운 종류의 사안이다. 내 개인적 이론은 전체적인 추세가 긍정적이라는 것이다.

낙관주의 옹호론

지금까지 나는 시간이 흐르면서 세계가 악화해왔는지 좋아졌는지를 진단했다. 이 판단은 극도로 어려운 일로 밝혀졌다. 그럼에도 불구하고 우리는 이제 더 어려운 과제에 이르렀다. 세상이 장기적으로 더 나아질지 나빠질지 확인하는 일이다.

두 개의 극단적 시나리오, 즉 가능한 최선의 미래인 유토피아와 안티유토피아anti-eutopia 시나리오에 집중한다면 어느 정도 진전이 가능하다. 나는 가능한 최악의 세상을 '안티유토피아'라고 부른다. 보통 '디스토피아'는 가능한 최악의 미래가 얼마나 나쁠 수 있는지를 포착하지 못하기 때문이다. 예를 들어, 내가 4장에서 묘사한 디스토피아 시나리오나 공상과학 소설 또는 영화에서 종종 다루는 디스토피아 시나리오는 나쁘기는 하지만 **가능한 최대로 나쁜** 것이 아니라, 지도자에 대한 숭배나 지도자의 이념에 맞춘 사회 창조 같은 것들에 최적화해 있다.

이런 가능한 두 개의 미래를 고려하는 것이 낙관주의나 비관주의의 근거를 마련해줄까? 이는 그런 세상의 상대적 가치와 우리가 그걸 실현할 가능성이 얼마나 되는지, 이 두 가지에 달려 있다. 이런 세상의 상대적 가치는 비관론의 근거를 마련한다. 내가 보기에 최악의 세상의 나쁜 점은 최선의 세상의 좋은 점보다 훨씬 크다.

이를 직관적으로 이해하기 위해 당신에게 두 가지 옵션이 있다고 가정하자. 첫 번째는 미래에 가능한 최선의 유토피아, 즉 가장 번영하는 삶으로 이루어진 거대한 문명을 만들 가능성이 50%이고, 가능한 최악의 안티유토피아, 즉 가장 극심한 고통을 겪는 삶으로 이루어진 거대한 문명을 만들 가능성이 50%인 내기다. 두 번째는 그러한 내기를 포기하는 것이다. 그렇게 하면 인류는 앞으로 몇백 년에 걸쳐 줄어들다가 멸종할 것이다. 당신이라면 어떻게 하겠는가?

답이 명확치 않다면 당신 자신의 삶만을 고려해보라. 당신 개인이 평화롭게 죽는 옵션, 그리고 50:50의 확률로 번영의 가장 높은 경지에 오른 유토피아에서 살거나 절망의 심연 속 안티유토피아에서 사는 옵션이 있다고 말이다. 나라면 내기를 하느니 평화롭게 죽는 것을 선택할 것이 분명하고, 대부분의 사람이 그럴 것이라고 생각한다.

이런 직감을 어떻게 설명해야 할지는 명확하지 않다. 어쩌면 행복과 고통 사이의 직관적 비대칭은 생물학적 기질이라는 사실 때문일 것이다. 공교롭게도 즐거움보다는 고통을 만드는 것이 더 쉽고, 따라서 우리가 느낄 수 있는 최악의 경험은 우리가 느낄 수 있는 최선의 경험이 좋은 것보다 훨씬 나쁘다. 이런 비대칭성은 진화의 근거로 설명될지도 모르겠다. 진화론적 관점에서 죽음의 불리한 면은 밥을 먹거나 한 번의 성교가 주는 괜찮은 면보다 훨씬 나쁘다. 따라서 음식이나 성교 같은 '선'에서 자극을 받는 것보다 고통스럽게 죽을 수도 있는 상황에서 등을 돌리는 데 훨씬 큰 자극을 받는 것이 이치에 맞다.

일단 우리는 가능한 최선의 삶이나 가능한 최악의 삶을 고려할 때부터 상상력의 한계에 부딪힌다. 우리는 가능한 최선의 삶이 어떤 것인지 제대로 이해조차 하지 못한다. 삶의 최고 순간, 즉 절정의 경험에 대해 생각해보고, 그런 순간을 다른 순간과 어떻게 교환할지 생각해보면 약간의 도움을 받을 수 있다. 어느 정도 지속되는 최고의 순간을 경험하기 위해 최악의 순간을 얼마나 길게 받아들일 수 있을까? 예를 들어, 철학자 버트런드 러셀은 자서전 도입부에서 "나는 사랑을 추구했다. 그것이 황홀감을 가져다주기 때문이었다. 그 황홀감은 너무나 커서 그 즐거운 몇 시간을 위해서라면 나는 나머지 인생 모두를 희생했을 것이다"라고 적었다.[88] 러시아 작가 표도르 도스토옙스키는 뇌전증에 대한 자신의 경험을 다음과 같이 묘사했다.

잠깐 동안 나는 평범한 상태에서는 불가능한 행복, 다른 사람은 개념조차 없는 행복을 경험했다. 나 자신과 온 세상 안에서 완벽한 조화를 느꼈다. 그 감정은 너무나 강력하고 달콤해서 그런 몇 초간의 더없는 행복을 위해서라면 10년의 인생이라도, 아니 어쩌면 인생 전체라도 포기할 수 있을 정도였다. 하늘이 지상으로 내려와 나를 삼키는 것을 느꼈다. 나는 진정으로 신에 이르렀고 그로 가득 찼다. 건강한 사람들은 우리 뇌전증 환자들이 발병 직전에 경험하는 행복이 어떤 것인지 짐작도 하지 못할 것이다.[89]

도스토옙스키의 말이 옳다면, 대부분의 사람은 좋은 삶이라는 게 어떤 것인지 알지 못한다.

그렇지만 비대칭성은 우리의 무지나 생명 작용의 산물만이 아니고 도덕성 자체에 좀 더 깊은 뿌리를 두고 있을 수도 있다. 실제로 도덕철학의 여러 이론은 한 단위의 즐거움보다 한 단위의 고통에 가중치를 둔다. 우리는 이미 8장에서 이 비대칭성으로 가는 가능한 경로를 하나 탐색했다. 나는 도덕적으로 불확실할 때는 임계 수준 이론을 채택해야 한다고 주장했다. 이 이론에 따르면, 어떤 사람의 존재가 세상을 더 나은 곳으로 만들기 위해서는 삶이 그 삶을 사는 사람에게 충분히 좋아야 한다. 이 이론이 옳다면, 미래의 기댓값을 양으로 만들기 위해서라면, 미래는 그저 '나쁜 것'보다 '좋은 것'이 많은 데에 그쳐서는 안 된다. 미래는 좋은 것이 나쁜 것보다 **상당히** 많아야 한다.

전반적으로 우리는 가능한 최악의 미래의 나쁨이 가능한 최선의 미래의 좋음보다 더 크다고 생각해야 할 듯하다. 이는 두 번째 의문을 갖게 한다. 상대적으로 우리가 안티유토피아가 아닌 유토피아에 이를 가능성은 얼마나 될까? 첫 번째 질문에 대한 내 대답은 비관적이었지만, 두 번째 질문에 대해서는 낙관할 근거가 있다고 생각한다.

미래에 대한 낙관론의 핵심 논거는 미래 사람들이 지닌 동기의 비대칭성과 관련이 있다. 즉, 사람들은 때로 좋은 것을 만든다. 단지 그것이 좋기 때문에 말이다. 하지만 단지 나쁘다는 이유로 나쁜 것을 만드는 사람은 드물다. 사람들은 자신에게, 혹은 다른 사람들에게, 혹은 세상에 좋기 때문에 어떤 일을 하는 경우가 많다. 예를 들어, 세상을 여행하거나 맛있는 음식을 먹거나 비디오게임을 하는 데 시간을 쓴다면, 우리는 이런 행동을 단순히 '그게 좋아서'라는 말로 설명할 수 있을 것이다. 마찬가지로 어떤 사람이 사회 운동에 참여한다면, 우리는 그들이 '그게 세상을 더 낫게 만들 것이라고 믿기 때문'이라는 말로 이런 행동을 설명할 수 있다.

반면에 누군가가 고통스러운 치과 수술을 받고 있다면, 그들이 나쁜 시간을 만들기 위해 그 일을 하고 있을 가능성은 극히 낮다는 걸 우리는 다 알고 있다. 그 나쁜 경험은 이후의 더 큰 고통을 피하기 위한 필요악이다. 끔찍한 잔혹 행위도 그들이 악하기 때문이 아니라 다른 행동의 부작용으로, 혹은 다른 목적을 위한 수단으로 이뤄지는 것이 보통이다.

이번 장 앞부분에서 나는 사람들이 인간 아닌 동물들에게 가하는 고통에 대해 설명했다. 사람들은 동물의 고통을 적극적으로 즐겨서 이런 일을 하는 것이 아니다. 고기 맛을 좋아하고, 싼 가격에 고기를 얻으려 하고, 특별히 사육동물의 복리에 신경을 쓰지 않기 때문에, 그 부작용으로서 동물의 고통이 지속되는 걸 기꺼이 허용하는 것이다. 역사 내내 자행해온 끔찍한 다른 일들도 마찬가지다. 대부분의 사람은 노예를 고통스럽게 만들기 위해서가 아니라, 그들의 노동에서 이익을 얻기 위해서 혹은 지위의 상징으로 노예를 부린다. 일반적으로 전쟁은 침략자의 상대편이 고통을 느끼도록 만들기 위해서가 아니라 권력과 영예를 얻기 위해 벌어진다.

슬프게도 항상 그런 것은 아니다. 가학주의가 널리 퍼진 때도 있었다. 고대 로마에서는 평범한 사람들이 모여 검투사의 싸움을 구경했고, 근대 초기의 유럽에서는 섬뜩한 공개 처형을 보기 위해 군중이 모여들었다. 역사에서 가장 영향력 있는 인물 중에는 피해자의 고통에서 기쁨을 느끼는 이들도 있었다.[90] 마오쩌둥은 수백만 명의 희생자를 고문하고 살해하도록 지시하면서 상세한 지침을 내렸고, 고문을 지켜보는 걸 즐겼다.[91] 마찬가지로 히틀러는 1944년 암살 시도를 모의한 사람들 일부를 피아노 줄로 목 졸라 죽이라는 구체적인 지시를 내렸고, 그들의 고통스러운 죽음을 촬영했다. 나치 독일의 군수 장관을 지낸 알베르트 슈페어에 따르면, "히틀러는 그 영상을 매우 좋아해 몇 번이고 돌려 보았다."[92] 하지만 이런 경우에도 이 같은 가학적 행위의 동기는 권력과 상징적 지위를 유지하는 데 있었을 수 있다.

악의적이고, 가학적이고, 정신병적인 행위자들은 전체 인구에서 차지하는 비율이 낮음에도 불구하고 정치권력을 쟁취할 가능성이 불균형적으로 높을 수 있다. 마오쩌둥이나 히틀러 외에도 칭기즈 칸, 사담 후세인, 스탈린, 무솔리니, 김일성, 김정일, 프랑수아 뒤발리에 (아이티를 파멸시킨 독재자), 니콜라에 차우셰스쿠(루마니아의 초대 대통령이자 루마니아공산당의 마지막 서기장), 이디 아민(우간다의 군인, 정치가), 폴 포트 등 많은 독재자가 그런 성격적 특성을 보였다. 따라서 악의적인 사람들이 미래에 큰 영향을 줄 위험도 있다.

이렇게 영향력이 크고 걱정스러운 예외에도 불구하고, 일반적으로 사람들은 자신이 나쁘다고 생각하는 것보다는 좋다고 생각하는 것을 촉진하는 데에 의욕을 느끼는 경우가 훨씬 많다. 우리는 현재의 세계 지출에서 이런 동기의 비대칭성을 본다.[93] 대부분의 지출이 의료, 과학, 교육, 엔터테인먼트, 주거 등 좋은 것을 추구하는 데 쓰인다. 세계 지출의 작은 부분만이 투옥, 전쟁, 공장식 축산 등의 악폐에 쓰이며, 이것들은 거의 항상 다른 목적을 위한 수단으로 행해진다.

이런 동기의 비대칭성은 가능한 최선의 혹은 최악의 미래로 가는 경로를 생각할 때 명확해진다. 먼저, 가능한 최선의 미래를 고려해보자. 문명은 길고, 기쁨에 겨운, 번영하는 삶을 누리는 존재들로 가득하고, 예술적·과학적 성취로 충만하며, 우주 전체에 확장되어 있다. 우리는 그런 문명이 어떻게 발생했는지 설명해볼 수 있다.

첫 번째 설명은 도덕적 수렴을 불러온다. 미래의 사람들은 무엇이 선인지를 인식하고 그 선을 촉진하기 위해 일할 것이다. 즉, 시간이 지나면서, 함께 성찰하고 추론할 수 있는 능력을 비롯해 미래가 불러올 엄청난 과학적·기술적 발전을 통해 모두가 가능한 최선의 미래가 어떤 모습인지에 대한 하나의 비전으로 수렴하고 그것을 실천에 옮길 것이다.

두 번째, 도덕적 수렴이 없더라도 사람들은 좋은 삶과 좋은 사회가 무엇으로 이루어지는지, 모두에게 충분히 좋은 사회를 건설하기 위해서 어떤 협력과 사업이 필요한지 나름의 비전을 만들어낼 것이다. 그 결과인 사회는 모두가 원하는 걸 대부분 얻을 수 있는 다양한 세계관 사이의 타협점이 될 것이다. 아무도 긍정적인 도덕적 비전을 갖고 있지 않더라도 자신에게 최선인 것을 원하기만 한다면, 이로써 대단히 좋은 세상이라는 결과가 나올 것이다. 커뮤니케이션·교역·타협이 쉽고 기술이 극도로 발전한 세상에서라면, 대부분의 사람들은 자신이 원하는 걸 대부분 얻을 수 있을 것이다.

이제 가능한 최악의 문명, 즉 가능한 최선의 미래가 좋은 것만큼이나 나쁜 미래를 생각해보자. 그런 미래는 우주 전체에 퍼진 엄청난 수의 사람들이 극심한 고통으로 가득한 삶을 살고 있어야 할 것이다. 어떻게 하면 그런 결과가 나올지 설명할 수 있을까? 그건 가능한 최선의 세상에 대해 설명하는 것보다 훨씬 어렵다. 현실적인 디스토피아의 시나리오는 보통 세상을 가능한 한 나쁘게 만드는 것이 아니라 다른 목적에 최적화해 있다. 따라서 어마어마하게 좋은 미래는 가능성이 대단히 높아 보이는 반면에 어마어마하게 나쁜 미래는 가능성이 대단히 낮아 보인다.

안티유토피아의 나쁨은 유토피아의 좋음보다 훨씬 심각하지만, 안티유토피아보다는 유토피아의 가능성이 훨씬 높다. 모든 것을 염두에 둘 때, 내가 보기에는 유토피아의 가능성이 클수록 고려할 것도 더 커지는 것 같다. 이는 미래의 기댓값을 양이라고 생각할 이유를 마련해준다. 우리에게는 희망을 가질 근거가 있다.

5부
지금 우리가
해야 할 일

10 장

당신 뒤의 거대한 미래

미래를 뒤로

영어에서, 미래는 우리 앞에 있고 과거는 뒤에 있다. 우리는 앞에 있는 것을 준비하고 뒤에 있는 것을 걱정하지 말아야 한다거나, 불안한 미래에 직면해 있다거나, 메리 울스턴크래프트〔18세기 영국의 작가, 시민운동가〕는 시대를 앞서간 사상가였다고 말한다. 이런 비유적인 매핑mapping은 문화 전체에 걸쳐 거의 보편적이다. 내가 아는 한 소수의 예외를 제외한 세상의 모든 언어는 미래를 우리 앞에 있는 것으로, 과거를 뒤에 있는 것으로 묘사한다.[1]

연구가 가장 잘 이루어진 예외는 아이마라족Aymara의 언어다. 아이마라는 약 200만 명으로 이루어진 토착 부족으로 볼리비아, 칠레 북부, 아르헨티나, 페루에서 산다.[2] 전통 의상은 원색이고 그들의 깃발은 총천연색의 글리치 아트glitch art(기계적 결함을 고의적으로 연출하고 만들어내는 드로잉 기법)와 닮았다. 아이마라족 언어에서는 미래가 우리 뒤에 있고 과거가 앞에 있다. 따라서 nayra mara라는 문구는 '앞'('눈'이나 '시각'을 가리키기도 한다)이라는 단어와 '해'라는 단어로 이루어져 있고 '지난해'를 의미한다. nayra pacha의 문자 그대로 의미는 '앞 시간'이지만 '지난 시간'을 가리킨다. '지금부터'라고 말하려면 akata qhiparu라고 해야 하는데 이를 문자 그대로 해석하면 '뒤로 향해'이며, '미래의 날'이라고 말하려면 qhipüru라고 해야 하는데 이는 문자 그대로 '뒤의 날'이라는 뜻이다.

이런 개념적 비유는 아이마라족 말을 하는 사람의 단어 선택에만 국한되는 것이 아니다. 미래의 사건을 지칭할 때 아이마라어를 하는 사람들은 엄지로 어깨 뒤를 가리킨다. 이런 효과는 아이마라어가 모국어인 사람이 '안데스 스페인어' 같은 제2외국어를 할 때도 지속된다.

거의 모든 언어가 미래를 우리 앞에 있는 것으로 나타내는 까닭은 우리가 걷거나 뛸 때 시간을 보내면서 동시에 앞의 공간으로 이동하기 때문이다. 아이마라어에서 시간의 더 중요한 특징은 우리가 아는 것과 모르는 것이다. 우리는 현재와 과거를 볼 수 있다. 그것들은 우리 앞에 펼쳐져 있다. 따라서 우리는 과거와 현재에 대해 미래에 대해서는 알 수 없는 방식으로 직접적인 지식을 가질 수 있다. 우리가 미래에 대해 알거나 믿는 모든 것은 우리가 현재나 과거에 경험했던 것으로부터의 추론에 근거한다.[3] 아이마라어에 내재된 철학은 미래에 대해 계획할 때 마치 알지 못하는 땅을 뒤로 걷는 것과 같은 태도를 취해야 한다는 것이다.

이런 비유는 미래로의 여정을 생각하는 적절한 방법이다. 내가 지난 아홉 개 장을 통해 미래에 대해서 명확하게 생각하는 것, 미래를 더 나은 방향으로 움직이는 데 도움을 주는 것이 모두 가능하다는 걸 보여주었기를 바란다. 그러나 그게 쉽다고 주장하는 것은 아니다. 나는 기껏해야 어깨너머로 우리 뒤에 있는 미래의 모습을 잠깐 보여주었을 뿐이다. 아직 우리가 알지 못하는 것이 너무나 많다.

나는 이 책을 쓰는 동안에도 여러 중요한 사안에 대해 마음을 바꾸었다. 나는 역사적 우발성, 특히 가치관의 우발성을 몇 년 전보다 훨씬 더 진지하게 취급한다. 기술 정체의 장기적 영향에 대해서는 불과 한 해 전보다도 훨씬 걱정이 많다. 시간이 흐르면서 커다란 재앙 앞에서 문명이 갖는 회복력에 대해 안심하게 되었고, 미래에 쉽게 접근 가능한 화석연료의 고갈과 그것이 문명 회복을 더 어렵게 만들 수 있다는 가능성에 대해서는 낙담했다.

우리는 여러 가지 이유 때문에 미래에 대해 심각한 불확실성을 느끼는 위치에 있다. 첫째, 일부 사안에 대해서는 양쪽으로 강력한 고려 사항들이 있다. 이 부분에서 서로의 비중을 어떻게 가늠해야 할지 모르겠다. 인공지능에 대한 많은 전략적 사안이 그런 경우다. 인공지능 개발을 가속하는 것이 좋은지 나쁜지의 문제가 한 예다. 한편으로, 인공지능 개발 속도의 저하는 범용 인공지능 개발을 준비할 시간을 더 갖게 한다. 반면에 개발의 가속은 기술 정체의 위험을 줄이는 데 도움을 줄 수 있다. 이 문제에서는 잘못된 조치가 당신의 노력을 허사로 만드는 데에서 끝나지 않는다. 잘못된 조치는 재앙이 될 수 있다.

전문가들 사이에 의견이 크게 갈리는 것도 문제를 까다롭게 만드는 데 한몫한다. 최근 인공지능 안전과 거버넌스 분야의 선두적인 조직에 속한 75명의 연구원들에게 이런 질문을 했다. "인공지능의 결과로 실존적 재앙이 발생한다고 가정하면, 그 원인은 무엇일까?"[4] 여섯 가지 중 하나로 대답이 가능했다. 첫 번째는 닉 보스트롬의《슈퍼인텔리전스》에서처럼 단일 인공지능 시스템이 빠르게 세계를 장악하는 시나리오였다. 두 번째와 세 번째는 점진적으로 개선되고 있는 많은 인공지능 시스템과 관련한 인공지능 장악 시나리오였다. 네 번째는 인공지능이 전쟁 위험을 악화시키는 시나리오였고, 다섯 번째는 인공지능이 사람에 의해 잘못 이용되는 시나리오(4장에서 길게 묘사한 것처럼)였으며, 여섯 번째는 '기타'였다.

전형적인 응답자는 첫 다섯 가지 시나리오에 비슷한 가능성을 두었고 '기타'에는 20%의 확률을 부여했다. 그렇지만 개별 응답은 대단히 다양했고, 이런 예상에 대한 자기 확신의 정도는 낮았다. 자기 확신에 대한 응답자 평가의 중앙값은 0~6까지 범위 중 2였다. 위협의 크기에 대해서도 의견 차이가 컸다. 인공지능으로 인한 존재론적 위험에 대한 질문에 응답자들은 0.1~95%에 이르는 답을 내놓았다.[5]

인공지능 거버넌스를 둘러싼 사안도 마찬가지다. 2021년 오픈 필란트로피의 인공지능 거버넌스 보조금 관리자 루크 밀하우저는 이렇게 말했다. "지난 몇 년 동안 나는 장기주의 인공지능 거버넌스 분야의 다른 베테랑들과 가치가 높은 중기 목표에 대해서 논의하는 데 수백 시간을 투자했다. 따라서 나는 어느 정도 확신을 가지고 말할 수 있다. 어떤 중기 목표를 추구하는 게 유효할지에 대한 합의가 거의 이루어지지 않았다고 말이다."[6]

그런 심각한 불확실성에 직면한 두 번째 이유는 우리가 알고 있는, 상충되는 고려 사항들의 비중을 가늠해야 함은 물론이고, 아직 생각해보지 않은 고려 사항들까지 감안하기 위해 노력해야 하기 때문이다. 2002년 이라크의 대량 살상무기 보유 여부 증거에 대해 미국 국무장관 도널드 럼스펠드는 이렇게 단언했다. "알려진 기지수들이 있다. 우리가 알고 있다는 것을 알고 있는 것들이다. 알려진 미지수들이 있다. 우리가 모른다는 것을 알고 있는 것들도 있다. 그러나 알려지지 않은 미지수들이 있다. 우리가 모른다는 것조차 모르는 것들 말이다."[7]

럼스펠드의 발언은 당시 반계몽주의로 풍자되었고, 심지어는 쉬운 영어 쓰기 운동Plain English Campaign이 '유명인이 한 이해할 수 없는 발언'에 매년 수여하는 실언상Foot in Mouth Award을 수상했다.[8] 하지만 사실 그는 중요한 철학적 요점을 짚었다. 우리는 존재한다는 것조차 알지 못하는 고려 사항이 있을 수 있다는 것을 염두에 두어야 한다.

이를 분명히 보여주기 위해 1500년대에 살았던 교양 있는 한 사람이 먼 미래가 순조롭게 진행되도록 노력했다고 가정해보자. 그 사람은 법, 종교, 정치 제도의 지속성 같은 것과 관련한 사항들에 대해 알고 있었을 것이다. 하지만 아직 많은 일이 일어나지 않은 상태였다. 지구에서 생명이 살 수 있는 기간이 수십억 년이고, 거대한 우주에 생명이 거의 존재하지 않는다는 관념은 알려져 있지 않았다. 확률 이론이나 기댓값처럼 불확실성을 다루는 중요한 개념적 도구도 아직 개발되지 않았다. 그는 모든 사람의 이익이 동등하다는 도덕적 세계관에 대한 논쟁에 노출된 적이 없었다. 그는 모르고 있는 것을 몰랐을 것이다.

우리가 심각한 불확실성에 직면하는 세 번째 이유는 특정한 결과가 일어나는 것이 좋다는 점을 아는 상황에서도 그 일을 예측 가능한 방식으로 일어나게끔 하는 것이 대단히 어려울 수 있기 때문이다. 우리가 취하는 특정한 조치는 긴 시간에 걸쳐 다양한 결과를 초래한다. 그 일부는 좋을 것이고, 다른 일부는 나쁠 것이고, 많은 것은 가치가 불확실할 것이다. 그럼에도 불구하고 우리는 결정을 내릴 때 가능한 모든 결과를 포함하도록 노력해야 한다.

경험적·평가적 복잡성에 직면하면 할 수 있는 것이 전혀 없는 것처럼 실마리가 없다는 느낌을 받기 쉽다. 하지만 그것은 지나치게 비관적인 태도다. 미래를 향해 뒤로 걷고 있다고 해도, 우리가 걷고 있는 지형이 답사가 이루어지지 않은 어둡고 안개 자욱한 곳이라고 해도, 우리를 인도하는 실마리가 거의 없다고 해도, 다른 것보다 훌륭한 계획이 있는 법이다. 우리가 적용할 수 있는 세 가지 경험 법칙이 있다.

첫째, 상대적으로 확신이 강한 조치를 취한다. 미지의 땅을 탐사하고 있다면, 우리는 다양한 환경에서 불쏘시개, 성냥, 날카로운 칼, 응급처치용품이 도움이 되리라는 것을 알고 있다. 원정에서 어떤 일이 벌어질지에 대해서는 아는 게 별로 없지만 이런 것들은 유용할 것이다.

둘째, 가능한 옵션의 수를 늘리기 위해 노력한다. 원정에서는 빠져나올 수 없는 협곡에 갇히는 일을 피해야 할 것이다. 목적지의 위치를 정확히 알지 못한다면, 가능한 한 경로가 많은 길을 선택해야 할 것이다.

셋째, 많이 배우기 위해 노력해야 한다. 원정팀은 지형을 더 잘

살피기 위해 언덕에 오르거나 다른 길을 미리 정찰할 수 있다.

더 확실한 조치를 취하고, 옵션을 열어놓고, 더 많은 것을 배우는 이 세 가지 교훈은 장기적으로 긍정적 영향을 주려는 우리 시도를 인도하는 데 도움을 줄 것이다.

첫째, 일부 조치는 다양한 가능한 시나리오에서 장기적인 미래를 더 낫게 만들 것이다. 예를 들어, 청정에너지 기술의 혁신 촉진은 화석연료를 고갈시키지 않도록 해서 문명 붕괴 후의 회복 가능성을 높이고, 기후변화의 영향을 줄이고, 기술을 더욱 진보시켜 정체 위험을 줄이며, 화석연료의 대기오염으로 인한 사망자를 줄이는 단기적 이점도 가지고 있다.

둘째, 일부 경로는 다른 것보다 많은 옵션을 준다. 개인적 수준에서도 마찬가지다. 일부 커리어는 다른 것보다 훨씬 더 유연한 기술과 자격을 장려한다. 나는 커리어 운이 좋았지만, 일반적으로 경제학이나 통계학 박사 학위는 철학 박사 학위보다 더 많은 가능성에 열려 있다. 4장에서 언급했듯 옵션을 열어두는 것은 사회적 수준에서도 중요하다. 문화와 정치 시스템의 다양성을 유지하는 것은 문명의 잠재 궤도를 더 많이 열어둔다. 문명이 종말을 맞지 않도록 보장하는 면에서는 특히 더 영향이 크다.

셋째, 우리는 더 많이 배워야 한다. 개인으로서는 이 책에서 논의한 다양한 원인에 대해 더 깊이 이해해야 하고, 세상과 관련한 측면에 대해서도 지식을 쌓아야 한다. 현재는 정치, 기술, 경제, 사회 문제에 대해 10년 이상 앞을 내다보는 예측 시도가 거의 없고 100년 이상 앞을 내다보려는 시도는 찾아보기 힘들다. 하나의 문명으로서 우리는 더 나은 일을 하는 데 자원을 투자해야 한다. 희미하게나마 우리 뒤에 있는 미래를 볼 수 있게 해주는 거울을 만드는 일에 말이다.

이런 높은 차원의 교훈을 마음에 새기고, 어떤 우선순위에 집중해야 하는지에 대한 질문을 시작으로 무슨 일을 해야 할지 이야기해보자.

어떤 우선순위에 집중해야 할까

원정에 나서면 한꺼번에 여러 가지 문제와 맞닥뜨리게 마련이다. 텐트에 물이 새고, 사기가 떨어지고, 표범이 따라다닐 수 있다. 우선순위를 정해야 한다. 물이 새는 텐트는 짜증스럽겠지만 표범만큼 중요하지는 않다.

마찬가지로, 세상을 어떻게 개선해야 할지 생각할 때의 첫 단계는 어떤 문제부터 착수해야 할지 결정하는 것이다. 선을 행할 방법을 결정할 때면 사람들은 가장 마음이 끌리는 문제에 먼저 집중하곤 한다. 아마도 자신이 아는 어떤 사람이 영향을 받기 때문일 것이다. 가장 두드러지는 문제에 집중하는 사람들도 있다. 하지만 당신의 목표가 가능한 한 많은 선을 행하는 것이라면, 이런 직감은 좋은 길잡이가 되지 못한다. 가장 영향력 큰 조치가 전형적인 조치들보다 훨씬 더 효과적일 수 있기 때문이다.

우리가 어떤 종류의 일들 중에서 선택을 하고 있는지 감을 잡기 위해서, 우선 앞서 내가 언급했던 위협을 찬찬히 살펴보자. 첫째, 범용 인공지능이나 단일한 이념의 세계 지배를 통해 촉발될 수 있는 나쁜 가치관의 고착이다. 둘째, 핵무기나 생물무기 관련 전쟁 혹은 기술 정체나 화석연료 고갈, 지구온난화가 불러올 수 있는 문명의 종말이다. 이들 영역에서 우리가 할 수 있는 일은 무엇일까?

상당히 확실한 조치를 취할 수 있는 사안들이 있다. 기후변화와 화석연료 고갈이 그런 문제다. 이 문제의 물리적 기반, 사회경제적 효과, 완화나 적응을 위한 정책에 관해 활용할 수 있는 엄청난 관련 연구 자료가 있다. 결정적으로, 여러 가지 개입을 비교하는 데 사용할 수 있는 기준도 있다. 이산화탄소 배출을 줄이면 기후변화라는 문제에서 승리한다는 것, 배출량은 많이 줄일수록 좋다는 것을 익히 알고 있다. 우리 각자는 정치적 지지를 통해서 혹은 클린에어태스크포스나 테라프락시스TerraPraxis 같은 효율적인 비영리단체에 자금을 지원하거나 직접 그런 단체에서 일하는 방법으로 청정 기술 혁신을 장려할 수 있다.

값싸고 빠른 보편적 진단법이나 신뢰도 높은 개인 보호 장비의 생산 혁신을 촉진하는 방법을 통한 팬데믹 대비와 차단 방역biosecurity〔동물이나 식물의 질병 확산을 막는 것〕도 확실한 좋은 일을 할 수 있는 영역이다. 존스홉킨스건강보안센터Johns Hopkins Center for Health Security와 바이오디펜스를위한초당적위원회Bipartisan Commission on Biodefense 같은 조직들은 세계적으로 팬데믹 대비 해법을 촉진하는 데 도움을 주고 있다.

일반적인 재난 대비 역시 확실한 선으로 보인다. 여기에는 식량 비축량 증대, 최악의 재앙으로부터 더 많은 사람을 보호하기 위한 벙커 구축, 핵겨울을 대비해 햇빛에 의존하지 않는 식량 생산 방식 개발, 농경을 다시 시작하는 데 사용할 수 있는 종자 보관,[9] 문명 재건에 필요한 기술 지침을 보관하는 정보 보관소 건설이 포함된다.

다른 영역에서 가장 우선해야 하는 것은 옵션을 확보하고 더 많이 배우는 것이다. 인공지능을 둘러싼 많은 사안이 여기에 해당한다. 범용 인공지능에 대해 걱정은 하고 있지만 대강의 윤곽을 제외하고는 그것이 어떤 모습일지 아직 알지 못한다. 이 때문에 지금은 표적을 정확히 겨냥한 해법을 만들기 어렵고, 복잡한 전략적 상황 때문에 많은 선의의 시도가 역효과를 낼 수 있다.

하지만 범용 인공지능의 위험을 줄이기 위한 노력의 역사는 그런 상황에서도 우리가 할 수 있는 일이 적어도 하나는 있다는 것을 보여준다. 무엇을 해야 하는지에 대한 불확실성을 줄이는 일을 시작할 도덕적 동기부여를 받은 행위자들이 활약할 분야를 구축하는 것이다. 10년 전, 인공지능의 궤도를 긍정적 방향으로 이끌기 위해 일하는 사람은 거의 없었다. 하지만 지금은 최소 100명 이상이 매년 수천만 달러를 이 일에 쓰고 있다.[10]

인간호환인공지능센터Center for Human-Compatible Artificial Intelligence와 인류미래연구소 같은 조직이 안전한 인공지능 개발에 집중하는 연구자들의 분야를 구축하는 데 도움을 주었다. 이 사안은 예를 들어 워싱턴 D.C.에 있는 조지타운대학교의 보안·신생기술센터Center for Security and Emerging Technology에 의해 기술 정책으로 점차 더 진지하게 받아들여지고 있다. 아직은 미미하지만 이런 노력은 계속 늘어나고 있다.

열강 간 전쟁 위험도 분야 구축과 후속 연구가 최우선순위인 또 다른 사례다. 전쟁 원인에 대한 많은 연구가 있지만, 우리는 아직 전쟁 위험을 줄일 실질적 방법에 대해 배워야 할 것이 많다.

예를 들어, 우리는 오랜 기간 경쟁하거나 이웃하고 있는 경우

(특히 영토 분쟁이 있을 때)에 전쟁 확률이 높다는 것을 알고 있다. 하지만 국경을 다시 정하는 것은 실현 가능성이 거의 없는 개입이며, 시간을 되돌려 경쟁 관계가 되는 것을 막을 수도 없다. 민주주의국가들이 서로 싸울 가능성이 낮다는 것은 알고 있지만, 민주주의를 전 세계에 주창하는 것은 대단히 어려운 일이다.

이런 불확실성을 고려하면, 재능 있는 연구자와 효율적인 조직을 찾고 교육해서 이 영역에 대한 지식을 넓히는 것은 대단히 중요한 일이라는 게 내 생각이다. 스톡홀름국제평화문제연구소Stockholm International Peace Research Institute 같은 조직은 실행될 경우 앞으로 수십 년간 열강들 사이의 평화를 유지할 확률을 높여주는 정책과 프로그램을 찾는 데 도움을 줄 것이다.

특정 사안에 대한 지식을 넓히는 것뿐 아니라 전체로서 장기주의가 지닌 함의를 더 잘 이해하도록 노력해야 한다. 예를 들어, 새로운 중요한 고려 사항을 찾는 데 도움을 줄 수 있다. 문명의 생존에 심각한 위협이 되지만 간과하고 있는 기술이 있을 수도 있다. 세계 제도와 문화의 변화 중 일부는 가치 있는 궤도 변화일 것이다. 어느 쪽이든 이런 고려 사항을 찾아내는 것은 엄청나게 중요한 일이다. 이것들을 비롯한 중요한 사안은 글로벌우선순위연구소, 인류미래연구소, 오픈필란트로피 같은 곳에서 연구하고 있다.[11]

이런 문제 중에서 가장 긴급한 것을 어떻게 선택해야 할까? 2장에서 나는 문제의 중대성을 측정하는 중대성, 지속성, 우발성의 프레임워크를 이용할 것을 제안했다.

하지만 문제의 중요성**만**을 고려해서는 안 된다. 매우 중요한 사안이지만, 우리가 할 수 있는 일이 극히 제한적인 경우도 있을 것이다. 이를 두 가지 요소로 나눌 수 있다.

첫 번째는 **취급 용이성**이다. 주어진 문제의 일부를 해결하는 데 얼마나 많은 자원이 필요할까? 본질적으로 다른 문제보다 해결하기 쉬운 문제가 있다.

예를 들어, 프레온가스CFC의 사용은 오존층을 없앰으로써 세상에 엄청난 문제를 제기했다.[12] 하지만 이 문제는 비교적 쉽게 해결됐다. 프레온가스의 대체재를 필요로 하는 기업이 소수였던 것이다.[13] 과학자들이 프레온가스가 오존층을 없앨 수 있다는 점을 처음 발견한 때로부터 프레온가스의 사용을 단계적으로 중단하고 문제를 근본적으로 종식시킨 몬트리올 의정서를 채택하기까지 걸린 시간은 단 15년이었다.[14]

기후변화에 있어서는 국제적 협력이 어렵고 화석연료의 좋은 대체재가 부족해 문제가 더 어려워지고 있다.[15] 하지만 적어도 문제의 본질, 즉 화석연료를 태우는 것이 이산화탄소를 배출한다는 것은 자명하다. 이는 문제 해결 진전 상황을 추적하는 지표를 좀 더 쉽게 만들 수 있다는 의미다. 도덕적 진전이나 인공지능의 안전한 개발 같은 다른 영역은 상황이 더 암울하다. 문제의 본질에 논란이 있고, 성공을 가늠할 수 있는 명확한 지표가 존재하지 않는다.

두 번째 요소는 **방치**다. 문제를 연구하는 사람의 수가 늘어날수록 낮은 가지의 과실(선을 행하는 최선의 기회)을 딸 확률은 높아진다. 도외시되고 있는 문제에 착수한다면 더 큰 차이를 만들 수 있다.

예를 들어, 자선가들은 현재 매년 기후변화를 막는 활동에 수십억 달러를 쓰고 있고, 정부와 기업은 기후변화를 해결하는 데 수천억 달러를 쓰고 있으며, 기후변화는 사회적 의식이 있는 많은 젊은이들의 선택을 받는 분야 중 하나다.[16] 6장에서 언급했듯 이런 물결은 기후변화의 방향을 돌리는 데 큰 기여를 했다. 반면에 인공지능 개발을 중심으로 하는 사안은 심하게 방치되고 있다. 그 분야에 대한 관심은 커지고 있지만 연구를 지원하는 기부금은 연 수천만 달러 수준에 머물고 있으며, 이 분야에서 일하는 사람은 몇백 명에 불과하다. 이는 당신이 진전에 도움을 줄 경우 더 주목을 끌고 있는 영역에서는 훨씬 어려운 방식의 변화를 일으킬 수 있는 개인적 역량을 갖게 된다는 의미다.

행동의 방법

가장 긴급하다고 생각하는 문제를 선택했다고 가정하면, 당신이 다음으로 해야 할 일은 무엇일까? 사람들은 보통 개인적 행동이나 소비 결정에 집중하곤 한다. 동물 복지에 관심이 있다면 가장 중요한 것은 채식주의자가 되는 것이라고, 기후변화에 관심이 있다면 가장 중요한 것은 비행기를 덜 타고 운전을 덜 하는 것이라고, 자원 남용을 걱정한다면 가장 중요한 것은 자원을 재활용하고 비닐봉지 사용을 중단하는 것이라고 제안한다(암묵적이든 명시적이든).

이해가 되기는 한다. 하지만 크게 볼 때는 이런 식의 집중은 세상을 더 낫게 만들고자 하는 사람들이 저지르는 가장 큰 전략적 실수다. 소비 결정에만 초점을 맞추면 우선순위를 정하는 일에서 실패한다. 예를 들어, 플라스틱을 줄이자는 최근의 운동을 생각해보자. 이런 운동이 환경에 미치는 영향은 미미하다. 런던에서 뉴욕으로 비행기를 한 번 타고 가는 효과를 상쇄하려면 비닐봉지를 8,000번 재사용해야 한다.[17] 플라스틱을 사용하지 않는 것은 대양의 오염에 아주 작은 영향을 줄 뿐이다. 폐기물을 효과적으로 관리하는 부유한 국가에서는 플라스틱 폐기물을 대양에 버리는 일이 매우 드물다. 대양의 거의 모든 플라스틱은 어선과 폐기물을 제대로 관리하지 못한 가난한 국가에서 비롯된다.[18]

개인의 소비 결정 중 비닐봉지 재사용보다 훨씬 큰 영향력을 갖는 것이 있다. 심정적으로 가장 끌리는 것은 채식주의다. 내가 가장 먼저 자율적으로 내린 주요한 도덕적 결정은 채식주의자가 되는 것이었다. 부모님의 집을 떠나던 18세 때의 결정이었다. 내게는 중요하고 의미 있는 결정이었으며, 나는 지금까지도 채식을 이어오고 있다. 하지만 내가 할 수 있는 다른 일들과 비교했을 때 그 일의 영향력은 얼마나 될까? 내가 채식주의를 선택한 것은 주로 동물 복지 때문이었지만, 이번에는 기후변화에 대한 영향에 초점을 맞춰보기로 하자. 채식을 함으로써 나는 매년 0.8이산화탄소 환산톤(다른 온실가스의 영향을 결합한 지표)을 덜 배출한다.[19] 상당한 양이다. 내 전체 탄소 발자국의 약 10분의 1에 해당한다.[20] 80년 동안, 나는 약 64이산화탄소 환산톤을 줄일 수 있을 것이다.

그러나 근본적으로 더 큰 영향을 미치는, 당신이 할 수 있는 다른 일들이 있다. 중위 소득 구간 미국인이 소득의 10%(약 3,000달러)를 클린에어태스크포스에 기부한다고 가정해보자. 클린에어태스크포스는 도외시되는 청정에너지 기술 혁신을 촉진하는 비용 효율이 극히 높은 조직이다. 내가 아는 가장 정확한 추정에 따르면, 이 정도의 기부는 세계 이산화탄소 배출량을 매년 1만 3,000톤까지 줄일 수 있다.[21] 이것은 평생 채식을 하는 효과보다 훨씬 크다. (기후변화에 대한 자금 조달 상황이 빠르게 변하고 있다는 데 주목하라. 당신이 이 글을 읽고 있을 때면 클린에어태스크포스는 이미 자금을 확보했을 수도 있다. '기빙왓위캔'은 기후변화를 비롯한 영역에서 가장 좋은 자선단체의 최신 목록을 제공한다.)

채식주의자가 되고 채식을 유지하는 데에는 선한 이유가 있다. 그렇게 함으로써 기후변화 완화를 지지하고, 동물 복지를 옹호하며, 위선적 행위를 중단할 수 있다. 불필요한 고통을 유발하지 않는 것이 도덕적으로 더 바람직한 삶을 사는 것이라고 생각할 수도 있다. 하지만 당신의 목표가 최선을 다해 기후변화에 맞서는 것이라면, 채식을 하는 것은 그 그림의 아주 작은 일부일 뿐이다.

체계적인 변화가 아닌 개인적 소비 결정을 강조할 경우, 기업들이 그 점을 편리하게 이용할 수 있다. 2019년 셸의 CEO 벤 판뵈르던은 제철 음식을 먹고 재활용을 더 많이 하라는 강연을 하면서 겨울에 딸기 먹는 사람들을 맹렬하게 비난했다.[22] 사실 기후변화를 해결하기 위해 실제로 필요한 것은 셸 같은 기업이 문을 닫는 것이다. 효과적인 비영리단체에 기부함으로써 우리는 이런 종류의 지대한 영향을 가져오는 정치적 변화의 가능성을 훨씬 더 높일 수 있다.

다른 영역에서도 개인의 소비를 바꾸는 것보다 기부의 영향력이 더 크다. 나는《냉정한 이타주의자》에서 세계 최고의 빈곤 퇴치 자선단체에 기부하는 것이 공정 무역 제품을 사는 것보다 훨씬 영향력이 크다고 이야기했다. 이런 사례는 우연이 아니다. 우리는 거의 모든 영역에서 이런 패턴을 예상할 수 있다. 가장 강력하지만 단순한 이유는 이것이다. 즉, 우리의 소비는 해악을 줄이는 데 최적화해 있지 않기 때문에 다른 소비 선택을 한다고 해도 그렇지 않으면 유발할 피해를 기꺼해야 아주 조금 피할 수 있을 뿐이다. 반면에 기부할 때는 우리가 신경 쓰고 있는 해악을 **가장 많이** 줄이는 조치를 선택할 수 있다. 정책에 영향을 주는 것과 같은 지렛대를 활용해 가능한 한 최대의 효과를 낼 수 있는 것이다.

더구나 이 책에서 논의한 많은 문제에 대해서는 소비 행동을 바꿈으로써 차이를 만드는 것이 불가능하다. 기후변화라면 각자의 일상적 행동을 통해 완화시킬 수 있지만, 열강의 전쟁이나 유전자조작 병원체를 통한 팬데믹, 인공지능의 개발은 그렇지 못하다. 그러나 효과적인 비영리단체에 기부함으로써 이 모든 문제 해결 방법에 착수할 수 있다. 삶 속에서 다른 어떤 일을 하든, 기부는 엄청난 양의 선을 행하는 한 가지 방법이다.

기부 외에 정치적 행동주의, 좋은 아이디어의 확산, 자녀를 갖는 것, 이 세 가지 다른 개인적 결정이 특히 효과가 큰 것 같다.

정치적 행동주의의 가장 간단한 형태는 투표다. 표면적으로는 투표가 큰 도움이 되는 것처럼 보이지 않는다. 내가 참여한 모든 투표는 내가 투표를 하건 하지 않건 결과가 동일했으며, 그건 이 책을 읽는 거의 모든 사람에게 마찬가지일 것이다. 그러나 이런 식의 추론이 간과한 것이 있다. 당신이 선거에 영향을 줄 가능성이 적더라도, **기댓값**은 여전히 매우 높을 수 있다는 것이다.[23]

당신이 경쟁 심한 미국의 어떤 주에 살고 있다면, 당신의 투표가 대통령 선거의 결과를 뒤집을 확률은 100만분의 1에서 1,000만분의 1 사이일 것이다. 통상적으로, 정부는 국가 GDP의 3분의 1 정도를 통제한다. 미 연방 정부는 4년마다 17.5조 달러를 지출한다. 정부 지출의 우선순위는 상당히 중복되므로, 당신의 투표는 예산의 겨우 10%에 영향을 미칠 수 있다. 그렇더라도 만약 당신의 투표가 대통령 선거에서 실제로 차이를 만들었을 경우의 엄청난 영향을 곱해보라. 경쟁이 심한 주에 사는 당신의 투표는 17만 5,000달러에 영향을 미친다. 이는 영향을 미칠 수 있는 돈만을 고려한 것이다. 여러 후보가 핵전쟁을 시작할 가능성처럼 정량화하기 힘든 요인에 더 큰 효과를 낼 수도 있다. 따라서 선거 결과를 뒤집을 가능성은 매우 적지만, 그 보상은 투표를 가치 있는 일로 만들 만큼 충분히 크다.

여기에는 몇 가지 주의할 점이 있다. 첫째, 경쟁이 심한 주에 사는 유권자는 많지 않다. 특정 후보가 차지할 게 확실한 주에 살고 있다면, 당신이 영향을 미칠 가능성이 너무 적기 때문에 투표의 기댓값은 매우 작을 것이다. 둘째, 투표를 가치 있게 만들기 위해서는 단순히 투표장에 가서 투표권을 행사하는 이상의 일을 해야 한다. 중위유권자보다 더 많은 정보를 가져야 하고 편향되지 말아야 한다. 그렇지 않으면 오히려 해악을 끼칠 위험이 있다.

이런 주장은 다른 형태의 정치적 행동주의에도 적용된다. 개인적으로 정치 캠페인에 참여해서 차이를 만들어낼 가능성은 낮더라도, 보상은 대단히 클 수 있다.

세상을 좀 더 낫게 만드는 또 다른 방법은 친구와 가족에게 더 나은 가치관이나 전쟁, 팬데믹, 인공지능을 둘러싼 사안 등 중요한 아이디어에 대해 이야기하는 것이다. 이런 아이디어를 공격적으로, 혹은 당신이 아끼는 사람들이 소외감을 느끼게 하는 방식으로 옹호하거나 홍보해야 한다는 의미가 아니다. 하지만 친구들 간의 논의는 정치적 참여도를 높이는 매우 효과적인 방법 중 하나로 보이며,[24] 우리 시대의 주요한 문제들을 해결하는 일에 의욕을 갖게끔 하는 좋은 방법일 수 있다.

당신이 할 수 있는, 영향력이 큰 마지막 결정은 아이 갖는 것을 고려하는 일이다. 8장에서 말했듯 사람들이 때때로 하는 실수는 아이를 갖는 것의 부정적 영향을 지나치게 강조하고 아이와 세상이 받는 혜택은 전혀 고려하지 않는 것이다. 당신의 자손들은 탄소도 배출하겠지만 사회에 공헌하고, 혁신하고, 정치적 변화를 옹호하는 등 많은 좋은 일을 할 것이다.

기술 정체의 위험을 완화하는 것만으로도 아이를 더 낳는 것의 장기적 순효과는 양이 될 것이라는 게 내 생각이다. 게다가 당신이 아이들을 잘 키운다면 그들은 더 나은 미래를 만드는 데 도움을 주는 변화를 이룰 수 있다. 궁극적으로 아이를 갖는 것은 내가 여기에서 완벽하게 공정히 다룰 수 없는 대단히 개인적인 결정이다. 하지만 미래에 대해 공명정대한 관심을 갖는다면 반대가 아닌 옹호의 편에 서야 할 사항이라고 생각한다.

커리어의 선택

지금까지는 장기적 개선을 위해 시간과 돈을 사용하는 방법을 살펴봤다. 하지만 당신 평생의 영향이라는 측면에서 당신이 내리는 가장 중요한 결정은 커리어의 선택이다. 특히 젊은이들 사이에서는 긍정적 영향을 주기 위해 노력하는 것을 부차적인 일이 아닌 전문적인 일의 핵심으로 삼는 사람들이 흔해지고 있다. 점점 많은 사람이 생계를 위해 돈만 버는 것이 아니라 목적과 의미를 찾고자 한다.

이것이 내가 대학원생일 때 벤저민 토드와 함께 '8만시간'을 공동 설립한 이유다. '8만시간'이라는 이름을 택한 것은 커리어에 투자하는 대략적인 시간이기 때문이다. 40년간 연 50주 주당 40시간을 일하면 8만 시간이 된다. 하지만 사람들이 자신의 커리어에 대해 생각하는 데 소비하는 시간은 그에 비해 훨씬 적은 것이 보통이다. 게다가 커리어에 대한 형편없는 기존 조언 체계까지 결합하면, 결국 많은 사람이 만족감도 영향력도 없는 커리어에 종사하는 결과가 빚어진다.

그렇다면 커리어는 어떻게 결정해야 하는 것일까? 탐험의 비유로 돌아가보자. 우리가 확인한 세 가지 핵심 교훈은 더 많이 배우고, 옵션을 열어놓고, 확실히 좋은 조치를 취하는 것이다. 이는 장기주의자들이 커리어를 선택할 때 직면하는 고려 사항을 잘 보여준다.

1. 배운다: 몇 년 동안 하나에 베팅할 준비가 될 때까지 장기적으로 유망한 경로를 배우고 시도해볼 수 있는 저비용 방법을 찾는다.
2. 옵션을 구축한다: 당신을 가장 빠르게 가속시킬 커리어 자본을 구축함으로써 정말 순조롭게 진행될 수 있는 장기적인 경로에 베팅한다. 하지만 생각대로 진행되지 않을 때를 대비해서 불리한 쪽에 한계를 두는 예비 계획을 마련한다.
3. 선을 행한다: 당신이 구축한 커리어 자본을 사용해서 가장 시급한 문제에 대한 가장 효율적인 해법을 지원한다.

실제로는 커리어를 거치면서 이 모든 우선순위를 추구하겠지만 단계마다 집중하는 부분은 달라질 것이다. 학습은 커리어 초반에 가장 가치가 큰 경향이 있다. 자신에게 투자하고 커리어 자본을 축적하며 옵션을 구축하는 것은 커리어의 초·중반에 가치가 클 것이다. 선을 행하는 방법에 베팅하는 것은 커리어의 중·후반에 가장 가치가 있다. 하지만 시간의 흐름에 따라 초점은 계속 바뀔 것이다. 예를 들어, 40대에 커리어에 극적인 변화를 주기로 결정한 사람은 몇 년 동안 학습 모드로 되돌아갈 것이다. 대학을 졸업하자마자 엄청난 긍정적 영향력을 발휘할 기회를 찾는 행운을 누리는 사람도 있을 것이다. 만약 그렇다면 이런 틀에 갇혀서 그 일을 단념해서는 안 된다.

우선 학습에 대해 살펴보자. 사람들은 최선의 길을 당장 찾아야 한다는 압박감에 시달리곤 한다. 하지만 그것은 불가능한 일이다. 당신한테 가장 잘 맞는 곳이 어디인지는 예측하기 어렵다. 장기적인 관점에서는 특히 더 그렇다. 이제 막 시작하는 입장이라면 직업이 어떤 것인지, 자신의 장점이 무엇인지에 대해서 아는 것이 거의 없다. 게다가 지금 최고의 길을 찾을 수 있다 해도, 시간이 지나면서 바뀔 수 있다. 가장 긴급한 문제에 관심을 쏟으면 미래에는 그 긴급성이 떨어질 수 있고, 새로운 문제를 발견할 수도 있다. 마찬가지로, 예상치 못하게 진전할 새로운 기회를 발견할 수도 있다.

개인적 선호도 바뀔 가능성이 있다. 어쩌면 당신이 생각하는 것보다 많이 말이다. 이렇게 자문해보라. "다음 10년 동안 나의 성격, 가치관, 선호는 얼마나 바뀔까?" 이번에는 스스로에게 이런 질문을 던져보라. "지난 10년 동안 그런 부분에서 나는 얼마나 많이 변했나?" 나는 다음 10년 동안 크게 바뀔 것이 없으리라고 생각했지만, 동시에 지난 10년간 많은 것이 바뀌었다고 생각한다. 일관성이 없어 보이지 않는가? 설문 조사에서도 비슷한 결과를 발견할 수 있다. 이는 사람들이 미래에 자신이 얼마나 변할지 과소평가하는 경향이 있다는 것을 시사한다.[25]

이것은 커리어를 실험처럼 생각해보는 일이 가치 있다는 의미이기도 하다. 당신이 가장 많은 선을 행하는 방법에 대한 어떤 가설을 시험하는 과학자라고 상상해보라. 실용적인 측면에서, 다음 단계를 따를 수 있다.

1. 옵션을 조사한다.
2. 최선의 장기적 경로에 대한 최선의 예측을 한다.
3. 몇 년간 시도한다.
4. 최선의 예측을 업데이트한다.
5. 반복한다.

하나의 커리어 경로에 갇혀 있다고 느끼기보다는, 커리어를 당신에게 그리고 세상에 최선인 역할을 찾는 반복적 과정이라고 보게 될 것이다. 커리어를 실험처럼 취급하는 일의 가치는 대단히 높을 수 있다. 현재의 커리어보다 영향력이 두 배인 커리어를 발견한다면, 전체 커리어의 절반을 그 경로를 탐색하는 데 사용할 가치가 있을 것이다. 시간이 흐르면 적절한 경로를 찾았는지가 한층 명확해질 것이다. 대개의 경우, 2~6년 동안 커리어의 5~15%를 학습과 옵션 탐색에 쓰는 것이 타당하리라고 본다.

켈시 파이퍼는 옵션들에 대한 빠른 학습의 가치를 일깨워주는 사례다. 그녀는 작가로서 잠재력을 시험해보기 위해 대학 시절 자신의 블로그에 매일 1,000단어 길이의 글을 썼다.[26] 파이퍼는 그 일을 꽤 잘하는 것으로 밝혀졌다. 블로그 활동은 글을 쓰는 일이 그녀에게 적절한 경로인지 파악하게끔 해줬을 뿐 아니라, 결국 복스Vox〔뉴스 사이트〕의 퓨처퍼펙트Future Perfect에서 일자리를 구하는 데에도 도움을 주었다. 그녀는 이곳에서 세계 빈곤, 동물 복지, 장기적 미래 등 효율적인 이타주의와 관련한 주제를 다룬다.

탐구에 대해 생각할 때는 뜻을 높이 품고 '상향 옵션', 즉 발생 확률은 10분의 1에 불과하더라도 발생한다면 매우 좋은 결과에 집중하는 것이 좋다. 큰 꿈을 품으라는 것이 항상 좋은 조언은 아니다. 하지만 세상에 긍정적 영향을 미치길 원한다면, 높은 뜻을 품어야 할 분명한 이유가 있다. 성공 가능성이 낮더라도 상향 옵션에 집중하는 기댓값은 클 수 있으며, 결정적으로 결과에 큰 왜곡이 생긴다. 대부분의 분야를 보면 가장 성공적인 사람들이 그 영향의 큰 몫을 책임지고 있다. 예를 들어, 여러 연구가 상위 20%의 기여자들이 전체 결과물의 3분의 1에서 5분의 1을 내놓는다는 것을 발견했다.[27]

탐색할 때는 상향 옵션에 집중하는 것이 매우 가치 있는 일이지만, 해악을 끼칠 수 있는 위험을 제한하는 것도 중요하다. 장기적인 영향은 매우 불확실하기 때문에 해를 끼칠 위험도 증가한다. 따라서 이 점을 심각하게 고려해야 한다. 구호로 표현하자면 "위를 목표로 하되 아래를 제한하라"가 될 것이다.

당신의 진로에 대해 고려해야 할 두 번째 사항은 자신에게 투자함으로써 옵션을 구축하는 것이다. 대부분의 분야에서 사람들의 생산성이 절정에 달하는 것은 40~50세다.[28] 따라서 커리어 자본, 즉 큰 영향을 미치는 데 필요한 기술과 네트워크에 투자하는 것이 커리어

초반의 최우선 과제다. 집중해야 할 기술에는 다음과 같은 것들이 있다.[29]

- 조직 운영
- 조직의 우선순위를 바꾸기 위한 정치적 영향력 사용
- 핵심 장기주의 주제에 대한 개념적·경험적 조사
- 커뮤니케이션(당신이 작가나 팟캐스트 호스트라면)
- 처음부터 새로운 프로젝트를 구축하는 것
- 커뮤니티 구축, 다른 관심사와 목표를 가진 사람들을 모으는 것

자신에 대한 투자는 예상치 못한 방식의 보상을 가져다줄 수 있다. 예를 들어, 소피는 8만시간의 조언을 근거로 의대에 지원하지 않고 세계적인 팬데믹으로 초점을 옮기는 결정을 했다. 그녀는 그 분야에서 커리어 자본을 구축하기 위해 전염병학 석사 학위를 받는 데 필요한 자금을 구했다. 코로나 팬데믹이 발생했을 때, 그녀는 도외시되고 있던 해결책을 발견했다. 휴먼 챌린지human challenge, 즉 백신 효능을 테스트하기 위해 신종 코로나바이러스를 건강한 자원자들에게 고의로 감염시켜 백신 개발의 속도를 크게 높일 수 있는 실험이었다. 이에 그녀는 원데이수너1DaySooner를 공동 설립했다. 이 비영리단체는 수천 명에 달하는 휴먼 챌린지 자원자의 도움을 받아 백신 승인 속도를 높였다. 코로나 백신에 대한 세계 최초의 휴먼 챌린지 실험은 2021년 초 영국에서 시작됐다.[30]

탐험과 투자가 상충되는 경우도 있다. 학계에서는 특히 더 그렇

다. 내가 몇 년간 다른 일을 시도하느라 학문으로서 철학을 그만두고 싶다면, 그건 아마도 내 철학 커리어의 끝이 될 것이다. 내가 속한 분야에서는, 떠나고 나면 되돌아갈 방법이 없다. 그러나 보통은 상황이 이렇게 명확하지 않으며, 커리어 자본을 구축하는 것이 이후의 탐험 기회를 항상 배제하는 것은 아니다.

커리어를 선택하기 위한 마지막 고려 사항은 궁극적으로 우리가 관심을 갖는 것이 무엇인가다. 우리가 하려는 일은 **선을 행하는 것**이다. 대부분 경우, 많은 영향을 미칠 수 있는 기회는 커리어 후반에 커리어 자본을 획득했을 때 얻는다. 하지만 선을 행할 좋은 기회를 바로 만날 수도 있다. 예를 들어, 쿠한 제야프라가산은 스탠퍼드대학교 학생이라는 자신의 위치가 중요한 아이디어에 대한 인식을 확산시키는 훌륭한 플랫폼이라는 사실을 깨달았다. 그는 '스탠퍼드실존위험이니셔티브Stanford Existential Risk Initiative'의 시작을 도와 수백 명이 인류의 장기적 미래 위험에 대해 배울 수 있게 했다.

당신이 얼마만큼의 선을 행하는가는 당신이 착수하기로 한 문제에 크게 좌우된다. 내가 앞서 주장했듯 문제 영역 사이에는 그 영향에 큰 차이가 있을 수 있다. 따라서 이 선택을 신중하게 하는 것이 중요하다. 당신이 갖는 즉각적 영향력은 당신이 하고 있는 프로젝트의 질, 당신의 연공서열, 팀의 역량에 따라서도 달라질 것이다.

"더 많이 배우고, 옵션을 구축하고, 선을 행하라"는 프레임워크는 커리어를 결정하는 모든 사람에게 유용하다. 하지만 **당신**에게 가장 잘 맞는 구체적인 방법은 당신의 **개인적 적합성**에 달려 있다. 어떤 사람은 몇 달 동안 갇혀 있다시피 하면서 경제나 컴퓨터공학의 난해한 주제를 계속 연구하는 걸 좋아하는가 하면, 팀을 관리하거나 단순하고 매력적인 방식으로 아이디어를 소통시키는 일을 잘하는 사람도 있다.

다른 사람들은 갖지 못하는 특이한 기회를 얻는 사람도 있다. 마커스 대니얼은 뉴질랜드 출신의 프로 테니스 선수다. 그는 세계 랭킹 50위권의 복식 선수로, 2021년 도쿄 올림픽에서 동메달을 땄다. 효율적인 이타주의에 대해 배운 마커스는 프로 선수들을 대상으로 세계 개발, 동물 복지, 기후변화 분야의 효율적인 자선단체에 대한 기부를 장려하는 '하이임팩트애틀리츠High Impact Athletes'를 설립했다. 하이임팩트애틀리츠를 통해 기부한 선수로는 현 세계 랭킹 4위의 테니스 선수 스테파노스 치치파스와 전 세계 헤비급 챔피언 권투선수이자 타이슨 퓨리의 스파링 파트너인 조지프 파커 등이 있다. 하이임팩트애틀리츠를 설립하는 것과 같은 기회는 일반적으로 쉽게 오지 않는다. 마커스는 자신의 네트워크 덕분에 새로운 것을 시도하고 큰 상향 잠재력이 있는 조직을 설립할 수 있었다.

이자벨리 보에메키의 스토리도 어떤 면에서는 마커스의 스토리와 닮아 있다. 패션모델로 커리어를 시작한 그녀는 기후변화에 맞서기 위해서는 원자력이 필요하지만 핵에 대한 좋지 못한 인식 탓에 홍보하기가 꺼려진다는 전문가들과 이야기를 나눈 후 소셜 미디어의 방향을 원자력 옹호 쪽으로 돌렸다.

물론 영향력이 큰 커리어로 직업 테니스 선수나 패션모델을 추천하려는 것은 아니다. 하지만 이런 사례는 개인적으로 자신만의 독특한 기술과 역량을 어디에 집중하는가가 세상의 시급한 문제에 큰 차이를 만들 수 있다는 것을 보여준다. 예를 들어, 마커스나 이자벨리가 다시 교육을 받고 전염병학자나 기후과학자가 되는 것은 이치에 맞지 않는다.

대개의 경우, 개인적 적합성은 기부를 통한 기여가 최선의 방법이라는 것을 의미할 수 있다. 자신이 좋아하고 잘하는 커리어를 추구하면, 그 일 자체는 큰 영향력이 없을지라도 기부를 통해 엄청난 차이를 만들 수 있다. 존 얀의 경우가 그렇다. 효율적인 이타주의에 대해 배우고 자신의 커리어 옵션을 생각한 그는 소프트웨어 엔지니어로 계속 일하면서 기빙왓위캔의 회원으로 소득의 상당 부분을 효과적인 자선단체에 기부하기로 결정했다.[31]

개인적 적합성은 당신의 커리어가 갖는 영향력에 대한 중요한 결정 인자다. 그것은 당신이 갖는 직접적 영향력과 당신이 얻는 커리어 자본의 능력을 강화한다. 앞서 언급했듯 결과는 심하게 왜곡된다. 어떤 역할에서 상위 50%가 아닌 상위 10%의 성과를 내는 사람이 될 수 있다면, 이는 아웃풋에 파격적 영향을 미칠 수 있다. 기존 역할에서 거둔 이례적인 성공은 더 많은 인맥, 자격, 신뢰와 직결되어 커리어 자본과 레버리지를 증대시킨다.

그 외에도 개인적 적합성은 직업 만족도의 주요 요소 중 하나다. 사람들은 이타주의를 자기희생과 연관 짓는 때가 많다. 하지만 나는 그 대부분이 이타주의에 대해 생각하는 잘못된 방법이라고 본다.

내 경우 인생에서 가장 선한 일을 하려고 노력하기 시작한 이후, 삶이 좀 더 의미 있고, 진정성 있고, 자율적이라는 느낌을 받았다. 나는 세상을 더 나은 곳으로 만들기 위해 노력하는 사람들의 공동체, 점점 성장하고 있는 그 공동체의 일원이며, 이 중 많은 사람이 내 친한 친구가 되었다. 효율적인 이타주의가 내 삶에 더해졌다. 내 삶의 일부를 뺏어간 것이 아니다. 더구나 즐기는 일을 해야 하는 실용주의적 이유도 있다. 그것은 당신의 영향력을 장기적으로 지속 가능하게 만든다. 올해 가능한 한 많은 선을 행할 방법을 찾을 것이 아니라, 40년 동안 선을 행할 수 있게 지속적으로 헌신할 수 있기를 바라야 한다. 번아웃의 위험은 실제적이다. 스트레스나 우울감이 없어야 다른 사람과 더불어 일을 더 잘할 수 있고 더 생산적일 수 있다.

함께 행하는 선

나는 장기적 미래에 긍정적 영향을 미치는 것이 우리 시대의 가장 중요한 도덕적 우선 사항이라는 주장을 해왔다. 하지만 중요한 것은 그것만이 아니다. 우리는 통합된 윤리적 삶을 사는 맥락에서 장기적으로 더 나은 미래를 만들기 위해 노력해야 한다.

그 일부로 해악을 행하는 것을 피하는 일이 특히 중요하다. 역사는 선을 행하고 있다고 믿으면서 악을 행한 사람들로 어지러워졌다. 우리는 그런 사람이 되지 않도록 최선의 노력을 해야 한다. 동물시민군Animal Rights Militia을 예로 들어보자. 이들은 1980~1990년대 영국에서 총리를 비롯한 의회 의원들에게 편지 폭탄을 보내고, 폭탄을 이용해 영국 전역의 건물에 방화를 했다. 이런 행동의 배후에 있는 사람들은 자신이 도덕적 행동을 하고 있다고 생각했을 것이다. 동물의 고통을 줄이는 데 필요한 일을 하고 있다고 말이다. 하지만 그들은 틀렸다. 그리고 이 경우에만 그런 것이 아니다. 더 큰 선을 위해서 엄청난 악을 행한다는 것은 좀처럼 정당화될 수 없다. 여기 그 이유가 있다.

첫째, 좋은 결과로 해로운 행동을 정당화할 수 있다는 단순한 계산은 실제로 정확한 경우가 거의 없다. 동물시민군은 동물을 위해 최선의 행동을 하고 있다고 생각했을지 모르지만, 실제로 그들은 폭력적 극단주의로 그런 대의를 더럽혀서 오히려 방해를 하고 있다. 목표를 달성하는 데는 대단히 다양한 방식이 있으며, 그중에는 해를 끼치지 않는 많은 방식이 있다는 것을 생각하면 특히 더 그렇다. 동물시민군에게는 집에 앉아서 아무것도 하지 않는 대안만이 있는 게 아니다. 평화적이고 비폭력적인 시위와 캠페인이라는 대안이 있다.

둘째, 해를 끼치는 것은 그게 최선의 결과를 가져올 때조차 타당하지 않다. 이것은 도덕철학에서 이른바 '결과주의자'와 '비결과주의자'를 나누는 사안이다. 목적 달성을 궁극적으로 가장 중시하는 결과주의에 공감한다 하더라도, 윤리의 어려움을 감안하면 그런 이론에 확신을 가져서는 안 된다. 그리고 도덕적으로 불확실할 때는 서로 다른 도덕적 이론들 사이에서 최선의 절충안을 도출하는 방식으로 행동해야 한다.[32] 만약 어떤 합리적 이론이 해악을 피하는 것이 매우 중요하다고 말한다면, 행동할 때 그 부분에 상당한 비중을 두어야 한다.

비슷한 고려 사항이 다른 상식적인 도덕적 고려 사항에도 적용된다. 거짓말이 최고의 결과를 낳을 것이라고 추론할 수 있는 경우도 있을 것이다. 하지만 거짓말은 눈에 잘 띄지 않는 많은 간접적인 부정적 영향을 끼치고, 본질적으로 잘못이라고 보는 것이 타당하다. 따라서 나는 실제로 거짓말이 최선인 것처럼 보일 때조차도, 절대 거짓말을 하지 않는 것이 타당하다고 생각한다. 비슷한 이유로, 사람은 좋은 친구, 가족 구성원, 시민이 되고, 친절하게 행동하고 협력하는 습관을 기르도록 노력해야 한다. 주어진 상황에서 그것이 왜 가능한 최선의 결과로 이어질지 명확치 않은 때라도 말이다.

이러한 면에서, 나는 장기주의를 상식적인 도덕의 대체재가 아닌 보완재로 본다.

단순한 기댓값 추론이 우리를 잘못된 방향으로 이끄는 경우는 또 있다. 지나치게 개인주의적으로 생각하면서 전체 공동체가 장기적으로 할 수 있는 일의 측면은 고려하지 않고 개인으로서 우리가 달성할 수 있는 것에만 주의를 기울이는 것이다.

나는 효율적인 이타주의 공동체를 통해 집단적 행동이 얼마나 중요한지 직접 경험했다. 이 공동체는 10년 전에 설립된 이래 회원이 수천 명으로 늘어났다. 회원들은 정보와 기회를 공유하고, 최신 아이디어를 토론할 수 있는 자체 온라인 포럼을 만들어 활동하며, 서로 우정과 사회적 지원을 제공한다. 의심할 여지없이, 이 공동체는 부분의 단순한 합보다 큰 힘을 갖는다. 각자 나름대로 선을 행하려고 노력할 때보다 협력함으로써 훨씬 더 많은 것을 성취할 수 있다. 중요한 것은, 가장 좋은 일을 한다는 공통의 목표가 있기 때문에 이 공동체 내에서 나는 그 대가로 아무것도 받지 못하더라도 다른 사람들을 도와야 할 이유를 갖게 된다는 점이다.

우리 각자가 더 큰 공동체의 일원으로서 행동한다는 사실은 선을 행하는 데 있어 '포트폴리오 접근법'을 취하게끔 해준다. 우선은 공동체가 어떻게 영향력을 극대화할 수 있는지에 초점을 맞추고, 이후 모든 사람의 개인적 적합성과 비교 우위를 고려해 커뮤니티 자원을 이상적으로 할당하기 위해 당신이 할 수 있는 일이 무엇인지 생각하는 것이다. 공동체의 관점에서 보면, 일차적인 질문은 "어떻게 하면 개인적으로 가장 큰 영향을 줄 수 있을까?"가 아니라 "공동체 내의 누가 상대적으로 어떤 일에 가장 적합한가?"이다. 예를 들어, 내 동료 그레그 루이스는 인공지능의 위험이 우리 시대의 가장 중요한 사안이라고 생각한다. 그러나 그는 유전자조작 팬데믹의 위험도 중요하다고 생각하며, 의학 학위를 가지고 있는 자신은 생물무기의 위협에 집중하고 다른 사람들이 인공지능에 집중하도록 하는 것이 더 타당하다고 믿는다.

포트폴리오 접근법은 학습과 실험의 가치를 높인다. 어떤 사람이 영향력을 행사하는 전인미답의 길을 간다면(색다른 커리어 선택), 공동체의 다른 모든 사람은 그 길이 성공적인지 아닌지 배울 수 있다. 이는 전문화에도 더 큰 가치를 부여한다. 세 명으로 이루어진 공동체라면 다방면에 걸쳐 많이 아는 사람이 필요하겠지만, 수천 명으로 이루어진 공동체에는 특정한 전문 기술을 가진 사람들이 필요할 것이다.

또한 포트폴리오 접근법은 영향력을 발휘할 수 있는 방법을 쉽게 확인할 수 있게끔 해준다. 개인적으로 성취할 수 있는 것만을 생각한다면, 기후변화나 유전자조작 병원체 같은 거대한 세계적 문제 앞에서 무력감을 느끼기 쉽다. 하지만 질문이 "수백 명의 똑똑하고 의욕 넘치는 사람들이 그 문제를 다룬다면 유전자조작 병원체의 위협에서 벗어날 수 있을까?"로 바뀐다면, 그 답은 긍정이 확실할 거라고 나는 생각한다.

운동 구축

이 장은 당신이 직접적으로 영향력을 발휘할 수 있는 많은 방법에 대해 논의했다. 하지만 그 너머로 갈 수도 있을 것이다. 장기주의의 아이디어 자체를 널리 퍼뜨리고, 다른 사람들에게 미래 세대를 고려하고, 미래의 범위를 진지하게 받아들이고, 장기적으로 긍정적인 영향을 주는 행동을 하도록 설득하는 것이다. 글을 쓰거나, 조직을 만들거나, 지인들에게 이야기를 하거나, 운동 구축이 업무의 일부인 '8만 시간'이나 '효율적이타주의센터Centre for Effective Altruism' 같은 조직에 참여할 수 있다.

이런 아이디어를 퍼뜨리는 것은 영향을 미치는 엄청나게 강력한 방법이 될 수 있다. 당신이 단 한 사람을 설득해서 당신이 인생에서 했을 만큼의 선을 행하도록 만든다고 가정해보자. 그렇다면 당신은 평생의 할 일을 다 한 셈이다. 다른 두 사람을 설득하면 당신의 영향력은 세 배가 된다.

물론, 이런 추론은 지나친 것일 수 있다. 장기주의 운동의 성장에는 한계가 있다. 그리고 궁극적으로, 운동 구축만으로는 충분치가 않다. 내가 논의한 문제들을 실제로 해결해야 한다.

그러나 장기주의의 기원은 장기주의를 중심으로 아이디어를 개발하고 퍼뜨리는 것이 운동 포트폴리오의 핵심이 되어야 한다는 것을 시사한다. 이전의 많은 사회운동의 경우, 변화에는 시간이 필요했다. 퀘이커교도들이 최초로 노예제도를 공개적으로 비난한 것(저먼타운 결의문Germantown petition)은 1688년이었다.[33] 그러나 대영제국의 노예제 폐지법은 1833년에야 통과되었고, 몇몇 국가에서 노예제를 폐지한 것은 1960년 이후였다. 성공까지 수백 년이 걸린 것이다.

페미니즘도 마찬가지다. 메리 울스턴크래프트는 영어권 최초의 페미니스트로 여겨진다.[34] 영향력이 큰 그녀의 작품《여성의 권리 옹호A Vindication of the Rights of Woman》는 1792년에 출판되었다. 미국과 영국이 남성과 여성에게 동등한 투표권을 준 것은 각각 1920년과 1928년이었고, 스위스가 그 선례를 따른 것은 1971년이었다.[35] 여성의 권리 증진에 관해서는 아직도 갈 길이 멀다.

우리는 살아생전 장기주의의 큰 영향을 보지 못할 수도 있다. 하지만 장기주의를 옹호함으로써 우리는 그 배턴을 우리 뒤를 이을 사람들에게 넘겨줄 수 있다. 우리가 할 수 있는 것보다 더 빨리 뛰고, 더 멀리 보고, 더 많은 것을 이룰 수 있을 사람들에게 말이다. 그들은 이러한 사안과 관련한 수십 년 동안의 숙고에서 나온 혜택을 볼 것이다. 문명의 방향이 결정되는 가소성의 결정적 순간은 우리가 아닌 그들의 생애 중에 일어날 것이다.

근래의 역사는 세계가 미래 세대의 이익을 진지하게 받아들이기 시작할 거라는 희망을 준다. 환경운동가들은 미래 세대의 복리 문제를 두드러지게 만들어 실제적인 영향력을 갖게끔 했다. 일례로, 녹색당은 수십 년의 선거운동 끝에 1998년 독일 연립정부에 참여했고, 2000년에는 거의 단독으로 세계 태양광 산업의 성장을 뒷받침하는 획기적 법안을 도입해 독일을 세계 최대 태양광 시장으로 만들었다. 2010년까지 독일은 세계 태양전지판 설치 시장의 거의 절반을 차지했다.[36] 독일(위도상 북쪽에 있고 대부분이 흐린 날씨인 국가)에만 전력을 공급한다는 관점에서 보면 이것은 큰 의미가 없다. 하지만 세계적 관점에서라면 변혁적인 성과다. 이런 혁신 그리고 비슷한 시기에 도입한 다른 보조금 제도 덕분에, 2000년부터 2020년까지 태양전지판의 가격은 92% 하락했다.[37] 우리가 곧 보게 될 태양광 혁명은 그 대부분이 독일의 환경 운동 덕분이다.[38]

나는 장기주의적인 추론에 의해 동기를 부여받은 사람들이 거둔 성공도 목격했다. '인공지능 안전AI safety'(인공지능이 기획, 추론, 행동 능력에서 인간을 훨씬 앞선 이후라도 재앙으로 이어지지 않도록 보장하는 것)이라는 아이디어가 비주류 중 비주류인 문제에서 기계 학습 내의 가치를 인정받는 분야가 되는 것을 지켜보았다. 그리고 UN 사무총장의 2021년 보고서 〈우리 공동의 의제Our Common Agenda〉를 읽었다. 장기주의 조직의 연구자들로부터 정보를 제공받은 이 보고서는 "사람들과 미래 세대 사이의 연대"를 요구하고 있다.[39] 8만시간 때문에 나는 전 세계 수천 명이 장기적으로 더 많은 선을 행한다고 믿는 길을 향해 커리어를 바꾸는 모습도 보았다.

하지만 우리는 현실에 안주해서는 안 된다. 우리 앞에는 엄청난 도전이 기다리고 있다. 에너지 수요가 세 배 증가하는 가운데 향후 50년 동안 경제를 탈탄소화해야 한다.[40] 강대국 간 전쟁, 유전자조작 병원체의 사용, 인공지능이 조장하는 지속적인 글로벌 전체주의 위험을 줄여야 한다. 동시에, 기술 진보의 엔진이 계속 작동하도록 해야 한다.

이런 도전에 잘 대처하고 금세기 말의 문명이 긍정적인 방향으로 향하도록 하려면, 전체적인 범위의 미래에 대해 걱정하는, 도덕적으로 동기를 부여받은 사람들의 운동은 선택적인 추가가 아닌 필수다.

이런 운동은 어떤 사람에 의해 이루어져야 할까?

당신이 아니라면 누구겠는가?[41]

긍정적인 도덕적 변화는 불가피한 일이 아니다. 그것은 수 세대에 걸쳐 사상가와 운동가들이 일궈낸 길고 힘겨운 노력의 결과다. 불가피한 것이 아닌 어떤 변화가 있다면, 그것은 미래의 사람들, 즉 시간 속의 위치 때문에 지금의 세상에서 모든 권리를 박탈당한 사람들에 대한 염려가 있었기 때문이다.

멀리 내다보는 신중한 태도를 견지한다면 우리는 우리의 증손자들과 그들의 증손자들, 그리고 수백 세대를 내려간 사람들을 위한 더 나은 미래를 만드는 데 도움을 줄 힘을 가질 수 있다. 하지만 그런 미래를 당연한 것으로 받아들여서는 안 된다. 필연적인 진보의 흐름 같은 것은 존재하지 않는다. 문명을 디스토피아나 사멸로부터 구하는 데우스 엑스 마키나deus ex machina〔고대 그리스 연극에서, 갑작스럽게 나타나 모든 문제를 해결하는 캐릭터〕는 존재하지 않는다. 그것은 우리에게 달려 있다. 그리고 우리는 성공할 운명을 타고난 것이 아니다.

하지만 성공이 불가능한 것은 아니다. 당신 같은 사람들이 일어나 도전에 맞선다면 말이다. 당신은 생각보다 더 많은 힘을 갖고 있을지도 모른다. 소득이 연 2만 달러(세후, 부양가족 없음) 이상이라면 당신은 세계 인구 중 가장 부유한 5%에 속한다. 저소득 국가에서 돈의 가치가 더 크다는 사실을 감안해 조정한 후에도 말이다.[42] 당신은 아마도 세계에서 가장 강력한 국가 중 하나에서 살고 있을 테고, 그곳은 당신이 동포들의 태도나 정부의 정책을 변화시키기 위한 캠페인을 벌이는 게 가능한 나라일 것이다.

여기까지 이 책을 읽었다면 당신은 정말로 진지한 **관심**을 갖고 있을 것이다. 앞의 장들은 쉽지 않았다. 인구윤리학의 불가능성 정리에 대한 논의, 인간의 행복과 육용계가 받는 고통의 비중을 비교하는 논의를 거쳐오면서 당신은 1장에서의 내 주장, 즉 당신이 그 모든 일이 어떻게 전개될지, 그 실제적인 결과는 무엇일지 알아야 한다는 내 주장을 충분히 납득했을 것이다. 미래 세대 대신에 행동을 취해야 할 사람이 있다면, 그것은 당신이다.

그렇지만 한 사람이 변화를 만들 수 있을까? 이 질문에 대한 답은 분명한 긍정이다. 산은 빗방울 하나하나 때문에 깎여나간다. 허리케인은 극히 작은 원자들의 집합적 운동이다. 노예제 폐지론, 페미니즘, 환경보호론은 모두 개인적 행동의 집합체일 '뿐'이다. 장기주의도 다르지 않다.

우리는 이 책에서 차이를 만든 사람들을 만나보았다. 노예제 폐지론자, 페미니스트, 환경론자, 작가, 정치인, 과학자. 그들을 '역사'의 인물로 돌아본다면, 당신이나 나와는 다른 사람으로 보일 것이다. 하지만 그들은 우리와 다를 게 없다. 그들은 나름의 문제와 한계를 가진 평범한 사람이었다. 그럼에도 불구하고 그들은 자신이 속한 역사의 방향을 바꾸기 위해 노력하기로 결심했고, 때때로 성공을 거뒀다. 당신도 할 수 있다.

당신이 아니라면 누구겠는가? 지금이 아니라면 언제인가?

인류의 과거 수십만 년과 인류의 미래 수십억 년 가운데, 지금의 우리는 이례적인 변화의 시기에 살고 있다. 히로시마와 나가사키라는 그늘로 특징지어지는, 발사 준비 상태의 핵탄두 수천 기가 있는 시대. 한정된 화석연료를 태우며 수십만 년 동안 지속될 오염을 만들어내고 있는 시대. 유전자조작 병원체에서 가치관 고착, 기술 정체까지 재앙을 눈앞에 두고 있으면서 동시에 그것들을 예방하는 조치를 취할 수 있는 시대. 우리는 그런 시대를 살고 있다.

　지금은 미래를 더 나은 궤도로 조종하는 데 우리가 중추적 역할을 할 수 있는 시대다. 우리 세대만을 위해서가 아니라 우리 자녀들의 세대를 위해서가 아니라, 아직 오지 않은 모든 세대를 위한 운동을 일으키기에 지금보다 좋은 시대는 없다.

해야 할 일이 너무나 많다

이 책을 다 읽은 당신 마음속에는 아직 한 가지 질문이 남아 있을지
도 모르겠다. 왜 지금인가? 미래 세대에 혜택을 주는 행동을 취하고
싶다 해도 어디에서부터 시작할지 알기 어려울 수 있다. 하지만 해야
할 일은 결코 적지 않다. 여기서는 우리가 취할 수 있는 몇 가지 조치
를 제시한다.

미래를 확보한다

앞서 저파장 조명에 대한 데이비드 J. 브레너의 연구에 대해 이야기
했다. 우리 모두, 깨끗하지 못한 물을 마시는 일이 건강에 미치는 위
험에 대해 알고 있다. 하지만 우리는 우리를 아프게 만드는 병균이
가득한 더러운 공기를 매일 마시고 있다. 저파장 조명을 광범위하게
설치하면 이 조명이 우리가 흡입하기 전에 공기 중의 바이러스를 죽
여 병에 걸리는 빈도를 극적으로 낮추고 다음 팬데믹의 가능성을 줄
일 수 있다.[1] 미래 세대는 더 나은 삶을 살 것이고 오늘을 사는 거의
모든 사람들도 그렇게 될 것이다.

하지만 아직은 거기에 도달하지 못했다. 우리는 저파장 조명의
안전성과 실현 가능성을 평가할 연구자들이 필요하다. 조명을 더 저

350

렴하게 만들 엔지니어들이 필요하다. 분별 있는 규정을 고안할 정책 전문가들과 이 기술을 시장에 내놓을 기업가들이 필요하다.

이것은 해야 할 일이 너무나 많은 생물보안 내 많은 분야 중 하나일 뿐이다. 우리가 또 해야 할 일은 다음과 같다.

- 더 좋은 개인 보호 장비를 만든다: 현재 의료 종사자들이 사용하는 마스크, 장갑, 방호복은 완벽하지 못하다.[2] 전염성이 극히 강하고 치명적인 팬데믹에 직면하면 그런 장비들로는 충분치가 않을 것이다. 우리는 가장 극단적인 위협에도 효과적인 보호가 가능하면서도 가볍고 저렴한 비용으로 많은 양을 만들 수 있는 차세대 장비를 개발해야 한다.

- 안전한 피난 시설을 짓는다: 질병이 통과할 수 없는 밀폐되고 자급자족이 가능한 피난 시설을 만들어야 한다. 이런 시설은 최악의 팬데믹 상황에서 대책을 연구하는 연구원과 같은 일부 사람들을 위험으로부터 보호할 것이다.

- 위기 대응 정책을 개선한다: 코로나 바이러스는 대규모 팬데믹에 대한 준비가 얼마나 소홀한지를 보여주었다. 그때 이후 교훈을 얻었어야 했지만 우리는 그러지 못했다. 다음 팬데믹에 좀 더 효과적으로 대응하기 위해서는 선제적인 재난 대응 계획과 위기 대응팀을 만들어야만 한다.

이제는 당신도 알겠지만, 안타깝게도, 우리가 직면하고 있는 위협은 팬데믹만이 아니다. 열강의 전쟁을 생각해보자. 나는 제2차 세계대전에 대한 집단적인 기억이 희미해짐에 따라 우리가 열강의 충돌 가능성에 안일하게 대처하고 있다고 걱정한다. 열강들 사이 긴장을 완화하고 위험한 사고를 막을 수 있는 방법을 찾음으로써 이런 추세에 맞서야 한다. 우리가 할 수 있는 일들로는 다음과 같은 것들이 있다.

- 핵무기를 더 강하게 통제한다: 냉전 시대에 경보 시스템 고장과 같은 사건으로 오싹할 정도로 핵전쟁에 근접했던 경우가 몇 번 있었다.[3] 우리는 사이버 공격, 통신 두절, 오경보에 대응해 지휘 및 통제를 강화하는 미래 지향적 정책을 설계해야 한다.
- 정책 결정권자들이 새로운 위협을 이해하도록 돕는다: 계속되는 기술적·지정학적 변화는 국제질서에 새로운 압력을 가하고 있다. 연구자들은 이것이 핵무기 통제에 어떤 의미인지를 분석하고 인공지능부터 인공위성에 이르기까지 다양한 영역의 기술적 발전이 전쟁 위험에 어떤 영향을 줄지 연구할 수 있다.
- 확전 위험을 감소시킨다: 경제 성장과 기술 혁신으로, 세계에서 가장 부유한 국가들이 마지막으로 싸웠던 제2차 세계대전 때보다 훨씬 강력한 군사력을 보유하고 있다. 우리는 무기 통제 협약과 위기 관리 프로세스가 이러한 변화를 따라잡을 수 있도록 해야 한다.

기후변화 속도를 늦추는 해법에 대해선 진전하고 있지만, 세계

에너지의 84%는 여전히 탄소 배출이 많은 에너지원에서 나온다.[4] 계속 진전하려면 우리는 다음과 같은 일을 해야 한다.

- 청정에너지 기술을 개발한다: 태양광발전 비용은 극적으로 하락했지만 더 저렴하고 더 광범위하게 이용할 수 있게 할 여지는 있다. 태양광만으로는 우리의 모든 에너지 소비량을 충족시킬 수 없을 것이다.[5] 차세대 핵분열, 운용 가능한 핵융합, 강화된 지열 발전에 대해서도 더 많은 연구가 필요하다.
- 대체 연료를 개발한다: 해운이나 항공 분야 같은 곳에서는 화석연료를 전기로 대체하는 것이 실행 가능한 선택지가 아니다. 따라서 암모니아, 수소, 합성 가솔린과 같은 대체 연료를 광범위하게 사용할 수 있는 기술과 인프라가 필요하다.
- 더 좋은 기후 정책을 지지한다: 특히 (탄소세를 통해서든 배출권거래제를 통해서든) 탄소 가격 책정은 기술 혁신에 대한 중요한 보완재다.

마지막으로, 미래를 보장하고자 한다면 인공지능을 안전하고 적절히 통제하는 일에 노력을 기울여야 한다. 내가 보기에 이 일은 가장 걱정스러우면서도 가장 해결하기 힘든 위험이다. 우리가 해야 할 일은 다음과 같다.

- 인공지능 시스템에 대한 이해: 현재 우리는 가장 진보된 인

공지능 시스템 내에서 어떤 일이 벌어지고 있는지 놀라울 정도로 아는 것이 없다. 확실하게 안전한 인공지능을 원한다면 이런 식으로 어둠속에 머물러서는 안 된다. '해석 가능성' 연구라는 새로운 분야는 머신러닝 모델이라는 블랙박스를 열고 속을 살펴보려 한다.[6] 첨단 머신러닝 시스템이 무슨 일을 하는지 이해하려면 더 많은 연구가 필요하다.

- 인공지능 시스템에 대한 기준 개발과 모니터링: 국제 조약과 규제 표준과 같은 다양한 정책 수단들이 인공지능 개발을 인도하는 데 어떻게 사용될 수 있는지에 대해서는, 중요하지만 아직 해결되지 않은 많은 문제들이 있다. 기존의 연구를 실용적인 정책 제안으로 해석하는 일이 시급하다. 예를 들어, 머신러닝 모델이 커짐에 따라 기준을 어떻게 변화시켜야 할까? 위험한 목적에 사용될 수 있는 모델을 어떻게 찾을 수 있으며 그런 모델에 대해서 어떻게 해야 할까? 규제가 뒤따라오지 못한다면, 기업이 잠재적 위험을 안고 있는 인공지능의 훈련과 채용에 대한 표준에 합의할 수 있을까?

- 강력한 인공지능에 대한 쉬운 감독: 강력한 시스템을 안전하게 적용하기 위해서는 사람들이 시스템에 피드백을 제공하고 시스템을 감독하는 데 사용할 수 있는 방법이 필요할 것이다. 여기에는 자체적으로 인공지능을 사용하는 도구가 포함될 수 있다.

'좋은' 미래를 확보한다

멸종을 막는다 해도, 우리는 여전히 좋은 미래를 확보하는 도전에 직면한다. 궤도 변화는 예측하기도 힘들고 궤도 변화에 영향을 주기도 힘들어 보이지만, 나는 여기에도 해야 할 유용한 일들이 있다고 생각한다. 우리가 해야 할 일은 다음과 같다.

- 민주주의를 수호한다: 연구자와 언론인은 전 세계 민주주의 제도에 대한 위협을 파악하고, 대안 투표 시스템처럼, 독재로 흘러갈 가능성을 낮추는 제안을 설계할 수 있다.
- 도덕의 범위를 확장한다: 의사 결정 시 공간적으로 멀리 있는 사람들(저소득 국가에서 가난하게 사는 사람들)과 시간적으로 멀리 있는 사람들(미래 세대)의 이익을 고려하도록 할 수 있다. 종에 대한 편견을 없애도록 홍보할 수도 있다. 9장에서 논의했듯이, 동물들은 그 수가 대단히 많기 때문에 미래 세대에 어떤 세상을 물려주고자 하는지 결정할 때는 그들 삶의 질을 반드시 고려해야 한다.
- 도덕적·지적 다양성을 지지한다: 도덕적으로 계속해서 진보하려면 부족주의적 사고를 피하고, 다양한 견해와 가치관을 용인하고, 새로운 사상을 시험하는 제도적 실험을 지지해야 한다. 이런 종류의 다양성은 우리가 나쁜 가치관에 갇히지 않게 돕고 우리 후손에게 그들이 원하는 것은 어떤 종류의 미래인지 생각할 자유를 선사할 것이다.

타인의 역량을 강화한다

마지막으로 이런 모든 문제를 해결하기 위해 노력하는 사람들을 도울 수 있다. 우리는 다음과 같은 일을 할 수 있다.

- 재능 있는 청소년을 지원한다: 직면한 문제를 해결하는 데 도움을 줄 수 있는 사람들을 찾고 지원하는 데 있어서 훨씬 더 많은 일을 할 수 있다. 특히 저소득 국가에서는 재능 있는 청소년들이 많은 장애물에 부딪친다. 그들이 잠재력을 발휘하는 데 필요한 것을 제공하는 것은 시급한 문제의 실마리를 풀고 현재 세계의 가장 수치스럽고 불공정한 특징 중 하나인 세계 불평등을 줄이는 데 도움을 줄 것이다.
- 유용한 지식을 생성한다: 더 많은 사람들이 미래의 문제와 새로운 정책의 효과를 예측하는 데 도움을 줄 수 있다. 설문 조사는 전문가의 견해를 요약하고, 지지층이 확고한 정책과 프로그램을 확인하는 데 도움을 줄 수 있다.
- 우선순위를 정한다: 현재와 장기적 미래를 개선하기 위해 가능한 한 많은 일을 할 수 있게, 부족한 자원을 어디에 쓸지 우선순위를 정하는 방법을 찾는 데 더 많은 노력이 필요하다. 글로벌우선순위연구소는 다음과 같은 문제를 해결하기 위해 노력한다. 장기주의자들이 해결해야 할 가장 중요한 문제는 무엇인가? 실행하는 데 가장 좋은 해법은 무엇인가? 장기주의는 옳은가? 그렇지 않다면 이유는 무엇인가?

우리에게 달려 있다

이미 많은 사람이 이런 문제에 매달리고 있다고 생각할 수도 있다. 하지만 실제로는 대부분의 문제가 소수의 주목을 받고 있을 뿐이다.[7] 할 일이 너무나 많기 때문에 당신의 기여가 엄청난 가치를 가질 수 있다. 큰 목표를 가져라. 당신이 오늘 한 행동이 세상을 당신이 생각하는 것보다 훨씬 나은 곳으로 만들 수 있다.

지금 당장 할 수 있는 두 가지 일이 있다.

첫 번째는 기부에 대해 생각하는 것이다. 이를 위해서는 '기빙왓위캔'에서 장기주의 펀드Longtemism Fund를 확인해볼 것을 추천한다. 내가 공동 설립한 이 조직은 사람들이 좀 더 효율적인 자선단체에 더 많은 기부를 하도록 장려한다. 누구나 기부할 수 있고, 그렇게 모인 자금을 장기적 미래를 개선하는 일을 하는 효율적인 조직에 지급한다. givingwhatwecan.org/longtermism에서 더 많은 정보를 얻을 수 있다.

두 번째는 이런 문제들을 직접 다룰 수 있는 방법에 대해 생각하는 것이다. '8만시간'의 영향력 있는 커리어 전문가들과 상담해볼 것을 권한다. 역시 내가 공동 설립한 이 조직은 선택 방법에 대해 조언한다. 8만시간은 진로 결정 지침 및 일대일 진로 지도도 제공한다. 80000hours.org에서 정보를 찾을 수 있다.

이 모든 이야기는 "미래의 사람들은 중요하다"는 말로 요약할 수 있을 것이다. 미래에는 많은 사람들이 있을 수 있다. 우리는 그들의 삶을 더 낫게 만들 수 있다. 낭비할 시간이 없다.

감사의 말

혼자서는 이 책을 쓰지 못했을 것이다. 말 그대로 수백 명이 이 책을 완성하는 데 도움을 주었다. 그들의 조언, 지식, 피드백, 영감에 깊이 감사드린다.

재능 있고 헌신적인 사람들로 이루어진 팀이 나와 함께 일하게 된 것은 이루 말할 수 없이 감사한 일이다. 나는 매일 나에게 영감을 주는 사람들과 일할 수 있는 기회를 얻은 분에 넘치는 행운을 누렸다. 로라 포마리우스, 루이사 로드리게스, 맥스 대니얼은 각각 다른 시기에 내 비서실장으로 일하면서 도서 작업 팀을 이끌고 전체 프로젝트를 관리했다. 프랭키 앤더슨-우드와 에이린 에브옌은 (다른 시기에) 내 비서로 일하면서 나와 팀의 다른 사람들에게 귀중한 지원을 제공했다. 에런 밸린더, 존 할스테드, 스테판 클레어, 레오폴드 아셴브레너는 이 책의 기초가 되는 연구의 많은 부분을 담당한 연구원이었다. 이 팀원들이 책의 완성도를 높인 다양한 방법을 헤아리는 것은 거의 불가능하다. 그들이 없었다면 이 책은 결코 세상에 나올 수 없었을 것이다.

핵심 팀의 일원은 아니었지만 고정적으로 고문 역할을 해준 분들도 있었다. 조 칼스미스는 많은 부분의 문장을 훌륭하게 다듬었고, 이 책을 관통하는 여러 중요한 결정에 대해 통찰력 있는 조언을 제공했다. A. J. 제이콥스는 작문 스타일과 스토리텔링에 대한 조언을 주었으며 몇 개의 인터뷰를 진행했다. 안톤 하우스는 역사에 대한 일반적 지침을 제공했으며, 내가 노예제 폐지가 중요하고 지속적이며 우발적인 역사적 사건이라는 것을 처음으로 의식하게 해주었다. 피터 왓슨과 대니 브레슬러는 기후변화에 대해 조언했다. 크리스토퍼 레슬리 브라운은 작업 초기 단계부터 노예제 폐지에 관한 학문으로 인도해주었다. 벤 가핀클은 인공지능에 대해, 루이스 다트넬은 붕괴와 회복에 대해 조언했다. 칼 셜먼은 정체, 붕괴, 회복을 비롯한 많은 문제에 대해 조언해주었다.

나는 팀과 조언자들로부터 연구에 대한 아주 실질적인 지원을 받았다. 이 책의 많은 부분은 근본적으로 공저로 완성했다. 1장의 '미래의 사람들은 중요하다'(조 칼스미스), 3장의 '가치관의 우발성'(스티븐 클레어), 4장의 '제자백가'(타일러 존), '범용 인공지능까지는 얼마나 남았을까?'(맥스 대니얼), 5장의 '스페이스가드'(존 할스테드), 6장의 '세계 문명의 역사적 회복력'과 '우리는 극단의 재앙으로부터 회복할 것인가?'(루이사 로드리게스), '기후변화'와 '화석연료 고갈'(존 할스테드), 7장 전체(레오폴드 아셴브레너), 9장 '사람들은 더 행복해질까?'와 '행복과 관련 없는 선'(존 할스테드), 10장의 '행동의 방법'과 '커리어의 선택'(존 할스테드), 부록의 'SPC 프레임워크'(테루지 토마스와 맥스 대니얼)가 그렇다.

이 책에 있는 거의 모든 그래프와 그림은 테일러 존스와 핀 무어하우스가 제작한 것이다. 이들은 데이터를 추적하고, 이 책에 잘 맞는 방식으로 시각화했으며, 우리 팀의 반복된 수정 요청에 인내심을 발휘하면서 대응하고 뛰어난 작업을 해냈다.

호아오 파비아노, 안톤 하우스, 맥스 대니얼, 스티븐 클레어, 존

할스테드가 한 문장 한 문장의 팩트를 체크하는 엄청난 작업을 마쳤다. 6만 단어에 이르는 주해의 대부분은 맥스, 스티븐, 존이 썼다. 호아오는 참고 문헌과 참조 데이터베이스도 담당했다.

최종 원고에 반영되지 못한 부분에 대한 공헌에도 감사를 전하고 싶다. 장기주의 제도 개혁의 타일러 존, 지속성 연구의 하이메 세비야, 예측의 루이사 로드리게스가 여기에 포함된다. 장기주의에 대한 사고의 폭을 넓히는 데 특히 큰 영향을 준 토비 오드, 홀든 카놉스키, 칼 셜먼, 힐러리 그리브스에게 감사를 전한다. 그들이 내게 미친 큰 영향은 모든 장에 스며 있다.

특히 브라이언 크리스천, 딜런 매슈스, 짐 데이비스, 라리사 맥파쿠하, 뤼허르 브레흐만, 매스 로저로부터 작문 스타일과 구조에 대한 유용한 조언을 받았다.

이 책은 고생물학부터 유교의 역사에 이르기까지 정말 다양한 것을 다루고 있다. 각 주제에 대한 전문가들의 조언이 없었다면 이 광범위한 주제를 제대로 다룰 수 없었을 것이다. 나와 이야기를 나누고, 전체 장들에 상세하게 피드백하고, 이메일에 빠르게 답장해주신 다음 분들께 감사를 전한다. 레슬리 에이브러햄스 박사(기후변화), 블라디미르 알론소 박사(동물 복지), 에아몬 알로이오 교수(강대국 전쟁), 주타 볼트 교수(경제사), 로버트 보이 교수(문화적 진화), 베어 브라우뮐러 교수(강대국 전쟁), 크리스토퍼 브라운 교수(노예제 역사), 샐리 브라운 박사(기후변화), 매슈 버지스 교수(기후변화), 폴 버크 교수(기후변화), 브라이언 캐플런 교수(인구윤리학), 루셔스 카비올라 박사(행복심리학), 파울로 세피 박사(기후과학), 데이비드 크리스천 교수(역사), 안토니오 치크코네 교수(기후변화), 매슈 S. 클랜시 교수(경제 침체), 폴 콜린스 박사(수메르제국), 타일러 카우언 교수(경제 침체), 콜린 컨리프 박사(공공 정책), 앨런 더포 박사(강대국 전쟁), 루이스 다트넬 교수(문명 붕괴와 회복), 하디 다울라타바디 교수(기후변화), 데이비드 에드먼즈 박사(인구심리학), 케빈 에스벨트 교수(생물 안보), 그레테 헬레네 에브옌(문명 붕괴), 로라 포르투나토 교수(문화 진화), 데릭 포스터(주관적 행복), 크리스 프레이저 교수(묵가), 굿윈 기빈스 박사(기후과학), 콜린 골드블랫 교수(기후변화), 폴 골딘 교수(중국사), 솔로몬 골드스타인-로즈(기후변화), 도널드 그레이슨 교수(거대 동물), 조슈아 그린 교수(행복심리학), 요한 구스타프손 교수(인구윤리학), 조너선 해스 박사(수렵·채집인), 조애너 헤이그 교수(기후변화), 케네스 할 교수(로마제국), 앨런 해리스 교수(소행성), 데이비드 하트 교수(공공 정책), 제케 하우스파더 박사(기후변화), 게리 헤인즈 교수(거대 동물), 세실리아 헤이스 교수(문화 진화), 브라이언 체(중국), 매슈 아이브스 박사(기후변화), 마티아스 야콥손 교수(유전학), 카일 요한센 박사(동물 복지), 가네다 도시코 박사(인구학), J. 폴 켈러허 교수(기후변화), 모건 켈리 교수(지속성 연구), 로버트 켈리 교수(수렵·채집인), 맷 킬링스워스 박사(행복심리학), 파멜라 카일 크로슬리 교수(중국사), 제롬 루이스 박사(수렵·채집인), 에밀리 린지 교수(거대 동물 멸종), 마크 립시치 교수(전염병학), 말리즈 롬바드 교수(고고학), 조너선 로소스 교수(지구상 생명체의 진화 및 페르미 역설), 헤이커 로체 교수(기후변화), 댄 런트 교수(기후과학), 캐슬린 라이언스 교수(거대 동물), 앤드루 맥두걸 교수(기후과학), 데이비드 매더스 박사(동물 복지), 라이너스 매터치 박사(기후경제학), 제프 맥머핸 교수(데릭 파핏), 데이비드 멜처 교수(거대 동물), 알렉스 메수디 교수(문화 진화), 론 마일로 교수(환경과학), 키렌 미첼 박사(거대 동물), 스티브 모어 박사(기후변화),

디밀라 모테 박사(거대 동물 멸종), 대니 네달 교수(강대국 전쟁), 로버트 니콜스 교수(기후변화), 테사 피스굿 박사(주관적 행복), 앤절라 페리 박사(거대 동물 멸종), 오스발도 페소아 교수(과학철학), 맥스 팝 박사(기후변화), 더들리 포스턴 교수(인구학), 레이철 파월 교수(지구 생명의 진화 및 페르미 역설), 이먼츠 프리드 교수(동물학), 람세스 라미레스 교수(기후변화), 타피오 슈나이더 교수(기후변화), 신시아 슉-파임 박사(동물 복지), 올리버 스콧 커리 박사(인류학), 제프 세보 교수(동물 복지), 미하일 세메노프 박사(기후변화), 로힌 샤 박사(인공지능), 스티븐 셔우드 교수(기후과학), 애덤 슈라이버 박사(동물 복지), 페터 슈프레오이벤베르크 박사(대중 보건), 아미아 스리니바산 교수(데릭 파핏), 크리스 스트링어 교수(인류학), 제시 선 박사(행복심리학), 테드 수즈먼(정치적 옹호), 마이클 테일러 교수(노예제 역사), 윌리엄 톰슨 교수(수메르제국), 필립 톰슨 교수(수렵·채집인), 브라이언 워드-퍼킨스 교수(로마 역사), 앤드루 왓슨 교수(기후변화), 피터 왓슨 박사(기후과학), 마크 웹 박사(기후변화), 대니얼 웰스비 박사(기후변화), 폴 위그널 교수(거대 동물), 그레그 울프 교수(로마제국), 세계에너지전망팀(기후변화) 모두에게 감사를 전한다. 이 조언자들은 내가 책에서 주장하는 것에 반드시 동의하는 것은 아니며, 책에 오류가 있다면 전적으로 내 책임이다.

시간을 내어 이 책의 초고를 읽고 식견 있는 상세한 피드백을 한 다른 많은 분이 있다.

애비 로릭, 알레한드라 파딘-두혼, 알렉스 무그, 알렉산더 버거, 알리미 살리푸, 앨런 더포, 앨리슨 월킨슨, 아나 곤살레스 게레로, 안드레아스 모겐센, 안드레 알론소 이 페르난데스, 앤드루 리, 앙헬라 아리스티사발, 앵거스 머서, 앤 가스, 애나 모한, 아든 콜러, 아서 울스턴홈, 아루시 굽타, 아스트리드 올링, 아시야 베르갈, 베카 시걸, 벤 가핀켈, 벤 호스킨, 벤 토드, 벤저민 글랜즈, 베니 스미스, 브라이언 토마식, 브라이언 체, 케일럽 패리크, 캐머런 메이어 쇼브, 칼 셜먼, 케이트 홀, 크리스티안 타스니, 신디 가오, 클리오드나 니 기디르, 컬런 오키프, 데이먼 바인더, 데니 블레슬러, 데이브 버나드, 다비드 만하임, 데이비드 루드먼, 더글러스 로저스, 엘리스 보한, 에리크 조르게, 에바 비발트, 핀 무어하우스, 개리슨 러블리, 그레그 루이스, 걸리 부작, 하비바 이슬람, 해미시 홉스, 해나 바르투닉, 해나 리치, 해나 왕, 해리 베셀리, 헤이든 윌킨슨, 헤더 마리 비탈레, 헬렌 토너, 홀든 카놉스키, 이언 크라우치, 아이작 던, 이저벨 주니에비치, 제이컵 배럿, 제이컵 엘리오소프, 제이드 렁, 야코브 쉰스테뵈, 제이미 해리스, 제이슨 크로퍼드, 제스 휘틀스톤, 제시 클리프턴, 요하네스 아크파, 요제프 나스르, 조지프 칼스미스, 조슈아 먼래드, 줄리아 와이즈, 칼렘 아흐미드, 케이티 라이언, 키라 우드워드, 키미야 네스, 커스틴 호턴, 코지 플린 도, 쿠한 제야프라가산, 로라 포마리우스, 렉시 캐러더스, 린 치 응우옌, 린다 도일, 리즈카 베인트롭, 루시우스 카비올라, 루이자 잔트퀄러, 루크 퓰하우저, 멀로 부르건, 마크 드브리스, 마테브 반데어 메르베, 맥스 로저, 맥스 쉬, 메다비 굽타, 미셸 허친슨, 마이크 레빈, 모리츠 애덤, 나오미 파이번, 내털리 카길, 닉 벡스테드, 니콜 로스, 올리 베이스, 올랜도 밴 더 팬트, 오언 코튼-배럿, 파블로 스태포리니, 폴 크리스티아노, 퍼닐 브람스, 필리프 트램멜, 리처드 응고, 롭 롱, 로빈 린츠, 로인 샤, 루타 카롤리테, 사브리나 바이어, 사시카 콕스헤드, 샹카르 샤리트란, 슈레다르 마네크, 소움 팔, 슈테판 슈베르트, 스테판 토르게스, 수마야 누르, 테나 타우, 토비 뉴베리, 토비 오드, 톰 크리츨리, 톰 데이비슨, 톰 모이니핸, 타일러 존, 빅터 워럽, 비슈와 프라카시, 쉬안, 재커리 브라운, 자라 바우어 같은 분들의 유용한 논평에 감사를 전한다.

이런 훌륭한 제도적 보금자리를 마련하고 큰 프로젝트를 수행하는 데 필요한 유연성을 허락해주신 옥스퍼드대학교 철학부, 그리고 글로벌우선순위연구소에 감사를 전한다.

특히 뛰어난 편집자가 되어준 세실리아 스테인에게 큰 신세를 졌다. 그녀는 수차례 깊이 있는 논평을 해주었고, 추상적인 것에서 인간적 요소를 찾도록 나를 밀어붙였으며, 이 책을 위한 투사가 되어주었다. 앨릭스 크리스토피와 원월드 팀에 감사의 마음을 전한다. 이 프로젝트를 뒷받침해준 T. J. 켈러허, 제시카 브린, 스튜어트 헨드릭스, 제니 리, 아셰트에게 감사를 전한다. 이 과정 내내 유용한 조언을 해준 내 에이전트 맥스 브록맨에게 감사를 전한다.

부모님 메이어와 로빈, 내 형제 이언과 톰에게 감사와 사랑을 보낸다. 나는 항상 가족들의 지원과 사랑을 느끼며 살고 있다. 글을 쓰지 않는 시간을 즐겁게 만들어준 크리스, 클레오, 조지, 게오르기, 케브, 마티외, 리나드, 로비, 시오반에게도 감사와 사랑을 전한다. 내 음악과 인도에 대한 사랑을 키워준 엘리프에게, 한 사람의 인간이 되도록 도와주고 처음 이 일을 시작하도록 격려해준 녹아웃에게도 감사를 전한다.

이 책을 쓰는 동안 나는 다섯 군데 다른 집에서 살았다. 내 하우스메이트들은 끝없는 즐거움의 원천이었다. 내 목숨을 구하기 위해 황소들에게 자신을 기꺼이 희생해준 시메온, 항상 나를 지지해주고 나에 대한 폭력을 자제하며 이스터 에그를 지키게 설득해준 내털리,

내 경쟁력 없는 연패를 끝내주고 정원 주위를 자유롭게 뛰고 삶을 우스꽝스럽게 지켜준 리브와 이고르, 나를 위해 감자를 주제로 한 파티를 열어준 로라와 루이사, 끝없는 바나키 게임과 미란다 서프라이즈를 열고 형편 없는 수송을 담당한 하미시와 앤서니, 이상한 춤을 보여준 루타와 엘리에게 감사의 마음을 전한다.

마지막으로 건설적 배려와 타협 없는 지지를 보내준 홀리에게 깊은 감사를 전한다. 2년간의 팬데믹은 비참했어야 했다. 하지만 그 기간은 내 생애 최고의 시간이었다. 유토피아의 한 조각을 경험하게 해준 당신에게 감사한다. 삶이 얼마나 좋을 수 있는지 맛본 시간이었다.

1. 추가 자료

이 책의 웹사이트 whatweowethefuture.com에 보충 자료와 참고 도서의 최신 목록이 마련되어 있다. 커리어에 대한 조언과 세계에서 가장 시급한 문제에 대한 심도 깊은 대화를 만날 수 있는 팟캐스트를 찾는다면 80000hours.org를 참조하라. 자선단체에 기부를 약속하고 싶다면 www.givingwhatwecan.org를 방문하기 바란다. 장기주의에 대한 자세한 내용은 longtermism.com을, 효율적 이타주의에 대한 더 많은 정보는 effectivealtruism.org를 참조하라. 장기주의에 대한 내 견해에 가장 많은 영향을 끼친 두 사람의 생각을 확인하려면 토비 오드(2020)의 《사피엔스의 멸망》과 홀든 카놉스키의 블로그 Cold Takes.com을 참조하라.

2. 용어

이 책은 장기적인 미래에 긍정적 영향을 미치는 것이 우리 시대에 가장 중요한 도덕적 우선 사항 중 하나라는 관점인 장기주의의 함의를 옹호하고 탐구한다. 그것은 장기적인 미래에 긍정적 영향을 미치는 것이 우리 시대의 도덕적 우선 사항이라는, 지금 그 어떤 것보다 중요하다는 견해인 강한 장기주의strong longermism와 구별되어야 한다.

나는 동료 힐러리 그리브스와 함께 작업한 학술 논문에서 강한 장기주의의 논거를 탐구한다.[1] 현재 장기주의 문제가 얼마나 도외시되고 있는지를 고려하면, 그 논거는 놀라울 만큼 강력하다. 하지만 그것은 매우 낮은 확률을 어떻게 계산에 넣어야 하는지, 대단히 모호한 증거에 직면해서 어떤 행동을 해야 할지, 미래 세대를 위해 현 세대로부터 얼마나 많은 희생이 필요한지 등 대단히 까다로운 여러 가지 철학적 사안에 민감하다.[2] 따라서 우리가 큰 확신을 둘 만한 견해가 아니며 나는 이 책에서 그 견해를 옹호하지 않는다.

나는 장기적인 미래에 긍정적으로 영향을 미치는 두 가지 방법이 있다고 제안한다.

첫째, 미래 문명의 평균적 가치를 높이는 긍정적인 **궤도 변화**를 통해 미래 문명의 '삶의 질'을 향상시키는 것. 둘째, **문명의 생존을 보장**함으로써 문명의 수명을 늘리는 것.

인류의 실존적 위험, 즉 '장기 잠재력 파괴의 위험'에 대한 아이디어가 내놓는 대체 프레이밍이 있다.[3] 이 개념은 많은 맥락에서 중요하고 유용하다. 그러나 나는 그것을 사용하지 않는다. 나는 주로 미래를 인도하는 가치관을 개선하는 데 초점을 맞추는데, 이 아이디어는 두 가지 이유에서 실존적 위험 감소의 범주에 들어맞지 않기 때문이다. 첫째, 미래의 가치관을 개선함으로써 미래를 더 낫게 만들 수 있지만, 여기에는 인류의 장기 잠재력 '파괴'를 막는 것이 포함되지 않는다. 그렇다면 미래 가치관에 대한 개선은 크지 않을 것이다. 둘째, 나쁜 가치관이 미래 문명을 인도할 경우 인류는 '잠재력'은 유지하지만(미래 리더들이 더 나은 가치관을 채택할 **수** 있기 때문에) 거의 모든 실제적 가치관을 잃을 수 있다(리더들이 더 나은 가치관 적용을 선택**하지 않기** 때문에). 하지만 우리가 관심을 가져야 할 것은 실제로 일어나는 일이지, 미래 사람들에게 어떤 일을 일으킬 잠재력이 있느냐가 아니다.

3. SPC 프레임워크

이 책에서 나는 상황 유발의 장기적 가치를 평가하는 프레임워크를 제시한다. 그 프레임워크는 다음과 같다.

- 중대성Significance: 장기에 걸친 상황의 평균적 가치
- 지속성Persistence: 그 상태가 얼마나 오래 계속되는지
- 우발성Contingency: 세상이 이런 상황에 처하지 않았을 시간의 비율

우리는 이것을 공식으로 정의할 수 있다. 일정한 상황 유발을 목표로 하는 가능한 조치를 s라고 하자. p는 그 조치의 영향이고, q는 현재 상태(우리가 아무런 조치를 취하지 않았을 때 일어날 일)다.[4] $V_s(p)$는 p일 때 상태 s에 기여한 총가치이고, $V_s(q)$는 q일 때 상태 s에 기여한 총가치다. $T_s(p)$는 p일 때 세상이 상태 s인 시간의 길이다. $T_s(q)$는 q일 때 세상이 상태 s인 시간의 길이다.

- 중대성 $=_{df}[V_s(p) - V_s(q)]/[T_s(p) - T_s(q)]$

- 지속성 $=_{df} T_s(p)$

- 우발성 $=_{df}[T_s(p)-T_s(q)]/T_s(p)$

이 세 개 항을 곱하면 $V_s(p)-V_s(q)$, 즉 q가 아닌 p일 때 상태 s에 기여하는 총가치가 나온다. 즉, 중대성×지속성×우발성=장기적 가치다. 이렇게 배수가 되기 때문에 우리는 직관적으로 다른 장기적 효과를 비교할 수 있다. 다른 두 대안 사이에서 하나가 다른 하나보다 열 배 지속적이라면 중대성이 여덟 배인 대안을 능가할 것이다.

이를 설명하기 위해, 우리가 19세기 후반을 살고 있고 세상은 쿼티QWERTY 키보드의 궤도에 있지만, 우리의 선택에 따라 드보락Dvorak 키보드를 사용하도록 세상을 바꿀 수 있다고 가정해보자.[5] 아래의 표에서 나는 X를 사용해서 드보락을 표준으로 만드는 반사실적 세상 p의 코스를 나타내고, O를 사용해서 드보락이 표준이 되는 기간 4까지 쿼티가 표준인 현재 상태의 세상 q를 나타낸다. 4년이 지난 후에는 다른 기술에 의해 키보드들이 더 이상 쓸모없게 된다.

우리는 '드보락이 표준'인 상황을 평가할 것이다. 이 사례에서 중대성은 반사실적 상황이 현상과 다른 기간(1~3년) 동안 쿼티가 아

표 A.1 | 중대성, 지속성, 우발성 프레임워크의 사례: 쿼티 vs. 드보락

	1년	2년	3년	4년	5년+
드보락	×	×	×	⊗	
쿼티	○	○	○		
다른 기술					⊗

닌 드보락이 표준이 됨으로써 시간에 따른 평균적 가치가 얼마나 상승했는지에 따라 결정된다.[6] 지속성은 드보락을 표준으로 만들 경우 드보락이 표준으로 이어지는 시간에 의해 결정된다. 이 사례에서는 네 개 기간이다. 우발성은 반사실적 상황이 지속되는 기간 동안, 반사실적 상황이 현재의 상황과 다른 시간의 비율에 의해 결정된다. 이 사례에서는 75%다.

이 모든 것은 불확실성을 고려하지 않고 사후에 정해진다. 상황의 중대성·지속성·우발성이 얼마나 되는지 전혀 모른다는 것을 고려하면, 궁극적으로 우리가 관심을 갖는 것은 중대성·지속성·우발성의 기댓값, 즉 $E(SPC)$다.[7] 그러나 일반적으로 $E(SPC)$가 $E(S)E(P)E(C)$와 같지 않다는 것에 주의하라.

세계적인 문제들 사이의 우선순위를 정하는 ITN 프레임워크에 SPC 프레임워크를 끼워 넣을 수 있다. 이것은 오픈필란트로피의 홀든 카놉스키가 처음 제안한 것이다.[8]

ITN 프레임워크에서 세계적인 문제는 중요할수록important, 다루기가 용이할수록tractable, 경시될수록neglected 우선순위가 높아진다. 용어는 약식으로 다음과 같이 정의할 수 있다.

- 중요성Importance: 문제의 규모를 나타낸다. 우리가 이 문제를 해결하면 세상은 얼마나 나아질까?
- 취급 용이성Tractability: 문제의 해결이 얼마나 쉬울지 혹은 어려울지를 나타낸다.
- 경시성Neglectedness: 이미 얼마나 많은 지원이 문제 해결에 투입되고 있는지를 나타낸다.

SPC 프레임워크는 '중요성'의 측면과 밀접하게 연관되어 있다. 좀 더 정확하게 말하면 중대성, 지속성, 우발성의 결과는 다음에 설명하는 ITN 프레임워크 버전의 '중요성'에 비례한다.

ITN 프레임워크를 공식화하는 한 가지 방법은 다음과 같다.[9] 이 공식화에서 ITN 프레임워크는 '중요성, 취급 용이성, **레버지리** 프레임워크'라고 부르는 것이 더 적절할 것이다. 마지막 요소가 문제에 대해 얼마나 많은 작업을 이미 진행했는지가 아니라, 이전의 작업이 추가적인 노력의 비용 효율에 미치는 영향을 나타내기 때문이다. 작업의 보상이 증가하고 있다면 덜 경시되고 있는 문제는 추가적인 작업의 비용 효율을 더 높일 수 있을 것이다.

앞서와 마찬가지로, 우리는 현재 상태 q에서 다른 세상 p로의 변화와 이것이 특정한 상황 s와 관련해서 만드는 차이를 고려한다. S는 s상태의 세계로 대변되는 문제에 대한 진보의 양이라고 하자. 이는 전체 문제에서 해결되고 있는 부분일 수도 있고 배포한 말라리아 모기장의 수, 방지한 말라리아 발병 건수, 기록된 소행성의 수 같은 중간 척도에 따라 측정할 수도 있다. W는 q에서 p로의 변화를 유발하는 데 필요한 일의 양(예를 들어 인시人時나 달러로 측정)이다. S_0과 W_0은 각각 완전히 해결된 문제에 해당하는 총 진전total progress과 일work이라고 하자. 그렇다면 다음과 같이 정의할 수 있다.

- 중요성 $=_{df} [V_s(p) - V_s(q)]/S$
- 취급 용이성 $=_{df} S_0/W_0$
- 경시성/레버리지 $=_{df} (S/W)/(S_0/W_0)$

중요성은 문제에 대한 추가적인 진전이 얼마나 가치 있는지를 나타낸다. 취급 용이성은 완전히 문제를 해결했을 때의 평균 보상을 나타낸다. 경시성(레버리지)은 이런 평균적인 보상에 비교해 고려 중인 특정한 변화의 보상이 어느 정도인지를 나타낸다.

SPC 프레임워크, 그리고 ITN 프레임워크와의 관계는 what weowethefuture.com에서 구할 수 있는 기술 보고서(맥어스킬, 토머스, 밸린더의 〈중대성, 지속성, 우발성 프레임워크〉)에서 더 깊이 있게 설명하고 있다.

4. 장기주의에 대한 반대

책의 본문에서 장기주의의 몇 가지 반대론에 대해 논의했다. 특히 2~7장에서 가장 명백한 반대(장기적인 미래의 기댓값에 예측 가능한 영향을 미칠 수 없다)를 다뤘다. 이 부록에서는 장기주의에 대한 다른 반대론을 논의한다. 더 많은 논의는 longtermism.com에서 찾을 수 있다.

미래 사람들은 더 나은 삶을 살 것이다

1장에서 나는 단순히 미래 사람들이 미래에 살 것이라는 이유 때문에 그들의 이익에 훨씬 적은 비중을 두어야 한다는 아이디어를 반박했다(편파성과 상호주의 같은 고려 사항이 현재 세대와 다음 몇 세대에는 더 강력하게 작용하기 때문에 잠재적으로 미래 세대에 적은 비중을 두는 게 허용되긴 하지만).

경제학자들은 미래의 영향을 할인해야 하는 대안적 이유를 제시한다. 미래의 사람들은 우리보다 부유할 것이고, 따라서 해당하는 경제적 혜택의 가치가 현재의 사람들에게보다 미래의 사람들에게는 낮아진다는 것이다. 마치 1,000파운드의 가치가 극빈의 상태로 사는 누군가에게보다 지금의 백만장자에게 낮은 것처럼 말이다.

이런 고려도 어느 정도는 중요하다. 하지만 미래 세대의 이익에 항상 적은 비중을 두는 것을 정당화하지는 못한다. 다음 세기 혹은 그다음 세기에 사는 미래의 사람들이라면 더 나은 삶을 살 수도 있다. 하지만 수천 년 뒤에 그들이 우리보다 더 나은 삶을 살지 여부는 대단히 불명확하다. 독재자의 장악, 문명 붕괴, 장기적인 기술 정체 같은 재앙을 생각할 때는 특히 더 그렇다.

더구나 미래 사람들의 부는 요점에서 벗어나 있다. 내가 일반적으로 고려하고 있는 종류의 이익과 해악은 일부 미래 사람들을 약간 부유하게 혹은 빈곤하게 만드는 것과는 매우 다르기 때문이다. 가치관 고착의 경우, 미래 사람들은 어떤 가치관이 고착되든 비슷하게 부유할 수 있다. 문제는 미래의 부를 번영을 낳는 데 사용하는지, 고통을 낳는 데 사용하는지 여부다. 멸종의 경우, 문제는 미래 사람들이 존재하느냐 여부다. 어느 쪽이든, 미래의 해악이나 이익이 미래 사람들을 조금 빈곤하거나 부유하게 만든다는 식으로 전제를 단순화하는 것은 정확하지 않으며, 미래 사람들이 우리보다 부유할 것(그들이 존재한다면)이란 사실은 중요치 않다.

미래 사람들은 자신의 문제를 돌볼 수 있다

세대 간 분업을 지지해야 하는 것일까? 우리 시대엔 우리가 직면한 문제가 있고, 이는 우리가 돌봐야 하며, 미래 사람들이 직면할 문제가 있고, 그것은 그들이 돌봐야 한다는 식으로 말이다.

일반적으로는 이런 주장에 공감할 수 있다고 해도, 내가 이 책에서 논의하는 사안들에 관한 한 이 주장에는 타당성이 없다는 게 내 생각이다. 가치관 고착에서는 미래 사람들이 무엇을 문제로 볼 것인지가 중요하다. 노예를 부리는 사람들에 대해 완전히 수용적인 미래의 디스토피아가 있다면, 그 사회를 책임지는 사람들은 그것을 문제로 보지 않을 테고, 우리는 그들이 그것을 바꾸기 위해 노력하리라고 기대할 수 없다. 영구적인 재앙의 경우, 미래 사람들은 우리 행동의 영향을 무효로 돌릴 수 없다. 멸종의 경우에는 미래 사람들이 존재하지조차 않는다!

미래 사람들의 문제 중 일부는 우리가 유발하는 것이며, 문제가 일어나지 않도록 예방하는 것이 일어난 후에 바로잡는 것보다 쉽다는 걸 생각해야 한다. 유리잔은 깨지지 않게 하는 것이 박살이 난 후에 조각을 이어붙이는 것보다 쉽다. 석탄을 태우지 않는 것이 대기 중 이산화탄소를 빨아들이는 것보다 쉽다.

엄청난 가치의 낮은 확률을 좇아서는 안 된다

이 책에서 나는 불확실성하에서는 어떤 조치의 가치가 기댓값에 의해 정해진다는 아이디어에 의존했다. 하지만 이런 아이디어는 성공 확률이 매우 낮지만 성공할 경우 이익이 어마어마하게 큰 조치가 있을 때 난관에 부딪힌다. 열 명의 목숨을 확실히 구할 수도 있고, 아니면 수백조의 1조 배의 1조 배 사람들의 목숨을 구할 확률이 1조의 1조 배의 1조 배분의 1인 조치를 취할 수도 있다고 가정해보라. 후자의 조치로 구할 수 있을 것으로 예상되는 목숨이 아무리 크다 해도, 안전한 쪽에 걸고 확실한 열 명의 목숨을 구하는 것이 옳다는 직감이 든다. 확률이 낮은 조치를 취하는 것은 잘못된 일처럼 보인다.

안타깝게도 이 문제에 대한 좋은 해법은 없다. 불확실성하에서 결정을 내리는 방법에 대한 모든 이론은 대단히 반직관적인 결과를 보여준다.[10] 엄청난 가치를 낮은 확률로 보장하는 것이 적당히 큰 가치를 확실하게 보장하는 것보다 나을 수 있다는 아이디어를 피하고자 하면, 또 그만큼 나쁜 다른 문제들에 부딪힌다.

이 책의 목적을 고려할 때, 이 문제에 대한 내 대응은 단순하다. 최소한 지금과 같은 세상이라면, 논의 중인 확률은 결코 낮다고 할 수 없다. 앞으로 수백 년 내에 문명을 종말에 이르게 하는 재앙이 있을 확률은 0.1% 이상이다. 문명이 100만 년 이상 지속될 확률은 10% 이상이다. 청정에너지 연구·개발이나 미래 팬데믹에 대비한 보호 장비 비축 같은 조치는 재앙 가능성을 적지 않게 감소시킨다.

한 개인이 실존적 재앙 같은 주요한 사건에 영향을 미칠 확률은 낮을지도 모른다. 하지만 도덕적 동인이 주도하는 종류의 많은 평범한 조치도 마찬가지다. 시위에 참여하거나, 투표를 하거나, 청원서에 서명할 때, 그 행동이 결과에 차이를 만들 가능성은 매우 낮다. 그럼에도 우리는 이런 조치를 취해야 한다. 확률이 결코 낮다고 할 수 없으며 우리가 **차이를 만들었을 때**의 이익이 매우 크기 때문이다.

우리는 권리를 침해하지 않는 것과 같은 제약을 존중해야 한다

도덕적 조치에 대한 제약이라는 아이디어에서도 반론이 나온다. 장기주의는 장기적 이익을 추구하는 과정에서의 권리 침해(심지어는 대규모 잔혹 행위)를 정당화하지 못하지 않는가?

그런 행동 방침은 장기주의에서 나온 것이 아니다. 환경에 대한 우려는 발전소 폭파가 환경에 이익이 된다고 해도 그런 행위를 정당화하지 않는다. 여성의 권리에 대한 우려는 정치 지도자의 암살이 여성들에게 이익이 된다고 해도 그런 일을 정당화하지 않는다. 마찬가지로, 장기적 미래에 대한 염려는 다른 권리 침해를 정당화하지 않는다. 여기에는 두 가지 이유가 있다.

첫째, 실제로 권리 침해는 긍정적인 장기적 결과를 초래하는 최선의 방법이 절대 아니다. 물론 권리 침해가 최선의 결과를 불러오는 극단적인 철학적 사고실험을 상상해볼 수는 있을 것이다("아기 히틀러를 죽이는 것은 정당할까?"). 하지만 이런 일은 현실에서 절대 일어나지 않는다. 다른 사람을 설득하고 좋은 아이디어를 촉진하거나 실천에 옮기는 등 평화적 수단으로 장기적 개선을 도모할 수 있는, 우리가 할 수 있는 어마어마한 일들이 있다. 이런 일을 하는 것은 분명히 다른 사람의 권리를 침해하는 그 어떤 일보다 더 나은 길이다.

둘째, 비결과주의를 지지하거나 도덕적 불확실성을 진지하게 받아들인다면, 우리는 목적이 항상 수단을 정당화하는 것은 아님을 받아들여야 한다. 우리는 세상을 더 낫게 만들기 위해 노력해야 하지만, 다른 사람에게 해를 끼치는 일을 막는 것과 같이 도덕적 측면의 제약을 존중해야 한다.[11] 따라서 권리 침해가 더 나은 장기적 결과를 초래하는 드문 경우라 할지라도 그렇게 하는 것은 도덕적으로 용인할 수 없다.

장기주의는 부담이 지나치게 크다

장기주의에 대한 마지막 반론은 지나치게 부담이 크다는 것이다. 우리가 진정으로 미래 세대의 이익에 우리의 이익과 같은 비중을 둔다면, 미래 사람들에게 더 큰 혜택을 주기 위해 현재의 이익을 거의 완전히 희생해야 하는 것인가? 그런 아이디어라면 지나치게 불합리하지 않은가?

이런 반론은 어려운 철학적 문제를 제기한다. 현재의 우리는 미래 세대를 위해서 얼마나 희생해야 하는가? 나도 이 문제에 대한 답을 알지 못한다. 이 책에서 주장한 것은 장기적 미래에 대한 염려가 최소한 우리 시대의 우선적인 사항 중 하나라는 점이다. 나는 우리가 하는 모든 일이 후대를 위한 것이어야 한다고 주장하는 게 아니다. 하지만 내가 보기에는 미래 세대에 이익이 되는 일을 현재 우리가 하는 것보다 훨씬 더 많이 해야 한다.

특히, 기존의 추세에서 보자면, 미래에 대한 심각한 걱정과 관련한 '희생'은 아주 적거나 아예 존재하지 않는 것 같다. 장기적인 사안이 현재 도외시되는 정도를 생각하면, 현재에도 큰 이익이 되면서 장기적 미래에도 혜택을 주는 많은 방법이 존재한다. 화석연료 소비 감소는 먼 미래에도 혜택이 있지만 대기오염을 줄여 그것만으로도 매년 수백만 명의 목숨을 구한다.[12] 멸종 수준의 팬데믹은 모든 가능한 미래 인간의 가치를 배제할 수 있을 뿐 아니라 지금 살아 있는 모두를 없앨 수도 있다. 이런 일의 확률, 즉 전 세계적으로 영향을 미치는 재앙 수준의 팬데믹이 발생할 확률은 미래 팬데믹을 대비하기 위해 지금보다 극적으로 더 많은 조치를 정당화하기에 충분하다.[13] 다른 많은 장기 지향적 조치와 마찬가지로, 이런 조치는 윈윈이다.

그림 출처

1.4 Based on a graph by Our World in Data(Ritchie 2020a). Data from Sovacool et al.(2016); Markandya and Wilkinson(2007).

1.5 Based on a graph by Our World in Data(2017b). Data for years 1 – 1989 from New Maddison Project Database(Bolt and van Zanden 2020); data for years 1990 and later from World Bank(2021f).

2.1 Megatherium based on Haines and Chambers(2006); Notiomastodon based on Larramendi(2016, 557), dire wolf based on Wikipedia(2021b).

3.1 Detail of the public-domain image Stowage of the British slave ship "Brookes" under the Regulated Slave Trade Act of 1788, provided by the Library of Congress at https://loc.gov/pictures/resource/cph.3a34658/.

3.3 Based on a graph by Our World in Data(Ortiz-Ospina and Tzvetkova 2017). Data on female labour force participation from International Labour Organization, as published by the World Bank(2021m); data on GDP per capita from World Bank(2021m).

4.1 Based on a graph by Carbon Brief(Evans 2019), adapted with permission. Data from IEA(2019) and previous editions of the IEA's World Energy Outlook.

6.1~6.2. Based on population estimates by Morley(2002; for 200 BC and 130 BC) and Morris(2013; for AD 1 and all later dates).

6.3 Based on a graph by Our World in Data(2019h). Data for 1976 – 2009 from Lafond et al.(2017); data for later years from IRENA(2020, 2021).

7.1 Adapted with permission from Figure 1 in Crafts & Mills(2017). Data from Fernald(2014).

7.3 Based on a graph by Our World in Data(n.d.-c). Data from UN(2019b).

7.4 Based on a graph by Our World in Data(2020c). Original data sources: Data on live births per woman from UN(2019b); data on GDP per capita from Penn World Table(Feenstra et al. 2015).

9.1 Based on a graph by Our World in Data(2021d). Data on life satisfaction from Gallup World Poll("Cantril Ladder" question) as published in the World Happiness Report(Helliwell et al. 2021); data on GDP per capita from World Bank(2021m).

9.2 Based on a graph by Our World in Data(Ortiz-Ospina and Roser 2017, Section "Economic Growth and Happiness"). Data on happiness from World Values Survey 7(2020); data on GDP from Penn World Table(Feenstra et al. 2015).

9.3 Based on a graph by Our World in Data(Roser 2013d, Section "Global Divergence Followed by Convergence"). Data calculation by Ola Rosling for Gapminder(2021) based on multiple sources.

9.4 Based on a graph by Our World in Data(Roser, Ortiz-Ospina, and Ritchie 2019, Section "Rising Life Expectancy Around the World"). Data on world average pre-1950 from Riley(2005ab); country-level data pre-1950 from Clio Infra, as published by Zijdeman and Ribeira da Silva(2015); data for 1950 and later years from UN(2019b).

9.5 Based on a graph by Our World in Data(2020g). Data from FAO (2021ab).

주

추가 주해는 whatweowethefuture.com/notes에서 찾을 수 있다. 예를 들어, 'Cotra 2020' 관련 자료를 찾으려면 whatweowethefuture.com/bibliography의 온라인 참고 문헌 목록을 참조하라.

들어가며. 미래 세대만이 아닌 지금 우리에게도

1 OpenAI 2022.

2 Hu 2023.

3 Roser 2023.

4 Stockholm International Peace Research Institute.

5 Clean Air Task Force(CATF)와의 개인적인 커뮤니케이션. Founders Pledge의 CATF 영향에 대한 연구 참조(Halstead 2020).

6 Rudner & Toner 2021.

7 Welch et al. 2018.

0장. 당신 앞의 거대한 미래

1 이런 사고실험은 조지아 레이의 "The Funnel of Human Experience"(G. Ray 2018)를 참조한 것이다. 많은 논평가들이 비슷한 전제를 하고 있는 앤디 위어의 인기 단편 "The Egg"(2009)를 언급해주었다.

2 '최초의 인간'이라는 아이디어는 시적 허용에 가깝다. 호모 사피엔스와 우리의 선조 사이를 구분하는 엄격한 선은 존재하지 않는다. 더구나 '우리'가 오

로지 호모 사피엔스하고만 관련이 있는지도 확실치 않다. 초기 인간은 네안데르탈인 및 데니소반인과 짝짓기를 했다(L. Chen et al. 2020). 이 사고실험의 결과는 이 문제로 인해 달라지지 않는다.

호모 사피엔스의 종 형성 시점은 20만 년 전으로 언급되기도 하지만, 전문가들은 30만 년 전이라는 데 의견의 일치를 보고 있다(Galway-Witham and Stringer 2018; Hublin et al. 2017; Schlebusch et al. 2017; Marlize Lombard, Chris Stringer, and Mattias Jakobsson과의 개인적소통, 2021. 4. 26).

3   이용 가능한 최고 추정치는 1,170억 번이다(Kaneda and Haub 2021).

4   이런 주장 및 이와 유사한 주장들은 총인구 추정치(Kaneda and Haub 2021)와 다양한 시기의 수명(Finch 2010; Galor and Moav 2005; H. Kaplan et al. 2000; Riley 2005; UN 2019c; WHO 2019, 2020)을 합친 수치에 기반을 둔다. 이것들은 대략적인 추정치일 뿐이다.

5   (내 대략적인 계산에 기반을 둔) 이런 수치는 단순히 예시로 제시한 것이다. (계산할 수 있다면) 실제 수치는 내가 여기에서 사용한 것과 약간 다를 수 있다. 더 자세한 내용은 whatweowethefuture.com/notes에서 확인하라.

6   문헌에서 사회적으로 '단순'하고, 대단히 평등주의적이었다고 (잘못) 알려진 수렵·채집인 사회(아마도 농경 전 인간 사회와 가장 흡사했을 것이다)에는 노예제가 없었다(Kelly 2013, Chapter 9). 노예제는 농업혁명에 이어 정주 사회가 등장한 뒤에야 널리 퍼졌을 가능성이 높다. 그 이후 노예가 된 인구 비율에 대한 모든 추정치에는 필연적으로 약간의 추측이 포함된다. 하지만 현존하는 증거는 많은 농경 사회의 경우 인구의 10~20%가 노예였다는 것을 시사한다. 예를 들어, 한국은 조선 시대까지 인구의 3분의 1이 노예였다. 17세기에서 19세기까지 태국 일부 지역, 20세기 초 미얀마 일부 지역에서는 인구의 4분의 1에서 3분의 1이 노예였다. 로마제국에서 로마시의 노예는 총인구의 25~40%였던 것으로 추정된다. 고대 그리스에서는 아테네인의 약 3분의 1이 노예였을 것이다. 1790년에는 미국 인구의 약 18%가 노예였다(Bradley 2011; Campbell 2004, 163; Campbell 2010; D. B. Davis 2006, 44; Hallet 2007; Hunt 2010; Joly 2007; Patterson 1982, Appendix C; J. P. Rodriguez 1999, 16~17; Steckel 2012). 노예제는 19~20세기에

걸쳐 전 세계에서 폐지되었다.

노예 소유 인구 추정 시에도 비슷한 추측을 할 수 있는데, 노예 소유자 비율은 노예의 비율과 비슷하다고 생각하는 것이 타당하다. 사회 내 인구의 4분의 1이 노예였다면, 그 사회의 가장 부유한 4분의 1이 노예를 소유했을 것이라는 합리적 추정이 가능하다. 예를 들어, 한 설문 조사에 따르면 1830년 미국 남부에는 약 200만 명의 노예가 있었고, 노예 소유자는 22만 4,000명이었다. 이 수치는 조사 대상 가구의 한 사람만을 노예 소유자로 간주한다는 가정에서 나온 것이다. 하지만 우리는 가구 내 모든 사람을 계산에 넣어야 한다. 한 가구에는 다섯 명 이상이 있었을 테고, 이는 노예 소유자 한 명당 두 명의 노예가 있었다는 것을 암시한다(R. Fry 2019; Lightner and Ragan 2005; O'Neill 2021b). 아마도 미국 남부는 노예 대비 노예 소유자 비율이 높았을 것이다.

7 whatweowethefuture.com/notes 참조.

8 내가 이야기하고 있는 이 사고실험에서 당신은 지금 살아 있는 모든 사람의 수명의 끝까지 살게 될 것이다. 그것을 넘어설 수는 없다. 현재의 길어진 수명을 고려하면 오늘날의 사람들은 여태 살았던 사람들의 7%를 차지한다(Kaneda and Haub 2021). 현재 살아 있는 사람들의 경우, 우리는 예측되는 삶의 마지막까지가 아닌 현재 순간까지의 경험만을 포함한다. 많은 사람이 이전 세대 사람들보다 더 오래 살기 때문에 모든 경험에서 그들이 차지하는 비중은 6%에 가까울 것이다.

9 whatweowethefuture.com/notes 참조.

10 지구가 인류 서식이 가능한 상태에서, 기존의 대략적인 인구 크기를 유지한다면 '몇 초'라는 표현이 거의 정확할 것이다. 우리가 다른 태양계에 정착하거나 문명의 인구나 수명이 크게 늘어난다면, 정말로 1초도 되지 않을 것이다. 과거와 현재 사람들의 모든 경험이 지금까지 측정된 가장 짧은 시간 간격(2.47×10^{-19}초)(Grundmann et al. 2020), 즉 눈이 빛에 화학적으로 반응해서 신경 전달을 시작하기 전까지의 시간보다 여러 자리 수를 내려가야 하는 엄청나게 짧은 시간일 수도 있다는 데에는 의심의 여지가 없다(Weiner 2009). 10조 년 동안(항성 형성의 시대가 끝날 때까지) 수천억 개의 별들(우리 은하에 있는 별의 수에 대한 일반적인 추정치의 하한값) 각각에 (기존 세

계 인구와 비슷한) 100억 명의 인구가 존재하게끔 한다면 이렇게 될 것이다.

11　나는 하이픈을 뺀 'longterm'이라는 단어를 이 책 전체에 걸쳐 형용사로 사용한다. 'long term'은 명사구로 사용한다.

12　https://www.givingwhatwecan.org/ 참조.

1장. 장기적 관점이 필요한 이유

1　이 사례는 *Reasons and Persons*(Parfit 1984, 315)로부터 수정한 것이다.

2　고대 중국 혹은 고대 그리스 속담이라고 이야기하기도 하지만, 그 기원은 알려져 있지 않다.

3　*Constitution of the Iroquois Nations* 1910.

4　Lyons 1980, 173.

5　그렇긴 하지만 일부 호혜적 유형의 이유가 미래 세대에 대한 우려에 동기를 부여하기도 한다. 우리는 미래 사람들의 행동으로부터 혜택을 얻지는 않을지 모르지만, 과거 사람들의 행동으로부터 엄청난 혜택을 얻는다. 우리는 과거 사람들이 수천 년 동안 재배한 식물로부터 얻은 과일을 먹는다. 우리는 과거 사람들이 수 세기 동안 발전시킨 의학 지식에 의지한다. 우리는 과거 사람들이 싸워서 얻어낸 수없이 많은 개혁을 기반으로 한 법적 체계하에서 산다. 이것이 우리에게 '미리 지불'하고 앞으로 올 세대에게 혜택을 줄 이유가 될 수도 있다.

6　"죽느냐 사느냐"라는 그 유명한 햄릿의 독백에서 "발견되지 않은 나라"는 사후 세계를 가리킨다. "다만 죽음 다음에 겪을 어떤 것에 대한 두려움 때문에 / 결심을 못 하는 것이 아닌가? / 어떤 여행자도 돌아오지 못하는 미지의 나라 / 우리가 알지 못하는 저세상으로 날아가기보다는 / 차라리 현세의 익숙한 재앙을 참는 편이 낫다는 생각 때문이야." 그 비유를 미래에 전용하면서 (혹은 도입하면서) 나는 영화 〈스타 트렉 6: 미지의 세계〉에 나오는 클링온 제국 총리 고르콘의 선례를 따르고 있다.

7　일반적인 추정치는 250만 년(Strait 2013, 42)에서 280만 년(DiMaggio et al. 2015)이다.

8 Özkan et al. 2002, 1797; Vigne 2011. 최초의 도시 형성에 대한 더 많은 정보는 온라인에서 찾아볼 수 있다.

9 Barnosky et al. 2011, 3; Lawton and May 1995, 5; Ord 2020, 83~85; Proença and Pereira 2013, 168.

10 나는 인간이 아닌 동물은 추상적 사고 능력이나 장기적 기획 능력을 전혀 갖고 있지 않다거나, 어떤 도구도 사용하지 못한다고 강력한 주장을 펼치려는 것이 아니다. 몇몇 종이 몇 시간, 심지어는 며칠 앞을 계획한다는 충분한 증거가 있고(예를 들면 Clayton et al. 2003; W. A. Roberts 2012), 유인원의 도구 생산과 사용에 대해서는 관련 증거가 많이 존재한다(Bauer and Call 2015; Mulcahy and Call 2006). 좀 더 범위를 넓히면, 동물의 인지는 지속적인 경험적 연구와 활발한 철학적 논쟁의 주제다(개요는 Andrews and Monsó 2021 참조).

11 태양이 얼마나 오래 불탈지에 대한 추정치는 45억 년(Bertulani 2013)에서 64억 년(Sackmann et al. 1993)에 이르지만 50억 년이 가장 일반적인 추정치인 것 같다. 좀 더 정확하게 말하면, 이는 태양 중심의 모든 수소가 바닥나는 시점을 말한다. 이때 태양은 천문학자들이 별의 '주계열' 단계라고 부르는 것에서 벗어나기 시작한다. 하지만 그 이후에도 태양은 여전히 '타오른다.' 즉, 핵이 아닌 껍질에서 수소가 헬륨이 되는 핵융합 반응이 일어나면서 에너지를 생성한다. 태양은 20억 년에서 30억 년 동안 적색 거성으로 팽창한 후 핵 안에서 핵융합을 재개한다(이번에는 헬륨이 탄소와 산소로 융합된다). 약 80억 년 뒤, 이 마지막 헬륨 섬광 이후에야 태양은 발광을 완전히 멈출 것이다.

항성 형성에 대한 수치는 F. C. Adams and Laughlin 1997, 342를 참조한 것이다.

일부 별들이 얼마나 오래 빛을 발할지에 대해 알게 해준 토비 오드에게 감사를 전한다. 앤더스 샌드버그는 곧 출간될 *Grand Futures*에서, 더 긴 시간 척도에서 그 별들의 종말 후에, 블랙홀과 같은 더 색다른 에너지 원천이 이용될 수 있다고 이야기한다. 이는 문명의 수명을 100만조 년 이상으로 연장시킬 수 있다.

12 Wolf and Toon(2015, 5792)은 "인간 신체의 생리학적 제약은 지구가 13

억 년 후에 인간이 살 수 없는 곳이 되리라는 것을 암시한다"고 추정했다. Bloh(2008, 597)는 "복잡한 다세포생물과 진핵생물의 수명은 각기 지금부터 약 8억 년, 13억 년 뒤에 끝날 것"이라고 말하면서 다소 짧은 창을 제시한다. 나는 좀 더 보수적으로 인간 거주성의 창을 5억 년이라고 본다. 이는 이산화탄소 고갈로 인한 식물의 죽음이나 대양의 증발로 이어지는 '폭주 온실'같이 핵심적인 국면의 시점과 가능성에 대한 상당한 불확실성과 인간의 거주성을 제한하는 요인이 될 수 있는 미결의 문제 때문이다(다양한 생물 유형의 행성 거주성에 영향을 주는 고려 사항들에 대한 조사는 Heath and Doyle(2009) 참조). 더 자세한 내용은 whatweowethefuture.com/notes를 참조하라.

13 whatweowethefuture.com/notes 참조.

14 우리 은하에는 1,000억 개에서 4,000억 개의 별이 있다. Armstrong and Sandberg (2013, 9)은 도달 가능한 은하의 수를 43억 개로 추정한 반면, Ord(2021, 27)는 "영향력을 미칠 수 있는 우주에는 총 10^{21}~10^{23}개의 별을 거느린 약 200억 개의 은하가 있다"고 말한다.

15 내가 말하는 수치는 출생 시 평균 생존 연수(Roser 2018)다. 19세기 초에는 전 세계적으로 어린이의 약 43%가 5세 이전 사망했기 때문에 그 나이까지 생존한 사람은 약 50세까지 살 수 있었을 것으로 추정할 수 있다. 또한 73세는 오늘 태어난 사람이 얼마나 오래 살지에 대한 최고의 예측치라고 할 수 없다. 내가 인용한 수치는 '기대수명'이라고 알려진 것으로, 그 정의상 미래의 추세를 무시한 예상 수명 척도다. 예를 들어, 의학이나 공중 보건 분야가 더 많이 발전한다면 지금 태어난 사람은 73세보다 더 오래 살 거라고 예측해야 할 것이다. 반면에 새로운 치명적 질병이 나타나거나 대규모 재앙으로 세계 인구 대부분이 사라지는 일이 생긴다면, 지금 태어난 사람은 출생 시 평균 생존 연수보다 짧게 살 것으로 예측해야 한다.

16 1820년에는 세계 인구의 약 83.9%가 국가 간 인플레이션과 가격 격차를 감안해, 1985년 미국에서 1달러로 살 수 있는 것보다 적은 일일 소득으로 생존했다(Bourguignon and Morrisson 2002, Table 1, 731, 733). 2000년 부르기뇽과 모리슨이 세계 소득 분배의 역사에 대한 중대한 논문을 발표하자, 세계은행은 이를 보통 극빈을 규정할 때 사용하는 국제 빈곤선으로 정했다.

이후 세계은행은 국제 빈곤선의 일일 소득을 2011년 미국에서 1.90달러로 살 수 있는 것으로 업데이트했다. 이 새로운 정의를 사용한 세계은행 데이터는 극빈 상태에서 살고 있는 세계 인구의 비율이 2016년부터 10% 미만이라는 것을 보여준다. 코로나 팬데믹은 오랫동안 이어온 비율 감소 추세를 꺾었다. 하지만 다시 10%를 넘기는 정도는 아니었다(World Bank 2020). 과거의 빈곤선과 새로운 빈곤선이 어느 정도 일치하는지에 대해서는 자주 논란이 일지만, 나는 극빈 상태에 있는 세계 인구의 비율이 극적으로 감소했다는 결론은 확실하다고 생각한다. 우리가 빈곤과의 싸움에서 아직 갈 길이 멀다는 점을 부정하는 것이 아니다. 예를 들어, (2011년 미국에 비교한 국가 간 인플레이션과 가격 격차를 감안했을 때) 세계 인구의 40% 이상이 여전히 하루 5.5달러 미만의 소득으로 살아가고 있다.

17 Roser and Ortiz-Ospina 2016.

18 Our World in Data 2017a. 더 자세한 내용은 whatweowethefuture.com/notes를 참조하라.

19 1700년 이전에도 대학에서 학위를 받거나 가르치는 여성에 대한 얘기가 있었다. 그러나 그들의 삶에 대해서는 남은 기록이 거의 없다. 더 자세한 내용은 whatweowe thefuture.com/notes를 참조하라.

20 "18세기 내내 그리고 1861년까지, 남성들 간의 모든 동성애 행위는 사형 죄로 다스릴 수 있었다"(Emsley et al. 2018).

21 "18세기 말 살아 있는 전체 인구의 4분의 3이 훌쩍 넘는 사람들이 줄무늬 죄수복을 입고 감금되는 것 이외에 다양한 노예나 농노제도 등 이런저런 종류의 구속 상태에 있었다"(Hochschild 2005, 2). "현재의 수치(4,030만 명, 세계 인구의 약 0.5%)는 강제 노동과 강제 결혼을 포함한다"(Walk Free Foundation 2018).

22 정치적 자유와 개인의 자율성을 확대하는 광범위한 추세에는 이론의 여지가 없다고 생각하지만, 정확한 수치는 민주주의의 정의에 따라 달라진다. 나는 Our World in Data의 '민주주의'에 대한 페이지에서 얻은 수치를 사용한다(Roser 2013a). 이는 널리 사용되는 Polity IV 데이터 세트를 기반으로 한다. Polity IV 민주주의 점수는 "시민이 대안적인 정책과 리더에 대해 효과적으로 선호를 표현할 수 있는 제도와 절차의 존재" 및 "행정부의 권력 행

사에 대한 제도화된 제약의 존재"라는 다양한 측면을 포착하는 복합 변수다 (Marshall et al. 2013, 14). 1700년에 대한 내 주장은 그 상황이 19세기 초보다 크게 나을 수 없다는 가정에 기초한다. 당시의 Polity IV에 따르면, 민주주의국가에 사는 사람이 세계 인구의 1% 미만이었다. 또한 나는 일부 권력을 남용하는 리더의 능력에 대한 견제나 심의와 관련한 포괄적 참여 등 초기 민주주의 기능이 있더라도 완전히 국가로서 지위를 갖추지 못한 사회(예를 들어, 수렵·채집인 사회)를 배제하는 정의적definitional 해석을 따른다.

23 Gillingham 2014, Wyatt 2009. 대영제국은 대서양 횡단 노예무역 동안 300만 명 이상의 노예를 샀고, 프랑스는 100만 명 이상의 노예를 샀다(Slave Voyages 2018).

24 소네트 1~126은 셰익스피어의 삶과 작품에 관련된 많은 측면과 마찬가지로 학문적 논란의 대상으로 남아 있기는 하지만, 보통 '젊은 남성'을 청자로 한다고 여겨진다. 더 자세한 내용은 whatweowethefuture.com/notes를 참조하라.

25 Shakespeare 2002, 417.

26 셰익스피어는 "소네트의 초안 대부분을 1591~1595년에 작성"(Kennedy 2007, 24)한 것으로 보인다. 케네디는 셰익스피어의 작품에 드물게 등장하는 단어들에 대한 분석을 기초로 소네트 1~60의 '대부분'은 1591~1595년에 초고를 썼을 것이라고 구체적으로 언급한 Hieatt et al.(1991, 98)을 인용한다.

27 자세한 내용은 whatweowethefuture.com/notes를 참조하라.

28 Horace 2004, 216~217.

29 자세한 내용은 whatweowethefuture.com/notes를 참조하라.

30 자세한 내용은 whatweowethefuture.com/notes를 참조하라.

31 이 인용은 펭귄북에서 출간한 *Thucydides* 1972에서 발췌한 것이다(1954년 렉스 워너 번역).

32 Bornstein 2015, 661; Holmes and Maurer 2016. 더 자세한 내용은 whatweowe thefuture.com/notes를 참조하라.

33 J. Adams 1851, 298. 같은 서문에서 애덤스는 앞서 내가 참조한 단락을 포함해 투키디데스를 길게 인용한다.

34 프랭클린의 유언이 어떻게 이루어졌는지에 대한 내 해석은 설명에 도움

이 될 만한 최선의 추측이다. 더 자세한 내용은 whatweowethefuture.com/notes를 참조하라.

35 프랭클린의 유산은 널리 알려진 이야기다. 본문에 나오는 수치의 출처는 Isaacson(2003, 473~474)의 후기다. 자세한 내용은 whatweowethefuture.com/notes를 참조하라.

36 whatweowethefuture.com/notes 참조.

37 Lloyd 1998, Chapter 2.

38 Lord et al. 2016; Talento and Ganopolski 2021. 물론 대기에서 이산화탄소를 제거할 수도 있다. 하지만 우리가 그런 일을 할 수 있다는 데 큰 확신을 가져서는 안 된다. 6장과 7장에서 내가 논의하는 붕괴나 침체의 가능성에 비추어볼 때 절대 안 될 일이다. 6장에서 화석연료 연소의 장기주의적 중요성에 대해 더 자세히 논의할 것이다.

39 Hamilton et al. 2012.

40 이산화탄소의 평균 잔존 기간은 기후에 대한 현재의 서사나 정책이 근시안적이라는 것을 또 다른 방법으로 보여준다. 이산화탄소를 메탄과 비교하고 있는 것이다. 메탄의 온실화 잠재력이 이산화탄소의 30배에서 심지어는 83배에 이른다는 주장이 있다. 하지만 장기적인 관점에서, 이런 수치는 오해를 유발한다. 메탄은 공기 중에 약 12년 정도만 머물 뿐이다(IPCC 2021a, Chapter 7, Table 7.15). 이는 이산화탄소와 극명한 대조를 이룬다. 우리가 살펴보았듯이 이산화탄소는 공기 중에 10만 년 동안 머문다.

일반적으로는 메탄을 이산화탄소보다 30배 중요하게 취급하면서 거기에 비중을 둔다. 하지만 이런 척도는 메탄이 40년 동안 기온에 미치는 영향을 측정한다(혼란스럽게도, 이 척도는 '세계 온실 효과 잠재력'으로 알려져 있다). 그 대신 메탄이 100년 동안 기온에 미치는 영향을 측정한다면 메탄은 이산화탄소보다 7.5배 강력할 뿐이다(IPCC 2021a, Chapter 7, Table 7.15). 이산화탄소가 아닌 메탄에 비중을 두는 것은 과학적 문제로 보이지만, 사실 그것은 다음 수십 년 동안 기후변화를 줄이는 일을 우선시하고 싶은지 혹은 장기적으로 기후변화를 우선시하고 싶은지의 문제다(Allen 2015). 우리가 메탄보다 60배 많은 이산화탄소 배출한다는 것을 고려하면, 장기적인 관점을 취할 때 주된 초점으로 삼아야 할 것은 이산화탄소다(H. Ritchie and

Roser 2020a; Schiermeier 2020).

41 P. U. Clark et al. 2016.

42 IPCC 2021a, Figure SPM.8. 중·저 배출 시나리오는 RCP4.5로 알려져 있다(Hausfather and Peters 2020; Liu and Raftery 2021; Rogelj et al. 2016).

43 Clark et al.(2016, Figure 4a)는 중·저 배출 시나리오에서 해수면이 20미터 상승할 것으로 추정한다. Van Breedam et al.(2020, Table 1)은 중·저 경로에서 해수면이 10미터 상승하리라고 예측한다.

44 P. U. Clark et al. 2016, Figure 6.

45 더 자세한 내용은 whatweowethefuture.com/notes를 참조하라.

46 Lelieveld et al. 2019에 기반을 둔 Our World in Data 2020a. 여기에는 외부 공기 오염으로 인한 죽음만이 포함되어 있다. 추가적으로 실내 공기 오염 때문에 연간 160만 명(Stanaway et al. 2018)에서 380만 명(WHO 2021)이 사망한다. 그 대부분은 조리, 난방, 조명을 위한 전기와 청정 연료를 사용할 수 없어서 발생한다(H. Ritchie and Roser 2019). 덮개 없는 난로처럼 효율이 낮고 안전하지 못한 기술로 석탄, 등유, 숯, 나무, 똥, 농작물 폐기물을 태우는 방법으로만 조리하는 사람이 25억 명이 넘는다(WHO 2021).

47 "유럽의 경우 화석연료 관련 배출을 제거함으로써 연간 초과 사망자 434 000명(95% 신뢰 구간 355 000~509 000)을 줄일 수 있다. 유럽의 평균 여명은 1.2년(95% 신뢰 구간 1.0~1.4) 증가할 것이다"(Lelieveld, Klingmüller, Pozzer, Pöschl, et al. 2019, 1595). 95% 신뢰 구간은 저자의 모델을 기준으로 정확한 수치가 95% 확률에 드는 범위를 나타낸다. 큰 수의 구성 방식을 쉼표 대신 공백으로 처리했음에 주의하라. 예를 들어 '434 000'은 사십삼만사천을 가리킨다.

48 Scovronick et al.(2019, 1)은 대기 질 정책에 따라 그리고 "사회가 더 나은 건강에 어떤 가치를 두는지에 따라 경제적으로 최적의 경감 목표는 2°C 이하"임을 발견했다. Markandya et al.(2018, e126)은 "분석한 모든 시나리오에서(2°C) 목표를 달성하는 데 따르는 건강상의 혜택이 거기에 소요되는 정책 비용보다 더 크다"는 것을 발견했으며 "2°C가 아닌 1.5°C를 목표로 한 노력은 인도와 중국에 상당한 순편익을 창출할 것이다(인도 3조 2,800억

~8조 4,000억 달러, 중국 2,700억~2조 3,100억 달러). 단, 다른 지역에서는 이 정도의 긍정적인 결과는 볼 수 없을 것이다"라고 말했다.

49 우리가 역사상 대단히 이례적인 시기에 살고 있다는 주장은 몇 가지 흥미로운 철학적 문제를 제기한다. 나는 이 문제를 "Are We Living at the Hinge of History?"(초안은 MacAskill 2020 참조, 공식 출간 예정)라는 논문에서 다루었다. 그 논문의 논거들이 우리가 역사상 영향력이 **가장** 큰 시대에 있다는 아이디어에 반한다는 점에 주의하라. 나는 우리가 ('단순히') 엄청난 영향력의 시대에 있다고 생각할 만한 근거가 대단히 강하다고 생각한다.

50 이러한 주장과 프레이밍은 Robin Hanson(2009)의 견해에 기반을 둔 홀든 카놉스키의 "This Can't Go On"(2021b)을 따른다. 더 자세한 논의는 whatweowethefuture.com/notes를 참조하라.

51 더 정확하게 말하자면, 나는 현재를 250년 전 시작되어 성장률이 연 1% 미만으로 다시 둔화하면 끝날 탈공업화 시대로 본다. 최근의 성장률은 World Bank(2021e)를 참조하라.

52 세계 성장의 역사에 대한 모든 주장은 DeLong(1998)을 참조하라. 비슷한 수치를 제공하는 다른 데이터 소스에 대한 개요는 Roodman(2020a)의 데이터와 Roser(2019)의 데이터 소스를 참조하라. 내 주장은 평균 성장률이 몇 차례나 두 배로 늘어나는 현상이 계속되고 있다는 것이다. 물론 (예를 들어) 기원전 20만 년에 한 해 동안 성장률이 2%였을 가능성을 배제할 수는 없다(하지만 우리는 그런 일이 일어났다면 예외가 분명하다는 것을 알고 있다). 세계 역사에서 평균을 넘어서는 짧은 간헐적 기간에 대한 논의는 Goldstone(2002)을 참조하라. 그러나 7장에 대한 배경 연구를 통해 그 안에 있는 일부 사례에 논란의 여지가 있다는 것이 밝혀졌다.

53 에너지 사용: Our World in Data 2020f. 이산화탄소 배출: Ritchie and Roser 2020a. 토지 용도: Our World in Data 2019b. 과학 발전의 측정은 해석에 따라 달라지지만, 16세기 과학혁명 이후 전근대에 비해 기술 혁신의 속도가 급속도로 빨라졌다는 주장에 이의를 제기할 사람은 많지 않을 것이라 생각한다.

54 이는 사실 성장이 기술 영역에서 어떻게 이루어졌나에 가깝다. 즉, 가난한 나라들의 일시적인 따라잡기 성장을 무시한다(Roser 2013b).

55 Karnofsky 2021b, nn7~8.

56 가능 여부에 대한 더 자세한 논의는 Hanson 2009와 Karnofsky 2021c를 참조하라.

57 이 점에 대해서는 칼 셜먼에게 감사를 표한다.

58 whatweowethefuture.com/notes 참조.

59 Scheidel(2021, 101~107)에는 역사 속 제국의 인구 규모에 대한 요약 자료가 수록되어 있다. 이 책의 Table 2.2(103)는 서한이 서기 1세기 세계 인구의 32%를 차지했고, 서기 150년에는 로마제국에 세계 인구의 30%가 살았다는 것을 보여준다. 그렇지만 역사상 인구 규모에는 상당한 불확실성이 있다. 더 자세한 내용은 whatweowethefuture.com/notes를 참조하라. 역사가 Peter Bang(2009, 120)은 한나라와 로마제국이 절정에 달했을 때에도 그들은 "우화와 신화의 불가사의한 영역에서 서로로부터 감추어져 있는 채였다"고 평했다.

60 이는 태양계 가장 바깥에 있는 행성, 즉 해왕성의 궤도를 태양계의 경계로 취급한다. 더 자세한 내용은 whatweowethefuture.com/notes를 참조하라.

61 whatweowethefuture.com/notes 참조.

62 whatweowethefuture.com/notes 참조.

63 "결국 우주가 너무나 빨리 팽창해서 우리 국부은하군과 그에 가장 가까운 은하군 사이에서 계속 확장되는 틈을 이동할 수 없을 것이다(시뮬레이션에 따르면 이는 약 1,500억 년이 걸릴 것이다)"(Ord 2021, 7).

2장. 미래 가치를 측정하는 기준

1 거대 동물은 몸무게가 44킬로그램 넘는 동물로 정의한다(Haynes 2018).

2 글립토돈트는 분지류다(Zurita et al. 2018).

3 일부 큰 글립토돈트는 무게가 1.5톤(Delsuc et al. 2016)으로 포드 피에스타 Ford Fiesta보다 크다. 홍적세 말 즈음에는 많은 글립토돈트가 무게 2톤 이상, 길이 5미터 이상이었다(Depler 2019b).

4 이는 글립토돈트와 같은 속인 도에디쿠루스Doedicurus도 마찬가지였다

(Delsuc et al. 2016).

5 여러 가지 이유에서 종의 멸종 시기를 정확하게 측정하는 것은 항상 어려운 일이다. 글립토돈트의 경우에는 특정한 화석의 연대 추정에 상당한 논란이 있다. 일부에서는 마지막 출현이 불과 7,000년 전이라고 추정하지만, 이런 추정치의 신뢰성에 대한 우려도 있다(Politis et al. 2019). 방사성탄소연대 측정을 거친, 논란이 없는 가장 최근의 글립토돈트 뼈는 마지막 출현이 1만 2,300년 전이라는 것을 암시한다. 그렇지만 1만 2,000년 전 혹은 그 이후의 것으로 추정되는 지층에서도 글립토돈트 뼈를 찾을 수 있다(Barnosky and Lindsey 2010; Prado et al. 2015, Table 2, Ubilla et al. 2018).

6 Defler 2019a, xiv~xv. 일부 학자들은 메가테리움이 이족보행을 했다고 생각하지만 여기에는 논란이 있다. 만약 그랬다면 메가테리움은 지금까지 존재했던 이족보행 포유류 중에 가장 크다(Amson and Nyakatura 2018).

7 일부 초기 추정은 메가테리움이 완신세까지 살았을 수 있다고 말하지만, 최근의 연구는 메가테리움의 마지막 출현을 1만 2,500년 전 정도로 추정한다(Politis et al. 2019). 화석 기록이 고르지 못하기 때문에 우리가 발견한 가장 최근의 종 화석이 그 종의 마지막 개체가 아닐 가능성이 있다. 이것을 시그너-립스Signor-Lipps 효과라고 한다.

8 Mothé et al. 2017, Section 3.5; 2019. 뼈의 전자스핀공명연대측정은 콜라겐의 방사성탄소연대측정보다 신뢰성이 낮다. 노티오마스토돈의 마지막 출현 연대에는 논란이 많다(Dantas et al. 2013; Oliveira et al. 2010, Table 2). 이 점에 대해 함께 논의해준 에밀리 린지에게 감사를 전한다(개인적 소통, 2021. 11. 22).

9 다이어울프의 몸무게는 68킬로그램 정도였고, 최대 100킬로그램에 달했다(Anyonge and Roman 2006, Table 1; Sorkin 2008). 다이어울프는 개아과 Caninae의 일원이므로 개이지만, 최근의 연구는 실제로는 늑대가 아니라는 것을 보여주었다. 회색 늑대와 생김새는 비슷하지만 이것은 수렴 진화의 사례다(Perri et al. 2021). 개아과가 속한 들개과에서 가장 큰 동물은 에피키온 하이데니Epicyon haydeni로 몸무게가 170킬로그램에 이른다. 모든 거대 동물이 그렇듯이, 다이어울프가 멸종된 정확한 이유에는 논란이 있다. 더 자세한 내용은 온라인 주해를 참조하라.

10 인류개변적 설명에 대한 사례를 검토하려면 Haynes(2018), Koch and Barnosky(2006), Surovell and Waguespack(2008), Smith et al.(2019), Wignall(2019b) 등을 참조하라. 인간의 중심적 역할을 지지하는 두 가지 주요 증거는 다음과 같다. 첫째, 거대 특정 지역의 동물 멸종은 모두 인류가 그 지역에 도달했다고 처음 기록된 시점이나 그 이후에 일어났다. 멸종된 속 屬의 마지막 화석 일부는 첫 인간 화석 이전에 등장했으나 이는 아마 화석 기록의 격차 때문일 것이다. 둘째, 멸종은 인간 사냥꾼에게 특히 귀중했을 만한, 사냥하기 쉬운 큰 동물에 편향되어 있다. 지난 6,600만 년 동안 멸종 된 종에게서 나타나는 편향의 정도에는 매우 눈에 띄는 특징이 있다.

자연적 원인을 지지하는 논거를 찾는다면 Meltzer(2015, 2020)와 Stewart et al.(2021)을 참조하라. 인간의 주도적인 역할에 이의를 제기하는 두 가지 주요 논거가 있다. 첫째, 일부에서는 멸종에 필요한 거대 동물 말살의 규모 를 고려할 때 사냥 장소의 수가 너무 적다고 주장한다. 그러나 인류개변 이 론을 지지하는 사람들은 화석 기록의 단편성을 고려할 때 확인된 거대 동물 사냥 장소의 수는 고생물학적 배경에서 상당히 많고 증거의 부재가 부재의 증거는 아니라고 주장한다. 둘째, 일부에서는 초기 인류가 수백만 마리의 거 대 동물을 죽일 만큼 많거나, 기술적으로 정교했을 가능성이 낮다고 주장한 다. 그렇지만 모델링 증거는 인간이 그 정도 규모의 멸종을 유발할 정도로 충분히 많았다는 것을 시사한다.

기후변화라는 설명에서 가장 문제가 되는 부분은 다음과 같다. 첫째, 홍적세 로부터의 전환 외에도, 거대 동물은 그 이전 몇백만 년 동안 여러 극적인 기 후변화를 겪어냈다. 예를 들어, 북아메리카에서는 멸종된 속의 대다수가 홍 적세 말에 있었던 것과 비슷한 열두 번 이상의 간빙기를 거쳤다. 하지만 거 대 동물의 멸종률이 엄청나게 증가한 것은 인간이 존재했던 홍적세 말뿐이 다. 둘째, 기후변화 이론은 몸집이 큰 동물에만 편향된 이유를 설명하는 데 에도 어려움을 겪고 있다. Wignall(2019b, 107)이 언급하듯이, "일반적인인 멸종 '규칙'하에서 가장 손실이 큰 것은 서식지의 범위가 상대적으로 제한 된 종들이다. 하지만 홍적세 멸종에는 근본적인 차이가 있었다. 많은 거대 동 물종이 광대한 지리적 범위에 살았다. 털북숭이매머드와 털북숭이코뿔소는 유라시아와 북아메리카 전역에 분포했다." 마지막으로 대륙마다 거대 동물이 노출된 기후변화에는 큰 차이가 있었다. 냉각의 경우가 있는가 하면 온난이나 건조 등의 경우도 있었던 것이다. 하지만 이런 서로 다른 기후변화가 다양한 생태적 영역에 걸쳐 거대 동물의 멸종이라는 동일한 결과로 이어졌다. 인간과 자연적 원인 모두가 거대 동물 멸종에 기여했다는 주장에 대해서는 Broughton and Weitzel(2018)과 Metcalf et al.(2016)을 참조하라.

11 지난 80만 년 동안에만 열한 번의 간빙기 전환이 있었고, 그중 대부분이 홍적세-완신세 전환과 유사해 보인다(PAGES 2016). 홍적세 초에는 간빙기 전환이 더 잦았지만 덜 극적이었다(Hansen et al. 2013). 대부분의 거대 동물은 100만 년 전 진화했고, 따라서 그들은 그런 전환을 열 번 이상 겪고 살아남았다(Meltzer 2020).

12 Koch and Barnosky 2006; S. K. Lyons et al. 2016.

13 F. A. Smith et al. 2019. 인간 화석이 항상 멸종된 종의 화석과 중첩되는 것은 아니다. 이는 화석 기록의 단편성과 시그너-립스 효과로 설명할 수 있다. 이 논의에 대해서는 Meltzer(2020)와 Haynes(2018)를 참조하라.

14 Varki 2016; Wignall 2019b.

15 J. O. Kaplan et al. 2009, Table 3; Stephens et al. 2019; Zanon et al. 2018, Figure 10.

16 IPCC Fifth Assessment Report는 산업화 이전의 토지 사용 변화가 이산화탄소 농도를 약 10ppm 증가시켰으며, 이는 섭씨 기후 민감도를 섭씨 3도로 가정했을 때 0.16도(IPCC 2014a, Section 6.2.2.2)의 온난화를 유발했을 것으로 추정한다. IPCC's 2021 Sixth Assessment Report는 산업화 이전 토지 사용 변화의 영향을 정량화하지 않았다. 이는 이산화탄소 농도 증가에 대한 토지 사용 변화의 역할은 자연적 변화에 비해 작다는 것을 시사하는 듯하다(IPCC 2021a, Section 5.1.2.3). 산업화 이전 인간의 기여가 훨씬 크고 빙하기를 막았을 수도 있다는 주장 또한 있다(Ruddiman et al. 2020).

17 이런 프레임워크는 에런 밸린더와 내가 만들고 테루지 토마스가 더 발전시킨 것이다. 이에 대해서는 부록 3에 더 자세한 설명이 있다. 이 프레임워크는 효율적 이타주의에서 여러 원인 사이에 우선순위를 정할 때 널리 사용되는 '중요성, 취급 용이성, 경시성'의 틀과 잘 맞는다. SPC 틀은 '중요성' 차원에 비례하는 수량을 측정하는 방법이다.

18 이 틀에서는 우주의 종말을 가정하는 것이 유용하다. 그렇지 않으면 우리는 무한히 지속되는 상황을 다루어야 할 것이다. 일례로, 우리는 우주의 종말을 마지막 블랙홀이 기존의 우주에서 사라지는 시점으로 특정할 수 있다.

19 Revive and Restore, n.d.

20 '궤도 변화'라는 용어를 처음 만든 것은 Nick Beckstead(2013)다. 그의 초기 정의에 따르면 궤도의 변화는 세계의 가치관에 대한 대단히 오래 지속되거나 영구적인 변화다. 그의 허락을 받아 나는 이 정의를 좁혔다. 따라서 '궤도 변화'는 문명이 지속되는 동안에 대한 변화를 아우르는 대신 긴 시간 동안 문명의 평균적 가치관에 대한 오래 지속되는 변화를 나타낸다.

21 나는 장기적 가치에 긍정적인 영향을 주는 모든 방법을 철저히 설명한다고 주장하지 않는다. 본격적인 논의를 위해서는 최소한 (역사적 기록, 언어와 문화의 기록, 종의 유전적 구성에 대한 기록 같은) 정보의 보존과 정치 제도를 포함시켜야 한다(두 가지 모두 장기적인 관점에서 중요해 보인다).

22 나는 이 책 전체에 걸쳐 가치관 고착과 멸종같이 장기적인 관점에서 특히 중요하다고 생각하는 시나리오에 초점을 맞춘다. 이런 시나리오의 가능성이 정확히 얼마나 되는지, 또는 그런 시나리오를 피하는 것은 정확히 얼마나 가치 있다고 생각하는지에 대해서는 자주 이야기하지 않는다. 이 주제는 내 견해를 간략히 설명한다. 내가 이런 견해를 제시하는 것은 몰입한 독자들이 다른 견해의 맥락에서 내 견해를 이해할 수 있게 하고, 내가 왜 특정한 것에 집중하는지 설명하기 위해서다.

하지만 다음과 같은 경고를 해두어야겠다. 첫째, 내 견해는 엄청난 양의 불확실성을 수반한다. 나는 대단히 이성적인 어떤 사람이 나와 매우 다른 견해를 가질 수 있다고 생각한다. 둘째, 가능한 한 정확성을 기하기 위해 노력했지만, 내가 믿는 주장 중에는 여전히 모호한 것이 많다. 셋째, 나의 신뢰도(즉, 나의 주관적인 개연성 추정치)는 더 많은 증거를 확보해 내 견해가 진화하면서 변할 가능성이 매우 높다. 이 책이 출간될 때면 나는 벌써 여기에서 제시한 몇몇 수치에 동의하지 않을 수도 있다.

이 세기(지금부터 2100년 사이)에 세계는 대략 네 개의 궤도 중 하나를 택할 수 있을 것이다. 세계 GDP는 지난 몇백 년 동안 그랬던 것과 거의 비슷한 비율(연간 2~4%)로 성장을 계속할 수 있을 것이다. 혹은 인공지능 발달의 주도로 더 빠르게 성장할 수도 있다. 또는 다소 느리게 성장해서 정체될 수도 있다. 수십억 명이 죽는 대규모의 세계적 재앙이 있을 수도 있다. 나는 이 네 개 시나리오 각각의 가능성이 10~50%라고 생각한다. 정체 시나리오가 가장 가능성이 높다고 생각하고, 그다음이 기하급수적 속도를 넘어서는 성장 시나리오, 그다음이 지속적인 기하급수적 성장 시나리오, 그다음이 재앙 시나리오라고 생각한다. 정확한 신뢰도를 부여해야 한다면 각각 35%, 30%, 25%, 10%다.

나는 문명이 그 이전에 종말을 맞지 않으며 단일한 가치 체계의 고착이 아니라는 전제하에, 어느 시점엔가 가치관 고착이 일어날 가능성이 80%가 넘는다고 생각한다. 그리고 이 세기에 가치관 고착이 일어날 가능성이 10%가 넘는다고 생각한다.

나는 이 세기 문명 종말의 총위험이 0.1~1%라고 생각한다. 그 위험의 대부분은 (이 책에서 논의할 여지는 없지만) 생물무기, 자동화 무기, 현재 알려지지 않은 기술에서 비롯될 것이다. 여기에는 인공지능 시스템이 인간의 의도와 달리 문명을 통제할 가능성은 포함되지 않는다. 나는 금세기에 그런 일이 일어날 가능성을 약 3%로 본다. 다만 무엇을 '인간의 의도'와 다르다고 간주하는지가 내게는 모호하게 느껴진다는 데 대해서는 언급할 것이다. 나는 우리가 직면하는 위험 대부분이 열강들 사이의 열전이나 냉전 시나리오에서 비롯된다고 생각한다.

이 세기에 우리를 산업화 이전의 기술 수준으로 되돌릴 재앙이 일어날 것이라는 데 대한 내 신뢰도는 약 1%다. 기존의 천연자원으로 그런 재앙에서 회복할 것이란 데 대한 신뢰도는 95% 이상이다. 우리가 쉽게 구할 수 있는 화석연료를 고갈시킨다면 그 신뢰도는 90% 아래로 떨어진다.

문명의 계속적인 생존에 대한 기댓값은 양이지만, 이는 가능한 최선의 미래와는 대단히 멀다. 거기에 수치를 적용해야 한다면, 가능한 최선의 미래로 문명이 지속된다는 데 대한 기댓값은 1% 미만이다('가능한 최선'이라는 것은 '우리가 실현 가능한 최선'이라는 의미다). 이런 신뢰도를 고려할 때 궤도 변화는 문명 보호보다 잠재력이 100배 이상 더 크다. 다만, 궤도 변화에서 어떻게 확신을 갖고 진전할지는 명확하지 않은 때가 많다.

최우선이라고 생각하는 것을 극적으로 변화시킬 수 있는 중요한 고려 사항을 비롯해 우리가 아직 알지 못하거나 이해하지 못하는 것이 많다는 것이 내 생각이다. 이에 나는 당장 행동을 취하려고 노력하기(예를 들어, 범용 인공지능의 도래가 앞당겨질 때에만 관련이 있을 만한 인공지능 중심 정책에 공을 들이는 것)보다는 수십 년 안에 조치를 취하기 위해 자원을 구축하는 것이 더 긍정적으로 느껴진다. 특히, 장기적으로 세상을 최선으로 발전시킬 방법을 알아내기 위해 노력하는 주의 깊고, 겸손하고, 이타적 동기를 부여받은 사람들의 운동을 개발하는 것이 상대적으로 더 긍정적이라는 느낌이 든다.

특히 다양한 세계관에서 좋게 보일 수 있는 조치들을 취하는 것이 긍정적으로 느껴진다. 단순한 기댓값 계산에 근거할 때는 그런 행동이 다른 행동보다 기댓값이 낮더라도 말이다. (나는 적어도 '엄청난 양의 가치에 대한 작은 가능성'의 문제를 배제한다면 기댓값 이론이 정확한 결정 이론이라고 생각한다. 때때로 기댓값이 낮아 보이는 조치를 선택하라는 내 조언은 인지적 한계를 지닌 우리가 실제에서 기댓값 이론을 따르기 위해 최선의 노력을 기울일 방법에 대한 것이다.) 그 예로 나는 청정 기술과 화석연료 매장량을 지키는 것을 들었다. 다른 예로는 기후변화로 인한 세계적 재앙을 막기 위해 벙커를 건설하고, 열강의 전쟁 위험을 줄이고, 다시 말하지만 주의 깊고, 겸손하고, 이타적 동기부여를 받은 사람들의 운동을 개발하는 것이 있다.

내 친구이자 동료 토비 오드는 실존적 위험, 즉 인류의 장기적 잠재력을 위협하는 위험들에 대한 추정치 목록을 제시했다. 그는 이 세기의 실존적 위험을 총 6분의 1로, 생물무기로 인한 팬데믹의 위험을 30분의 1로, 예측하지 못한 인류개변적 위험을 50분의 1로 보았다. 또한 그는 이런 추정치의 불확실성이 대단히 크다고 강조한다. 우리의 세계관은 대체로 매우 비슷하지만 약간의 차이가 있다. 나는 인공지능과 생물무기의 위험을 그보다 낮게 본다. 나는 상대적으로 정렬에서 벗어난 인공지능 장악보다는 좋지 못한 인간 가치관의 고착 문제를 훨씬 더 염려한다. 나는 그보다 열강의 전쟁에 대해 더 염려한다. 나는 기술 정체의 가능성을 그보다 높게 본다. 나는 이런 차이를 '인사이드 베이스볼inside baseball'(전문가, 내부자, 애호가만 관심을 갖거나 높이 평가하는 시스템의 상세한 세부 사항이나 내부 작동 방식)이라고 생각한다. 우리는 앞으로 수년 안에 그 문제들에 대해 훨씬 더 확실하게 알 수 있기를 희망한다.

우리 두 사람이 가장 큰 차이를 보이는 것은 미래를 얼마나 좋게 예상하는 가다. 토비는 다음 몇 세기 동안 큰 재앙을 피한다면 가능한 최선의 미래에 가까운 것을 달성할 가능성이 50 대 50에 가까울 것이라고 생각한다. 나는 그 가능성이 훨씬 낮다고 생각한다. 주로 이런 이유에서 나는 (부록 1에서 설명하는 이유로) '실존적 위험'이라는 말을 사용하지 않고, 생존에 대한 미래의 조건 명제 개선(좋지 못한 가치관 고착을 피하는 것과 같은 '궤도 변화')과 문명의 수명을 연장하는 것 사이에 구분을 두는 것을 선호한다. 우리 두 사람 모두는 다음 몇 세기 동안 대규모 재앙이 없다는 조건하에 미래가 얼마나 좋을지 예상하는 것이 분석하기 쉬운 문제라는 데 의견을 같이한다.

23   whatweowethefuture.com/notes 참조.

24   Mauboussin, n.d.; Mauboussin and Mauboussin 2018. 실험 대상자가 이 문구의 해석 범위를 말할 때, 나는 대상자 반응의 5번째와 95번째 백분위수를 참조한다.

25   합동참모본부가 케네디 대통령과 로버트 맥나마라 국방장관에게 제출한 기밀 해제 메모에는 "적시에 실행할 경우 이 계획에는 상당한 성공 가능성이 있다"고 적혀 있다(Lemnitzer 1961, no 1q). 보통 '상당한 가능성'은 약 30%의 성공 가능성에 해당하는 것으로 알려져 있다(Tetlock and Gardner 2016 참조). 이 이야기는 저널리스트 피터 와이든이 참가자들의 인터뷰를 기반으로 쓴 그의 저서 *Bay of Pigs: The Untold Story*(1979)를 통해 처음 알려졌다. 추정 확률은 데이비드 그레이 준장의 것이다: "그들이 '상당한'이 무슨 뜻인지 논의할 때 그레이 준장은 가능성을 30~70% 정도로 생각한다고 말했다"(Wyden 1979, 89).

26   사례는 Koonin 2014 참조.

27   이런 주장을 한 연구자로는 John Quiggin, "Uncertainty and Climate Change Policy"(Quiggin 2008); Martin L. Weitzman, "Fat-Tailed Uncertainty in the Economics of Catastrophic Climate Change"(Weitzman 2011); Robert S. Pindyc, "Climate Change Policy: What Do the Models Tell Us?"(Pindyck 2013)가 있다.

28   현재 가능성이 가장 높은 시나리오는 RCP4.5(Climate Action Tracker 2021; Hausfather 2021a; Hausfather and Peters 2020; Liu and Raftery

2021, Figure 1)라고 알려진 IPCC의 중·저 배출 시나리오다.

29 이 확률 구간은 IPCC(2021a, Table SPM.1)에서 나온 것이다.

30 예상 SPC가 '예상 S × 예상 P × 예상 C'와 다르다는 것을 염두에 두어야 한다. 우리의 목적에서는 이런 고려가 그렇게 중요하지 않을 것이다.

31 M. Fry 2013.

32 Seth 2011, 305~308.

33 whatweowethefuture.com/notes 참조.

34 미 헌법 제정의 역사에 대해서는 US National Archives(2021)를 참조하라. 헌법 수정과 통과된 일자의 목록은 *Encyclopedia Britannica*(2014)를 참조하라.

35 남북전쟁과 관련한 세 가지 수정은 법적 통합 원칙의 기초 역할을 하는 등 다른 중요한 부분에도 영향을 미쳤다. 그에 따라 권리장전의 많은 부분이 (연방 정부만이 아니라) 주 정부와 지방 정부까지 구속하고 있다.

36 whatweowethefuture.com/notes 참조.

37 사례는 Zaidi and Dafoe 2021 참조.

38 John Barton, *A History of the Bible: The Book and Its Faiths*(2020) Chapter 11에서 이 책들에 대해 논의한다. 여기에는 복음서, 다양한 그노시스주의 문서, 일련의 사도교부使徒教父(《신약성경》27권에 들지 않은 초기 그리스도교 주요 문서 집필자들에 대한 총칭) 문서들이 포함된다. 초기 기독교《성경》의 여러 버전에는 추가 글들이 포함되었다.

39 남아 있는 당시의 기록이 부족하기 때문에 우리가 알고 있는《신약성경》이 자리를 잡은 정확한 시점은 결정하기가 어렵다. 하지만 4세기 그리스 성경《코덱스 시나이티쿠스Codex Sinaiticus》에는 현재의 《신약성경》에 없는 *Barnabas*와 *The Shepherd*라는 책이 포함되어 있다(Barton 2020, Chapter 11).

40 Sherwood 2011; Lapenis 1998. 아레니우스의 기여는 양적 예측에서 두드러졌다. 대기 중 온실가스 농도가 기후에 영향을 줄 수 있다는 생각은 그보다 더 이른 1864년 물리학자 존 틴들이 내놓았다. 아레니우스가 유럽이 더 따뜻한 기후를 갖게 된다는 이유에서 온난화를 좋은 일로 여겼다고 전해지는 얘기도 언급할 가치가 있을 것 같다(Sherwood 2011, 38).

41 Capra 2007.

42 New York Times 1956. 기사에 대한 더 자세한 내용은 Kaempffert(1956)

를 참조하라.

43 NPR 2019 참조.

44 NPR 2019. 원문의 "영향을 주는 것 같다Seem to impinge"는 간결함을 위해 "영향을 주다impinge"로 축약했다.

3장. 중대하지만 우발적인 변화

1 '노예'란 정의하기가 상당히 어렵다. 내 견해로는, 여러 가지 방법으로 노동 자들이 어느 정도 자유로울 수 있는가를 결정짓는 경제적 합의의 범위는 있 지만 '노예'라고 불릴 만한 일련의 정확한 합의는 없다. 이 장에서 '노예제' 라는 말로 내가 의미하는 것은 법에서는 인식하지 못하지만 사람들이 너무 나 자유롭지 못해 어떤 의미에서 재산으로 취급되는 경제적 합의를 의미한 다. 여기에는 대서양 횡단 노예제(노예를 재산으로 여기는 노예제도)뿐 아 니라 역사적으로 유럽, 인도, 중국, 아프리카, 아랍 세계에서 행해진 노예제 까지 포함된다. 내가 정의하는 노예제에서는 농노제와 연한年限 계약 노동자 는 제외된다.

2 초기 농업 문명에서의 노예제 보급에 대해서는 참고문헌들에 자세히 나와 있다(Egypt: Allam 2001; India: Levi 2002; Mesopotamia: Reid 2017; China: Yates 2001).

3 Eltis and Engerman 2011, 4~5. 사람들이 왜 노예가 되었는지에 대한 일부 데이터는 1847~1853년 교회선교사협회Church Missionary Society에 고용되 어 있는 동안 시에라리온 사람들을 조사한 지기스문트 빌헬름 쾰레의 설문 조사에서 비롯되었다(Curtin and Vansina 1964).

4 노예제도의 역사적 보급에 대한 추정치는 로마같이 상대적으로 관련 증거 가 많은 사회의 경우에도 매우 불확실하다. 그러나 대부분의 추정치는 10% 가 합리적인 하한값임을 시사한다. Walter Scheidel(2012, 92)은 5~20% 로 추정하면서 가장 근접한 추정치를 10%로 제시하며, Harper(2011, 59~64)는 후기 로마 시대(AD 275~425)의 경우 10% 정도로 추정한다. Patterson(1982, 354)은 서기 1~150년의 추정치를 16~20%로 더 높게 계

400

산한다.

5 Campbell 2010, 57; Ware 2011.

6 루돌프 T. 웨어 3세는 650~1900년 "소위 아랍 무역"을 통해 사하라 이남 아프리카에서 데려온 노예 수에 대한 "가장 근접한 학술적 추정치"를 "약 1,175만 명"이라고 적고 있다(Ware 2011, 51). 그러나 이 추정치는 매우 불확실하며 중앙아시아나 유럽의 노예, 사하라 이남 아프리카 내에서 노예가 되거나 거래된 사람들을 계산하지 않는다. 사하라나 인도양 전역에서 수출된 노예의 총수효에 대한 실제 수치는 1,200만 명보다 다소 적을 수도, 훨씬 많을 수도 있다.

7 이 수치는 노예 항해 데이터베이스(Slave Voyages 2018)에서 나온 것이다.

8 "대부분의 역사가들은 노예화의 핵심에는 전쟁이 있었고, 아메리카 대륙으로 보내진 아프리카 노예 대부분은 전쟁 포로가 되었다는 올바른 주장을 펴고 있다"(Ferreira 2011, 118).
"대서양 노예무역의 초기 단계에서는 유럽 무역상들이 직접 포획에 나서는 경우도 있었지만, 17세기에는 아프리카인들이 직접 교역에 나섰다"(Higman 2011, 493).

9 항해 중 가장 흔한 사망 원인은 위장병, 발열, 호흡기 질환이었다(Steckel and Jensen 1986, 62).

10 Manning 1990, 257. 이 수치는 노예 항해 데이터베이스의 데이터에 의해 뒷받침되고 있다. 이 데이터는 아프리카에서 노예선에 오른 1,250만 명 중 1,070만 명이 살아서 미국에 내렸다고 말한다(Slave Voyages 2018).

11 Blackburn 2010, 17(일반 용품), 133(카카오, 금, 수은, 은), 258(바베이도스의 주식인 쌀), 397(금, 설탕, 커피, 담배, 쌀, 면화, 인디고, 피망, 건조육 등 브라질에서 노예가 생산한 수출품).

12 Blackburn 2010, 331~334. 18시간 근무를 언급한 것은 Blackburn(2010, 260; 1997, 260)이다. 최소 10시간의 규칙적인 근무는 Blackburn(2010, 339, 424)에서 언급되었다.

13 Blackburn 2010. 20년이라는 수치는 트리니다드섬의 것이다(John 1988). 1800~1849년 사우스캐롤라이나 쌀 농장에서의 기록 역시 약 20년의 출생 시 기대수명을 언급한다(McCandless 2011, 129).

14 Stampp 1956; Gutman 1975, 36에서 인용.

15 "노예제를 지지하는 사상이 지속적으로 통용되려면 (근원적인 결함이나 문명의 결여로 보이는) 특정한 특성이 노예화를 정당화한다는 개념과, 노예를 재산으로 여기는 제도의 발전 자체가 문명의 징후라는 아이디어를 결합해야만 했다"(Blackburn 2010, 63). 북아메리카 노예주들이 다양한 법적 변화를 위해 적극적인 로비를 벌였다는 것도 언급해야겠다. 식민지 법체계의 기반이 된 영국 법에는 그들의 사업을 유지하고 보호하는 데 필요한 규칙이 부족했기 때문이다. 여기에는 노예가 자유를 찾기 위해 기독교로 개종하는 것을 막는 조치도 포함되었다(Walsh 2011, 413).

16 플라톤은 노예제의 도덕성이나 부도덕성에 대해 직접적으로 언급하지 않았지만,《법률Laws》에서 노예는 그들의 지위 때문에 더 엄격한 처벌을 받아야 한다고 말하면서 노예제를 묵인한 것처럼 보인다. "노예들은 마땅한 처벌을 받아야 한다. 자유민인 것처럼 훈계를 받아서는 안 되며 훈계는 그들을 교만하게 만들 뿐이다"(Plato 2010, 293).

아리스토텔레스는《정치학Politics》에서 이렇게 말한다. "어떤 이들은 지배해야 하고 다른 이들은 지배받아야 하는 것은, 필요하기 때문만이 아니라 편리하기 때문이기도 하다. 태어난 순간부터, 어떤 이들은 복종하도록 정해져 있고 다른 이들은 다스리도록 정해져 있다"(Aristotle 1885, 7). "따라서 천성적으로 자유인인 사람이 있고 노예인 사람들이 있으며, 노예제는 편리하면서 정당한 제도다"(Aristotle 1932, 23~25).

"한 가지 예를 들면, 수리남에서 인디언 노예는 집안일만 했다. 그들은 들에서 일하기에는 너무 약하기 때문이다. 들일을 하려면 흑인이 필요하다"(Kant 1912, 438; Kleingeld 2007, 576에서 인용). "아메리카인과 흑인은 스스로를 통제할 수 없다. 따라서 그들은 노예 역할만을 해야 한다"(Kant 1913, 878; Kleingeld 2007, 577에서 인용).

17 예를 들어, 1791년의 아이티 혁명, 1823년의 데메라라 반란, 1831년의 자메이카 크리스마스 반란은 모두 영국 노예 폐지론자들이 대의를 발전시키는 데 중요한 역할을 했다. Michael Taylor(2021, 22)는 "1823년의 데메라라 반란은 대영제국 노예제도의 역사와 몰락에 있어 중대한 이정표였다"라고 적었다. 역사학자 Franklin W. Knight(2000, 114)는 아이티의 혁명이 "모

든 노예 사회에 피할 수 없는 그림자를 드리웠다. 특히 영국에서는 반노예제 운동이 더욱 강해지고 대담해졌다"라고 말했다. Taylor(2021, 191) 역시 비슷하게, 자메이카 반란의 영향이 "노예제도를 지속시킨다면 반복되는 유혈 사태를 각오해야 할 것이라고 많은 영국인을 설득했다"라는 말을 남겼다.

18 Brown 2006, 30.

19 주요 인물로는 메노파교도 페터르 코르넬리위스 플록호이, 루터파교도 프란치스 다니엘 파스토리우스, 퀘이커교도 윌리엄 에드먼슨, 조지 키스, 존 헵번, 랠프 샌디퍼드가 있다. 퀘이커교 창시자 조지 폭스는 초기에 "충실히 일을 했다면 상당한 기간 후에 석방시킬 것"을 권고하는 소심한 발언을 했다(Fox 1676, 16). 하지만 그는 노예제 폐지를 전혀 제안하지 않았으며, 노예의 고통보다는 노예 소유주에게 미치는 악영향을 우려했다.

레이의 삶에 대한 주된 출처는 *Marcus Rediker, The Fearless Benjamin Lay*(2017)다. 다른 초기 노예제 반대 운동가 중 최초는 플록호이로 보인다. 그는 메노파교도로 1663년 델라웨어만에 노예가 허용되지 않는 정착지를 설립했다. 하지만 그는 1664년에 필라델피아 북쪽의 저먼타운에 있었다. 파스토리우스같이 루터파에서 퀘이커교로 개종한 사람들이 노예제 폐지 청원을 한 게 1688년 저먼타운이었다는 것은 놀라운 일이다.

20 Rediker 2017a, 2017b.

21 Rediker 2017a, Chapter 5, Introduction.

22 Rediker 2017a, Chapters 5~6.

23 "기진맥진하고 수척해진 노동자들은 비틀거리며 부둣가에 있는 그들의 가게로 들어가 물건을 사고, 구걸하고, 때로는 작은 물건과 음식을 훔쳤다. 초기에, 벤저민은 몇몇 범인에게 채찍질을 하며 절도에 대응했다. 하지만 곧 바베이도스라고 불리는 이 괴물 같은 노예 사회가 더 큰 도둑들, 생계가 아니라 부를 좇는 이들에 의해 만들어졌다는 것을 알게 되었다. 노예주처럼 행동했던 데 죄책감을 느낀 벤저민은 노예들과 이야기를 나누고 그들의 삶에 대해 배우며 자신을 교육하기로 결심했다(Rediker 2017a, 47).

24 Rediker 2017a, Chapter 2.

25 19세기 퀘이커교도 노예제 폐지론자로 레이의 뒤를 이었던 아이작 호퍼가 리디아 차일드에게 들려준 이야기다. 호퍼가 어린 시절 들었다는 차일드의

이야기는 Rediker(2017a, 83)에 실려 있다.

26 Rediker 2017a, Chapter 4.

27 Rediker 2017a, Conclusion.

28 Vaux 181

29 "울먼은 돼지 방광에 넣은 피를 뿌린 뉴저지 벌링턴 현장에 있었을 가능성이 높다"(Rediker 2017a, 187).

30 Rush 1891.

31 Rediker 2017a, Chapter 3.

32 Cole 1968, 43에 인용.

33 "19세기 윌리엄 로이드 개리슨의 중추적 역할에 필적하는 18세기 폐지론자가 있었다면, 그것은 앤서니 베네젯이다. (…) 베네젯은 퀘이커교의 경계를 초월한 초기 폐지론자들의 사상에 자부심을 가지고 있었다"(Sinha 2016, 20~22).

34 이 수치는 Soderlund(1995, 34)에서 나온 것이다. 우리는 기록이 존재하는 퀘이커교도의 노예 소유가 감소했다는 것을 측정할 수 있을 뿐이며, 이는 당시 모든 퀘이커교도의 대표적인 표본이 아닐 수 있다. 하지만 이 집단은 퀘이커교도 사이에 있었던 노예 소유의 일반적 감소를 추론할 수 있을 정도의 대표성을 갖고 있는 것으로 보인다. 감소 규모를 고려할 때 특히 더 그렇다.

35 Rediker 2017a, Chapter 6.

36 Drake 1950, 46.

37 예를 들어, 1733년 조지아 식민지를 건설한 제임스 오글소프는 식민지 관리자들에게 노예제를 명시적으로 금지하도록 지시했다. 노예제가 백인 식민지 주민을 게으르고 잔인하게 만들지 않을까 염려했기 때문이다. 오글소프는 그랜빌 샤프와 친한 친구가 된 후에야 노예제 폐지 운동에 참여했다. 노예제를 규탄한 초기 도덕주의자 중 한 사람인 새뮤얼 수얼은 1700년 노예제가 노예주들을 타락시켰다고 주장했다. 그들이 억압한 노예들을 강간하고 싶어졌기 때문이라는 것이 그 이유였다.

38 예를 들어, 1537년의 교황 칙서는 아메리카 대륙에 사는 원주민의 노예화를 금지했다. 예수는 모든 사람을 개조할 수 있고, 따라서 기본적인 인간적 대우를 받을 가치가 있다고 말했기 때문이다. 그렇지만 이 칙서는 완전히 무

시됐다. 16세기 가톨릭 성직자들의 노예제 비난 개요를 알아보고 싶다면 Sinha(2016, 10)를 참조하라.

16세기에 살았던 바르톨로메 데 라스 카사스는 노예제에 반대했던 인물로 자주 언급된다. 아메리카 스페인 식민지 개척자들이 원주민을 학살하고 노예화하는 데 공포를 느낀 그는 처음에는 그들을 아프리카에서 온 노예로 대체하라고 권고했다. 이는 아프리카인들이 유죄 판결을 받았거나 전쟁에서 포로로 잡히는 등 '정당한' 이유로 노예가 되었다고 믿었음을 보여준다. 하지만 이후에는 많은 아프리카인 노예들이 약탈이나 부당한 정복 전쟁으로 가족들과 헤어져 납치되었다는 것을 알고, 이런 권고를 후회했다. 따라서 그의 반대는 제도로서 노예제에 대한 비판보다는 부당하게 노예가 된 사람이 있다는 그의 견해와 농장에서 벌어지는 잔인한 일에 대한 반감에서 비롯되었다. 그는, 최소한 이론적으로는, 정당한 전쟁에 의한 노예제는 합법적일 수 있다고 인정했다(Pennington 2018, 111).

친구협회Society of Friends의 설립자 조지 폭스는 자선 문제에서 노예해방을 주장한 사람이다. 1657년 그는 퀘이커교도에게 노예에게 자비를 베풀라고 권고했다. 이후 1676년에는 자신이 바베이도스에서 한 연설을 바탕으로 짧은 책을 펴냈다. 그는 "노예들이 성실히 봉사를 했다면 상당한 시간이 지난 후에" 주인이 노예를 자유롭게 해주는 게 "주님이 만족스럽게 여기실" 일이라고 말했다(Fox 1676, 16).

39 프랜시스 허친스나 드니 디드로의 저서 참조.

40 서기 17년 왕망王莽이 지주 가문의 권력을 제한하기 위해 중국의 노예제를 폐지한 것에 대해 생각해보자. 16세기 무굴 황제 아크바르Akbar에 의한 노예해방도 한 예다. 아크바르는 인도인 노예의 수출로 인구가 감소하고, 노예화로 납세하는 소작농의 수가 감소하고, 군 장교들이 노예를 자기 소유의 하인으로 만들거나 그들을 팔아 재산을 늘림으로써 개인적 권력 기반을 구축하는 것을 우려했다(Eaton 2006, 11~12). 1723~1730년 청나라 옹정제雍正帝가 다양한 형태의 구속을 광범위하게 축소시킨 것 역시 귀족 권력에 대한 비슷한 우려에서 기인한 것으로 보인다. 즉, 그는 자신의 직접적인 통치 하에 차별 없는 자유 신민 계층을 만들고자 했다(Crossley 2011).

41 Hochschild(2005, 5; 강조는 원문)는 더 나아가 다음과 같이 설명한다.

"영국 노예제 폐지론자들의 활동은 이전에 볼 수 없는 것이었다. 많은 사람이 **다른 사람**의 권리에 대해 격분하고, 그런 분노를 수년 동안 유지한 것은 이 때가 처음이었다. 무엇보다 놀라운 것은 그 대상이 다른 피부색을 가진, 다른 대륙 사람들의 권리였다는 점이다. 이에 대해 스티븐 풀러보다 놀란 사람은 없었다. 그는 자메이카 농장주들의 런던 중개상으로서 그 자신도 농장주였으며, 노예제도를 옹호하는 로비에서 중심적인 인물이었다. 수만 명의 시위자가 의회 청원에 서명하자, 풀러는 이 청원자들이 '자신에게는 어떤 영향도 없는 상해와 고충에 대해 진술'하고 있다는 데 충격을 받았다. 그의 당혹감은 충분히 이해가 간다. 그는 역사에서 유례가 없는 새로운 것을 보고 있었다."

42 Hornick 1975. 나는 National Association of Black Journalists(2020) 와 Diversity Style Guide(Kanigel 2022)의 권고에 따라 인종 단체나 문화 단체를 언급할 때 'Black'과 'White'를 의도적으로 대문자로 썼다. 'White'를 대문자로 적는 데에는 논쟁의 여지가 있다. 예를 들어 Associated Press(Bauder 2020)와 *New York Times*(Coleman 2020)는 'Black'은 대문자로 적지만 'white'는 소문자로 적는다.

43 Hornick 1975.

44 Brendlinger 1997, 121~122.

45 Hanley 2019, 180.

46 UK Parliament 2021.

47 Sullivan 2020.

48 C. L. Brown 2007, 292.

49 Our World in Data 2021c.

50 Gershoff 2017.

51 세계 이민 규모에 대해서는 UN(2019a) 참조.

52 Pritchett 2018, 4.

53 공장식 축산 농장에서 기르고 도살하는 육생 동물의 수에 대해서는 FAO (2021), Anthis and Reese Anthis(2019)를 참조하라. 양식 어류까지 포함하면 공장식 축산 농장에 있는 동물의 수는 1조 마리 이상에 이를 수 있다 (Mood and Brooke 2019).

54 ScotsCare, n.d.

55 이는 영국 Office for National Statistics(2018)에 따른 것이다. 하지만 어떤 측면에서 보면, 실제로는 에든버러의 1인당 GDP가 런던보다 더 높다 (Istrate and Nadeau 2012).

56 Gould 1989.

57 T. Y. W. Wong 2019.

58 Losos 2017, Conclusion, Chapter 3.

59 Martini et al. 2021; Blount et al. 2018.

60 하지만 게화의 구체적 사례에 대한 일부 대중적 주장의 경우 그 진실성이 의심스럽다. McLaughlin and Lemaitre(1997, 117)는 "게와 같은 체형의 획득만을 의미한다면 게화는 사실로 인정받아야 한다. 하지만 (…) 껍데기가 있는 소라게로부터 게와 같은 체형의 진화는 실제가 아니고 허구라는 것이 우리의 의견이다"라고 했다.

61 Van Cleve and Weissman 2015.

62 De Robertis 2008.

63 문화 진화 이론은 지난 40년 동안, 특히 진화생물학에서 비롯된 수학적 모델을 문화적 변화에 어떻게 적용시킬 수 있는지 보여준 Robert Boyd and Peter Richerso, *Culture and the Evolutionary Process*(1988) 출간 이후 진지한 학술적 연구의 초점으로 떠올랐다. 우리는 이 이론을 과학적 입지가 좀 더 의심스러운 밈학memetics 관련 분야와 구분하는 데 주의를 기울여야 한다 (Chvaja 2020).

64 Bowles and Gintis 2011; Henrich 2004.

65 Henrich 2018, Chapter 10.

66 Curry et al. 2019.

67 놀랍게도 세계 여러 나라의 채식주의자 비율에 대한 적절한 데이터를 얻는 것은 상당히 어려운 일로 밝혀졌다. 채식주의에 대한 조사가 직면한 문제의 일례로, 한 대규모 연구는 자칭 채식주의자의 약 40%가 육류나 가금류 제품을 소비한다는 것을 발견했다(Juan et al. 2015). 게다가 특정 국가에서 채식주의자 비율에 대한 추정치에 큰 차이가 나타나는 것이 보통이다. 내가 여기서 사용한 수치는 스스로 보고한 식습관에 의존한 세계적인 설문 조사에서

나온 것이므로, 채식주의의 실제 보급 정도를 상당히 과대평가하고 있을 것으로 예상된다(Nielsen 2016, 8). 그래도 절대적 비율보다 지역 간 차이가 더 중요하며, 내 생각에는 신뢰할 수 없는 자기 보고에 조정을 가할 수 있었다고 해도 그런 차이가 사라지지 않을 것 같다.

68 OECD 2021a.

69 Tatz and Higgins 2016, 214; Martin 2014, Appendix I. 알비십자군 이외에 프랑스 왕 루이 9세의 억압 정책이 카타리파를 일소하는 데 기여했다(Encyclopedia Britannica 2007).

70 Jonsen and Toulmin 1989, 203.

71 Ellman 2002, 1162.

72 Becker 1998, 176.

73 Short 2005, Chapter 11.

74 Locard 2005.

75 New York Times 2018.

76 Theodorou and Sandstrom 2015.

77 남성이 여성보다 일에 대해 더 많은 권리를 갖는다고 생각하는 인구의 비율은 World Values Survey, Wave 6(Inglehart et al. 2014)에서 나온 것이다. 국제노동기구의 노동 참여 비율 추정은 Our World in Data(2021b)를 통한 것이다.

78 Funk et al. 2020; 중국은 이 설문 조사에서 제외되었다. 인도가 인간 유전자 증강에 대해 긍정적 태도를 갖고 있다는 결과를 확인하기 위해 나는 심리학자 루셔스 카비올라와 데이비드 알트하우스에게 164명의 인도인과 167명의 미국인을 대상으로 설문 조사를 실시해 이 결과를 복제해달라고 요청했다. 그만큼 강하지는 않았지만 같은 결과가 나왔다. 인도인의 49%가 아기의 유전적 특성을 변화시켜 아기를 더 똑똑하게 만들기 위해 기술을 사용하는 것이 적절하다고 생각했다. 미국인 응답자의 찬성 비율은 14%에 그쳤다.

79 유전자 증강에 대한 태도를 주제로 한 많은 설문 조사가 있지만(최근의 체계적 검토에는 41개 연구가 포함되었다) 다수 국가를 대상으로 하는 신뢰할 수 있고 비교 가능한 데이터(다양한 국가의 사람들에게 동일한 질문을 하는 대규모 연구)를 구하는 것은 어려운 일이다. 이것이 중요한 이유는, 그런 논

란이 많고 기술적인 주제에 대한 질문은 응답자가 오해할 소지가 많고 프레이밍 효과가 나타날 수 있기 때문이다. 그럼에도 불구하고 퓨리서치 조사에 따르면, 북미나 유럽 어느 국가에서도 비치료적 유전자 증강에 대한 지지가 20%를 넘지 않은 반면, 아시아 전역의 지지율은 평균적으로 훨씬 더 변동이 심하고 높았다. 생명윤리학자 대릴 메이서는 일반적으로 다른 아시아 국가들보다 중국, 인도, 태국 응답자들 사이에서 유전자 검사와 유전자 치료 관행에 대한 지지율이 더 높은 것을 발견했다고 말했다(Macer 2012). 그러나 특히 중국의 여론조사 데이터에는 노이즈가 많고 결정적이라고 보기 어렵다(예를 들어 Zhang and Lie 2018).

80 Inglehart et al. 2014; UN 2019a. 다시 말하지만, 채식주의 비율에 대한 데이터는 신뢰성이 높아 보이지 않는다. 인도와 브라질 사이에 열 배의 차이가 있다는 것은 가구 소비 설문 조사의 데이터를 이용해 채식주의 보급률을 추정한 한 연구에서 비롯되었다. 나로서는 이것이 자기 보고 데이터보다 신뢰도가 높아 보인다. 이 연구는 브라질인의 3.6%가 채식주의자인 반면, 인도인의 경우는 그 비율이 34%인 것으로 추정했다(Leahy et al. 2010, 23, Table A2). 이 논문에서 브라질의 경우 오래된 데이터(1997년의 데이터, 인도의 경우 1998년의 데이터)를 사용했다는 데 주의하라. 다른 추정치는 서로 다른 결과를 보여주며 일부는 브라질과 인도 사이에 큰 차이가 없다. 더 자세한 내용은 whatweowethefuture.com/notes를 참조하라.

81 Gallup 2018. 스리랑카는 2017년 조사 대상에 포함되지 않았지만 2013년부터 2016년까지 매년 세계기부지수World Giving Index 10위 안에 들었고, 2018년에는 27위에 올랐다. 미얀마는 2013년부터 2018년까지 매년 10위 안에 들었다(Charities Aid Foundation 2019).

82 더 정확히 말하면, 테이프를 다시 돌릴 경우 10~90번 정도, 세계가 오늘날의 기술 발전 수준을 가지고 있는 시점에, 세계 인구의 1%가 노예일 가능성이 그렇지 않을 가능성보다 더 높다는 것이 내 생각이다.

83 Brown 2007, 289. 브라운은 "경제적 해석"이라는 말로 1807년 노예무역 폐지에 대한 윌리엄스의 발언을 가리킨다. 이에 대해 브라운은 다음과 같이 설명한다.

"윌리엄스는 혁명의 시대 동안 경제 기후의 두 가지 변화를 결정적으로 여겼다. 첫째, 카리브해 농장들로부터의 북아메리카 식민지가 분리되고, 그 결과로 서인도제도 국내 시장에 대한 영국의 독점이 약화했다. 윌리엄스는 자유무역 이념의 부상 이외에도, 두 번째로 1806년과 1807년 서인도 식민지에서의 과잉 생산 위기가 영국 노예무역의 폐지를 실현 가능하게 만들었다고 주장했다. 윌리엄스는 노예제 폐지론 지도부의 결단력과 기술은 인정했지만, 그들이 승리한 것은 오로지 19세기 초 국가의 경제적 이해관계가 극적으로 변화했기 때문이라고 주장했다"(Brown 2007, 289).

84 마이클 테일러(개인적 서신, 2021. 11. 5)는 다음과 같은, 약간 다른 주장을 지지했다. "《이코노사이드》 출간 이래, 노예제에 대해 연구하는 역사학자로서 영국 노예제 폐지에 대한 노골적인 경제적 해석을 유지하고 있는 사람은 극히 적다." 애덤 호크실드(개인적 소통, 2021. 11. 6)는 윌리엄스가 영국 서인도제도에서 노예 노동으로 인한 수익이 영국의 산업혁명 촉발 자금에 얼마나 도움을 주었는지 지적했다는 면에서는 큰 공로를 인정받아 마땅하다는 자신의 믿음을 강조하고 싶어 했다.

데이비드 브라이언 데이비스는 세상을 떠났지만 경제적 해석에 대해 이와 같은 견해를 지지했을 게 분명하다. 그는 윌리엄스의 주장을 "영국이 순수한 경제적 이유에서 노예무역과 노예제를 폐지했다"라고 요약했다 그리고 이렇게 말했다. "이런 논지는 결코 '건재하다'고 할 수 없다. 방대한 경험적 증거가 이 논지의 기반을 약화시켜왔으며 신세계 노예제도, 대서양 횡단 노예무역, 영국 노예제 폐지 운동에 대한 세계 유수의 권위자들이 이를 부인하고 있다"(D. B. Davis and Solow 2012). 그는(시모어 드레셔와 함께) 데이비드 엘티스, 데이비드 리처드슨, 배리 히그먼, 존 J. 매커스커, J. R. 워드, 로빈 블랙번을 영국 노예제 폐지의 원인에 관한 윌리엄스의 논지를 거부하는 저명 학자로 언급했다.

85 Kaufmann and Pape(1999, 634)에 따르면 영국 식민지는 1805~1806년 세계 설탕의 55%를 생산했으며, 이는 이 나라 국민소득의 약 4%에 해당한다. 18세기 후반과 19세기 초, 유럽 대륙의 인구 10%를 가진 영국은 대륙 국가들 총소비량의 80%에 해당하는 설탕을 소비했다.

"그렇지만 1787~1806년의 설탕 시장에 대한 정보 중 가장 흥미로운 것은 북대서양 설탕 소비 총량이 아니라, 영국과 나머지 유럽 국가들의 설탕 소비

패턴에 극적인 변화가 있었다는 점이다. 1787년에서 1805~1806년 사이 영국의 설탕 소비는 3분의 1 넘게 증가했다. 북대서양 설탕 수입에서 차지하는 비중 역시 27%에서 39%로 증가했다. 같은 기간 유럽 대륙의 설탕 구매는 5분의 1 이상 감소했고, 북대서양 수입에서 차지하는 비중은 거의 3분의 2에서 2분의 1로 감소했다(표 참조). 달리 말해, 1805~1806년 당시 대륙 인구의 10분의 1도 되지 않는 영국이 세계 설탕의 5분의 4를 소비하고 있었던 것이다"(Drescher 2010, 126).

86 노예해방법은 설탕 가격을 낮추는 것이 아니라 올렸다. 가격 인상의 부분적 원인은 농장주들의 보상 재원 마련을 위해 사용한 설탕 세금에 있었다. 그러나 설탕 가격 상승의 주된 원인은 서인도제도 농장의 생산성 저하였다. 설탕 농장의 노동 규율이 약해졌을 뿐만 아니라, 노예였던 사람들은 자유로워지면 농장에서 집단으로 도망쳐 빈 땅으로 이주한 후에 사탕수수 대신 식량을 생산했다(자급을 위해서나, 현지 시장에 판매하기 위해서). 서인도제도의 설탕 수출이 감소하고, 영국에서는 설탕 가격이 급격히 상승했다. 영국 소비자들은 노예를 해방하고 첫 4년 동안, 노예제 마지막 4년 동안 지불해야 했던 것보다 48% 더 많은 설탕값을 지불했다. 실제로 1835~1842년 영국이 설탕에 대해 추가로 지불한 비용은 약 2,100만 파운드였고, 이로써 영국의 노예해방을 위한 지출은 4,000만 파운드 이상으로 증가했다. 코벳과 다른 급진적인 지도자들이 노예제 반대 운동에 그렇게 적대적이었던 것은 이상한 일이 아니다. 그 금액을 도시 빈민들에게 분배했을 경우 10년 동안 그들의 소득을 두 배로 늘릴 수 있었을 것이다(Fogel 1994, 229).

87 Slave Voyages 2018.

88 "웰링턴은 '주요 이익 집단인 서인도제도가 받아들이지 않을' 모든 법안은 귀족들이 차단할 것이라고 알렸기 때문에 노예제 폐지론자들과 서인도제도 로비스트 모두를 만족시킬 법안이 필요했다. 노예해방법하에서 농장주는 재산 손실에 대한 보상을 받게 된다. 보상의 약 절반은 영국 납세자의 직접 비용으로 농장주에게 현금 지불(2,000만 파운드)의 형태로 제공될 것이다"(Fogel 1994, 228).

89 Chantrill 2021.

90 Fogel 1994.

91 Brown 2007, 291에 인용된 바와 같다. 2%라는 추정치는 Pape and Kaufman (1999)에서 나온 것이다.

92 1807~1823년 윌버포스를 비롯한 노예제 폐지론자들은 일반적으로 대중보다는 내각 구성원과 그들의 개인적 영향력에 의존하는 것을 선호했다. 가장 두드러진 예외는 1814년 빈 회의에서 캐슬레이 자작이 루이 13세로부터 다른 권리를 얻어내기 위해 프랑스의 노예무역 재개를 준비하는 듯하던 때 등장했다. 노예제 폐지론자들은 평화 협상에 노예무역 반대 조항을 넣도록 압박하기 위해 전국적인 청원 운동을 급히 시작했다. 한 달여 만에 약 75만 명이 서명한 800여 개의 청원이 모였다. 전례 없는 대규모 대중 캠페인이었다. 성인 여덟 명 중 한 명이 노예무역을 끝내는 국제 협정을 요구하는 데 동조했다. 캐슬레이는 "이 노예제 폐지론자의 압력에 화가 나기는 했으나" 노예무역을 쟁점화하고, 합의를 얻어내기 위해 "협박과 뇌물 모두를 사용할 수밖에 없겠다"고 느꼈다(Fogel 1994, 217~218).

93 Burrows and Shlomowitz 1992.

94 고대 그리스에서 노예가 일했다고 기록된 분야의 목록에는 농업, 축산업, 금속 세공, 목공, 가죽 세공, 직조, 채굴, 채석, 가사, 요리, 제과·제빵, 육아, 치안, 상업, 경영, 은행업, 매춘이 포함된다(Forsdyke 2021).

95 최근의 도덕적 가치관에 단일한 추세만이 있다는 것은 Alexander(2015)에서 논의하며, 넥타이의 사례는 여기에서 비롯되었다.

96 이런 견해는 예를 들어 철학자 Michael Huemer(2016)가 내놓은 것이다.

97 제2차 세계대전에서 나치가 동원한 강제 노동자 수에 대한 추정치는 다양하지만, 가장 정확한 추정치는 1,100만 명이다(Barenberg 2017). 대부분의 출처는 약 75%가 민간인이었다는 데 동의하고 있다(Davies 2006).

98 Barenberg 2017, 653.

99 Gillingham 2014.

100 주목할 점은 농노가 묶여 있던 대지가 팔릴 경우 일반적으로 농노는 토지와 함께 새로운 소유자에게 '양도'된다는 것이다(Walvin 1983).

101 흑사병으로 노동력이 부족해졌고, 이는 15세기 말 중앙 정부의 권력 증가, 농민 봉기와 함께 농노제를 자유농민 체제로 대체하는 데 기여했다(Encyclopedia Britannica 2019b).

102 예를 들어, Perry et al.(2021)은 로마제국 몰락과 대서양 횡단 노예무역 부상 사이에 "기록과 물질적인 자료들이 남아 있는 세계 모든 지역에서 노예제가 계속 번성했다. 간단히 말해, 로마제국의 분할과 콜럼버스와의 접촉은 노예가 된 사람들에게는 큰 영향을 미쳤지만, 전 세계적으로 노예제가 출현한 데에는 영향을 미치지 않았을 것이다"(Perry et al. 2021, 1).

103 Kahan 1973.

104 한나라 노예제: Wilbur(2011). 중국 초기 노예제에 대한 증거는 결정적이지 않다. 은나라에 대해서는 Hallett(2007)와 Rodriguez(1997), 한나라 직전의 진나라에 대해서는 Yates(2001), 전국 시대에 대해서는 Pulleybank(1958) 참조.

105 (Hallet(2007)에서 논의한 대로) 개혁이나 폐지를 시도한 시대로는 한나라, 적미군赤眉軍 반란, 송나라, 명나라가 있다.

106 "청나라는 랴오둥성을 정복하고 중국어를 사용하는 농민, 상인, 군인 인구를 흡수했을 뿐만 아니라 조선과 중국으로부터 더 많은 강제 노동력을 동원하려는 조치를 강화했다. 가장 유명한 청나라 노예 학자 웨이칭위안에 따르면, 1626년 2대 칸이 왕위에 오른 직후, 인구등록부에는 집안과 농장에서 부리는 200만 명 이상의 노예가 있었는데, 이는 600만 명에 못 미쳤을 것으로 예상되는 일반인 인구와 비교되는 수치다"(Crossley 2011, 201).

107 Hallet 2007.

108 Eltis 1999, 281~284 참조.

109 Sala-Molins 2006. 1794년 제헌의회가 법령으로 노예제를 금지했으며, 생도맹그, 과들루프, 가이아나에서는 노예제를 폐지했지만 마르티니크, 세네갈, 레위니옹, 모리셔스, 프랑스령 인도에서는 폐지되지 않았다(Peabody 2014).

110 실제로 Daniel Resnick(1972)은 클라크슨의 노예무역 폐지를 위한 협회를 브리소 소시에테Brissot's Société 조직의 "부모" 또는 "후원자"라고 말했다.

111 Peabody 2014.

112 Fogel 1994, 9~13.

113 Sinha 2016, 35.

114 더 자세한 논의는 9장을 참조하라.

115 유럽인권협약과 UN의 '재소자 처우에 관한 표준 최저 규정'은 모두 체벌을 금지하고 있다.

116 좀 더 정확하게는 베트남전쟁 중에 186만 명이 징집되었다(US Selective Service System 2021).

117 Cook 2017, 1.

118 Cook 2017.

119 "1913년 신탁 관리자들은 93만 7,000달러라는 지난 2년 동안의 놀라운 수익을 보고했다"(W. B. Taylor 1999, 41).

120 실제로 이 교도소는 현재까지 운영되고 있다(Cook 2017).

121 정확히 얼마나 많은 죄수가 일을 하는지, 그들이 평균적으로 얼마를 버는지는 이야기하기 어렵다. 연방 정부 차원에서 교도소 노동을 관리하는 공기업은 UNICOR 또는 연방교도소Federal Prison Industries로 알려져 있다. UNICOR는 연간 총수감자 수의 약 8%인 2만 명 이상의 재소자가 작업 프로그램에 참여하고 있다고 보고한다(US Federal Bureau of Prisons, n.d.-b). 또한 UNICOR는 "전형적인 시급"이 0.23~1.15달러라고 말한다(US Federal Bureau of Prisons, n.d.-a). 그러나 2005년에 마지막으로 실시한 전면적인 수감자 조사는 전체 수감자의 "약 절반"이 업무 과제를 갖고 있다고 보고했다(Stephan 2008). 당시 교도소 수감자는 140만 명이 넘었기 때문에 그 비율이 지금까지 유지되고 있다면 전체 교도소 노동자 수는 〈이코노미스트〉의 추정치보다 훨씬 많을 수 있다.

122 US National Archives 2016.

123 Brown 2012, 30. 브라운은 대화 중에 "사고"라는 단어의 사용을 철회했다. 물론 노예제 폐지에는 많은 원인이 있다. 노예제 폐지는 임의적인 사건이 아니었다. 그런 맥락과 관련해 *Morael Capital*에는 다음과 같은 언급이 있다. "1780년대에 시작된 영국의 노예제 폐지 운동은 계몽주의의 감성, 사회적 변화, 경제적 이해관계의 전환을 필연적으로 뒤따르는 일이 아니었다"(Brown 2012, 1). "18세기 후반 영국 노예제 폐지 운동은 그 시대의 예상 가능한 결과로, 문화적 추세, 사회 변화, 정치적 전환, 경제적 요인의 논리적 결과로, 인간 진보의 결과로 표현되는 경우가 너무 많다. 하지만 영국의 반노예제 운동이 어떻게 시작되었는지를 살펴보면 그 운동 자체가 우발

적이었고, 대중성을 얻어 전개해야 할 필요가 없었다는 암시를 발견할 수 있다. 결국 영국의 노예제 폐지론에서 주목할 만한 점은 그것이 부상하기까지 대단히 긴 시간이 필요했고, 오랫동안 정치적인 면에서 효과적이지 못했으며, 야심이 제한적이었고 범위가 선택적이었다는 것이 아니다. 그런 운동들은 대부분이 그런 식이었다. 영국의 노예제 폐지론에서 정말 놀라운 점은 그런 운동이 전혀 전개되지 않았을 수도 있었다는 것이다"(461f).

124 권한 있는 위치에 있는 사람과 정치적 국가에 있는 얼마나 많은 사람이, 독립 전쟁을 간신히 피한 지 불과 몇 년 만에 영국의 농장주 계층을 소외시키는 선택을 하겠는가? 이 농장주들은 독립 추진이 확실히 어렵다는 걸 발견했을 것이다. 남부와 카리브해 지역의 노예주들은 생도맹그 농장주들이 아이티 혁명 초기 몇 년간 그랬던 것처럼 유럽 라이벌들과의 동맹 가능성을 상상할 수 있다고 하더라도 말이다. 남부와 카리브해 지역의 선동가들은 노예 소유권에 대한 도전을 모든 아메리카 식민지의 권리에 대한(노예가 있는 사람이나 없는 사람 모두에 대한) 위협으로 묘사함으로써 북부의 지원을 구하려 했을 것이 확실하다. 이런 상황에서 노예주나 노예무역에 대한 공격은 반노예제에는 공감하지만 세금과 대표권, 제국 주권, 식민지 권리에 대한 논쟁의 재개를 염려하는 영국과 북아메리카 사람들에게 불필요하게 도발적이고 위험한 분열을 초래하는 것으로 보였을 수 있다(Brown 2012, 455).

125 "노예제 폐지론은 프랑스의 옹호자들에게 기회, 지위, 추가 혜택을 주지 않았다. 사실 1788년 이후, 영국 개혁파와의 제휴로 반노예제 운동이 잠시 주춤했다. 자코뱅주의와의 새로운 연계는 반노예제 운동이 프랑스 왕정복고 이후 프랑스와 아이티의 소요 및 폭력과 연관된다는 걸 의미했을 것이다. 19세기 전반의 프랑스 노예제 폐지론자들은 친노예제 이익집단하고만 맞서는 것이 아니라 반노예제가 아이티 독립 이후 획득한 부정적인 연합과도 싸워야만 했을 것이다"(Brown 2012, 459).

126 영국과 식민지를 아우르는 강력한 농장주들의 로비가 노예제 폐지론자들의 압력을 성공적으로 막아낸 반사실적 역사의 전체 그림은 Brown(2012, 454~462)을 참조하라.

127 Taylor 2021, 13. 테일러는 나와의 서신 교환을 통해 수십 년의 연대표를 확인해주었다. 추가 인용: "폐지법Abolition Act은 반노예제 정서와 '정의'를 향

한 영국의 득의양양한 행진의 불가피한 유산도, 그 유명한 노예무역 반대 운동의 단순한 종결도 아니었다. 실제로 폐지법이 통과되기까지 여러 요소가 필요했다. 토리당의 정치적 붕괴에 이은 개혁, 호감 가는 하원의 복귀, 반노예제 옹호 단체들의 지속적인 압력, 노예의 폭력적 저항이 영국 대중에게 비도덕적이고 지속 가능성이 없는 노예제의 성격을 확신시킨 것이다. 1830년에 이런 요인들이 결합되기까지, 영국의 보수주의자, 제국주의자, 경제학자, 그 외 많은 사람에게 노예제 옹호는 인기 있는 견해였다. 1833년까지 노예제는 영국국교회, 왕가, 명예혁명에 의해 부여된 자유는 물론 영국 국민들 삶의 필수적인 부분이었다"(Taylor 2021, 205~206).

128 의회 개혁에는 가톨릭 해방을 완성하고 보수파 의원들 사이에 불화의 씨앗을 뿌린 1829년의 가톨릭구제법Catholic Relief Act과 유권자의 범위를 확대한 1932년의 개혁법Reform Act이 포함되었다(Taylor 2021).

129 테일러와의 개인적 소통(2021. 9. 28).

130 Taylor 2021, 100.

131 에티오피아의 인구와 노예 수에 대한 추정치는 대단히 불확실하다. 하지만 대부분의 출처가 이 수치에 동의하고 있다(Coleman 2008, 73n34 참조).

132 Goitom 2012.

133 Klein 2014, xxiv.

134 다시 말하지만, 당시 노예 인구에 대한 신뢰할 수 있는 추정치는 존재하지 않는다. 다만, 이 사안을 조사하고 사우디의 노예제 폐지를 종용하고자 설립된 영국의 위원회들은 당시 사우디에 "1만 5,000~3만 명의 노예"가 있는 것으로 믿었다고 한다(Miers 2005, 119).

135 Klein 2014, xxiv~xxv.

136 Kline 2010; G. R. Searle 1979; Björkman and Widmalm 2010.

137 Cahill 2013.

138 Rush 1891.

139 Cotra(2017)는 닭을 배터리 케이지에서 키우는 것보다 케이지 없이 키우는 것이 더 나은지에 대한 상세한 논의를 제공한다. Šimčikas(2019)는 케이지를 없애겠다는 기업 공약에 영향을 받는 암탉 수의 추정치를 제시한다.

140 *Garcés Grilled: Turning Adversaries into Allies to Change the Chicken Industry*

(2019)에서 이에 대해 길게 적고 있다.

4장. 영원히 지속될지도 모르는 변화

1 하지만 '제자백가'는 조금 부적절한 명칭이다. 당시의 철학은 학생들이 체계적으로 신조를 연구하고 확장하려 시도하는 공식적인 학파로 발전한 경우가 거의 없기 때문이다. 논란은 있지만 묵가나 유교만이 이 정도 위치에 있었다. 더구나 학파들 간에 중첩과 교류가 상당히 많았다. 후기에 와서는 특히 더 그랬다. 연대와 관련해서는 주나라가 점차 쇠락하고 있었으며, 제자백가 시대의 시작은 춘추시대가 끝나가던 기원전 6세기에서 전국시대의 시작으로 여겨지는 기원전 5세기 이전으로 추정하는 것이 보통이다. 더 자세한 내용은 whatweowethefuture.com/notes를 참조하라.

2 Fang 2014.

3 일부 학자들은 음양학파와 명학파名學派를 더해 총 여섯 개의 학파라고 하기도 한다.

4 중국 철학에서 '현자'의 개념에 대한 내용은 Feng(1997, 6~9)에서 찾아볼 수 있다.

5 D. Wong 2021.

6 Csikszentmihalyi 2020.7.

7 법가는 자기 인식적이고 조직적인 지적 흐름이 아니었다. 그 이름은 특정한 사상가와 글을 사후 분류하는 과정에서 만들어졌다. 명명 관행에 대한 다른 사안은 Goldin(2011)을 참조하라.

8 Lao Tzu 2003. 도교의 역사에 대한 현대적인 견해는 whatweowethefuture. com/notes를 참조하라.

9 Mengzi 3B9.9; Van Norden 2007, 185 인용.

10 '겸애兼愛'라는 묵자의 원리는 때때로 'universal love'라고 번역된다(Van Norden 2019).

11 이 원리들은 '중용'이라는 이름의 묵가 10론에 드러난다(Fraser 2020).

12 Gladstone 2015.

13 순자 인용은 Eric L. Hutton(2005, 264)의 번역을 사용했다.

14 좀 더 정확하게 이야기하자면 진나라는 상앙商鞅, 신불해申不害, 한비韓非와 같이 이후에야 법가라고 불리게 된 사상가들의 영향을 받았다(Pines 2018, Section 1).

15 Nylan 2001, 23.

16 학자들이 생매장되었다는 주장이 있기는 하지만, 한학자 더크 보드에 따르면, 중국어 원전에 있는 관련 용어는 단순히 'slain'(죽이다)이라는 의미일 뿐이다. 더 광범위하게 보자면, 진나라의 분서에 관한 역사 기록에는 신화가 많이 포함되어 있다. 가장 대중적인 것은 한나라 사마천의 기록인데, 현대 역사가들은 그의 기록을 신뢰하지 않는다. 그에게는 진나라를 폄하하려는 의도가 있었기 때문이다. 내 언급 역시 책을 불태우고 학자들을 죽였다는 현대 학자들의 합의를 따랐다(Kramers 1986, Chapters 1, 14).

17 유교의 영향이 완전히 근절되었다는 주장도 많다. 이 역시 한나라 학자 사마천 때문이고, 현대의 학자들은 과장으로 간주한다.

18 Tanner 2009, 87; C. C. Müller, 2021; Bodde 1986, 78~81.

19 Encyclopedia Britannica 2019d, 2021e.

20 Csikszentmihalyi 2006; Kramers 1986.

21 Goldin 2011, 99~100. 기원전 1세기 중국 역사 문헌에 따르면, 유학자 원고는 돼지우리에 갇혀 수퇘지와 싸워야 했다. 그가 황태후에게《도덕경》은 "하찮은 말에 지나지 않는다!"고 직설적으로 말했기 때문이다(Sima 1971, 364).

22 유교의 부상에 대한 이 언급은 Liang Cai, *Witchcraft and the Rise of the First Confucian Empire*(2014)를 따른다. 카이는 1930년대 호머 더브스가 만들어 낸 일반적인 견해(유교가 한나라 초기 효무황제 치하에서 국가의 신조가 되었다)를 거부한다. 정량적 분석은 효무황제가 반세기 넘는 치세 동안 유가 관리를 여섯 명밖에 등용하지 않은 반면, 선제의 25년 치세 중에는 열두 명이 높은 지위에 있었다는 것을 보여준다(Cai 2014, 29). 카이는 "성공을 정당화하기 위해"(3) 이 유가 관리들이 "효무황제 밑에서 번영한 유가 공동체를 소급해서 만들어냈다"고 주장한다. 일반적인 견해는 Dubs(1938)를 참조하라.

23 Kohn 2000.

24 Morris 2010, Chapter 7.

25 민간의 종교 생활에서는 불교와 도교가 자리를 지켰지만, 공적 생활과 정부의 철학은 유교였다.《삼자경》에 대해서는 Zhu and Hu(2011)를 참조하라.

26 앞 장에서 나는 가치관 변화를 두고 그 영향의 예측 가능성이 유난히 높다고 말했다. 도덕적 영향의 예측 가능성에 대한 아이디어는 공자 자신도 이해했던 것으로 보인다.《논어》에는 다음과 같은 구절이 있다. "자장이 '열 왕조 뒤의 일을 미리 알 수 있습니까?' 하고 묻자 공자께서 말씀하셨다. '은나라는 한나라의 예를 인습하였으니 손익한 것을 알 수 있으며, 주나라는 은나라의 예를 인습하였으니 손익한 것을 알 수 있다. 혹시라도 주나라를 계승하는 자가 있다면 비록 백세 뒤의 일이라도 알 수 있을 것이다'"(Confucious 2020, 38).

27 이것은 매년 100여 개국을 대상으로 실시하는 세계가치관조사에 따른 것이다. 독특한 문화사가 각기 다른 나라 사람들의 전형적인 대답에 차이를 만든다는 아이디어는 이 설문 조사의 세계문화지도(요소 분석을 이용해서 전형적 가치관, 즉 '세속적 가치관' 그리고 '생존 가치관: 자기표현 가치관'의 두 가지 차원에 따라 국가들을 매핑한다)에서 비롯된 것이다. 중국과 한국같이 '유교 유산'이 뚜렷하게 드러나는 쪽은 세속적 가치관의 점수가 높은 반면 생존 가치관 점수는 평균이다. 반면 '신교도' 유럽 국가들은 자기표현 점수가 훨씬 높은 반면, '정통파' 유럽 국가들은 생존 가치관 점수가 높다(World Values Survey 7 2020, The Inglehart-Welzel World Cultural Map).
이 분석에는 몇 가지 주의할 점이 있다. 첫째, 세계문화지도에 사용된 데이터는 세계가치관조사에서 다루는 신념과 가치관 중 '몇 개만'을 반영할 뿐이다. 예를 들어, '전통적 가치관' 요소를 만드는 데 사용된 특정 지표가 일반적으로 우리가 이해하고 있는 의미를 정확하게 반영하는지에는 의문이 있다. 둘째, 대단히 많은 국가를 대상으로 영향력이 큰 연구를 수행하는 것은 근본적으로 매우 어려운 일이다. 어떤 질문에 대한 특정 국가의 평균적인 답변은 설문 조사마다 상당히 극적인 변화가 나타나는 때가 있다. 이것은 통계적 분산 때문에 예상되는 차이이기는 하지만, 그렇더라도 설문 조사의 결과를 확정적으로 받아들여서는 안 된다는 것을 의미한다. 이런 이유로 세계문화지도는 물론 세계가치관조사의 결과가 시사하는 바가 많기는 하지만 국가 간 지속적인 문화적 차이에 대한 결정적 증거는 아니라고 생각한다.

28 지속성 연구라고 알려진 학문적 연구 분야는 가치관의 지속성과 대단히 관련이 깊다(논평은 Cioni et al.(2020) 참조). 이 책의 초고에서, 나는 노예제의 장기적인 피해에 대한 것을 비롯해 그 문헌에서 제기한 놀라운 주장들에 관해 논의했었다(Nunn 2008; Nunn and Wantchekon 2011). 그렇지만 지속성 연구에서 채용한 방법론에 대한 비판으로 인해(Kelly 2019, 2020; Arroyo, Abad, and Maurer 2021) 나는 일부 핵심 논문(Sevilla 2021ab, 이 책 웹사이트에서 입수 가능)에 대한 정량적 검토를 의뢰했다. 그 결과 지속성 연구가 발견한 것들에 대해 이 책에 포함시킬 정도의 확신을 얻지는 못했다. 지속성 연구 옹호자들의 최근 비판에 대한 반응은 Voth(2021)을 참조하라.

29 전 세계 도서 판매에 대한 기록이 존재하지 않기 때문에 판매 수치는 불확실하다. 기네스 세계 기록 웹사이트에 따르면 2021년 현재《성경》은 총 50억~70억 부 인쇄되었다(Guinness World Records, 2021). 〈이코노미스트〉는 교회들이 매년 1억 권의《성경》을 팔거나 배포한다고 주장한다(*Economist* 2007). 비교를 위해 밝히자면, 1997~2018년까지 해리포터 시리즈는 5억 부가 팔렸다(Eyre 2018; Griese 2010).

30 《코란》의 판매량 추정은《성경》의 경우만큼이나 어렵다. Southern Review of Books는《코란》이 8억 권 팔린 것으로 '추정'했다(Griese 2010). 시간이 지나면서 이슬람 인구가 증가하고 있기 때문에 판매량도 늘어나고 있을 것이다. 가장 가까이에 있는 경쟁작은《마오쩌둥 어록Little Red Book》이지만, 이 책에 대한 수요는 1970년대 덩샤오핑의 개혁 이후 크게 감소했다. 〈포린 폴리시〉에 따르면 2013년《마오쩌둥 어록》은 중국에서 절판되었다(Fish 2013).

31 China Global Television Network 2017.

32 Babylonian Talmud Yevamot 69b. Schenker 2008, 271의 인용; Catholic News Agency 2017; Crane 2014; Prainsack 2006.

33 Kadam and Deshmukh 2020.

34 '실존적 재앙'의 한 유형으로서 가치관 고착에 대한 유사한 논의는 Ord

(2020, 157)를 참조하라.

35 인공지능이 가치관 고착을 어떻게 가능하게 하는지, 그렇지 않다면 어떻게 문명의 우발적인 특징이 대단히 오랫동안 지속되게 하는지에 대한 더 자세한 내용은 Finnveden, Riedel, Shulman(2022)을 참조하라.

36 Silver et al. 2016, 2017. 딥마인드는 알파고가 "10년 앞서 있었다"고 주장한다(DeepMind 2020). 이는 알파고 이전 최고의 바둑 프로그램 중 하나를 개발했던 레미 쿨룽의 2014년 예측을 가리키는 것일 수도 있다. 그러나 과장된 것일 수도 있다. 바둑 프로그램은 오랫동안 확실한 개선을 보여왔고, 간단한 추세 추론만으로도 프로그램이 2016년부터 몇 년 안에 인간 챔피언을 이기리라고 예측했을 것이다. 예는 Katja Grace(2013, Section 5.2)를 참조하라. 딥마인드가 채용하고자 했던 전례 없는 양의 하드웨어 수정 이후 알파고가 알고리즘 개선 추세에서 완전히 이탈했는지는 확실치 않다(Brundage 2016).

37 좀 더 구체적으로, 대부분의 인공지능 돌파구는 '딥 러닝'이라고 알려진 다층 신경망을 이용하는 기계 학습에 대한 특정한 접근법으로 인한 것이었다(Goodfellow et al. 2016; LeCun et al. 2015). 이 글을 쓰고 있는 현재 텍스트 기반 어플리케이션에서 첨단 인공지능은 구글의 BERT, OpenAI의 GPT-3를 포함하는 이른바 트랜스포머다(T. Brown et al. 2020; Devlin et al. 2019; Vaswani et al. 2017). 트랜스포머는 오디오(Child et al. 2019), 이미지(M. Chen et al. 2020; Dosovitskiy et al. 2021), 동영상(Wang et al. 2021)을 포함하는 과제에서도 성공적으로 이용되었다. 실시간 전략 게임에서 가장 주목을 끈 성과는 딥마인드의 AlphaStar가 StarCraft II에서 그랜드마스터 수준에 오른 인간을 꺾은 것과 OpenAI Five가 Dota 2에서 인간 챔피언을 꺾은 것이다(OpenAI et al. 2019; Vinyals et al. 2019). 이미지 분류에서의 초기 성공(사례는 Krizhevsky et al. 2012을 참조하라)은 딥 러닝의 잠재력을 입증하는 열쇠였던 것으로 알려져 있다. 다음도 참조하라. 음성 인식: Abdel-Hamid et al.(2014); Ravanelli et al.(2019); 음악: Briot et al.(2020); Choi et al.(2018); Magenta(n.d.); 시각예술: Gatys et al.(2016); Lecoutre et al.(2017). Ramesh et al.(2021)에 의해 입증된 놀라운 진전을 기반으로, VQGAN(Esser et al. 2021)과 CLIP(OpenAI 2021b; Radford et al. 2021)으로 알려진 두 인공지능 시스템을 결합시켜 텍스트의 설명에서 이미지를 만들어내는 능력이 트위터에서 돌풍을 불러일으켰다(Miranda 2021).

38 "구글에 따르면 BERT는 현재 모든 영어 검색에 사용되며 스페인어, 포르투갈어, 힌디어, 아랍어, 독일어 등 다양한 언어에서 쓰인다"(Wiggers 2020). BERT는 트랜스포머의 한 예다(앞의 주 참조).

39 whatweowethefuture.com/notes 참조.

40 미래 인공지능 시스템에서 비롯되는 대규모 잠재적 영향에 대한 논의는 용어의 급증으로 어려움을 겪고 있다. 범용 인공지능 외에도, 사람들은 변형 인공지능(Cotra 2020; Karnofsky 2016), 인간보다 똑똑한 인공지능(Machine Intelligence Research Institute, n.d.), 초지능(Bostrom 1998, 2014a), 초지능형 기계(Good 1966), 고급 인공지능(Center for the Governance of AI, n.d.), 고위 기계 지능(Grace et al. 2018; 그리고 약간 다른 정의를 사용하는 V. C. Müller and Bostrom 2016), 포괄 인공지능 서비스(Drexler 2019), 강한 인공지능(J. R. Searle 1980, 하지만 다양한 방식으로 사용되어왔다), 인간 수준 인공지능(AI Impacts, n.d.-c)에 대해 이야기해왔다. 내가 '범용 인공지능'이라는 용어를 사용하는 것은 가장 널리 사용되고, 그 정의가 이해하기 쉽기 때문이다. 그러나 이 장에서 나는 인공지능이 영구적인 가치관 고착을 가능케 하는 모든 방법에 관심을 두며, 앞서 언급한 모든 다른 용어가 아닌 '범용 인공지능'이라는 말을 사용하는 것은 이런 일이 일어날 수 있는 가능성을 배제하려는 의도가 아니다. 예를 들어, 가치관 고착은 하나의 범용 인공지능이 아닌 다양한 다른 인공지능 시스템을 채용한 누적 효과를 통해 발생할 수도 있고, 어쩌면 물리적인 세계를 직접 조작하는 역량과 같은 핵심 역량이 아직 부족할 때 인공지능의 가치관 고착이 가능할 수도 있다(로봇공학이 인공지능의 다른 영역보다 뒤처진다면).

41 DeepMind 2020.

42 "우리 팀은 안전한 인공지능 시스템을 연구하고 구축한다. 우리는 과학을 발전시키고 인류에게 이익을 주기 위해 지능의 문제를 해결하는 데 헌신한다"(DeepMind, n.d.). "우리의 사명은 범용 인공지능이 모든 인류에게 이익이 되도록 하는 것이다"(OpenAI 2021a).

43 whatweowethefuture.com/notes 참조.

44 Silver et al. 2018.

45 Schrittwieser et al. 2020a, 2020b

46 내 할머니 다프네 S. 크라우치는 블레츨리 파크 명예의 전당에 등재되어 있으며(Bletchley Park, n.d.-a), 브레츨리 파크 디지털 암호해독 명부의 E1:297(n.d.-b)에 이름이 올라 있다. 굳이 블레츨리 파크에서 일했다는 것은 널리 알려져 있다(사례는 *Guardian* 2009 참조). 생각하는 기계가 언젠가 인간의 지능을 빠르게 추월하고 이후 "새뮤얼 버틀러의 《에레혼》에서 언급한 방식으로 통제력을 갖게 된다"는 생각은 Turing(1951, 475)이 제기한 것이지만, 그 아이디어의 대표적인 진술은 굳의 것이다(1966, 33; 강조는 원저자): "초지능 기계를 가장 현명한 인간의 모든 지적 능력을 훨씬 능가할 수 있는 기계라고 정의하기로 하자. 기계의 설계는 이런 지적 활동들 중 하나이기 때문에, 초지능 기계는 더 나은 기계를 설계할 수 있다. 이후 '지능 폭발'이 일어나고 인간의 지능은 훨씬 뒤처질 것이 자명하다. (…) 따라서 최초의 초지능 기계는 인간이 만들어야 할 **마지막** 발명이다. 기계가 스스로를 통제 하에 둘 방법을 우리에게 알려줄 만큼 고분고분하다면 말이다."

47 Nordhaus 2021. 경제성장에 인공지능이 미치는 영향에 대한 경제학자들의 연구 개요는 Trammell and Korinek(2020) 참조.

48 노드하우스 모델의 이런 영향은 Trammell and Korinek(2020, Section 3.2) 에 설명되어 있다.

49 이를 Nordhaus(2021, Section VI)는 "공급 측면의 특이점supply-side singularity"이라고 불렀다. 노드하우스 논문의 초점은 이것이지만, 그는 인공지능이 성장을 가속시킬 수 있는 다른 두 가지 방법에 대해서도 논의했다. 더 자세한 내용은 whatweowethefuture.com/notes를 참조하라.

50 Callaway 2020. "이 계산 작업은 50년 동안 생물학의 난제였던 단백질 접힘 문제에 대한 놀라운 발전을 나타낸다. 그것은 그 분야의 많은 사람들이 예측했던 것보다 수십 년 먼저 일어났다. 그것이 생물학 연구에 여러 가지 면에서 근본적인 변화를 일으키는 것을 지켜보는 일은 대단히 흥미로울 것이다." 노벨상 수상자이자 2015~2020년 왕립협회 회장을 지낸 Venki Ramakrishnan, AlphaFold Team(2020) 인용.

51 Aghion et al. 2019, Section 9.4.1, examples 2~4. 좀 더 일반적으로, (이른바 반내성 성장 모델(Jones(2021) 참조)에 포착된) 경제성장에 대한 경험적으로 가장 믿을 만한 설명은 인공지능 노동자 인구가 현재 인간 인구보다 더 빠르게 성장할 수 있다고 가정할 때, 인공지능 시스템이 인간 노동을 대체할 수 있게 되면 성장이 가속화한다는 것을 의미한다. 이에 대한 가장 뛰어난 설명과 범용 인공지능이 성장 폭발을 야기할 가능성이 높다는 다른 주장은 Tom Davidson(2021b)을 참조하라.

52 중요한 질문에는 시간이 흐르면서 아이디어(생산성을 향상시키는 기술적 진보 유형)를 얻는 것이 점점 쉬워지는지 혹은 어려워지는지 여부(사례는 Aghion et al. 2019, 251 참조), 인공지능이 다른 인풋과 아웃풋을 대체할 수 있는지 여부(경제학자들이 '대체 탄력성'이라는 변수로 측정하는 속성)가 포함된다. 후자는 다음 두 사람이 강조하고 있다. Aghion et al.(2019, 238): "경제성장은 우리가 잘하는 것이 아닌 필수적이지만 개선시키기 어려운 것에 의해 제한받을 것이다"; Nordhaus(2021, 311); "모형이 공급 측면의 특이성을 암시하는지 여부에 대한 핵심 변수는 생산에서의 대체 탄력성이다."

53 세계 경제성장의 역사에 대해서는 예를 들어 DeLong(1998)을 참조하라. 유사한 수치를 제공하는 다른 데이터 출처에 대한 개요는 Roodman (2020a)의 데이터와 Roser(2013b)의 데이터 소스를 참조하라.

54 Hanson 2000.

55 Garfinkel(2020)에서의 논의를 참조하라.

56 이 사안들에 관심을 갖게 해준 폴 크리스티아노에게 감사를 전한다 (Christiano 2017; Roodman 2020b 참조.)

57 다시 말하지만, 이런 고려는 초기 컴퓨터공학의 선구자들이 인지한 것이다. 인공지능으로 인한 위험을 논의하면서 Turing(1951, 475)은 "기계들이 죽을 가능성은 없다"라고 언급했다.

58 퐁은 1972년 아케이드 게임으로 처음 출시되었다(Encyclopedia Britannica 2020d). 동전을 넣는 커다란 기계 형태로 퐁 이외에 다른 게임은 할 수 없었다(더 자세한 이야기는 Winter(n.d.-b) 참조). 그러나 이 버전에는 소프트웨어가 포함되지 않았다. 더 자세한 내용은 whatweowethefuture.com/

notes 참조.

59 예를 들어 RetroGames website(Atari 1977).

60 Bostrom and Sandberg 2008; Hanson 2016; Sandberg 2013.

61 whatweowethefuture.com/notes 참조.

62 whatweowethefuture.com/notes 참조.

63 Encyclopedia Britannica 2021b.

64 "더욱이 합리적인 규범적 견해도 그 사상의 고착을 권하곤 한다. 그렇지 않으면 매력적인 경쟁적 견해가 장악하고 끔찍한 결과를 불러올 수 있기 때문이다"(Ord 2020, 157).

65 저명한 생물물리학자 Alfred J. Lotka(1922, 152)는 "안정적인 형태의 지속성"을 자연선택의 원리 자체와 동의어로 사용했다.

66 오스트리아의 시인 라이너 마리아 릴케에게 《길가메시 서사시》는 다른 무엇보다 'das Epos der Todesfurcht(죽음에 대한 공포의 서사시)'였다"(George 2003, xiii). 더 자세한 내용은 whatweowethefuture.com/notes 참조.

67 Cedzich 2001, 1.

68 Needham 1997.

69 미래의 기술이 전체주의를 훨씬 더 오래 지속시킬 수 있다는 염려는 Caplan(2008, Section 22.3.1)과 Belfield(출간 예정)에서도 논의했다.

70 출처는 러시아 반체제 인사 메드베데프 형제다(Zhores & Roy Medvedev, 2006, 4).

71 1992년 귀순한, 김일성의 전 개인 주치의 김소연의 증언(Hancocks 2014).

72 *Guardian* 2012.

73 Isaak 2020.

74 Friend et al. 2017.

75 Fortson 2017.

76 Alcor 2020.

77 "올트먼은 〈MIT 테크놀로지 리뷰〉에 자신이 살아 있는 동안 정신의 디지털화가 이루어질 것을 확신한다고 말했다"(Regalado 2018).

78 Cotra 2021.

79 광범위한 궁극적 목표를 위해서 인공지능 시스템에는 스스로 개선하고, 힘을 추구하고, 자원을 차지하고, 꺼지거나 목표가 변경되는 데 저항하는 것이 유용하며, 따라서 충분히 발전된 목표 지향형 인공지능 시스템은 이러한 문제 행동을 나타낼 것으로 예상해야 한다는 주장은 컴퓨터과학자들이 오래전부터 인식하고 있던 것이다. 많은 컴퓨터과학자들이 보는 인공지능 교과서 Stuart Russell and Peter Norvig(2020, 1842)는 인공지능의 선구자 마빈 민스키가 "리만 가설을 설명하기 위해 설계된 인공지능 프로그램이 더 강력한 슈퍼컴퓨터를 만들기 위해 지구의 모든 자원을 차지하게 될 수도 있다는 이야기를 했다"고 전한다. 참고문헌으로는 Omohundro(2008)이 있고 Bostrom(2012)은 "instrumental convergence thesis"와 같은 유사한 사안을 논의한다.

80 범용 인공지능의 위험에 관한 다른 책으로는 Christian(2021); Russell (2019); and Tegmark(2017)가 있다.

81 이런 시나리오들의 일부는 *Superintelligence*(Bostrom 2014b)에서도 논의한다. 인공지능의 위험에 대한 이해를 돕는 최근의 논의 중에는 정식 출간되지 않았으나 온라인에서 구할 수 있는 것들이 있다. Ngo(2020); Carlsmith(2021); Drexler(2019), 그리고 AI Impacts 연구(https://aiimpacts.org/). 범용 인공지능 장악이 일어날 수 있는 다른 방법에 대해서는 Clarke and Martin(2021)을 참조하라.

82 인공지능 얼라인먼트 포럼(https://www.alignmentforum.org/)은 인공지능 정렬에 관한 최신 논의를 확인할 수 있는 좋은 장소다. 이 분야에 대한 최신의 개념적 개요는 Christiano(2020)를 참조하라. 여러 저자들이 다양한 방법으로 인간보다 능력이 뛰어나지만 채용되었을 때 바람직한 결과를 내는 인공지능 시스템을 만드는 문제를 개념화해왔다. Yudkowsky(2001)는 이 문제를 "친화적인 인공지능을 만드는 방법"으로, 보스트롬은 "문제 통제"로 표현했다(Bostrom 2014b, Chapter 9). Christiano 2016, 2018a; Gabriel 2020; Hubinger 2020도 참조하라.

83 인공지능에 의해 통제되지만 의미 있는 고착이 없는 세상은 어떨까? 예를 들어, 숙고하고, 도덕적으로 추론하며, 마음을 바꾸는 것에 대해 열려 있는 인공지능 사회를 상상해볼 수 있다. 현재로서 나는 그런 시나리오에 대해 말

할 수 있는 것이 별로 없다. 그것들을 어떻게 평가할지 확신이 없기 때문이다. 인간의 가치관에 얽매인 세상보다 이런 사회에서 더 좋은 결과를 기대해야 하는지 그 반대인지에 대해 전혀 알지 못하겠다. Christiano 2018b 참조.

84 Haldane 1927. 더 자세한 내용은 whatweowethefuture.com/notes 참조.

85 내게 이 에세이를 소개해준 토머스 모이니한에게 감사를 전한다. 홀데인은 다른 분야에서도 큰, 그리고 용서하기 힘든 실수를 저질렀다. 그는 우생학을 지지했고 1962년에는 스탈린을 "대단히 좋은 일을 한 대단히 훌륭한 사람"으로 묘사했다(R. W. Clark 2013, Chapter 13). 〈최후의 심판〉에 담긴 인류가 우주에 어떻게 정착할 것인지에 대한 홀데인의 비전(처음에는 금성, 이후에는 은하 그리고 그 너머) 역시 불완전하며, 결함 있는 가치관 고착의 한 예라고 할 수 있다. 개인의 자유와 행복, 예술, 음악에 대한 존중이 인류의 절멸을 야기하는 "일탈"로 묘사되고 있다. 대규모 우생학적 노력만이 일부 인간을 금성으로 탈출하게 해주며, 금성에서 "인간의 진화는 완벽한 사회적 통제하에 놓인다." 그리고 "새로운 지각력 때문에 모든 개인은 삶의 매 순간마다, 자든 깨어 있든 공동체 목소리의 영향하에 있다"(〈스타 트렉〉에 등장하는 보그의 전조). 다른 과학자들도 우주여행에 대한 형편없는 예측을 내놓았다. 1957년 미국 무선 전신의 개척자이며 3극 진공관을 발명한 리 디포리스트는 우리가 결코 달에 착륙할 수 없을 것이라고 예측했다(*Lewiston Morning Tribune* 1957).

86 "수십 년 동안 태양광발전, 풍력, 배터리 비용은 연 10% 가깝게 기하급수적으로 감소했다. 태양광발전 비용은 1958년 첫 상용화 이후 세 자릿수 이상 감소했다"(Way et al. 2021, 2). 본문의 그림은 1960년 이래 비교적 일정한 태양광발전 비용 감소를 보여준다.

87 "대부분의 에너지-경제 모델은 역사적으로 재생에너지 기술의 채용률을 과소평가하고 비용을 과대평가했다"(Way et al. 2021, 1). 태양광발전의 경우, 그들은 "태양광발전 시스템 투자 비용이 하락할 연간 비율에 대해 통합 평가 모델(아마도 가장 널리 사용되는 글로벌 에너지-경제 모델일 것이다)에 의한 2,905개의 예측 히스토그램을 제시한다. 이렇게 예상된 비용 절감률의 평균값은 2.6%이며 모두 6% 미만이었다. 이와는 극히 대조적으로, 이 기간 동안 태양광발전 비용의 실제 감소율은 매년 15%였다. 그런 모델들은 과

거의 추세에 연결되어 있어 지속적으로 결과를 내지 못했다. (…) 반면 추세 외삽에 기초한 예측은 훨씬 더 나은 결과를 일관적으로 내놓았다"(3f).

88 Cotra 2020. 요약은 Karnofsky(2021d) 참조. 코트라는 그녀가 "전환 모델 transformative model"이라고 부르는 것, 즉 "산업혁명과 유사한 전환을 단독으로 주도할 수 있을 정도의 높은 성과 수준으로 충분히 다양한 지적 노동을 수행하는 단일한 컴퓨터 프로그램"을 이루는 신경망으로 정의하는 것에 대한 훈련 조건을 고려한다. 산업혁명과 유사한 전환에는 경제성장률의 열 배 증가, 즉 연 2~3%에서 20~30%의 증가가 요구된다. 이것은 개념적으로 내가 정의하는 범용 인공지능과 다르지만, 나는 우리 목적에서는 이들 개념을 상호 교환적으로 사용할 수 있다고 생각한다. 한편으로, 나는 이번 장 뒷부분에서 논의하는 대로 범용 인공지능이 산업혁명 규모의 성장 가속의 원인이 되기에 충분하다고 믿는다. 다른 한편으로, 나는 전환 모델이 범용 인공지능의 발전을 빠르게 인도할 수도, 혹은 가치관 고착을 비롯해 범용 인공지능과 유사한 의미를 가질 수도 있다고 생각한다.

89 "오늘날의 인공지능 시스템은 때로 곤충의 두뇌와 비슷한 정도이고, 쥐의 두뇌에는 결코 못 미치며(이 글을 쓰는 현재 알려진 최대의 언어 모델은 쥐의 두뇌에 근접한 최초의 모델이다), 인간의 두뇌에는 그 1%에도 이르지 못한다"(Karnofsky 2021d).

90 최대 규모의 인공지능 훈련에 사용된 연산 작업량은 2012~2017년 3.4~3.6 개월마다 두 배씩 증가했다. 해당 기간 동안 30만 배 증가한 것이다 (Amodei and Hernandez 2018; Heim 2021). 그 이래로 추세는 감소했다. 2012~2021년의 후속 분석은 두 배가 되는 기간이 6.2개월이라는 것을 발견했다. 이것이 여전히 10년 동안 67만 배의 증가에 해당한다는 것에 주목하라 (AI Impacts, n.d.-d, n.d.-a; Hernandez and Brown 2020; Moore 1965; Supernor 2018도 참조하라).

91 "앞으로 10여 년 안에 우리는 인간의 두뇌에 필적하는 '크기'의 인공지능 모델을(최초로) 보게 될 것이다"(Karnofsky 2021d). 코트라의 "가장 정확한 추측"에 따르면, 그녀가 "진화 앵커Evolution Anchor"라고 부르는 조건에 따라 달라지지만 우리가 2100년까지 범용 인공지능에 충분한 연산력을 갖게 될 가능성은 50%가 조금 넘는다. Cotra 2020, Part 4, 9 참조.

92 코트라의 모델(사실 모든 모델)과 관련된 불확실성의 두 가지 유형을 구분하는 것도 가치 있는 일일 것이다. 코트라는 인공지능 시스템을 생물학적 시스템과 비교하는 여러 가지 방법에 대해 논의하고, 이런 다양한 비교 방법을 "생물학적 앵커Biological Anchor"라고 부른다.

불확실성의 첫 번째 유형은 본문에서 인정한 것이다. 각각의 생물학적 앵커에 따라 범용 인공지능을 훈련시키는 데 필요한 연산력의 양은 과대평가될 수도, 과소평가될 수도 있다. 이에 대한 불확실성은 모델 내에서 확률 분포로 표현되며, 그 효과들은 "2050년까지 범용 인공지능의 가능성 50%"와 같은 단일 최종 확률 분포로 결합될 수 있다. 하지만 결정적으로 그런 모든 진술은 이 유형의 불확실성만을 고려한다.

두 번째 유형의 불확실성은 모델 내에서 확률 분포가 아닌 단일 숫자로 나타나는 매개변수들에 대한 불확실성이다. 그런 매개변수의 중요한 사례는 각 생물학적 앵커에 할당되는 가중치, 즉 특유의 각 앵커가 범용 인공지능 훈련에 필요한 연산력을 정확하게 예측한다고 가정하는 확률이다. 예를 들어 "2050년까지 범용 인공지능의 가능성 50%"라는 결과는 진화 앵커에 10%의 가중치를 두는 것을 기반으로 한다. 진화 앵커가 "정확"할 가능성이 낮다고(혹은 높다고) 생각하는 경우, 당신 버전의 코트라 모델은 2050년까지 범용 인공지능의 가능성을 50%로 예측하지 않을 것이다. 두 번째 유형의 불확실성을 가시적으로 만들기 위해서는 이런 매개변수들에 대한 가정이 달라질 때 모델의 아웃풋이 어떻게 변화하는지를 비교해야 한다.

본문에서 진술한 확률들은 매개변숫값에 대한 코트라의 가장 정확한 가정을 조건으로 첫 번째 유형의 불확실성을 표현한다("나는 잠정적으로 ~2050을 TAI의 내 중앙값 예측으로 채택하고 있다", Part 4, 15; 2036에 대해서는 "~12%-17%", Part 4, 16). Cotra(2020)의 '보수적' 가정에서는 결과가 2090년까지 50%이며(Part 4, 15) 2036년까지 2~4%다(Part 4, 16). '공격적' 가정에서는 결과가 2040년까지 50%이며(Part 4, 15) 2036년까지 35~45%다(Part 4, 16). 가장 정확한 추측과 보수적 가정, 공격적 가정 사이의 차이는 두 번째 유형의 불확실성에 의한 것이다. 온라인에서 구할 수 있는 Colab 노트와 스프레드시트에서 당신 자신의 가정에 따라 모델의 결과가 어떻게 달라지는지 탐색해볼 수 있다(Cotra, n.d.).

93 Wiblin and Harris 2021, January 19. 인용 부분은 각각 팟캐스트의 타임
스탬프 1:33:38과 1:35:38에서 볼 수 있다.

94 Grace et al. 2018. 2019년 인공지능거버넌스센터Centre for the Governance
of AI는 같은 질문이 다수 포함된 후속 설문 조사를 시행했다. 곧 발표
될 예정인 결과는 내가 본문에서 이야기한 발견 사항들을 광범위하게 확
인해준다(B. Zhang et al. 2022). 다른 인공지능 연대표에 대한 (불완전
한) 개요는 AI Impacts(n.d.-b)를 참조하라. 개인의 예측을 비롯한 개요는
Muehlhauser(2016a)를 참조하라.

95 더 정확하게 말하면, "설문 대상자는 2015년 NIPS와 ICML 콘퍼런스에
서 발표한 모든 연구자다(n=1,634)"(Grace et al. 2018, 730). 이 중에서,
n=352 연구자들이 응답을 해 응답률은 21%다.

96 Grace et al. 2018, 730, 736.

97 Grace et al. 2018, 731.

98 Grace et al. 2018, 732, Figure 2.

99 "인공지능 과대 선전의 절정은 1956~1973년에 시작된 것으로 보인
다. 이 시기에 가장 잘 알려진 인공지능 예측 선전은 흔히 과장되곤 했
다"(Muehlhauser 2016b; 이 평가에 대한 확장된 논의가 동일한 연구에 포
함되어 있다). 연구 분야로서 인공지능의 역사에 대해서는 Nilsson(2009)을
참조하라.

100 "pr(AGI by 2036)의 범위는 1~18%이며 내 중앙 추정치는 약 8%
다"(Davidson 2021a).

101 Pew Research, n.d.; Pew Research 2014.

102 아프가니스탄의 불교는 7세기 이슬람의 정복으로 쇠퇴하기 시작했지만,
이슬람은 서기 900년 아프가니스탄의 주요 도시만을 장악했고 일부 오지
는 19세기까지 토착 종교를 고수했다. 아프가니스탄의 역사 내내 조로아스
터교, 힌두교, 토속신앙에 많은 추종자가 있었다(Azad 2019; Green 2016,
Introduction; Runion 2007).

103 Benjamin 2021; Encyclopedia Britannica 2018a; H. P. Ray 2021;
Encyclopedia Britannica 2020g; Green 2016.

104 CIA 2021.

105 "코민테른은 주로 소련의 국제 공산주의 운동을 통제하는 기관으로 기능했다(Encyclopedia Britannica 2017). "7차 코민테른 대회가 마지막으로 개최된 대회였다"(Rees 2013).

106 Our World in Data, n.d.-a.

107 Yglesias 2020.

108 만약 지구로 들어오는 모든 태양에너지를 이용할 수 있다면, 그 양은 1.3×10^{17}W에 달할 것이다. 태양 주위에 다이슨 구Dyson sphere(어떤 항성을 둥글게 감싸서 그 항성이 발산하는 에너지를 이용하자는 이론)를 만들 수 있다면 그 30억 배인 4×10^{26}W를 얻게 될 것이다.

우리 은하에는 약 1,000억 개의 별이 있다(Murphy 2021, Section 1.2). 이 엄청난 에너지를 활용하면 식량 생산, 정수, 원유를 둘러싼 갈등 등 에너지 부족에서 파생하는 모든 문제가 바로 해결될 것이다. 소행성와 이웃 항성에서 채굴을 한다면 추가 자원도 얻을 수 있을 것이다.

109 Stark 1996.

110 Stark 1996, 4~13.

111 Stark 1996, 7.

112 Pew Research 2015. "종교적 또는 영적 믿음을 갖고 있지만 어떤 종교와도 일체감을 느끼지 않는"의 정의에 대해서는 해당 글의 부록 C를 참조하라.

113 Pew Research 2015.

114 World Bank 2021f; Roser et al. 2019.

115 World Bank 2021c; Gramlich 2019.

116 Gramlich 2019. 이 단락의 주장들은 UN의 인구 예측을 기반으로 한다. 7장의 주해에서 설명하듯이, 나는 내가 언급한 영향이 더 클 것이라는 Vollset et al.(2020)의 예측이 더 설득력 있다고 생각한다. 온라인에서 더 자세한 정보를 얻을 수 있다.

117 Wood et al. 2020.

118 "콜럼버스 및 그 일행과 접촉하고 50년 만에 6만~800만 명으로 추정되는 히스파니올라섬의 토착 타이노 인구가 사실상 멸종했다(Cook, 1993)"(Nunn and Qian 2010, 165).

119 대부분의 국가들이 서구적 가치관을 추구하는 쪽으로 움직이고는 있지만,

그 속도가 서로 다르기 때문에 가치관이 수렴되지 않고 분기하는 경우도 있다. 그러나 추세가 계속된다면, 어느 시점에는 대부분의 국가가 서구적인 가치관으로 수렴할 것이다. 어떤 국가가 얼마나 '서구적'이 될 수 있는지에는 분명히 한계가 있을 테니까 말이다(Kaasa and Minkov 2020).

120 Hanson(2020) 역시 이런 주장을 했다.

121 BioNTech 2021; Moderna 2021.

122 Cochrane 2020. 백신 실험 이후에는 백신의 시장 판매를 허용한 국가들도 있다(Menon 2021).

123 일본은 1937년 중국을 침략했지만, 보통 제2차 세계대전은 1939년 9월 1일 나치 독일의 폴란드 공격에서 시작된 것으로 여겨진다.

히틀러의 국제적 위상과, 미국의 나치 동조자에 관해서는 Hart(2018, 27)를 참조하라. 하트는 "나치주의가 미국 내에서 얼마나 광범위하게 확산되었는지를 고려하면, 독일인이 자신들의 이점을 적극적으로 활용하는 데 더 능숙하지 못했던 것이 다행이었다"고 주장한다. 영국에서 가장 악명 높은 히틀러 동조자는 〈데일리 메일〉의 공동 설립자인 1대 로더미어 자작 해럴드 시드니 함스워스다. 그는 1930년대에 히틀러를 여러 차례 만나고 서신도 주고받았다(Kershaw 2005). 더 자세한 내용은 whatweowethefuture. com/notes 참조.

124 다음의 주장 역시 Evan Williams(2015)의 뛰어난 논문에 포함되어 있다.

125 '도덕적으로 최선'인 사회 같은 것이 존재한다는 아이디어 앞에서 멈칫하고 있지는 않은가? 나는 여기에서 단일한 객관적인 도덕적 진실이 존재한다는 아이디어를 고수하지는 않을 것이다. 그 아이디어가 일부에서 생각하는 것보다 의미 있다고 생각하기는 하지만 말이다. 그러나 나는 도덕적 견해가 더 낫거나 나쁠 수 있다고, 노예제에 찬성하는 도덕적 견해가 노예제에 반대하는 도덕적 견해보다 나쁘고, 어린이를 학대하는 것이 훌륭한 일이라고 생각하는 것이 온당치 못하다고 주장한다. 객관적인 도덕적 진실이라는 으스스한 형이상학에 의지하지 않고 이것을 이해할 수 있는 한 가지 방법은 도덕적으로 올바른 견해를, 당신에게 완벽한 정보와 성찰할 수 있는 무제한의 시간이 있고, 다양한 삶을 경험할 수 있고, 모든 관련된 논쟁에 노출된다면 지지할 도덕적 견해라고 생각하는 것이다.

126 선전시가 단 몇십 년 만에 작은 어촌 마을에서 대도시로 성장했다는 속설이 있다. 하지만 그것은 사실이 아니다. 1979년 선전시는 산업 시설과 31만 명의 인구를 거느린 시장 도시였다(Du 2020, Chapter 1). 경제특구는 다른 장소에서도 시도했지만 선전시에서와 같은 몇몇 성공 사례에도 불구하고 평균적으로는 그 국가보다 빠르게 성장하지 못했다(Bernard and Schukraft 2021).

127 1980년 1인당 국민소득은 122달러, 2019년에는 2만 9498달러(Charter Cities Institute 2019; China Daily 2020; Yuan et al. 2010, 56).

128 Roser and Ortiz-Ospina 2017; Yuan et al. 2010.

129 Esipova et al. 2018.

130 Toby Ord(2020), 오드는 *The Precipice*에서 이 역설의 또 다른 예를 제시한다. 그는 우리가 스스로의 절멸이나 인류에 닥칠 다른 끔찍한 결과를 피하기 위한 헌신에 고착해야 한다고 주장하지만, 최소한 지금으로서는 그것을 넘어서는 고착을 막아야 한다.

131 Forst 2017. Belfield(출간 예정) 참조.

132 억제되지 않은 생물학적·문화적 힘에 의해 미래가 형성될 경우 어떤 일이 일어날지에 대한 우려와 관련해서는 Bostrom(2004)을 참조하라.

5장. 인간 멸종의 위험

1 Alvarez et al. 1980; Wignall 2019a, 90~91.

2 Chapman 1998.

3 NASA 2021; Crawford 1997. 2019년 세계 핵군비 총위력은 약 24억 톤이었다(van der Merwe(2018)가 Kristensen et al.(2018); Kristensen and Korda(2018, 2019a, 2019b, 2019c, 2019d); Kristensen and Norris(2011, 2017)의 데이터를 사용해 추정).

4 NASA 2019.

5 Asay et al. 2017, 338.

6 S. Miller 2014.

7 *Science* 1998. 슈메이커-레비 혜성은 데이비드 레비, 캐럴린 슈메이커, 진 슈메이커(캐럴린의 남편)가 공동으로 발견했다.

8 Chapman 1998. 〈아마겟돈〉의 DVD 코멘터리(Bay 1998)에서, 벤 애플렉은 마이클 베이 감독에게 "왜 석유 굴착 기사를 우주인으로 훈련시키는 것이 우주인을 석유 굴착 기사로 훈련시키는 것보다 쉬우냐"고 물었다고 말했다. "그는 입을 닥치라고 말했고, 그것으로 대화는 끝났다"(servomoore 2016).

9 A. Harris 2008.

10 Clarke 1998.

11 A. Harris and Chodas 2021, 8.

12 Alan Harris, 개인적 소통, 2021. 10. 4.

13 Ord 2020, 71; Alan Harris, 개인적 소통, 2021. 10. 4.

14 Newberry 2021.

15 이것은 2021년 11월 22일까지 코로나로 인한 초과 사망자에 대한 〈이코노미스트〉의 추정치다(*Economist* 2021c). 초과 사망에 대한 가장 정확한 추측은 1,700만 명이지만 거기에는 상당한 불확실성이 있다: 이 추정치는 95%의 확률로 실제 수치가 1,080만 명에서 2,010만 명이라는 것을 나타낸다. 초과 사망은 코로나 팬데믹으로 인한 사망자와 코로나가 발생하지 않았을 때의 사망자 추정치를 비교해서 측정한다. 이것은 코로나에 기인한 사망의 과소 보고 및 과다 보고와 관련된 다양한 문제를 설명해준다. 더 자세한 내용은 whatweowe thefuture.com/notes를 참조하라.

16 *Economist* 2021b.

17 Wetterstrand 2021; BC 2018, Figures 6 and 7; Boeke et al. 2016, Figure S1 A, page 2 of the Supplementary Materials. 비용과 관련한 무어의 법칙에 대해서는 Flamm(2018)을 참조하라.

18 Wetterstrand 2021.

19 Ord 2020, 137.

20 그럼에도 불구하고 많은 정부는 자국의 핵무기 프로그램을 성공적으로 은폐했다. 국가가 민간 원자력을 추구한다면 이것이 조금 더 어렵겠지만 말이다(Miller 2017).

21 Anderson 2002, 49.

22 Anderson 2002, 10.

23 Anderson 2002, 5, 8.

24 구제역 백신을 개발하기 위해 연구하던 회사가 메리얼동물약품Merial Animal Health이라고들 한다. 하지만 우리는 퍼브라이트동물약품연구소 Pirbright Institute of Animal Health에서 누출됐을 가능성을 완전히 배제할 수는 없다. 메리얼은 퍼브라이트에 기반을 두고 있으며, 퍼브라이트 역시 구제역 연구를 하고 있었다. 구제역 발생 관련 정부 주요 보고서들이 메리얼에서 구제역이 일어났다는 결론을 내린 것은 메리얼이 구제역 바이러스를 훨씬 많이 생산했기 때문이다(Spratt 2007, 5, 10).

25 Anderson 2002, 11.

26 Spratt 2007, 9.

27 Anderson 2008, 8, 11.

28 Anderson 2008, 107.

29 Manheim and Lewis 2021, Table 1; Okinaka et al. 2008, 655; Tucker 1999, 2.

30 Alibek and Handelman 2000, 74.

31 Zelicoff 2008, 106~108.

32 Bellomo and Zelicoff 2005, 101~111.

33 그 여성이 무증상이었는지에 대해서는 논란이 있다. 문제의 여성 바얀 비세노바는 무증상이었다고 말했지만, 소련은 증상을 경험하기 시작한 상태였다고 주장했다(Zelicoff 2003, 105).

34 Zelicoff 2003, 100.

35 Furmanski 2014.

36 Hansard 1974.

37 Shooter 1980.

38 National Research Council 2011, Table 2.6.

39 National Research Council 2011, 34, Table 2.6.

40 냉전 시대 소련은 핵무기에 대해 비슷한 시스템을 고안했다. 비공식적으로 '데드 핸드Dead Hand'라고 알려진 이 시스템은 미국의 첫 타격으로 지휘

센터가 없어질 경우에도 핵 반격이 가능하다(Ellsberg 2017, Chapter 19; Hoffman 2013).

41 Carus 2017b, 144.

42 Carus 2017b, 139, 143.

43 Carus 2017b, 148.

44 Carus 2017b, 146; Ouagrham-Gormley 2014, 96.

45 Carus 2017b, 147.

46 Carus 2017b, 129~153; Meselson et al. 1994; Ouagrham-Gormley 2014; P. Wright 2001.

47 Lipsitch and Inglesby(2014)는 정규직 직원 100명당 한 명의 감염 사고가 있는 것으로 추정한다. 그러나 그들은 작은 표본을 사용하고 있으며, 큰 표본을 사용하면(National Research Council 2011, 34, Table 2.6) 직원 250명당 한 명이라는 수치의 타당성이 더 높아진다. 립시치는 2021년 10월 3일 이메일을 통해 더 큰 표본을 사용해야 한다는 데 동의했다.

48 Shulman 2020.

49 Alibek and Handelman 2000, 198을 참조하라. 그러나 앨리벡은 신뢰할 수 없는 증인으로 인용되는 경우가 많다(Leitenberg et al. 2012, 7).

50 Manheim and Lewis 2021, 11.

51 Michaelis et al. 2009, Table 1; Nakajima et al. 1978; Rozo and Gronvall 2015; Scholtissek et al. 1978; Wertheim 2010; Zimmer and Burke 2009. Michaelis et al.(2009)은 러시아 독감 팬데믹으로 인한 사망자 추정에 대한 정보원을 제시하지 않고 있기 때문에, 나는 그 추정의 신뢰성을 확신할 수 없다. 다른 공식 추정치는 찾을 수 없었다.

52 S. H. Harris 2002, 18f.

53 L. Wright 2002.

54 Leitenberg 2005, 28~42.

55 이는 메타큘러스의 세 가지 질문에 대한 추정치에서 추론할 수 있다. ① "2100년까지 5년 정도의 '전 지구적 재앙'으로 인구의 최소 10%가 감소하는 일이 일어날까?" ②"전 지구적 재앙이 2100년 이전에 일어난다면, 그것은 주로 유전자조작 유기체로 인한 것일까?" ③"앞의 답을 고려하면, 세계

436

인구는 재앙 이전의 인구에 비해 95% 이상 감소할까?"(Tamay 2019). 2021
년 11월 18일 현재 이런 사건들에 대한 예측을 종합하면 팬데믹으로 인구
의 95%가 사망할 위험은 0.6%다. 이 추정치는 미래에 변할 가능성이 높다.

56   Ord 2020, 71.

57   비행기가 충돌할 실제 위험은 100만분의 1에 못 미친다(UK Civil Aviation
Authority 2013).

58   NASA 2021.

59   소행성, 혜성, 유전자조작 병원체 외에도 다른 많은 자연적·인위적 멸종 위
험이 있다. 여기에는 화산 대폭발, 감마선 폭발, 핵전쟁, 기후변화가 포함된
다. 이러한 위협이 제기하는 멸종 위험은 Ord(2020)가 상세히 논의하고 있
다. 나는 6장에서 핵전쟁과 기후변화의 위험에 대해 논의한다.

60   '긴 평화'라는 단어는 1986년 존 루이스 개디스가 열강들의 전쟁을 비롯한 전
쟁의 부재에 주목한 논문(Gaddis 1986)에서 처음 등장했다. 최근에는 심리학
자 스티븐 핑커가 *The Better Angels of Our Nature*에서, 특히 제2차 세계대전
이후부터 전반적인 문명에서 모든 종류의 폭력이 줄어드는 추세의 일환으로
전쟁의 장기적인 감소가 있었다고 주장했다(Pinker 2011). Mueller(2009),
Azar Gat(2013, 149)와 같은 정치학자들도 비슷한 주장을 했다.

61   생명미래연구소가 편집한 한 데이터베이스는 냉전 동안 25회 이상의 위기
가 있었던 것으로 추산한다(Future of Life Institute, n.d.).

62   Pinker 2011, 208.

63   국제 관계 전문가 베어 브로묄러는 연간 '체제' 전쟁 발발 확률이 2%라면
70년 동안 평화가 유지될 확률은 약 25%라고 계산했다(Braumoeller 2019,
26~29). 마찬가지로 통계학자 파스쿠알레 키릴로와 나심 탈레브는 긴 평화
기간이 지속적인 전쟁 위협과 통계적으로 양립할 수 있다는 것을 보여주었
다(Cirillo and Taleb 2016ab).

64   World Bank 2021h.

65   세력 전이 이론은 A. F. K. 오갠스키가 1958년 개척한 이래 활발한 연구 분
야가 되었다. 정치학자 Greg Cashman(2013, 485)은 다양한 전쟁 원인의
증거를 요약한 글에서 이렇게 적고 있다. "과거 심각한 열강의 위기는 역량
의 균형에 큰 변화가 있는, 특히 시스템과 그 주요 라이벌들 사이의 지배력

에 큰 변화가 있는 국제 시스템 (혹은 지역 하위 시스템) 내 전이 시기 동안 일어날 가능성이 가장 높았다"Tammen et al.(2017).

66 Cashman 2013, 416~418 참조. 캐시먼은 세력 전이 동안의 충돌 기저율 추정치들이 사용 데이터와 방법에 따라 다르지만, 50%에 이를 정도라는 것을 발견했다. 그렇지만 미래의 세력 전이에서는 전쟁 위험이 높은 것이 아니라 낮을 수 있음을 시사하는 일부 증거가 있으며, 몇몇 연구자들은 전쟁 위험을 높이는 것이 평등으로 이어지는 전이 과정이 아닌 역량의 평등이라고 믿는다는 점은 언급할 가치가 있을 것이다.

67 whatweowethefuture.com/notes 참조.

68 "역사적으로 크고 강한 국가는 작고 약한 국가보다 전쟁에 관여할 가능성이 높다"(Cashman 2013, 479).

69 Bulletin of the Atomic Scientists 2021.

70 Our World in Data 2019g, 2019f를 참조하라. 그 출처들은 UN 2019b를 기반으로 한다.

71 인도는 충돌 결과 20명의 사망자가 발생했다고 보고했다. 중국은 얼마만큼의 피해가 있었는지 밝히지 않았다. 하지만 미국 정보 당국의 추정치를 인용한 한 보고서는 35명의 중국 병사가 사망했다고 주장했다(US News 2020). 대부분의 사상자는 야간에 위험한 조건에서 싸우던 병사들이 가파른 협곡으로 떨어지면서 발생했다(*Guardian* 2020).

72 Gokhale 2021.

73 Cashman(2013, 478~479)은 사회과학자들 사이에는 국가 간 전쟁이 거의 언제나 이웃 국가 간에 일어난다는 일반적 합의가 있다고 말한다. 영토 분쟁은 전쟁을 촉발할 가능성이 가장 높은 사안이다. 다른 패턴은 다음과 같다.

   • "국가 간의 큰 권력 격차는 전쟁보다는 평화를 촉진하는 것 같다."
   • "불균형적으로 큰 전쟁은 전략적 라이벌과 관련이 있다." 즉, 연속적인 위기가 있거나 군사 분쟁이 있었거나 과거 전쟁 이력이 있는 등 적대적 상호작용의 역사가 지속된 국가들 사이에 벌어진다.
   • 크고 강한 국가들은 작고 약한 국가들보다 싸울 가능성이 높다. "성숙한 민주국가들은 서로 싸울 가능성이 매우 낮다."
   • 대부분의 전쟁에는 갈등 나선처럼 보이는 위기, 즉 전쟁 발발에 앞서 단계

적 행동을 수반하는 위기나 군사 분쟁이 선행한다.

74 World Bank 2021n에서 입수할 수 있는 데이터 건당. 하지만 전쟁 가능성에 경제적 자립도가 미치는 영향은 명확하지 않으며 일부 학자들의 이의 제기가 있음을 언급해야겠다(Levy and Thompson 2010, 70~77).

75 Waltz 1990.

76 사례는 Tannenwald 1999를 참조하라.

77 Jgalt 2019.

78 역사학자 Ian Morris(2013, 175)는 인류의 전쟁 능력을 "무기의 범위와 힘, 그것들을 효율적으로 활용할 수 있는 양과 속도, 방어력, 병참 능력에 따라 개조한, 현장 투입 가능한 전투기의 수"로 정의하고 그 능력을 정량화하려는 시도를 했다. 그는 이 능력이 20세기 동안 50~100배 정도 증가한 것으로 추정한다. 자동화, 생명공학, 군사학 같은 분야의 발전이 미래에 더 큰 증가를 주도할 가능성이 매우 높다. 베어 브로묄러는 *Only the Dead* 5장에서 국제 분쟁 사망률의 장기적 추세를 분석한다. 5장 마지막 부분에서 그는 이렇게 적고 있다. "나는 이 결론을 쓰기 위해 자리에 앉아 잠깐 '우리는 모두 죽을 것이다'라고 타이핑한 뒤 그대로 둘 것을 고려했다. (…) 그리고 전쟁을 증가시킬 수 있는 기제를 지배하는 매개변수들이 변하지 않는다면 (그리고 그것들이 변했다는 것을 나타내는 증거가 없다면) 치명률의 측면에서 두 번의 세계대전을 능가하는 또 다른 전쟁이 당신의 생애 중에 일어날 가능성을 절대 배제할 수 없다"(Braumoeller 2019, 130).

79 Rose 2006, 50. 침팬지와 인간이 분기한 시점에 대한 추측은 570만 년 전(Reis et al. 2018, Table 1, Strategy B, Minimum)부터 1,200만 년 전(Moorjani et al. 2016)까지 다양하다. 더 자세한 내용은 whatwe owethefuture.com/notes를 참조하라.

80 Schlaufman et al. 2018. Krauss and Chaboyer(2003)는 134억 년이라는 추정치를 제시한다.

81 Bostrom 2002.

82 Los Alamos National Laboratory 2017.

83 Bostrom 2002.

84 Sandberg et al. 2018. Sandberg et al.(2018)이 사용한 모델은 James Fodor

(2020)의 비판을 받았다. 더 자세한 내용은 whatweowethefuture.com/notes 참조.

85 지구는 약 40억 년 전 생물이 살 수 있을 만큼 충분히 시원해졌다. 그 시점에 대해서는 대략 수억 년의 불확실성이 있다(Knoll and Nowak 2017, Figure 1). 약 8억~20억 년 내에 지구에 생물이 살 수 없게 될 것이다(Lenton and von Bloh 2001; O'Malley-James et al. 2013; Ord 2020, 221~222; von Bloh 2008; Wolf and Toon 2014).

86 Hanson et al. 2021.

87 Hanson(1998)은 그의 모델이 1~7개의 어려운 단계 사이 어딘가와 양립할 수 있다고 말한다.

6장. 문명 붕괴의 위험

1 Scheidel 2021, 102, Figure 7, and 103, Table 2.2. 더 자세한 내용은 whatweowe thefuture.com/notes 참조.

2 Ionescu et al. 2015, 244.

3 Jackson et al. 2013, 2017.

4 National Geographic Society 2018; Encyclopedia Britannica 2011.

5 로마제국은 최소한 400만 제곱킬로미터, 그리고 사막을 얼마나 포함하느냐에 따라 500만 제곱킬로미터 이상을 통치한 것으로 추정된다(Scheidel 2019, 34). EU의 토지 면적은 400만 제곱킬로미터에 약간 못 미친다(World Bank 2021i).

6 Temin 2017, Chapter 8; G. K. Young 2001. 로마제국이 고려와 교역했다는 증거가 있다(UNESCO, n.d.).

7 페트로니우스는 서기 1세기 네로의 치세 동안 쓴 《사티리콘Satyricon》 속 등장인물 트리말치오를 통해 벼락부자를 풍자한다. Scheidel and Friesen (2009, 84~85)은 인구의 약 10%가 '중위' 소득을 올렸을 것으로 추정한다. 중위 소득은 "'빈약한' 최저 생활비의 2.4~10배, '꽤 괜찮은' 소비 수준의 1~4배에 해당하는 실질 소득으로 규정된다."

8   Ward-Perkins 2005, 94f.

9   Morris 2013, 147~148, Table 4.1와 155~156, Table 4.2. 이 추정치는 고대의 인구통계가 대단히 불확실한 문제라는 단서를 수반한다.

10   Scheidel 2019, 81f.11.

11   Jerome, In Ezekiel, I Praef. and III Praef.(Migne, Patrologia Latina XXV, coll. 15~16, 75D): "in una Urbe totus orbis interiit."; Ward-Perkins 2005, 28 인용.

12   whatweowethefuture.com/notes 참조.

13   Morris 2013, 151. 서기 1~200년까지 로마의 최대 인구는 100만 명이었고, 모리스에 따르면 12세기까지 다시 최대 인구에 도달하지 못했다(Morris 2013, 147~148, Table 4.1). 로마시의 인구는 1930년대까지 100만 명을 넘지 못했다(Ufficio Di Statistica E Censimento 1960).

14   Morris 2013, Table 4.1.

15   Cited in Scheidel 2019, 128.

16   Scheidel 2019, 129.

17   Scheidel 2019, Chapter 5.

18   정확하게는 336년(kemp 2019).

19   Ward-Perkins 2005, 164.

20   Ward-Perkins 2005, 108.

21   발터 샤이델은 이 이론의 많은 옹호자들에 대해 논하는 *Escape from Rome*에서 이 주장을 길게 펼치고 있다(Scheidel 2019, 538n19).

22   National Geographic Society 2021; Encyclopedia Britannica 1998, 2021f, 2020e, 2020c, 2019c.

23   이는 사용된 데이터 소스에 따라 다르다. 세계은행 데이터는 세계 GDP가 전년 대비 하락한 것은 1960년 이후 여섯 번이고, 2년 내에 항상 이전 최고점을 넘겼다는 것을 보여준다(World Bank 2021d). 그러나 다른 자료에 따르면 지난 100년 동안 GDP의 하락은 단 네 번 나타났다. 1930~1932년의 대공황; 1945~1946년의 제2차 세계대전; 2009년의 대침체; 2020년 코로나 팬데믹의 시작(IEA 2020b, 2020년 Maddison database(Bolt and van Zanden 2014) 사용, Geiger(2018)의 2014년 Maddison database(Bolt

and van Zanden 2014)로부터 내삽).

24 Roser 2020a. 스페인독감 사망자를 추정한 최근 연구의 주 저자는 우리에게 그해에 인구가 감소했다는 것을 믿지 않는다고 말했다(Spreeuwenberg et al. 2018, 개인적 서신, 2021. 8. 18).

25 Human Security Project 2013, 36f; Roser et al. 2019.

26 G. Parker 2008; Zhang et al. 2011.

27 Zhang et al. 2011.

28 Zhang et al. 2011, 297; G. Parker 2008, 1059.

29 Ord 2020, 349f.

30 Ord 2020, 124.

31 Ord 2020, 350. 일부 경제역사가들은 흑사병이 이후의 경제성장을 가속화시켰다고 주장하기도 한다. 그다음 세기에, 유럽의 임금은 두 배 이상 증가했다. 한 가지 논거는, 너무 많은 사람이 죽어서 한 사람에게 돌아가는 토지가 더 많아졌다는 것이다. 이는 토지에 비교한 노동의 가치를 증가시켜 자본 축적과 혁신에 대한 투자에 더 큰 인센티브를 주었다(Clark 2016).

32 히로시마에 투하된 폭탄의 위력은 TNT 1만 5,000톤의 폭발력에 해당한다(Malik 1985). 제2차 세계대전 중에 투하된 가장 큰 재래식 폭탄인 그랜드 슬램은 TNT 약 10톤에 해당하는 폭발력을 가지고 있었다(Encyclopedia Britannica 2021d).

33 Encyclopedia Britannica 2021d; Lifton and Strozier 2020; US Strategic Bombing Survey 1946.

34 US Department of Energy, n.d.

35 Wellerstein 2020.

36 Hiroshima Peace Memorial Museum, n.d.

37 McCurry 2016.

38 Chugoku Shimbun 2014. 다른 기술에 대해서는 whatweowethefuture.com/notes를 참조하라.

39 US Department of Energy, n.d.; Kuwajima 2021; Wada 2015.

40 Hiroshima Convention and Visitors Bureau, n.d.

41 폭격 이전의 히로시마 인구 추정치에는 차이가 있다. 일부에서는 25만

5,000명으로, 다른 곳에서는 34만 3,000명으로 추정한다(Encyclopedia Britannica 2021d; French et al. 2018). 1955년에는 인구가 35만 7,000명에 이르렀다(UN 1963, 341).

42 Center for Spatial Information Science 2015.

43 D. R. Davis and Weinstein 2008, 38.

44 D. R. Davis and Weinstein 2008.

45 Miguel and Roland 2011.

46 Dartnell 2015a, 47f.

47 Dartnell 2015a, 193.

48 Cochran and Norris 2021.

49 Wellerstein 2021.

50 Roser and Nagdy 2013.

51 Ord 2020, 26.

52 Ord 2020, 96f.

53 Roser and Nagdy 2013.

54 whatweowethefuture.com/notes 참조.

55 일부 연구는 러시아의 미국 공격이 표적화 전략에 따라, 수천만 명에서 수억 명의 사망자를 낼 것이라고 말하고 있다. 전면전으로 인한 전 세계 사망자 수는 더 늘어나겠지만, 이 수치들은 인구 증가와 전력 축소에 맞게 조정할 필요가 있다(Helfand et al. 2002; Ord 2020, 334n24). Luisa Rodriguez(2019)는 현재의 핵전력으로 러시아–NATO 전면 핵전쟁이 벌어질 경우 5,100만 명의 사상자가 나올 것으로 추정한다.

56 Coupe et al. 2019, Figure 7; Robock et al. 2007, Figure 2.

57 Coupe et al. 2019, Figures 10, 12. 8.

58 Robock 2010. 이런 핵겨울 모델에는 논란이 있으며, 일부 모델은 냉각 효과가 상당히 적을 것이라고 말한다는 점에 주의하라. 핵겨울의 가능성은 1980년대에 처음 제기되었을 때부터 논란이 많았다(사례는 Maddox 1984; Penner 1986 참조). Reisner et al.(2018)은 현대적인 기후 모델을 이용해 핵겨울에 대한 예측을 비판했다.

59 IFLA 2021. 더 자세한 내용은 whatweowethefuture.com/notes를 참조하라.

60 Roser 2013c; Rapsomanikis 2015, 9. 30억 명에 달하는 개발도상국 농촌 인구의 약 3분의 2는 4억 7,500만 개의 소규모 농가에 살면서 2헥타르 미만 의 토지를 경작하고 있다.

61 Robock et al. 2007.

62 Coupe et al. 2019, Figure 9.

63 Shead 2020.

64 Ritchie 2013; Ritchie and Roser 2020b; US Energy Information Administration 2021a. 더 자세한 내용은 whatweowethefuture.com/notes 를 참조하라.

65 Belfield(출간 예정)와 whatweowethefuture.com/notes를 참조하라.

66 이것은 적은 인구 자체가 문명의 붕괴를 의미하지는 않는다는 것을 보여준 다. 다만 매튜 반 데어 메르웨가 내게 지적해주었듯이, 비교가 완벽하게 유 사하지는 않다. 적은 인구로 시작하는 것과 거대한 재앙으로 인해 인구가 줄 어든 것에는 큰 차이가 있을 것이기 때문이다. 내 경우 몸무게가 20킬로그 램이었던 것은 6세 때였고, 그런 몸무게가 내 건강에 아무런 위협도 되지 않 았다. 하지만 지금 내 몸무게가 20킬로그램으로 떨어진다면 나는 분명히 죽 을 것이다.

67 Doebley et al. 1990, Figure 2.

68 Renner et al. 2021; National Science Foundation 2020.

69 Dartnell 2015a, 52f.

70 Allard 2019.

71 Barclay 2007; Engelen et al. 2004.

72 Barclay 2007; Gupta et al. 2019; Perez et al. 2009; Whitford et al. 2013.

73 Balter 2007.

74 Balter 2007.

75 Richerson et al. 2001.

76 사실 유럽의 영향력과 식민주의로부터 격리되어 있었다면 다른 문명이 산 업화하는 데 얼마나 오랜 시간이 걸렸을지는 알 수가 없다. 서기 1500년, 아 메리카는 농경을 시작한 지 수천 년이 흘렀음에도 산업 기술 획득과는 거리 가 멀었다. 그들이 유럽의 식민지가 아니었다면 산업화가 되었을지, 산업화

가 되었다면 언제 그랬을지 알 수가 없다. 아메리카 원주민 사회들은 다른 평형 상태에 있어서 산업화를 추구하지 않았을 수도 있고, 산업화를 달성하기 대단히 어려웠을 수도 있다. 하지만 붕괴 이후 세계의 경우 진보적 산업 지식을 이용할 가능성이 매우 높다는 것을 고려하면, 재산업화를 추구하는 붕괴 이후 사회에서는 산업화를 막는 장애물이 더 적을 것으로 보인다.

77 고대 로마의 많은 콘크리트 건물은 살아남았지만, 현대의 철근콘크리트 는 실제로 그리 내구성이 강하지 않아 20년 후면 분해되기 시작할 것이다 (Alexander and Beushausen 2019; Daigo et al. 2010).

78 Daigo et al. 2010.

79 여기에서 나는 Bill McKibben(2021)의 정서를 상기시키고 있다.

80 IEA 2020a, 195.

81 Hausfather 2021b; US Energy Information Administration 2021b.

82 Hausfather 2020.

83 Kavlak et al. 2018; Sivaram 2018, Chapter 2; Roser 2020b; Ritchie 2021.

84 Ritchie and Roser 2020b.

85 McKerracher 2021, Figure 2.

86 Mohr et al. 2015; Welsby et al. 2021, SI section 2.

87 whatweowethefuture.com/notes 참조.

88 기후변화에 대한 문헌 대부분은 'RCP8.5'라고 알려진 극단적인 배출 시나 리오에 초점을 맞추고 있다. 이 시나리오에서는 세기말까지 섭씨 4~5도의 온난화가 있을 것으로 예상한다(Hausfather and Peters 2020).

89 Buzan and Huber 2020, Figure 10; Prudhomme et al. 2014.

90 Sloat et al. 2020; Zabel et al. 2014. IPCC는 섭씨 5도 온난화가 온대 지역 에 미치는 영향이 0에 가깝다는 것을 발견했다(IPCC 2014b, 498). 더욱이 지난 60년 동안 주요 식량 작물의 수확량은 2~3배 증가해왔다(H. Ritchie and Roser 2021).

91 Buzan and Huber 2020.

92 예를 들어 Ramirez et al.(2014)은 "가능한 가장 큰 우려를 자아내는 가정 에 따른" 그들의 모델은 이산화탄소 농도의 수준이 거의 3,300ppm에 달하 는데, 이는 땅에서 얻을 수 있는 모든 화석연료로도 이를 수 없는 수준이라

는 것을 발견했다(또한 Goldblatt and Watson 2012; Wolf and Toon 2014 참조).

93 Hansen et al. 2013, 17. Popp et al.(2016)은 이산화탄소 농도가 1,520ppm 에 이르면 시뮬레이션 속 지구는 습윤 온실 상태로 전이한다는 것을 발견했다. 모든 화석연료를 태운다면, 이산화탄소 농도 1,600ppm에 이를 것이다 (Lord et al. 2016, Figure 2). 그러나 시뮬레이션 속 지구의 초기 기온은 현재의 지구보다 섭씨 6도 높았다. 이는 습윤 온실로 전환하기 위해서는 지구에 시뮬레이션 속 지구보다 훨씬 높은 이산화탄소 농도가 필요하다는 것을 의미한다. 더 자세한 내용은 whatweowethefuture.com/notes를 참조하라.

94 이 모델은 한 달에 걸쳐 온난화가 일어난다는 것을 발견했지만 실제 전이는 더 오래 걸릴 것이다(Schneider, 개인적 소통, 2021. 8. 20; Schneider et al. 2019). 더 자세한 내용은 whatweowethefuture.com/notes를 참조하라.

95 Lord et al. 2016, Figure 2. 더 자세한 내용은 whatweowethefuture.com/notes를 참조하라.

96 Hausfather 2019; Voosen 2019.

97 Foster et al. 2017, Figure 4.

98 주요 농작물의 치사 한계는 섭씨 40~50도다(King et al. 2015). 열대 일부 지역은 섭씨 15도 온난화로 1년 중 일부 시기 동안 이 한계를 넘겠지만 북아메리카, 유럽, 중국은 그렇지 않을 것이다.

99 기후변화는 전쟁의 위험 같은 다른 재앙적 위험의 스트레스 요인도 될 수 있다. 기후변화가 분쟁에 미치는 영향에 대해서는 논란이 많다. 기후변화를 아프리카 내전 증가의 수준과 연결시키는 일부 증거가 있다. 다만 대부분의 분쟁 연구자들은 국가의 역량이나 경제성장률 같은 다른 요인들에 비해 약한 추진 요인이라고 생각한다. 기후와 분쟁의 관계에 대한 대조적 견해는 Buhaug et al.(2014)와 Hsiang et al.(2013)을 참조하라. 선도적인 기후와 분쟁 연구자들에 대한 설문은 Mach et al.(2019)을 참조하라.

100 Lord et al. 2016; Talento and Ganopolski 2021. 더 자세한 내용은 whatweowethefuture.com/notes를 참조하라.

101 인구 규모의 감소 이후 지식 손실을 태즈메이니아 효과라고 한다. 더 자세한 내용은 whatweowethefuture.com/notes를 참조하라.

102 여기에서 몇 가지 중요한 예외가 있다. 예를 들어, 아르헨티나와 브라질은 초기에 석탄이 아닌 수력·원유·가스에 의존했고, 필리핀은 주로 원유에만 의존하다가 이후 다른 에너지원으로 전환했다(Ritchie and Roser 2020b).

103 Dartnell 2015b. Belfield(출간 예정)도 참조하라.

104 Davis et al. 2018.

105 Dartnell 2015b.

106 J. Ritchie and Dowlatabadi 2017; Rogner et al. 2012, Section 7.4.

107 Rogner et al. 2012, Table 7.18.

108 Rogner et al. 2012, Table 7.18.

109 Banerjee 2017; BNSF Railway 2018, 14.

110 1800~1850년 세계는 44엑사줄의 에너지를 사용했다(Ritchie and Roser 2020b). 노스앤텔로프로셸 광산에 있는 9억 톤의 석탄은 24엑사줄에 해당한다.

111 2010년 현재, 지표탄에는 7,800엑사줄의 에너지가 남아 있다(Rogner et al. 2012, Table 7.18). 1800~1980년 우리는 화석연료를 통해 약 7,400엑사줄을 사용했다(Ritchie and Roser 2020b).

112 US Energy Information Administration 2021a. 미국을 제외한 모든 국가의 지표 매장량에 대한 최근의 데이터 대부분은 Rogner et al.(2012, Table 7.18)에서 얻은 것이다. 지표탄 생산 데이터는 Elagina(2021); Geoscience Australia(2016); Huang et al.(2017); Mukherjee and Pahari(2019); US Energy Information Administration(2021a)을 참조하라.

113 L. Roberts and Shearer 2021. 석탄의 미래 수요는 불확실할 수밖에 없다. 지금까지 석탄 수요 감소의 일부는 프래킹을 통한 천연가스 비용의 하락이 주도했다. 그렇지만 석탄과 가스의 가격은 상당히 좁은 범위에서 변동했다. 경험적 정보를 기반으로 한 비용 예측에 따르면, 석탄과 가스의 가격은 미래에도 크게 변하지 않을 것이다. 따라서 가스에 대한 세계 수요가 증가함에 따라 석탄에서 가스로의 전환이 계속될지는 불확실하다(Way et al. 2021, Figure 3).

114 whatweowethefuture.com/notes 참조.

115 대체하기 힘든 배출의 정확한 비율은 27%다(Davis et al. 2018, Figure 2).

116 Ingersoll & Gogan 2020; Way et al. 2021. 더 자세한 내용은 whatweowe thefuture.com/notes를 참조하라.

117 Bandolier 2008.

7장. 기술 정체의 위험

1 바그다드는 이슬람 황금시대의 시작으로 널리 알려진 아바스왕조의 수도다 (Chaney 2016; Encyclopedia Britannica 2020b).

2 Al-Amri et al. 2016, 9; Zhang and Yang 2020, 49; Long et al. 2017; online.

3 Dral-Khalili 2014, Chapters 7 and 8.

4 Dral-Khalili 2014; Hasse 2021; Lyons 2010; Tbakhi and Amr 2007.

5 이슬람 세계의 과학 진보가 언제부터 어느 정도로 둔화했는지에 대해서는 학자들의 의견이 엇갈리고 있다. 일부 현대 학자들은 진보가 둔화하지 않았 다거나 12세기 이후 둔화했다는 수정주의 입장을 취한다. 더 자세한 내용은 whatweowethefuture.com/notes를 참조하라.

6 Chaney 2016; Kuru 2019, Part II.

7 Goldstone 2002.

8 Morris(2004)는 이 시기 1인당 소득의 상당한 증가가 있었다고 주장하지 만, 그의 추정치는 지나치게 높아 보인다(pseudoerasmus 2015a, 2015b).

9 지속 가능성에 대한 비슷한 견해는 Bostrom(2014c)을 참조하라.

10 Crafts and Mills 2017; 원시 TFP 데이터는 Fernald(2014)의 것이다. 정보 기술의 붐으로 1990년대 말 생산성 증가 속도가 잠깐 동안 다시 상승했다. 하지만 이는 일시적인 상승으로 드러났고, 그 이후 생산성 증가 속도는 계속 감소했다. 이런 하락이 최근의 발전 속도를 잘못 측정했기 때문인지도 모른 다는 의문에 대해서는 whatweowethefuture.com/notes를 참조하라.

11 이어지는 내용은 모두 다른 언급이 없는 한 Gordon(2016)을 참조한 것이다.

12 Gordon 2016, 57.

13 O'Neill 2021a; Our World in Data 2019c.

14 Cowen 2018.

15 그 이상의 성장을 지지하는 사람들이 주장하는 (과학기관의 효율 향상 같은) 변화는 영구적으로(즉 1,000년 내내) 성장률을 변화시킬 가능성이 매우 낮을 것이다. 우리의 경제성장 모델은 그런 영구적인 '성장 효과growth effect'는 가능성이 매우 낮다는 것을 보여준다. 오히려 개입에 '규모 효과level effect'가 있을 것이다. 그것이 내가 100년 동안의 성장률을 1.5%에서 2%로 바꾼 이유다(엄청나게 어려운 일일 테지만 말이다). 우리의 최고 성장 모델, 즉 반내생semiendogenous 성장 모델에서의 성장 효과 대 규모 효과에 대한 더 자세한 내용은 Jones(2005)를 참조하라.

16 수 세기 이상의 시간 척도를 명시적으로 고려하는 경제성장 이론은 Acemoglu et al.(2005); Galor and Weil(2000); Jones(2001); Kremer (1993)를 참조하라. 범위를 좀 더 넓히면, 그런 긴 시간 척도에도 적용해볼 수 있는 두 유형의 모델로, 문헌에 내생적 성장 모델과 반내생적 성장 모델이라고 알려진 것이 있다. 이런 전통 내에서 노벨상을 수상한 획기적인 연구는 Romer(1990)를 참조하라; 최근의 리뷰는 Jones(2021)를 참조하라.

17 개관은 Davidson(2021b)의 부록 B를 참조하라. 대부분의 문헌에서는 지수보다 빠른 성장이나 0에 가까운 성장 가능성을 도외시한다. 산업 시대의 주목받는 성장을 묘사하는 Kaldor(1957)의 "정형화된 사실stylised facts"에 맞지 않기 때문이다. 최근의 예외로는 Nordhaus(2021)를 참조하라. 지수보다 빠른 성장에 대해서는 Aghion et al.(2019)을, 0에 가까운 성장에 대해서는 C. Jones(2020)를 참조하라.

18 기술 진보는 모든 현대적 성장 이론의 토대인 Solow(1956)와 Swan(1956)의 모델 속에서 지속적인 경제성장의 필수 조건이다. 이것은 핵심적인 식견으로 널리 인정받고 있다. 예를 들어 대중적인 존스의 교과서에는 솔로가 "지속적 경제성장을 뒷받침하는 궁극적인 추진력으로서 기술적 진보의 중요성을 강조했다"고 적혀 있다(Jones 1998, 2).
그렇지만 성장 이론의 맥락에서 학리적인 경제학자들은 '기술'이라는 말을 대단히 넓은 개념으로 사용하는 경향이 있다. 예를 들어 Acemoglu(2008)는 다음과 같이 경고했다. "경제학자들은 보통 경제성장과 성과에 영향을 주는 물적·인적 자본 이외의 요소를 표현하기 위해 '기술'이라는 간단한 단어를 사용한다. 따라서 기술의 다양성에는 생산 기법과 생산에 쓰인 기계의 품질뿐 아니라 (시장 조직으로 인한 그리고 시장 실패로 인한) 생산 효율의 격차까지 포함된다는 것을 기억해두어야 한다(Acemoglu 2009, 19).

19 내가 알고 있는 가장 타당한 인구 예측은 워싱턴대학교 건강분석평가연구소Institute for Health Metrics and Evaluation 연구자들이 글로벌질병부담Global Burden of Disease을 위해 연구하고 〈랜싯〉에 발표한 것이다(Vollset et al. 2020). 그들은 여성의 교육 수준이 높아지고 피임 기구에 대한 접근법이 확대되면 세계 인구는 "세기 중반 절정에 이르렀다가 2100년까지 크게 감소할 것"이라고 예측했다(1286; Figure 5, 1296 참조. 이는 그런 하락세가 거의 지수적일 것임을 나타낸다). 반면, 널리 인용되는 UN(2019b)의 예측은 인구 증가가 둔화하지만 2100년 이전에 멈추지는 않을 것이라고 말한다; 그러나 Vollset et al.(2020, 1286)은 이것이 출산율의 장기적 감소를 과소평가한 데 기인한 결과라는 설득력 있는 주장을 편다.

20 내생적 성장 모델과 반내생적 성장 모델 모두가 이를 암시한다(Jones 2021, 27). 음의 인구 증가 시나리오에 대한 상세한 분석은 Jones(2020)를 참조하라.

21 whatweowethefuture.com/notes 참조.

22 ATLAS Collaboration 2019; CERN 2017; Cho 2012.

23 Bloom et al. 2020.

24 총경제에 대한 데이터에 근거해 Bloom et al.(2020, Table 7, 1134)은 β를 약 3으로 예측한다. 반내생적 성장 모델 내의 이 매개변수는 평형 상태에서 연구의 3% 증가가 기술 발전의 1% 증가를 낳는다는 의미다(Bloom et al. 2020, 1135). 본문에서 내가 β에 해당하는 수치를 2로 선택한 자세한 이유는 whatweowethefuture.com/notes에서 확인할 수 있다.

25 이 사례는 순전히 예시를 위한 것으로, 기술 수준이 처음 두 배로 되는 데 관련 있을 수 있는 종류의 혁신을 아주 투박하게 지목하려는 의도로 만든 것이다. 내가 여기에서 의존하는 종류의 모델이 가정하는 '아이디어의 단위'에 대한 논의는 Bloom et al.(2020, 1108)을 참조하라.

26 Bloom et al.(2021, 1105)은 미국의 연구 생산성이 1930년대 이래 41배 감소했다는 것을 발견했다. 1800년부터의 500배 감소는 대략적인 계산에 근거한 것이다. 상세한 사항은 whatweowethefuture.com/notes를 참조하라.

27 Bloom et al. 2020, Figure 1, 1111.

28 전체 과학자의 대부분이 현재 살아 있다는 기본적인 관찰은 '정보계량학의 아버지' Derek de Solla Price(1975, 176)까지 거슬러 올라간다. 그는 "여태까지 존재한 모든 과학자의 80~90%가 현재 살아 있다"고 추정했다. 내가 약간 더 보수적인 수치를 제시한 이유는 whatweowethefuture.com/notes 를 참조하라.

29 Jones 2021, Figure 2, 15.

30 Jones 2021, Figure 2, 15. 인구 증가가 1인당 소득 역시 높인다(노동자의 수를 늘려서 GDP에 기여하는 것이 아니라)는 주장은 반내생적 성장 이론의 핵심이다. 더 많은 사람이 더 많은 아이디어를 찾고, 이들의 비경합적 성격 때문에 모든 사람의 생산성이 높아진다.

31 지질학자들은 우리가 아직 빙하기에 있다고 말한다. 그들은 지상에 극빙판과 빙하가 있는 시기를 빙하기라고 규정한다. 다섯 지역의 상호 격리에 대한 더 자세한 내용과 참고 자료는 whatweowethefuture.com/notes에서 확인할 수 있다.

32 Kremer 1993, 709. 한 가지 주의할 점은 기원전 1만 년에 이들 지역 간에 상당한 기술적 차이가 있었다는 것이다. 예를 들어, 메소포타미아에서는 농업이 있었지만 다른 곳에서는 그렇지 않았다(Stephens et al. 2019, Figure S2). 1500년에 기술된 결과를 고려할 때 기술적 차이가 감소한 것이 아니라 증가했다는 것이 정확해 보인다.

33 기원전 1만 년과 서기 1년에 대한 정확한 수치의 출처가 다르기 때문에 여기에서는 근사치만을 제시한다. 다른 추정에 대한 개요는 Our World in Data(2019a)를 참조하라.

34 Jones 2001; Mokyr 2016.

35 2019년 미국 GDP의 3.1%가 연구·개발(OECD 2021b)에 사용됐다. 하지만 Jones and Summers(2020, 19)는 그것이 지나치게 보수적인 계산일 가능성이 높다고 말한다. 그들이 인용한 설문에서, 기업들은 연구·개발 지출로 인한 것은 혁신의 55%에 불과하다고 보고했다. 그 외에 스타트업에 대한 벤처 캐피털 투자 같은 것은 연구·개발 투자로 계산해야 하지만, 공식적인 연구·개발 수치에 포함되는 것은 그 일부에 불과하다. 이런 역학의 일부를

감안하기 위해 OECD의 추정치를 3%로 상향 조정했다.

36 UN 2019b; Vollset et al. 2020, Figure 5, 1296.

37 〈그림 7.3~7.4〉에서, "여성 1인당 신생아"는 더 정확하게는 총출산율 TFR: total fertility rate을 의미한다. 더 자세한 것은 whatweowethefuture.com/ notes를 참조하라.

38 World Bank(2021b, country-level data for 2019)와 UN(2019b, average for high-income countries, 2015~2020).

39 *Economist* 2018; Vollset et al. 2020, Figure 8, 1299. 이른바 인구 모멘텀 때문에 인구 수준은 출산율의 변화보다 뒤처질 수 있다. 예를 들어, 인구가 급속하게 증가하다가 출산율이 대체 수준 이하로 떨어진 경우, 더 큰 중년 코호트가 좀 더 작은 노년 코호트를 대체하면서 인구는 한동안 증가할 수 있다. 하지만 출산율이 대체 수준보다 낮다면 장기적으로는 인구가 감소할 것이다.

40 https://population.un.org/wpp/Download/Standard/Fertility/. 2020년 중국의 출산율은 1.3명까지(Marois et al. 2021, 1), 인도는 2.0명(대체 수준 이하로 떨어진 것은 처음)까지 떨어졌을 수 있다(NFHS 2021, 3). 이것이 코로나 팬데믹으로 인한 일시적 효과인지는 두고 볼 문제다.

41 Vollset et al. 2020, 1290ff and Figure 3B, 1295. 호주도 상당한 인구 증가가 예상된다. 하지만 이것은 이례적으로 많은 이민으로 인한 변칙이다. 지역적 수준에서는 중앙아시아도 금세기 지속적인 인구 증가가 예상되지만 장기적으로는 아프리카와 같은 상황에 처할 것이다.

42 Vollset et al. 2020, Figure 5, 1296; Bricker and Ibbitson 2019.

43 Vollset et al. 2020, Figure 3, 1295.

44 Vollset et al. 2020, 1285, 1290ff.

45 whatweowethefuture.com/notes 참조.

46 Walker 2020; Witte 2019; OECD 2020; Szikra 2014, 494~495.

47 World Bank 2021a.

48 Jones 2021, Section 6.2도 참조하라.

49 4장에서 나는 범용 인공지능까지의 시간에 대한 여러 가지 증거를 개략적으로 설명했다(전문가 설문: Grace et al. 2016; Zhang et al. 2021; 생물

학적 시스템과의 비교; Cotra 2020; 참조 계층 예측: Davidson 2021a). 거기에서 나는 그들 모두가 범용 인공지능이 곧 개발된다는 데(2036년까지 10%, 2050년까지 50%) 의견을 같이하고 있다는 관찰에 초점을 맞췄다. 하지만 강한 확신을 가지고 이번 세기 안에 범용 인공지능의 등장을 기대하기에는 많이 부족하다: Davidson(2021a)은 참조 계층 기반 추정에 대해 "확률(2100까지의 범용 인공지능)은 5~35%이며, 나의 중심 추정치는 약 20%다"라고 말하고 있다; Cotra(2020, Part 4, 17)는 "TAI(범용 인공지능과 비슷한 개념)가 금세기에 개발될 확률을 60~90%로 잡는 견해에 이른 것"으로 볼 수 있다는 결론을 내렸다; Grace et al.과 Zhang et al.의 설문 대상 전문가들 사이에는 의견 차이가 너무 커서, 일부는 범용 인공지능이 100년 내에 등장할 가능성이 낮다고 생각했고, 응답자 중에 비관론자들에게 초점을 맞추지 않고 평균적인 예측만 보아도 범용 인공지능이 100년 이후에나 가능하다는 비율이 25% 이상이었다. 범용 인공지능으로 가는 경로에 남은 도전들에 대한 전문가들의 정성적 견해는 Cremer(2021)를 참조하라.

50 짧은꼬리원숭이 복제를 보고한 저자 중 한 명인 푸무밍蒲慕明은 2018년 "기술적으로는 인간 복제에 장애물이 존재하지 않는다"라고 말했다(Cyranoski 2018, 387 인용).

51 Bouscasse et al. 2021.

52 나는 이전에 범용 인공지능이 가치관 고착의 영구화 기제를 제공한다고 말했다. 하지만 이 침체기에는 범용 인공지능이 없을 것이다. 우리에게 범용 인공지능이 있다면 침체에 이르지 않을 것이기 때문이다. 범용 인공지능이 없다면, 수천 년에 걸친 문화적 변화를 예상해야 한다. 시간이 흐르면서 결국 성장을 다시 시작하는 문화가 등장할 것이다.

53 예를 들면 Neilson(2005)이 편집한 "the Stark argument"—"모르몬교도들은 곧 이슬람교, 불교, 기독교, 힌두교, 그리고 다른 지배적인 세계 신앙과 견줄 만한 세계적인 추종자들을 얻게 될 것이다"라는 Rodney Stark(1984, 18)의 주장. 하지만 스타크의 주장은 모르몬교도들의 이례적으로 높은 출산율보다는 성공적인 선교 활동에 의존하고 있다: "모르몬교 성장의 한 가지 이유는 그들의 출산율이 사망률과 변절을 충분히 상쇄할 수 있을 정도로 높다는 데 있다. 하지만 더 중요한 이유는 빠른 개종 속도다. 실제로 현재 모

르몬교도 대다수는 신앙을 갖고 태어난 사람들이 아닌 개종자들이다"(Stark 1984, 22). Kaufmann(2010, 30)은 좀 더 최근에도 이것이 여전히 사실이라고 지적하지만, "급속한 전환은 종종 급속한 탈퇴를 동반하기 때문에 내생적 성장(즉, 높은 출생률)이 더 지속적인 경우가 많다"고도 이야기한다.

54 Perlich 2016.

55 Arenberg et al. 2021, 3~5.

56 Makdisi 1973, 155~168; Gibb 1982, 3~33; Bisin et al. 2019.

57 whatweowethefuture.com/notes 참조.

58 실제로 기술 진보를 충분히 주도할 만한 인구 규모로 돌아가는 것은 새로운 기술 혁신으로 인한 인구 증가의 즉각적 보상이 없을 정도로 오래 걸릴 것이다. 인구 증가는 수백 년 후에나 국가를 더 부유하게 만들 것이다. 따라서 인구는 순전히 경제적 인센티브가 아닌 이유로 증가해야 한다.

59 이 주장에 대한 고전적 진술은 Bostrom(2003); Christiano(2013)를 참조하라.

60 Friedman 2005.

61 이런 고려는 문명의 붕괴에 대한 논의와도 관련이 있다는 데 유의하라. 문명이 붕괴할 경우에는 결국은 회복한다고 해도 세계가 오늘날과는 매우 다른 가치관에 의해 인도될 것이다.

62 Ord 2020, Table 6.1.

63 침체기 동안 발생하는 위험은 순전히 부가적인 위험이라는 데 유의하라. 침체에서 벗어난 후에도 우리는 침체를 피했을 경우 이전 시간 동안 발생했을 모든 위험(예를 들어, 미래 기술로 인한 위험)을 관리해야 한다.

8장. 사람들을 행복하게 만드는 것이 선인가

1 이 부분을 위한 정보는 지인들과 Dancy(2020); Edmonds(2014); Srinivasan (2017); McMahan(2017); 개인적 서신, 2021, 10, 12); MacFarquhar (2011)에서 가져왔다. 파핏의 아내 재닛 래드클리프리처즈 역시 저명한 도덕철학자로, 그녀는 "데릭은 건물이 조달인과 회계 담당자 없이 존재한다는

것이 무엇인지 알지 못한다"고 말했다(Edmonds 2014 인용).

2 Student Statistics 2021.

3 Colson 2016.

4 몇 년 전 중단됐다(ASC 2021).

5 MacFarquhar 2011.

6 내가 4장에서 논의한 중국의 사상 학파 묵가는 선이 물질적 번영, 많은 인구, 사회적·정치적 질서로 이루어진다고 주장했다. 그렇지만 그들은 인구 증가의 본질적·도구적 편익과 비용에 대해서는 논하지 않았다. 따라서 그들은 내가 여기서 관심을 두는 의미에서의 인구윤리학에는 관여하지 않았다(Fraser 2020; 개인적 서신, 2021. 10. 11). 인구윤리학에 대한 좀 더 상세한 내용은 whatwe owethefuture.com/notes에서 확인할 수 있다.

7 Parfit 1984, 453.

8 Parfit 2011, 620.

9 Narveson 1973, 80.

10 Broome 2004, Chapter 10. 크리스테르 뷔크비스트 역시 내 지도교수였다.

11 Broome 2004, Preface. 개인적 커뮤니케이션으로 확인(2021. 11. 25).

12 Huemer 2008, Section 4.

13 Caviola et al. 2022.

14 Parfit 1984, Chapter 16.

15 체외수정IVF 임신에서는 상황이 다소 다르다. 자세한 내용은 whatweowe thefuture.com/notes를 참조하라.

16 "사람들은 과거로의 여행에 대해 이야기할 때 뭔가 작은 일을 함으로써 미래에 급격한 변화를 일으킬까 걱정한다. 하지만 현재에 있는 사람 중 뭔가 작은 일을 함으로써 미래에 급격한 변화를 줄 수 있다고 생각하는 사람은 드물다." 레디트포럼의 r/Showerthoughts와 Brian Christian에게 감사드린다(2017년 12월 2일 u/MegaGrimer 사용자의 인용; 2016년 11월 5일 u/kai1998에도 매우 비슷한 생각이 포스팅되었다).

17 일생 동안 평균적으로 한 아이를 가진다고 가정하면 임신이라는 사건은 약 2만 9,000인일에 한 번 일어난다.

18 Broome 2004, Chapter 10; Greaves 2017.

19 Roberts 2021.

20 Parfit 1984, 378~441.

21 Broome 1996, Section 4. 예를 들어 "인구 증가와 1인당 GDP 증가가 완전히 독립적이라면, 높은 인구 증가율은 분명히 높은 경제성장률로 이어질 것이다. Piketty(2014)가 지적했듯이, 1인당 GDP 성장률이 경제적 행복을 개선한다는 것은 여전히 사실일 것이다"(Peterson 2017, 6). Ord(n.d.)는 추가적인 사례들에 대해 논의한다.

Caviola et al.(2022, 13, section 14.1.2.)은 참가자들에게 다양한 문명 중 어느 것이 낫다고 생각하는지 질문했다. 예를 들면 "A문명에는 사람이 4,000명에 행복도가 +60이고, B문명에는 사람이 6,000명에 행복도가 +40이다. 어떤 문명이 더 나은가?" 같은 질문을 했다. 평균적으로 응답자들은 A문명이 더 낫다고 답했다. 총행복도는 양쪽이 동일한데도 말이다. 즉, 참가자들은 두 문명의 평균 행복도에 더 신경을 썼다.

22 평균 이론의 대안 버전에서는 각 세대의 평균 행복도를 고려하고 모든 세대의 평균 행복도 총합이 높은 세상을 더 나은 세상으로 여긴다. 이것 역시 경제학자들이(명시적·묵시적으로) 가정하곤 하는 견해다. 그렇지만 여기에도 심각한 문제가 있다. 예를 들어, 행복도 –100인 1,000만 명의 인구 그리고 같은 1,000만 명의 인구에 행복도 -99.9인 1,000만 명을 더한 인구 중에 다음 세대를 선택할 수 있다면, 이 견해는 평균 행복도가 높다는 이유로 후자를 추천할 것이다(Ord, n.d.).

23 Huemer 2008, Section 6.

24 Parfit 1984, Chapter 17.

25 Parfit 1986, 148.

26 Parfit 2016, 118.

27 Zuber et al. 2021.

28 Arrhenius 2000.

29 Blackorby and Donaldson 1984; Blackorby et al. 1997; Broome 2004.

30 임계 수준 이론의 대안 버전이 있다. 여기에서는 추가되는 삶의 행복도가 0에서 임계 수준 사이로, 나쁘지 않고 중립적이다. 여러 가지 방법으로 살을 붙일 수 있지만, 한 가지 자연스러운 방법은 두 인구의 차이가 한 인구가 행

복도 0과 임계 수준 사이의 삶을 추가하는 것뿐이라면 두 인구는 가치 측면에서 비교가 불가능하다(즉, 어느 쪽도 다른 쪽보다 낫지 않고 똑같이 좋지도 않다)고 말하는 것이다. 이것을 표현하는 한 가지 방법은 그들이 '동등'하다고 말하는 것이다(Chang 2002). 이 논의를 다루기 쉽게 만들기 위해서, 이 장에서는 비교 불가능성과 동등성은 배제했다. 나는 그 관계가 '같거나 높은' 것이 가능한 최선이라고 가정한다.

31 Greaves 2017, Section 4.

32 MacAskill et al. 2020.

33 Greaves and Ord 2017. 내 동료 Teruji Thomas and Christian Tarsney (2020)는 실제로 다른 인구윤리 이론들이 임계 수준 이론에 대한 함의로 수렴하는 것을 보여주었다.

34 Yglesias 2020, 52.

35 Wynes and Nicholas 2017.

36 Ord 2014.

37 은하가 200억 개라는 것은 Ord(2020, 233)에 따른 것이다(현재). '영향력 범위 내에 있는 우주'라는 것이 무엇을 의미하는지(그리고 이 개념이 관측 가능한 우주, 최종적으로 관찰 가능한 우주, 궁극적으로 관찰 가능한 우주 같은 비슷한 개념과 어떤 차이가 있는지)에 대한 논의는 Ord(2021)를 참조하라.

38 이 아이디어에 대한 더 자세한 사항은 Armstrong and Sandberg(2013)를 참조하라.

9장. 미래는 좋을 것인가, 나쁠 것인가

1 무척추동물에게도 지각이 있다면 지각 있는 당신의 삶은 엄청나게 확장될 것이다. 요컨대 당신은 10만조의 조 배를 살게 될 것이다. 이제 척추동물로서 보내는 당신의 시간은 전체 경험에서 극히 작은 부분이 될 테고, 당신은 시간의 대부분을 회충이라고 알려진, 바다와 육지에서 사는 선충으로서 보낼 것이다.

2 최초의 척추동물 화석은 약 5억 2,000만 년 전 밀로쿤밍기아 속의 것이지만, 스템stem 척추동물의 다른 후보들이 여럿 존재한다(Shu et al. 1999; Donoghue and Purnell 2005, Box 2).

3 "모든 지각 있는 동물의 삶" 사고실험 내 예상치는 whatweowethefuture. com/notes를 참조하라.

4 Schopenhauer 1974, 299.

5 Benatar 2006, 164. 쇼펜하우어와 베나타의 인용문을 지적하고 더 넓게는 이번 장의 주제에 대해 대단히 식견 있는 대화를 나눠준 안드레아스 모겐센에게 감사를 전한다.

6 Parfit 2011, 616~618.

7 WHO 2021a.

8 Our World in Data 2021a.

9 연간 세계 평균 소득은 2,438달러다. 영국 정규직 근로자의 평균 소득은 3만 1,772파운드다(Francis-Devine 2021).

10 Crisp 2021.

11 Diener et al. 2018a.

12 네 번째는 삶에서 긍정적인 감정과 부정적인 감정의 균형에 대해 묻는 설문조사다. 나는 이것은 제외했다. 영향의 강도를 통해 비중을 가늠하지 않아 특별히 도움이 되지 않는 듯하기 때문이다.

13 이것은 캔트릴의 자기 고정 추구 척도Cantril's self-anchoring striving scale로 알려져 있다.

14 Diener et al. 2018a; Diener et al. 2018b, 168. 긍정적 영향에 대해 그들이 보고한 결론은 더 낙관적이다. "응답자의 74%가 '어제' 부정적 감정보다 긍정적 감정을 더 많이 느꼈고, '어제' 긍정적 감정보다 부정적 감정을 더 많이 느낀 사람은 18%에 불과했다." 그렇지만 이런 결과는 해석하기가 특히 더 어렵다. "부정적 감정보다 긍정적 감정을 더 많이 느꼈다"는 판단은 두 개의 긍정 영향 질문(전날 미소를 짓거나 웃었는지, 즐거움을 많이 느꼈는지)에 대한 긍정 대답의 평균수에서 네 개의 부정 영향 질문(전날 걱정, 슬픔, 우울, 분노를 많이 느꼈는지)에 대한 긍정 응답의 평균수를 차감해 이루어졌다. 따라서 보고된 긍정 영향과 부정 영향의 강도가 평균적으로 같다고 가정

할 경우에만 영향의 합이 긍정적이었다고 말할 수 있다. 하지만 이것은 적절한 가정으로 보이지 않는다. 예를 들어, 하루 동안 한 번 미소를 짓거나 웃는 데 필요한 긍정 영향의 강도는 하루 동안 우울감을 느꼈다고 말할 때 필요한 부정 영향의 강도보다 훨씬 약하다.

15 Ng 2008.

16 이것을 '준거 집단 효과'라고 한다(Credé et al. 2010).

17 Ponocny et al. 2016, Table 3. 이것이 '쾌락 적응'과 다르다는 것에 주의하라. 쾌락 적응은 외적 상황을 겪은 후에 이전의 안정적인 내적 감정 상태 수준으로 돌아올 때 일어난다. 예를 들어, 사고로 영구적인 다리 손상을 입은 사람이 처음에는 대단히 불행했다가 시간이 지나면서 자신의 상황에 쾌락 적응을 하고 이전과 같은 행복 수준으로 되돌아가는 것이다. 마찬가지로 승진을 한 사람은 처음에는 더 행복하지만 1년 정도 후면 행복이 이전 상태로 돌아간다.

18 Ghana, Kenya: Redfern et al. 2019, 92f; UK: Peasgood et al. 2009, 7~11.

19 Helliwell et al. 2017, 14, Figure 2.1은 세계의 인구의 약 4%가 0~1의 삶의 만족도를, 다른 5%가 2의 삶의 만족도를 보고한다는 것을 보여준다. 더 자세한 내용은 whatweowethefuture.com/notes 참조.

20 Ortiz-Ospina and Roser 2017.

21 Haybron 2008, 214~221.

22 Johansson et al. 2013.

23 Killingsworth et al. 2020.

24 이 연구의 가능한 한계 중 하나는 어떤 경험이 전혀 가치가 없다는 판단보다는 단순히 빨리 다음 경험에 이르려는 성급함을 측정할 수 있다는 데 있다. 운전을 좋아하더라도 놀이공원을 더 좋아하기 때문에 놀이공원까지의 자동차 여행을 건너뛰고 싶을 수 있다. 여기에서 건너뛰고 싶은 충동은 대단히 자연스럽지만 비합리적이기도 하다. 내가 자동차 여행을 건너뛰든 그렇지 않든 나는 여전히 놀이공원을 경험하게 될 것이다. 따라서 건너뛰기를 통해 나는 스스로에게서 긍정적 경험을 빼앗고 있는 것이다. 실제로는 삶의 경험을 0의 이익으로 줄여가고 있다. 그렇지만 몇 가지 이유 때문에 여기에서 이런 일이 일어나지는 않는 것 같아 보인다.

첫째, 지난날을 재구성하는 방법을 사용하는 소규모 연구는 사람들이 대규모 경험 표본 연구에서와 비슷한 시간을 건너뛰는 것을 발견했다. 그러나 회상을 하면서 건너뛰고 싶은 경험을 평가할 때는 성급함이 끼어들지 않는다. 둘째, 다음 경험이 더 좋은 것일 때 앞선 경험을 건너뛰고 싶어 하는 것이 사실이라면, 건너뛰기 방법은 다양한 경험의 절대적 가치를 측정하는 것이 아니라 한 사람이 느끼는 상대적 순위를 측정하는 것이다. 이를 극단으로 가져가면, 이 주장은 행복한 사람이나 불행한 사람이나 같은 수의 경험을 건너뛸 거라고 예측할 것이다. 그렇지만 데이터는 그 반대를 보여준다. 건너뛰는 비율은 그 사람이 평균적으로 얼마나 행복한가와 높은 상관관계가 있었다. 행복한 사람일수록 건너뛰고자 하는 경험은 적었다. 이는 건너뛰기가 상대적으로 더 나은 다음 경험에 이르려는 성급함을 추적하는 것이 아님을 보여준다. 대신 건너뛰기는 어떤 경험이 겪을 가치가 있는지에 대한 판단을 추적한다(Matt Killingsworth, 개인적 소통, 2021. 9. 28).

25 개인적 서신 교환을 근거로(2020. 12. 24; 2020. 12. 29; 2020. 12. 31; 2021. 1. 3; 2021. 1. 4) 작가들도 비슷한 생각을 갖고 있다.

26 Bertrand and Kamenica 2018.

27 Caviola et al. 2021.

28 Ortiz-Ospina and Roser 2017.

29 Easterlin 1974.

30 Easterlin and O'Connor 2020.

31 Stevenson and Wolfers 2008.

32 〈그림 9.1〉의 수직 축은 다음과 같은 질문에 대한 답을 나타낸다. "가장 아래 발판에는 0, 가장 위의 발판에는 10이라고 차례로 적힌 사다리를 상상하라. 사다리 맨 위는 당신에게 가능한 최선의 삶이고, 맨 아래는 가능한 최악의 삶을 나타낸다. 지금 당신이 서 있다고 느끼는 발판은 어디인가?"

33 Chan 2016.

34 러스티그의 비법은 당첨금을 재투자하는 것이다. 러스티그는 한 인터뷰에서 이렇게 말했다. "복권은 여느 투자와 마찬가지다. 무엇이든 얻으려면 돈을 투자해야 한다. 대부분의 사람은 1달러짜리 복권을 사고 10달러가 당첨되면 그 돈을 주머니에 넣는다." 그는 그런 사람들은 게임을 잘못하고 있는

것이라고 말했다. 그는 10달러를 따면 11달러어치의 복권을 사야 한다고 조언한다. "잃으면 당신은 1달러를 잃게 될 뿐"이기 때문이다. 러스티그의 순당첨금이 양인지 음인지는 확실치 않다(Little 2010). 러스티그는 복권 최댓값Lottery Maximiser이라는 소프트웨어를 소매가 97달러에 출시하기도 했으며, 복권당첨자대학Lottery Winner University이라는 온라인 강좌도 운영했다.

35 Oswald and Winkelmann 2019. 초기 연구는 복권 당첨의 영향이 작다는 것을 발견했다. 하지만 그 연구는 오즈월드와 윈컬만보다 작은 표본을 이용했다.

36 극빈의 정의와 역사에 대한 내용은 1장의 주해 16을 참조하라.

37 Clark et al. 2016.

38 Stevenson and Wolfers 2008.

39 Roser and Nagdy 2014.

40 Dahlgreen 2016.

41 Mummert et al. 2011.

42 이 주장은 Marshall Sahlins(1972)의 "원래의 풍요로운 사회original affluent society"라는 개념과 함께 1970년대에 특히 두드러졌다. 샐린스의 주장에는 논란의 여지가 있다(실례로 Kaplan 2000 참조). 농경 이전 삶의 질에 대한 좀 더 비관적인 견해는 Karnofsky(2021e)를 참조하라.

43 Kelly 2013, 12~14.

44 Kelly 2013, 243ff. Marlowe 2010, 43ff도 참조하라.

45 Marlowe 2010, 67f.

46 National Geographic Society 2019. 식단에 대한 참조 자료는 whatweowe thefuture.com/notes에서 찾을 수 있다.

47 Frackowiak et al. 2020, Table 4. Biswas-Diener et al. 2005도 참조하라. Williams and Cooper(2017)는 전형적인 반유목 생활을 하는 나미비아의 힘바족Himba 참가자들이 삶의 만족도에서 상응하는 영국 참가자들의 표본보다 높은 점수를 기록했다는 것을 발견했다.

48 Kelly 2013, Chapter 10.

49 Kelly 2013, Table 7.8.

50 예를 들어, Turnbull 2015; Everett 2008; Marlowe 2010; Lee 1979; Rival

2016; Suzman 2017.

51 Volk and Atkinson 2013, Table 1; Our World in Data 2018b.

52 UK Office for National Statistics 2019.

53 개관은 Kelly(2013, Chapter 7)를 참조하라. 찬성하는 주장은 Pinker (2012), 반대하는 주장은 Lee(2018); Fry(2013)를 참조하라.

54 Our World in Data 2020d.

55 Christensen et al. 2018.

56 이 데이터는 유엔 식량농업기구FAO가 관리하는 FAOSTAT 데이터 세트 에서 나온 것이다. Šimčikas(n.d.) 요약.

57 더 많은 물고기가 도살되기 전에 죽는다.

58 사례는 Humane Society of the United States 2009, 2013 참조.

59 미국 도축장에 대한 연방 정부의 공식 조사 기록에 근거하면, 2019년 미국 에서만 44만 마리의 닭을 산 채로 뜨거운 물에 넣었다. 미국이 전 세계 육류 소비의 7분의 1을 차지하고 평균 이상의 복지 기준을 가지고 있다는 것을 고려하면, 전 세계적으로 매년 수백만 마리의 닭이 이런 방식으로 죽을 것이 다(National Agricultural Statistics Service 2021).

60 푸아그라를 만들기 위해 기르는 오리와 거위 같은 다른 사육동물들은 더 나 쁜 운명에 처한다. "오리와 거위에게는 식도에 삽입한 긴 튜브를 통해 비정 상적으로 많은 양의 음식을 위에 직접 주입한다. 푸아그라를 위해 강제로 먹 이를 먹이는 조류들은 자연스러운 행동을 방해받는다. 발을 절거나, 부상을 입거나, 간질환·호흡기·소화관의 질병을 겪거나, 비강제적으로 먹이를 먹 지 않는 오리들에 비해 높은 사망률을 보이는 등 복지에 심각한 문제를 겪 을 수 있다"(Humane Society of the United States 2009, 2).

61 Compassion in World Farming 2021.

62 Animal Charity Evaluators 2020, Appendix, Table 4.

63 Compassion in World Farming 2009, 12.

64 Mood and Brooke 2012, 22f; Poli et al. 2005, 37.

65 Compassion in World Farming 2021.

66 베일리 노우드가 드문 예외 중 한 명이다. 그는 *Compassion by the Pound*에 서 대부분 육용계의 행복도가 0 이상이라고 주장한다. 공저자인 제이슨 러

스크는 이 문제에 대해 다른 견해를 갖고 있다(Norwood and Lusk 2011, Chapter 8).

67 이 질문에 대한 검토는 Schukraft(2020)를 참조하라.

68 Bar-On et al. 2018, 6507, Figure 1.

69 Pililov 2008, 30; Menzel and Giurfa 2001, 62; Olkowicz et al. 2016, Table S1; Azevedoet al. 2009.

70 이것은 무척추동물을 제외할 때만 참이라는 것에 주의하라. 무척추동물을 포함하고 뉴런의 수를 사용한다면, 우리는 선충에 관심을 집중해야 한다는 결론을 내리게 될 것이다.

71 Bar-On et al. 2018, Supplementary Information 36f.

72 Bar-On et al. 2018, Figure 1.

73 Bar-On et al. 2018, Supplementary Information 34~36.

74 Triki et al. 2020, 3. 두뇌 세포의 절반이 뉴런이라고 가정한다.

75 Houde 2002, 68f. 일반적으로 잉어는 38년까지 살 수 있고, 웰스메기wels catfish는 80년까지 살 수 있다(Froese and Pauly 2021ab).

76 Houde 2002, Section 3.3.

77 심지어는 감금 상태의 많은 동물이 야생동물보다 나은 삶을 산다고 주장하는 사람도 있다. 여러 연구는 야생동물이 가축보다 스트레스 호르몬인 코르티솔의 수치가 높다는 것을 보여준다(Wilcox 2011; Davies 2021, 307~313).

78 이것은 야생동물 복리에 관한 최근의 연구 논문이 발견한 것이기도 하다(Groff and Ng 2019, 40). 이전 장에서 나는, 도덕적 불확실성하에서 우리는 인구윤리학의 임계 수준 견해에 가까운 것을 따라야 한다고 제안했다. 이것이 옳다면, 우리는 대부분 야생동물의 존재를 나쁜 것으로 여겨야 한다. 동물들이 행복도 0 이상의 삶을 산다고 해도 그들이 행복의 임계 수준을 넘어서는 충분히 좋은 삶을 살 가능성은 대단히 낮다.

79 Bessei 2006, 10; Berg et al. 2000, 36; Knowles et al. 2008, Table 1.

80 Bar-On et al. 2018, 6508.

81 Christensen et al. 2014; Bar-On et al. 2018.

82 Ritchie and Roser 2021a; Dirzo et al. 2014, 401~406; Tomasik 2017,

2018.

83 Hurka 2021; Brennan and Lo 2021.

84 Ritchie and Roser 2021c.

85 Ritchie and Roser 2021a; McCallum 2015, 2512.

86 Roser 2013a.

87 Roser 2013d.

88 Russell 2010, 1.

89 Quoted in Yarmolinsky 1957, 158.

90 Althaus and Baumann(2020)의 뛰어난 블로그 포스트에서 인용한 단락이다.

91 Chang and Halliday 2006, Chapters 8, 23, 48.

92 Glad 2002, 14.

93 내게 이 점을 지적해준 칼 셜먼께 감사드린다.

10장. 당신 뒤의 거대한 미래

1 이 부분은 Núñez and Sweetser(2006)에 기반을 두고 있다. 아이마라어는 이 규칙에 대해 가장 많은 연구가 이루어진 예외이지만 다른 예외도 있을 수 있다. 한 연구에 따르면 베트남어에서는 시간이 뒤로부터 접근해서 과거로 "계속 전진"할 수 있다(Sullivan and Bui 2016). 유프노어Yupno 語에서는 시간을 오르막과 내리막을 달리는 것으로 나타내며, 포름푸라아완Pormpuraawan 사람들은 시간을 동에서 서로 달리는 것으로 개념화한다(Núñez et al. 2012; Boroditsky and Gaby 2010).

2 Encyclopedia Britannica 2016. 아이마라 부족은 볼리비아에 100만 명 이상(Instituto Nacional de Estadística 2015, Cuadro 7), 페루에 50만 명(Instituto Nacional de Estadistica e Informatica 2018, Cuadro 2,69), 칠레에 15만 명(Instituto Nacional de Estadisticas 2018, 16), 아르헨티나에 2만 명(Instituto Nacional de Estadistica y Censos 2012, 281)이 있다.

3 실제로 아이마라어가 이런 특이한 개념적 비유를 갖는 것은 일반적으로 아이마라어에, 직접적인 인식을 통해 얻은 지식과 간접적으로 얻은 지식에 따

라 동사의 어형 변화나 구문론을 특징으로 하는 강한 문법적 구분이 통합되어 있기 때문일 수 있다. 아이마라족 내에서는 출처가 무엇인지 밝히지 않고 무엇인가를 주장하는 것이 거의 불가능하다.

4 Clarke et al. 2021ab. 정확한 문구는 언급된 여섯 가지 시나리오 각각에 대해 "인공지능으로 인해 실존적 재앙이 발생한다는 조건하에, 이 시나리오가 발생할 확률을 추정해주십시오"였다.

5 Clarke et al. 2021a.

6 Muehlhauser 2021.

7 Rumsfeld 2002.

8 CNN 2003.

9 Dartnell 2015a, 53f. ALLFED(https://allfed.info)이라는 조직이 햇빛을 필요로 하지 않는 식품 생산을 개발하기 위해 노력하고 있다.

10 인공지능 연구자와 선도적인 연구소 대상 2021년의 설문 조사가 135명의 연구자를 대상으로 삼았으므로 120명이 타당한 하한값이다(Clarke et al. 2021ab). 이 부문의 주요 자금 조달원은 오픈필란트로피로, 이 단체는 매년 이 영역에 수천만 달러를 기부한다(보조금 데이터베이스는 Open Philanthropy 2021을 참조하라).

11 이 주제에 대한 더 긴 목록은 https://globalprioritiesinstitute.org/research-agenda/에서 GPI의 연구 의제를 참조하라.

12 CFC가 오존 문제의 주된 원인 제공자이긴 했지만, 오존층을 없애는 다른 물질들도 중요했다(Ritchie and Roser 2018a).

13 듀폰이 CFC 시장의 약 4분의 1을 점유하고, 세계 시장을 단 다섯 개의 업체가 지배하고 있었다. 시장 규모는 6억 달러에 불과했다. 비교하자면, 화석연료 시장은 수조 달러 규모다(Falkner 2009, 52). CFC 대체재는 단기 비용을 2~3배 상승시키는 데 그쳤다(US National Academy of Sciences 1992).

14 몰리나와 롤런드가 CFC와 오존층의 관계에 대한 논문을 처음 발표한 것은 1974년이었다. 그들은 이후 노벨 화학상을 받았다. 몬트리올 의정서는 1989년부터 발효되었다(Ritchie and Roser 2018a). 현재 CFC와 다른 오존층을 없애는 물질의 배출량은 0에 가깝게 떨어졌다. 오존 구멍은 1990대에 안정

기에 있다가 2005년부터 줄어들기 시작했다(Ritchie and Roser 2018a).

15 기후변화의 정치·경제적 문제에 대한 개요는 Cullenward and Victor(2020)를 참조하라.

16 2019년 세계 자선단체들이 기후변화에 쓴 돈은 50억~90억 달러였다 (Roeyer et al. 2020). 정부와 기업이 지출한 금액에 대해서는 UN 2021a를 참조하라. 미국 젊은이의 3분의 1은 기후변화 문제를 해결하는 것이 가장 큰 개인적 관심사라고 말한다(Tyson et al. 2021).

17 Wynes and Nicholas 2017, Supplementary Materials 4, Figure 17.

18 Ritchie and Roser 2018b.

19 Wynes and Nicholas 2017, Supplementary Materials 4.

20 이것은 1인당 소비 기반 배출이다. 이는 우리가 해외에서 화석연료를 사용해 만든 제품을 구매할 때 배출되는 이산화탄소를 말한다. 영국의 경우, 그 수치는 연간 이산화탄소 1인당 7.7톤이다(Ritchie 2019).

21 직접적으로 배출을 줄이는 비용이 대단히 비싸다는 것을 고려할 때 이 경우의 비용이 너무 낮아서 믿어지지 않는다면, 그것이 정부의 자원 배치 개선을 지지하고, 그렇지 않았다면 도외시되었을 기후 기술을 지원하고, 혁신을 이용해서 세계적으로 구현할 수 있는 해법을 찾는 등 다양한 영향 승수를 활용한 결과임을 고려하라. 2018년 파운더스 플레지는 클린에어태스크포스가 1달러 정도로 이산화탄소 1톤의 배출을 막은 것으로 추정했고, 미래 프로젝트의 비용 효율이 더 높아질 것으로 예측했다(Halstead 2018a, Section 3.2).

22 Van Beurden 2019.

23 Wiblin 2020; Edlin et al. 2007.

24 Schein et al. 2020; Green and McClellan 2020.

25 Quoidbach et al. 2013, Supplementary Materials 6; Orr 2015.

26 Wiblin and Harris 2019.

27 Todd 2021a, based on Daniel and Todd 2021.

28 Todd 2021b, n1.

29 Karnofsky 2021a도 참조하라.

30 BBC 2021.

31 Yan 2021.

32 MacAskill et al. 2020.

33 Gerbner 2007.

34 Ford 2010.

35 Encyclopedia Britannica 2020f. 국민투표법Representation of the People Act은 1918년 영국 여성에게 투표권을 부여했지만, 21세 이상의 모든 남성이 투표권을 행사할 수 있는 반면, 여성은 30세가 넘고 재산 자격을 충족해야 했다. 1928년 평등선거권법Equal Franchise Act이 마침내 남성과 여성에게 동등한 투표권을 부여했다(UK Parliament 2021a).

36 이것이 실제 태양광발전이 아닌 태양광발전 용량 배치의 일부라는 것에 주의하라(Sivaram 2018, 36).

37 Our World in Data 2019h.

38 그렇지만 독일 내 환경 운동의 효과가 긍정적이기만 한 것은 아니다. 녹색당은 태양광발전에 대한 지원을 늘리기도 했지만 원자력발전의 단계적인 완전 중단을 옹호하기도 했다. 이는 기후에 심각한 피해를 주었다. 원자력발전의 대부분이 석탄으로 대체되었기 때문이다. 일부의 추정에 따르면, 이 정책 결정의 결과로 추가적인 대기오염 때문에 매년 1,100명이 더 사망했다(Jarvis et al. 2019).

39 UN 2021b. Toby Ord(2020), *The Precipice*는 참고 문헌에 포함되어 있다.

40 Way et al.(2021, 9)이 "열, 빛, 운동 에너지 같은 에너지 서비스를 수행하는 데 사용되는 최종 에너지의 일부"라고 정의하는 **유용한 에너지**useful energy 수요는 역사적으로 연간 2%씩 증가했다. 화석연료는 재생 가능한 전기에 비해 에너지 낭비가 많기 때문에, 저탄소 전력 공급은 연 2%까지 늘어나지 않아도 유용한 에너지 수요의 증가를 충족시킬 수 있을 것이다.

41 Pirkei Avot 1:14 as quoted in Carmi(n.d.).

42 Roser 2013d.

나가며. 해야 할 일이 너무나 많다

1 Welch et al. 2018.

2 예를 들어 2021년 미국 정부 고위 관리로 구성된 '바이오디펜스를 위한 초당적 위원회'는 '차세대 개인 보호 장비'를 기술적 우선 사항으로 확인했다 (Bipartisan Commission on Biodefense 2021).

3 Union of Concerned Scientists 2015.

4 Ritchie & Roser 2023.

5 Tong et al. 2021.

6 Rudner & Toner 2021.

7 8만시간은 일부 중요한 글로벌 문제들이 다른 문제들에 비해 1%에도 못 미치는 관심을 받고 있다고 주장해 왔다(Todd 2021).

부록

1 Greaves and MacAskill 2021.

2 Mogensen 2020. 매우 낮은 확률에 대해서는 Beckstead and Thomas(2021); Tarsney(2020a); Wilkinson(2020, forthcoming); Bostrom(2009) 참조; 접근 가능한 논의에 대해서는 Kokotajlo(2018) 참조. 모호한 증거에 직면했을 때의 행동에 대해서는 Lenman(2000); Greaves(2016); Mogensen(2021); Tarsney(2020b(2019)); Cowen(2006) 참조.

3 Ord 2020. Bostrom 2002, 2013도 참조하라.

4 나는 이후 가능한 세상으로서 p 와 q에 대해 이야기할 것이다. 하지만 정말로 필요한 것은 $V_s(p)$, $V_s(q)$, $T_s(p)$, $T_s(q)$를 적절하게 규정하는 것뿐이다. 즉, p와 q는 (적어도) s 상태에서 세상이 얼마나 길게 이어질지, 이것이 기여하는 가치는 어느 정도인지에 대해 명시하는 명제일 수도 있다(이런 명제들은 SPC 프레임워크를 사용하는 데 필요하지는 않지만, 그들이 참인 일련의 가능한 세계의 집합으로 전환될 수 있다).

5 나는 이 사례를 실증을 위해 사용하고 있다. 다만 쿼티 키보드가 좋지 못한

고착의 사례라는 주장은 불합리해 보인다. 쿼티 레이아웃이 걸림을 방지하기 위해 타자 사용자의 속도를 늦추려 고안되었다는 주장이 종종 제기되지만, 이것은 도시 괴담이다. 또한 드보락의 우월성에 대한 증거가 거의 없다. 드보락의 명성은 주로 어거스트 드보락 자신에 의한 편향된 연구와 광고의 결과로 보인다(Liebowitz and Margolis 1990).

6 여기에서 나는 '4년'기간에 드보락이 표준이 됨으로써 기여한 가치가 X세계와 O세계에서 동일하다고 가정한다(표 참조). 고려 중인 상태 s의 기여 가치가 그 상태의 세상이 얼마나 긴가에만 좌우된다는 요구 조건을 SPC 프레임워크의 정의에 추가해야 할 것이다. 그렇지 않으면 중대성과 우발성의 정의에 $T_s(p)-T_s(q)$를 사용하는 것이 이치에 맞지 않는다.

7 불확실성의 원천으로 가능한 것은 두 가지다. 첫째, 우리는 고려 중인 조치의 영향 p에 대해 확신하지 못할 수 있다. 둘째, 우리는 현재의 상태 q에 대해 확신하지 못할 수 있다.

8 Open Philanthropy, n.d.

9 이것은 Owen Cotton-Barratt(2016)의 공식화를 변형한 것으로 테루지 토마스가 제안한 것이다. 두 가지 공식화는 취급 용이성과 경시성을 전환하는 방법에 상당한 차이가 있다. 더 자세한 내용은 whatweowethefuture.com/notes를 참조하라.

10 Beckstead and Thomas 2021.

11 도덕적 불확실성에 대해서는 MacAskill et al. 2020을 참조하라.

12 1장의 논의를 참조하라.

13 대략적인 계산에 따르면 영구적 재앙을 피하는 일부 조치는 부유한 국가의 의료 지출같이 현재 사람들의 삶의 질을 개선하는 것을 목표로 하는 많은 활동과 비교했을 때에도 비용 효율이 이례적으로 높다. Wiblin and Harris(2021, October 5)도 참조하라.

찾아보기

**WHAT
WE OWE
THE
FUTURE**